三聯學術

蘋蘩与歌队：先秦和古希腊的节庆、宴飨及性别关系

This is a Simplified Chinese edition of the following title published by Cambridge University Press:

Festivals, Feasts, and Gender Relations in Ancient China and Greece
ISBN 978-0-521-19762-5

蘋蘩与歌队

先秦和古希腊的
节庆、宴飨及性别关系

周轶群 著

童可道 赵荔 黄小谊 译

Classics & Civilization

生活·讀書·新知 三联书店

图书在版编目（CIP）数据

蘋蘩与歌队：先秦和古希腊的节庆、宴飨及性别关系 / 周轶群著；童可道，赵荔，黄小谊译．—北京：生活·读书·新知三联书店，2023.9
（古典与文明）
ISBN 978-7-108-07063-0

Ⅰ．①蘋…　Ⅱ．①周…②童…③赵…④黄…
Ⅲ．①性别差异－对比研究－中国、古希腊　Ⅳ．①D691.91
②D754.59

中国国家版本馆 CIP 数据核字 (2023) 第 030369 号

文字编辑　谢小婧
责任编辑　王晨晨
装帧设计　薛　宇
责任校对　曹秋月
责任印制　李思佳
出版发行　**生活·讀書·新知** 三联书店
（北京市东城区美术馆东街 22 号 100010）
网　　址　www.sdxjpc.com
图　　字　01-2018-8063
经　　销　新华书店
印　　刷　北京隆昌伟业印刷有限公司
版　　次　2023 年 9 月北京第 1 版
2023 年 9 月北京第 1 次印刷
开　　本　880 毫米 × 1092 毫米　1/32　印张 16.75
字　　数　333 千字
印　　数　0,001－5,000 册
定　　价　79.00 元
（印装查询：01064002715；邮购查询：01084010542）

“古典与文明”丛书
总 序

甘阳　吴飞

古典学不是古董学。古典学的生命力植根于历史文明的生长中。进入21世纪以来，中国学界对古典教育与古典研究的兴趣日增并非偶然，而是中国学人走向文明自觉的表现。

西方古典学的学科建设，是在19世纪的德国才得到实现的。但任何一本写西方古典学历史的书，都不会从那个时候才开始写，而是至少从文艺复兴时候开始，甚至一直追溯到希腊化时代乃至古典希腊本身。正如维拉莫威兹所说，西方古典学的本质和意义，在于面对希腊罗马文明，为西方文明注入新的活力。中世纪后期和文艺复兴对西方古典文明的重新发现，是西方文明复兴的前奏。维吉尔之于但丁，罗马共和之于马基雅维利，亚里士多德之于博丹，修昔底德之于霍布斯，希腊科学之于近代科学，都提供了最根本的思考之源。对古代哲学、文学、历史、艺术、科学的大规模而深入的研究，为现代西方文明的思想先驱提供了丰富的资源，使他们获得了思考的动力。可以说，那个时期的古典学术，就是现代西方文明的土壤。数百年古典学术的积累，是现代西方文明的命脉所系。19 世纪的古典学科建制，只不过是这一过程的结果。随着现代研究性大学和学科规范的确立，一门规则严谨的古典学学科应运而生。但我们必须看到，西方大学古典学学科的真正基础，乃在于古典教育在中学的普及，特别是拉丁语和古希腊语曾长期为欧洲中学必修，才可能为大学古典学的高深研究源源不断地提供人才。

19 世纪古典学的发展不仅在德国而且在整个欧洲都带动了新的一轮文明思考。例如，梅因的《古代法》、巴霍芬的《母权论》、古朗士的《古代城邦》等，都是从古典文明研究出发，在哲学、文献、法学、政治学、历史学、社会学、人类学等领域带来了革命性的影响。尼采的思考也正是这一潮流的产物。20 世纪以来弗洛伊德、海德格尔、施特劳斯、福柯等人的思想，无不与他们对古典文明的再思考有关。而 20 世纪末西方的道德思考重新返回亚里士多德与古典美德伦理学，更显示古典文明始终是现代西方人思考其自身处境的源头。可以说，现代西方文明的每一次自我修正，都离不开对古典文明的深入发掘。正是在这个意义上，古典学绝不仅仅只是象牙塔中的诸多学科之一而已。

由此，中国学界发展古典学的目的，也绝非仅仅只是为学科而学科，更不是以顶礼膜拜的幼稚心态去简单复制一个英美式的古典学科。晚近十余年来“古典学热”的深刻意义在于，中国学者正在克服以往仅从单线发展的现代性来理解西方文明的偏颇，而能日益走向考察西方文明的源头来重新思考古今中西的复杂问题，更重要的是，中国学界现在已经超越了“五四”以来全面反传统的心态惯习，正在以最大的敬意重新认识中国文明的古典源头。对中外古典的重视意味着现代中国思想界的逐渐成熟和从容，意味着中国学者已经能够从更纵深的视野思考世界文明。正因为如此，我们在高度重视西方古典学丰厚成果的同时，也要看到西方古典学的局限性和多元性。所谓局限性是指，英美大学的古典学系传统上大多只研究古希腊罗马，而其他古典文明研究如亚述学、埃及学、波斯学、印度学、汉学以及犹太学等，则都被排除在古典学系以外而被看作所谓东方学等等。这样的学科划分绝非天经地义，因为法国和意大利等的现代古典学就与英美有所不同。例如，著名的西方古典学重镇，韦尔南创立的法国“古代社会比较研究中心”，不仅是古希腊研究的重镇，而且广泛包括埃及学、亚述学、汉学乃至非洲学等各方面专家，在空间上大大突破了古希腊罗马的范围。而意大利的古典学研究，则由于意大利历史的特殊性，往往在时间上不完全限于古希腊罗马的时段，而与中世纪及文艺复兴研究多有关联（即使在英美，由于晚近以来所谓“接受研究”成为古典学的显学，也使得古典学的研究边界越来越超出传统的古希腊罗马时期）。

从长远看，中国古典学的未来发展在空间意识上更应参考法国古典学，不仅要研究古希腊罗马，同样也应包括其他的古典文明传统，如此方能参详比较，对全人类的古典文明有更深刻的认识。而在时间意识上，由于中国自身古典学传统的源远流长，更不宜局限于某个历史时期，而应从中国古典学的固有传统出发确定其内在核心。我们应该看到，古典中国的命运与古典西方的命运截然不同。与古希腊文字和典籍在欧洲被遗忘上千年的文明中断相比较，秦火对古代典籍的摧残并未造成中国古典文明的长期中断。汉代对古代典籍的挖掘与整理，对古代文字与制度的考证和辨识，为新兴的政治社会制度灌注了古典的文明精神，堪称“中国古典学的奠基时代”。以今古文经书以及贾逵、马融、卢植、郑玄、服虔、何休、王肃等人的经注为主干，包括司马迁对古史的整理、刘向父子编辑整理的大量子学和其他文献，奠定了一个有着丰富内涵的中国古典学体系。而今古文之间的争论，不同诠释传统之间的较量，乃至学术与政治之间错综复杂的关系，都是古典学术传统的丰富性和内在张力的体现。没有这样一个古典学传统，我们就无法理解自秦汉至隋唐的辉煌文明。

从晚唐到两宋，无论政治图景、社会结构，还是文化格局，都发生了重大变化，旧有的文化和社会模式已然式微，中国社会面临新的文明危机，于是开启了新的一轮古典学重建。首先以古文运动开端，然后是大量新的经解，随后又有士大夫群体仿照古典的模式建立义田、乡约、祠堂，出现了以《周礼》为蓝本的轰轰烈烈的变法；更有众多大师努力诠释新的义理体系和修身模式，理学一脉逐渐展现出其强大的生命力，最终胜出，成为其后数百年新的文明模式。称之为“中国的第二次古典学时代”，或不为过。这次古典重建与汉代那次虽有诸多不同，但同样离不开对三代经典的重新诠释和整理，其结果是一方面确定了十三经体系，另一方面将“四书”立为新的经典。朱子除了为“四书”做章句之外，还对《周易》《诗经》《仪礼》《楚辞》等先秦文献都做出了新的诠释，开创了一个新的解释传统，并按照这种诠释编辑《家礼》，使这种新的文明理解落实到了社会生活当中。可以看到，宋明之间的文明架构，仍然是建立在对古典思想的重新诠释上。

在明末清初的大变局之后，清代开始了新的古典学重建，或可称为“中国的第三次古典学时代”：无论清初诸遗老，还是乾嘉盛时的各位大师，虽然学问做法未必相同，但都以重新理解三代为目标，以汉宋两大古典学传统的异同为入手点。在辨别真伪、考索音训、追溯典章等各方面，清代都取得了巨大的成就，不仅成为几千年传统学术的一大总结，而且可以说确立了中国古典学研究的基本规范。前代习以为常的望文生义之说，经过清人的梳理之后，已经很难再成为严肃的学术话题；对于清人判为伪书的典籍，诚然有争论的空间，但若提不出强有力的理由，就很难再被随意使用。在这些方面，清代古典学与西方 19 世纪德国古典学的工作性质有惊人的相似之处。清人对《尚书》《周易》《诗经》《三礼》《春秋》等经籍的研究，对《庄子》《墨子》《荀子》《韩非子》《春秋繁露》等书的整理，在文字学、音韵学、版本目录学等方面的成就，都是后人无法绕开的必读著作，更何况《四库全书总目提要》成为古代学术的总纲。而民国以后的古典研究，基本是清人工作的延续和发展。

我们不妨说，汉、宋两大古典学传统为中国的古典学研究提供了范例，清人的古典学成就则确立了中国古典学的基本规范。中国今日及今后的古典学研究，自当首先以自觉继承中国“三次古典学时代”的传统和成就为己任，同时汲取现代学术的成果，并与西方古典学等参照比较，以期推陈出新。这里有必要强调，任何把古典学封闭化甚至神秘化的倾向都无助于古典学的发展。古典学固然以“语文学”（philology）的训练为基础，但古典学研究的问题意识、研究路径以及研究方法等，往往并非来自古典学内部而是来自外部，晚近数十年来西方古典学早已被女性主义等各种外部来的学术思想和方法所渗透占领，仅仅是最新的例证而已。历史地看，无论中国还是西方，所谓考据与义理的张力其实是古典学的常态甚至是其内在动力。古典学研究一方面必须以扎实的语文学训练为基础，但另一方面，古典学的发展和新问题的提出总是与时代的大问题相关，总是指向更大的义理问题，指向对古典文明提出新的解释和开展。

中国今日正在走向重建古典学的第四个历史新阶段，中国的文明复兴需要对中国和世界的古典文明做出新的理解和解释。客观地说，这一轮古典学的兴起首先是由引进西方古典学带动的，刘小枫和甘阳教授主编的“经典与解释”丛书在短短十五年间（2000—2015年）出版了三百五十余种重要译著，为中国学界了解西方古典学奠定了基础，同时也为发掘中国自身的古典学传统提供了参照。但我们必须看到，自清末民初以来虽然古典学的研究仍有延续，但古典教育则因为全盘反传统的笼罩而几乎全面中断，以致今日中国的古典学基础以及整体人文学术基础都仍然相当薄弱。在西方古典学和其他古典文明研究方面，国内的积累更是薄弱，一切都只是刚刚起步而已。因此，今日推动古典学发展的当务之急，首在大力推动古典教育的发展，只有当整个社会特别是中国大学都自觉地把古典教育作为人格培养和文明复兴的基础，中国的古典学高深研究方能植根于中国文明的土壤之中生生不息茁壮成长。这套“古典与文明”丛书愿与中国的古典教育和古典研究同步成长！

2017 年 6 月 1 日于北京

目　录

前　言　i

导论：亲属与友谊　1

第一部分　男性之间

第 1 章　希腊：战友、公民、男孩　51

第 2 章　中国：祖先、兄弟、子孙　143

第二部分　男女之间，女性之间

第 3 章　公共节日与家庭仪式　215

第 4 章　桌上与幕后　284

第三部分　女性经验与男性想象

第 5 章　女性以何为歌　351

结论　429

参考书目　442

索　引　490

前　言

先秦中国与古希腊这两大古典文明对人类经验的诸多 vii
领域产生了深远影响。本书研究公元前10—前4世纪中国与希腊社会中的人际关系与情感结构，尤其关注这些关系与结构在不同社交场景以及在性别层面的反映。以文学与历史材料为主的诸多文献资料显示，古代中国和古希腊的男人和女人在家庭聚会、公共节日及宗教宴飨等集体场合投身于对快乐的共同追求。通过考察这些资料，本书力图阐明中希古典文明中不同的社会政治机制、价值体系以及人与人之间的关系模式。

本书的探索超出了中国与希腊比较研究中主流话题的范畴。在这个迅速发展的研究领域中，目前占主导地位的话题为科学、医学、哲学以及史学。[1]通过考察各类宴飨活动

〔1〕 现有文献中有以下这些文章及专著中的章节为例：Keightley（1993），G. Lloyd（1990，第4章），Nylan（2000），Schaberg（1999），Turner（1990），Vernant and Gernet（1980），and Paik and Bell（2004）。关于中国－希腊比较哲学的文章也在下列期刊中时有发表：《中国哲学研究》（*Journal of Chinese Philosophy*），《中西哲学》（*Philosophy East and West*），《道》（*Dao*），及《亚洲哲学》（*Asian Philosophy*）。最近，《中国哲学研究》出了一期特刊（2002年，第29期，第3号），主题为中国与（转下页）

viii 中的人际互动，本书力求呈现一个兼具结构与质地，且比前人之作更富动感、更加具体的中希古代文明写照。

本书探讨性别研究及家庭与女性历史中的重要话题，包括公共领域与家庭领域的关系，两性较量与合作中的动态，同性关系与两性关系之间的相互影响，宗教与仪式在女性生活中的角色，以及女性主体性与男性想象之间的关系。性别关系，以及家庭与更大规模的社会政治秩序之间的关系，至今仍然是跨文化人类经验中最为多变且引发最激烈争议的一个方面。本研究将为理解人类组织方式中某些至今仍具影响的重要历史典范提供一个比较的视野。

最后，我希望我的考察能对以社交活动为切入点解释

（接上页）希腊的比较伦理。专著：Beecroft（2010），陈芳（2001），Jullien（[1995] 2000），Kim（2009），Kuriyama（1999），李志强（2008），刘成林（2001），G. Lloyd（1996，2002，2004，2005），Lloyd and Sivin（2002），X. Lu（1998），Raphals（1992），Reding（1985，2004），Shankman and Durrant（2000，2002），王大庆（2006），J. Yu（2007）。以上仅仅列出了专注于中希比较方面的研究，而未包括某些对希腊传统进行了相当篇幅讨论的汉学著作，比如郝大维（David A. Hall）和安乐哲（Roger T. Ames）有关中国与西方哲学的多部著述（1987，1998，1999）。对不同程度上从中国－希腊传统的并置中获得启发的以往研究，尚冠文和杜润德（Shankman and Durrant 2000：4-8；2002：3-5）曾做过很有用的文献述评。

到目前为止，仅有两篇文章聚焦于古中国与古希腊的性别议题。戴梅可（Nylan 2000）对比了希腊与中国同时期历史作品中刻画的阿契美尼德王朝（公元前 558—前 330 年）和汉代（公元前 206—220 年）贵族女性形象，而瑞丽（Raphals 2002b）则通过对柏拉图、亚里士多德、孔子以及中国早期一些历史与训导作品的讨论，比较了中国与希腊关于性别与美德的概念。

社会组织、价值体系及人类关系的研究有所推动。这种研究路径已经加深了我们对古希腊社会的理解。奥斯温·默雷（Oswyn Murray）和宝琳·施密特－潘特尔（Pauline Schmitt-Pantel）的学术著作就是这方面的范例。[2]西方古典学家意识到需要扩大探索领域以获得更有效的概括性论述以及对个案更深刻的理解，因此已经开始关注与古希腊毗邻的埃及与中东文化。[3]来自中国这另一主要的古文明的研究成果，其贡献将不限于一个重要的案例研究，还会提高社交研究的理论意义。[4]

文本、译文、学术文献、解读路径

本书参考的中国和希腊原始文献以及译本和重要的批评注释都列于参考书目的开头。除非另有说明，否则希腊文本和英译都来自洛布丛书（偶尔有所改动）。中国文献的版 *ix*
本依具体文本而定。*本书中西周诸王的在位时间，遵照鲁惟一（Michael Loewe）主编的《早期中国文本：文献指南》（*Early Chinese Texts: A Bibliographical Guide*，The Society for the Study of Early China and the Insitute of East Asian Studies，University of California，Berkeley，1993，附录二）一书所

〔2〕这两位学者的作品，见参考书目。

〔3〕Dentzer（1982），Murray ed.（1990），W. J. Slater ed.（1991）.

〔4〕默雷（Murray 2000）呼吁在今后的社交研究中将中国加入“古代社会”。

* 本书中译本在参考书目中增加了“希腊文献中译本”一节。其他所有译文皆为本书译者从英文转译而来。此外，中译本删除了一些仅与英译有关的脚注，并且纠正了文献出处和人物生卒年的少数讹误。

提供的系年。

虽然本研究主要使用的是文学材料，但我的分析重点在于这些文献所揭示的中国和希腊社会关系方面的观念与实践。因此，对于善于捕捉文学作品在美学和修辞上的精微之处的读者来说，本书也许会很不尽人意。尽管如此，我相信，这些文学作品为考察古典时期的宴乐生活提供了不可或缺的素材，透过我的分析，读者仍然可以感受到它们所表达的情感是何等丰富和强烈。

本书所触及的问题众多，其中几乎任何一个方面都累积了数量令人叹为观止的学术研究。要想全面、详尽地列举所有文献是不可能的。我只能希望基本做到了征引那些对我所讨论的话题来说最直接相关的文献，那些代表了最具影响的观点的文献，以及那些既包含了最新研究成果也为读者搜寻更早的研究提供了指引的文献。

致谢

本书的基础是我 2004 年完成于芝加哥大学的博士论文。论文委员会的四位教授，余国藩（Anthony Yu）、迈克尔·莫林（Michael Murrin）、拉尔夫·约翰逊（W. R. Johnson）、芮效卫（David Roy），引导我走过了研究的各个阶段。尤其要感谢余老师，在我于海德园度过的漫长学生生涯中，他对我寄予了无限信任。若非得益于他的眼光和他不断的肯定，我是不可能完成如此庞大且高风险的研究计划的。在芝加哥大学之外，李惠仪（Wai-yee Li）和瑞丽（Lisa

Raphals）两位教授慷慨拨冗，阅读了我的论文并且给予了我迫切需要的鼓励。李惠仪教授建议将金文纳入我的中文原始文献范围，对此我尤其感谢。

我于2006年夏重拾博士论文，开始修改，在此后的三年中又走过了很长的路。在修改过程中，众多同人和友人慨然阅读并和我讨论书稿，令我受益良多。在撰写向剑桥大学 x
出版社提交的书稿构想时，吉姆·来科特（Jim Reichert）帮助我厘清了一些重要概念。在一次关于古希腊女性诗歌的交谈中，理查德·马丁（Richard P. Martin）为我提供了不少有用的信息。安德鲁·阿伯特（Andrew Abbott）、安乐哲（Roger Ames）、董慕达（Miranda Brown）、柯马丁（Martin Kern）、李峰、李猛、夏含夷（Edward Shaughnessy）、王斑、余国藩在不同阶段阅读了书稿的部分章节，提出的建议促使我不断思考和推敲。罗界（Geoffrey Lloyd）、戴梅可（Michael Nylan）、皮特·怀特（Peter White）不辞辛劳，阅读了较后一稿的全文并做了详细的评论。在本书接近定稿阶段，陆威仪（Mark Lewis）阅读了全文，提出的意见使我得以修饰了某些论证。我也要对剑桥大学出版社的两位审稿人致以深深的谢意，他们犀利而富有建设性的意见对我的修改起了关键作用，帮助我加强了本书的方方面面。

我万分感谢以上提到的所有同人和友人，感谢他们不吝与我分享自己的知识和见解。在修改过程中吸收他们的批评和建议是一个极有收获的挑战。因我个人的偏见和能力所限，不免有错误和欠妥之处仍未能改正，对此我承担全部责任。

本研究的某些内容曾于2005—2006年间在以下场所做过演讲：瓦尔帕莱索大学基督学院，哈佛大学费正清东亚研究中心，斯坦福大学东亚研究中心。对在场听众所提供的宝贵反馈，我表示感谢。在此我还应向翟尔斯·怀亭夫人基金会（Mrs. Giles Whiting Foundation）致以谢意，他们提供的一笔奖学金帮助我度过了论文写作中的一个关键转折期。此外，我的责任编辑贝娅特丽斯·雷尔（Beatrice Rehl）从一开始就对本书给予了热情的支持，文字编辑苏珊·格林伯格（Susan Greenberg）最后仔细地校改了书稿，我对她们二位表示真诚的谢意。

最后，对赵鼎新说一声大大的感谢。他不知疲倦地劝告我这个悲观主义者，试图让我相信，在归根结底来说微不足道的人生中，学术研究也许最有可能让我找到一点意义。他以不变的同情态度见证了本研究的不断嬗变，他一直是最能激发我灵感的批评者。谨以本书献给他和我生活中的其他支柱：我的父母、弟弟、妹妹，以及吴学昭——我二十年来的良师挚友。

童可道、赵荔、黄小谊为本书的翻译付出了巨大心力，我对他们三位表示衷心感谢。

导论：亲属与友谊

本书研究的各种社会关系一般被称作“亲善关系” 1
（amiable relations），其特征是一种能够“令个体产生某种情绪，或至少假装产生该情绪，进而做出利他行为的道德约束感”。[1]“亲善关系”分为两大类：亲属与友谊。[2]尽管两者有时候可以混同，比如在所谓仪式化的亲属关系或者仪式化的友谊中，[3]然而这两种面向群体的情感在多数实际情况下不仅可以被区分开来，而且有着不同的制度基础。在政治理论和人类学模型中，两者的定义往往互为参照，甚至被拿来做对比。友谊通常被看作一种“获得”的关系，独立于“派定”的亲属纽带，构成了一种具有超越性质的“人类团结”

---

〔1〕 Pitt-Rivers（1973：90）.

〔2〕 Pitt-Rivers（1973）. 学界在叙述西方古代的社会群体时广泛引用了这一分类模式，例如 Konstan（1997：1-8）和 Murray（1982：48）。

〔3〕 一般来说，两种现象的重合在现代社会中更加突出。这种重合更多是在各方当事人对其关系的理解层面上的，而非指关系本身。有关社会学家在研究中如何处理当代亲属关系和友谊关系的个案研究，可参看 Allan（1979，1996）。在其对古希腊仪式化友谊的研究中，赫尔曼（Herman 1987：10）将仪式化友谊定义为“来自不同社会单位的个体在物品和服务交换过程中建立的团结关系”，并分析了仪式化的友谊与亲属关系，以及仪式化的友谊与一般友谊之间的共同点。

范畴。[4]

以独立自主、努力获得为特征的友谊关系，与人为规定、“自然”确立的亲属关系间的对立，对于社会进化论有着十分重要的意义。在19世纪占据统治地位的社会进化论
2 至今仍对学界和公众有着深远的影响。按照该理论，公民社会的形成标志着打破了古代社会秩序，实现了从唯地位论（status）到讲求契约精神（contract）的进步。[5]公民社会实现了个体与家庭的分割，个体出于相互的责任团结在一起，效忠于统一的集体。希腊城邦制度下，公民社会的成员按照平等、竞争的原则交往，城邦制度因此被奉为现代西方民族国家的先驱。[6]这一观点印证了依迪斯·汉密尔顿（Edith Hamilton，1867—1963）有关古希腊现代性的著名言论。[7]希腊人把公共的政治领域与私人的家庭领域区分看待，更重

---

〔4〕 Konstan（1997，第1章）。

〔5〕 Elshtain（1993，导论）；Pateman（1988，第1—2章）；C. B. Patterson（1998，第1章）；Rosaldo（1980：401-405）。19世纪支持社会进化论的名家包括约翰·雅各布·巴霍芬（1815—1887）、路易斯·亨利·摩尔根（1818—1881）、弗里德里希·恩格斯（1820—1895）、亨利·梅因（1822—1888），以及甫斯特尔·德·库朗日（1830—1889）等等。“从唯地位论到讲求契约精神”的著名论断出自亨利·梅因（1861）。

〔6〕 Redfield（2003：10-11）.

〔7〕 参见汉密尔顿具有广泛影响的《希腊精神》（*The Greek Way*）一书。该书出版于1930年，其后经过一次修订，并多次重印。“世所公认，希腊人是属于古代世界的……然而这仅仅是时间线意义上的，因为他们不具备任何那个时代的特征……在他们之前，周遭的伟大文明没有一个为他们提供了可以仿效的对象。是他们打开了一个全新世界的大门，他们是第一批西方人。西方精神，也即现代精神，是希腊人的发明，希腊人是属于现代世界的。”（Hamilton 1943：18-19）

视努力获得的，而非人为设定的身份。从这个意义上说，希腊人只在历史年代上属于古代，而实际上应该算作现代人。作为对比，依照社会进化论，中国是停滞与落后的代名词，数千年来始终建立在宗族组织和家庭伦理之上。在中国，没有任何一种社会、政治或者宗教可以超越亲属关系，产生出能与家庭势力抗衡的公民关系和对应力量。家庭对中国社会的主宰涵盖了方方面面，直到近现代中国被迫开始与西方交流。从 19 世纪到 20 世纪，无论是在西方的东方学家，还是在有着爱国主义情怀的中国知识分子看来，长期以来家庭在政治体系和价值体系中的核心地位是中国社会落后的根源，象征了一成不变的中国与进步的西方世界之间令人绝望的反差。[8]

鉴于古代中国和希腊在以亲属与友谊为基础建立的进 3
化论比较模型中的特殊重要性，在比较父系亲属关系在中国的基石地位和以友谊为基础的关系在希腊的优先地位之前，有必要就本书立论所预设的一个前提做一下说明。古代中国和古希腊在社会组织形式和价值体系方面有着重要的差异，但这些差异不意味着我们应当用进化论的眼光来理解这两个古代社会及其继承者。先秦时期的中国人和古希腊人在组织

〔8〕 格奥尔格·威廉·弗里德里希·黑格尔对于这一观点的传播发挥了最重要的作用（Saussy 1993：162-163）。兰迪斯（Landes 1982）曾简要探讨了黑格尔的家庭观。关于进化论思想如何影响 19 世纪末、20 世纪初中国顶尖思想家的论述，参见傅佛果和沙培德辑录的汇编（Fogel and Zarrow 1997），尤其是 Liu and Liu（1997）以及 F-S. Wang（1997）两文。对中国历史上家庭制度的统治地位有代表性的现代批判，可参见 Glosser（2003，第 1 章）以及梁漱溟（2003：18-22）。

社会与处理人际关系和性别关系上都尝试了诸多方式，在追求美好生活的其他方面也是如此。在对这两大文明的比较研究中有一种两极化的倾向，即把中国和希腊截然对立。包括本书在内的研究都应特别留意对这种倾向的批判。[9]亲属与友谊是先秦和古希腊两种主要的社会关系，这也是从古至今为我们所知的每一个社会中的情况。把某个社会描述成以亲属关系为导向，将另一个说成以友谊为导向，无非是在描述一种相对的差异。此外，如果我们不能对亲属与友谊做进一步的划分，不去分析这些关系是如何分化为不同的亲和与矛盾关系，不研究家庭和亲属关系网内外各种关系之间的相互作用，那么比较研究就会变得苍白无力。因此，我们只有在了解差异的相对性，理解进一步拆分两大主要亲善关系类别的必要性，并且研究了两大类之间以及不同细分类别之间复
4 杂相互关系的前提下，才可以着手比较先秦与古希腊的人际和两性关系。

本书以下面的几个问题作为出发点：在先秦时代的中

---

〔9〕三位著名的比较学者，郝大维（David Hall）、安乐哲（Roger Ames）以及于连（François Jullien）因为用两极化的范式来描述中国和希腊（诸如审美 / 理性，具体 / 抽象，委婉 / 直接，自然 / 自由等）曾受到严厉的批判。尤其是于连，他把中国和希腊 / 西方看作对立的存在，认为中国可以为西方读者提供“理论思考的距离”，帮助他们更好地理解自己的传统，因此受到尖锐的批评。有关此类批评，可参看 Billeter（2006），Van Norden（2000），Reding（1996），Salkever（2004），Saussy（2002），L. Zhang（2005），H. Zhao（2007）。另一方面，尚冠文和杜润德（Shankman and Durant 2000：6-7）称赞郝大维和安乐哲避免了对两大传统进行过于简化的处理。

国与古希腊，家庭和其他社会领域（从政治到宗教）之间的联系存在哪些差异？如果说性别隔离是社会组织的重要原则，家庭是女性主要的活动场所和发挥影响力的领域，那么在两大男权社会中，这些差异又会对两性关系产生怎样的影响？在先秦和古希腊，“亲属”和“友谊”可被细分为哪些类别？其中存在哪些亲和与冲突模式？最后，在两大古代社会中，家庭内部亲和与冲突的产生原因与表现方式，是映射了更广阔的社会中的各种亲和与冲突关系，还是两者并不相同？

为解答上述问题，我将研究对象设定为先秦和古希腊的各类社交活动。这些社交活动致力于培养集体层面的社会联系，为男男女女提供行动和互动的舞台。一方面，社交活动有着聚集人群的作用；另一方面，由于两个社会都实行性别隔离，男女的日常行为都受到限制。出于这两方面的考虑，节日、合唱、宴会等社交活动是我们考察男女交往的理想平台。此外，把希腊和中国的两性关系放在不同社交场合进行考察可以拓宽我们研究性别问题的视角。集体对于快乐和团结的追求深深地嵌入先秦和古希腊的宗教、政治、伦理生活中。正因为此，从先秦和古希腊独特的社会政治组织形式和价值观入手探索社会领域之间的联系，可以帮助我们理解两大社会中的两性关系。

在导论接下来的部分里，我将首先对一些基本的术语和概念进行定义，交代相关的历史背景，然后简单介绍全书的主要论点，以及运用的一手材料和章节安排。我也希望借此明确本书的研究目标，厘清本书所用材料和方法的适用范围，同时也指出其局限性及其对本研究产生的影响。

年代与地域

本书的研究对象跨越了相当长的时段，大抵在公元前10世纪到公元前4世纪间。按照中国和希腊常规的历史分期法，这六个世纪可分为如下（表1.1）所示的几个主要历史时期。

5 **表1.1　历史时期（约公元前10世纪—前4世纪）**

中国		希腊	
约公元前1045—前771年	西周	公元前12—前9世纪	黑暗时代
公元前770—前256年	东周	约公元前800—前480年	古风时期
公元前770—约前450年	春秋	公元前480—前323年	古典时代
约公元前450—前221年	战国	公元前323—前31年	希腊化时代

在本书所涉的长达六个世纪的时间里，地缘和政治层面上的“中国”和“希腊”是两个不断变化的概念，而非统一的地域或者政治实体。虽然古中国（约公元前1000—前450年）和古希腊（约公元前800—前300年）都经历了地域上的巨大变化和传统内部的历史变革，但我将试图说明两者在何种意义上仍然构成了两个各有特色的文明。

希腊黑暗时代末期王权崩溃后，数以百计的城邦（*poleis*）出现在希腊的大地上。此后直到希腊化和罗马帝国时期的数百年间，城邦一直是希腊政治制度的标志性特征。[10]本书探讨的广袤的希腊世界包括希腊本土、爱琴海诸岛、小亚细亚沿海、意大利南部和西西里岛以及北非地区。[11]在中国，西周王室起初对其领导的一系列诸侯国实现了相对强有力的统治。这些诸侯国的统治者均为宗室或是盟友，作为王室在地方的代表，在民政、法律、军事等领域均享有相当大的自主权。在西周建立近一个世纪之后，最迟于公元前 771 年（是年，周天子与来自草原的入侵者和周朝内部怀有不满情绪的贵族组成的联盟交战，死于一次军事行动，王室东迁，东周肇始），各诸侯国逐渐实现了军事和外交上的独立。到了春秋末期，周王室仅能维持名义上的权 6
威。[12]本书中讨论的此一时期的中国以北方的平原地区为中心，南抵长江流域，东达沿海地区。

无论是先秦还是古希腊都未曾实现政治和地域上的统

---

〔10〕默雷（Murray 1980：64）认为，“具备主要特征的城邦在黑暗时代晚期之前就已经出现了”。有关城邦制度的材料和通史性著作，参见 Ehrenberg（1969），Jones（1940），Murray and Price（1990），以及 Rhodes（1986）。在摩根斯 · 赫尔曼 · 韩森（Mogens Herman Hansen）的主导下，自 1993 年创建起，哥本哈根城邦研究中心发布了大量有关城邦特征与发展的研究成果（详细的出版列表参见 Hansen and Nielsen 2004：191-193）。有关城邦在韩森提出的所谓“城邦文化”中的独特性，参见本章下一节。据估计，在约公元前 650 年到公元前 323 年之间，一共出现过大约 1500 个城邦（Hansen 2006：1-2）。

〔11〕芬利（Finley 1977：17）认为“希腊世界”这个概念与中世纪基督教世界以及当今“阿拉伯世界”的说法有相似之处。

〔12〕据估计，西周早期约有超过一千个诸侯国，而到了春秋晚期，经过持续的战争和吞并，诸侯国的数量锐减到了数十个（吕文郁 2006：20-21，150-151）。

一。然而在面临外部威胁时，各诸侯国和城邦却表现出对一种独特文化传统的认同，这种认同的根源正是各国、各城邦之间共有的文化纽带。按照希罗多德（约公元前 484—前 425 年）的说法，一篇据说是公元前 5 世纪希波战争期间雅典人发表的演讲提到所谓的“希腊元素”（*to Hellēnikon*），其界定标准就是共同的血缘、共同的语言、共同的宗教信仰、共同的风俗习惯（《历史》8.1.144）。尽管这种声明未必站得住脚，也并不一定适用于所有地区、群体和历史时期，但我们很难质疑“希腊精神”或者泛希腊身份认同的存在。尤其是从观念的角度去看（不管是当时的希腊人和其他人的观念，还是后世人的观念），而非只是单纯关注史实，这种说法就更有其合理性了。[13] 哥本哈根城邦研究中心的成员在过去的十几年中通力合作，得出一份古风时代和古典时代希腊城邦的名单。据此，摩根斯·赫尔曼·韩森（Morgens Herman Hansen）认为，“希腊人有共同的文化，坚定地认为他们是一个统一的民族。这足以证明诗人波赛迪波斯（Poseidippos）提出的所有 1500 多个城邦同属一个文化共同

〔13〕就希罗多德提出的希腊人属于同一种族的观点，芬利（Finley 1984：8）指出，尽管古希腊人经过了“彻底的混血”，但社会学和历史学意义上的“种族”更看重信仰层面的因素，而非科学。芬利（Finley 1977：18）还合理地指出，“文明共同体并不要求绝对的身份认同”。按照他的理解，“[不同地区希腊人的] 方言、政治体系、宗教信仰以及伦理观念等等都存在着差异。这些差异在边缘地带会显得更加突出，但这绝不意味着差异在中心地带就消失了。在 [希腊人] 看来，与他们之间的共同点相比，这些差异微不足道”。韩森（Hansen 2006：36-37）也从类似角度支持了希罗多德的观点。

体的观点，即‘城邦有许多个，但希腊只有一个’”。[14]

我们应该用同样的思路来理解中国传统的统一性。除 7
了各诸侯国独立发展出来的地区性文化，中国存在一个“深层的、共有的政治与宗教思想体系，以及同构的精英阶层社会组织形式”。[15] 值得一提的是，恰恰是在春秋时期，这一现象变得愈发普遍和显著。随着西周的覆灭，原来有助于文化凝聚力形成的中央政治权威不断削弱，直至彻底消亡。尽管，一个跨地域、跨社会阶层但在文化上高度同质的中国的概念在本书研究的时段内并不适用（其实也不适用于公元前221年以后两千年的整个帝制时代），但是周朝仍然经历了一个“渐进的兼并、融合过程，实现了从相对差异到相对统一的转变”。这一过程发生在政治动荡时期，验证了文化融合的强大力量和独立性。[16]

本书在时间上跨越六个世纪，其中古风时期和古典时期（约公元前800—前300年）是研究希腊部分的重点。尽

---

〔14〕Hansen（2006：37）.

〔15〕Falkenhausen（1999：542-544）.

〔16〕此据布雷克利（Blakeley 1977：221）对春秋时期各国社会政治传统的长篇研究。李峰（F. Li 2006：294）将春秋时期对周代礼制体系认可度的逐渐增加描述成“一个自然的过程，在这个过程中，周代的共同文化传统在各新兴的地区性政治中心得到了尊崇和延续”。陈来（2006：18，80）把春秋时期的文化描述成一个双重过程。一方面，周文化的内涵得到了拓展和提炼；另一方面，经历了一些转变和新发展。尤锐（Pines 2002：132-135）指出，尽管在政治上属于分裂期，但春秋时期周朝境内各区域的联系变得更加紧密。他认为，该时期的文化发展为战国时期各诸侯国对于统一事业的追求埋下了种子。

管这一时间段的选择极其常见，[17]但我把重点放在这两个时期并且不时把希腊化时期纳入考察范围有两个原因。

其一，亚历山大大帝（公元前356—前323）在位之
8 前与之后的希腊社会生活呈现出一种显著和强大的延续性。后世在社交和两性关系方面的所谓新发展，往往不过是之前某些已经存在的现象的不同形态或者说更清晰的体现，且都能够在此前的两个时代中找到丰富的记载。有学者指出，当下流行强调希腊化时期所发生的变化，不同于此，公元前3世纪至公元前2世纪其实延续了古典时期希腊公民生活与私人生活的理念和制度，真正意义上的变革要等到之后才发生或者变得比较明显。[18]第二个原因是，希腊社交模式和两性关系中最显著的特征在古风时期和古典时期就已经充分体现，因此把这两个时期与中国传统做比较也最有启发性。例如，从古典学家的角度去看，对肯尼斯·窦佛（Kenneth Dover）关于希腊同性恋（homosexuality）的经典著作的批判是合理的，因为该书没有将后古典（postclassical）时期纳

〔17〕虽然近来对希腊化时期的关注有所增加，但在研究希腊历史与社会时，更常见的做法仍是把重点放在从荷马到亚历山大大帝之间的近四个世纪，这段时期通常也被认为最能代表古希腊的成就。对古风时期和古典时期的重视并不意味着学者忽视希腊化时期对于希腊文明扩张的重要性。毫无疑问，我们不能把后世的所有发展都看作古风时期和古典时期传统的单纯延续。

〔18〕Gauthier（1985），Shipley（2002，第3章），Van Bremen（2003）。希腊化各国相当完整地保存了各项民主制度，包括公民大会、议会、法庭等等。宗教节日、竞技活动和体育运动对人们的吸引力也没有减弱。另参见下文注释〔34〕。

入研究范围。窦佛这样做的原因是他认为“希腊文明的特征在古典时期结束前就已成型”，所以“没有必要进一步累积［来自后古典时期的］材料，这种累积结果只能证明，具有鲜明希腊特色的观念和行为作为希腊罗马文化综合体的一部分延续了很长时间”。[19]然而从比较研究的角度出发，研究希腊的社交模式和两性关系最合理高效的方法就是把重点放在古风和古典时期。这两个时期不仅是希腊人眼中希腊文明的高峰，给西方文明带来的影响也最为深远。我将希腊化时期引入讨论，主要是为了寻找补充性和支持性论据以及说明希腊传统中某一方面的延续性。

在中国方面，本书以西周和春秋时期为中心（约公元
前 1000—前 450 年）。传统的中希比较研究并不重视西周时
期，也就是早期中国最伟大的一批思想家诞生之前的数百
年。西周时期对中国文化的重要性毋庸置疑，尤其是在社交
模式和两性关系方面。西周确立了中华民族的民族主体，奠 9
定了政治、伦理、宗教、礼法和仪式等领域的基础制度。这
些制度在之后的岁月里不断地变迁与革新，直到 20 世纪初
中国历史上最后一个王朝被推翻，人们始终将西周看成中华
文明的黄金期。[20]本书证实了西周是确立中国社交与两性关
系体系和原则的关键时期。春秋时期对于本书同样关键：尽
管政治上不统一，文化上也呈分裂状态，但在这一时期，西

［19］Dover（1978：4）. 关于对窦佛简单地将研究年代限定在了古风和古典时代的批判，参见 Percy（2005）。

［20］Falkenhausen（2006），Hsu（2005：456），F. Li（2006：293-296）.

周的种种文化理念以稳健并且常常富有创造力的方式被提炼和传播。

这并不是说战国时期未曾在西周遗产的基础上创造出新型的重大文化整合。我在这里并不打算重申为何要在研究希腊传统时对希腊化时期做简化处理，而仅引用罗泰（Lothar von Falkenhausen）对西周和春秋战国时期的论述："随着西周时期各种制度面临的挑战不断升级，零星的变化应运而生。即使战国时期彻底的文化转型也没能摧毁青铜器时代文化遗产的核心部分，而是将其完整地保存了下来。"〔21〕

摩西·芬利（Moses Finley）在《希腊的遗产》（*The Legacy of Greece*）一书的导言中宣称，在界定希腊人留下的遗产时，"地点和地域大多无关紧要"。〔22〕古典学家和其他领域的学者如今也许不再全盘接受类似的观点，而认为更重要的是留心地点差异与时间差异，从而加深我们对某个具体传统的了解。但是我认为，我们仍然需要关注那些超越内部差异和变化的东西，去分辨某一传统中重要的具有延续性

〔21〕Falkenhausen（1999：543）. 罗泰（Falkenhausen 2006）考察了从西周初年到战国时期社会组织体系发生的变化和差异。其论述着眼于宏观地描述周代中华文化圈不断加深的内部融合，及其与外部世界逐渐清晰的界限。李峰（F. Li 2006：293-294）引用了罗泰（Falkenhausen 1999：543）的观点并表示认同。陆威仪（Lewis 1997）认为在仪式和意象层面同样存在着这种现象，战国时期谋求改革的君臣在创造新制度时借鉴了周代的礼制，是改革家的思想和使用意象之源头。

〔22〕Finley（1984：2）.

的模式以及各传统之间的突出差异。[23]史华慈（Benjamin Schwartz）考察了宏大概括与变化-差异之间的关系，发现自身陷入了平衡的困局：一方面强烈倾向于“探索中国文化的历史变迁和其中的新元素”，另一方面则力图去辨识“那些或多或少地长期存在、占主导地位的文化取向”。史华慈点评政治秩序在东亚社会中无与伦比的地位和重要性时指出： 10

> 事实上，这两种趋势可能并非相互排斥的关系。居于统治地位的文化取向作用于宏观层面，这一特性在我们将研究范围扩大到整个中国史之时便会清晰显露。这种宏观层面的文化取向，能够与其辽阔疆域之内发生的种种巨大并且重要的变化并存。[24]

读者将会看到，本书中出现的形形色色的人物来自中国与希腊的各个角落，时间跨越数个世纪。通过他们，读者能够了解底比斯人、斯巴达人、莱斯沃斯人以及雅典人的社交模式和两性关系如何汇拢成一个希腊模式，了解该模式所

---

〔23〕在题为《古希腊文化内部的多元文化：交流、冲突与协作》（*The Cultures within Ancient Greek Culture: Contact, Conflict, Collaboration*）的会议论文集中，窦俄蒂与库珂（Dougherty and Kurke 2003：6）提倡对希腊文化中的多元性进行研究，借此了解不同亚文化之间的交流、冲突与协作是如何“共同打造了我们观念中的‘希腊性’。从全面的视角看待‘希腊性’可以帮助我们正确理解希腊文化的统一性，避免认为希腊文化‘是一种简单、纯粹、毫无争议的存在，是西方文明的起点和源头’”。这种思路对于先秦研究同样适用。

〔24〕Schwartz（1987：1）.

包含的各种习俗和思想，与齐、楚、秦、宋、晋、郑、鲁等地接受的中国模式究竟有何不同。当然，各种特例和矛盾会阻碍我们用上述这种二分范式来阐释先秦与古希腊的各种现象。特例和矛盾值得专门研究，它们的存在充分证明了人类经验惊人的丰富性以及先秦和希腊文明的复杂性。尽管如此，去发现与纪念这两个古代社会中曾经鲜活存在的男男女女独特的生活方式和组织、思维模式，正是我们以一种特别的形式向他们致敬。

城邦与宗族

谈及希腊古风时期和西周时期在社会政治与文化领域
11 最为人所知也是最重要的发展，人们多半会想到城邦的兴起
和宗法制的诞生，这两大发展被认为决定了古风时期和西周时期在希腊和中国文明史上的地位。这两项制度在社会结构、政治思想以及伦理观念方面的差异对本书来说非常重要。

近来，城邦（*polis*）被定义为“一个由人，或者更准确地说，由公民组成的集体（Bürgerverband），在一定的地域范围内，遵循一定的信仰、风俗和法律，实行部分或者完全的自治”。[25]对全民参政的重视可以说是希腊城邦与古代其他地区诸多城邦之间最大的区别，以至于有人认为，“公民国家”（citizen-state）的表述更能体现出希腊模式的独特

〔25〕Raaflaub（2005：269）.

性。[26]以男性公民为中心的城邦制度作为一种全新的社会结构被认为出现于公元前 8 世纪。伊安·莫里斯（Ian Morris）写道："虽然新体制在地域和时间层面存在相当大的差异，同时还要面对其他社会体制的竞争，但其依然延续了五百年之久。"[27]

公民社会是城邦的本质。长期以来，这一点被认为对希腊社会的家庭制度和亲属关系产生了深远的影响。按照起源于 19 世纪、至今仍被广泛接受的社会进化论，作为一种政治（political 一词的字面意思即为"城邦的"）制度兴起的城邦制解除了亲属关系、家庭以及其他传统形式的纽带对于个人的控制，打造了一种由平等、自由的个体组成的新型集体组织，在该组织中公民轮流统治和被统治。规定性和等级性是以亲属关系为基础的社会组织形态的特点，而公民社会则讲究人人平等，地位由个人的成就决定。从前者到后者的转变被认为是一种进步，体现了希腊人超前的现代性。 12

---

〔26〕Raaflaub（2005：269）. 相关著作另可参见：Hansen（1998：57-62），Morris（1987），Vernant（1980，第 4 章）等。上述学者着重从意识形态的角度讨论了作为一种政治组织（即公民的总和）存在的城邦。拉甫劳布（Raaflaub 1998）及其他古风时期希腊研究的权威认为"公民国家"制度是"希腊人的独特创造"，虽然这一时期希腊在诸多方面受到了来自地中海和近东地区其他毗邻文化的影响。

〔27〕Morris（1992：27）. 拉甫劳布（Raaflaub 2005：270，275-276）提出了类似的观点。习力（Sealey 1987：92-96）论证了希腊诸城邦在政府体制上的相似性。包括默雷（Murray 1980：57-68）和拉甫劳布（Raaflaub 1993）在内的学者认为，城邦制度的核心要素早在荷马时代就已经出现了，比如基本的聚居形式，公民大会和长老会的决策机构，以及宗教仪式。

学界近来对这一来自 19 世纪的理论所预设的前提提出了严肃挑战。一是质疑集体式亲属组织在城邦时代之前的主导地位，二是辩驳所谓家庭在城邦兴起后就全面退出的观点。有学者指出，古风时期和古典时期的希腊不存在以亲属关系（无论是真实的还是虚拟的亲属关系）为纽带，有着共同财产和共同宗教信仰的单系继嗣群体。[28] 此外，他们证明新兴的公民势力并未“瓦解”原有的家庭体制，在整个希腊史上，家庭一直是城邦繁荣稳定的重要因素。[29] 公民社会的崛起，超越而非取代了民众在家庭和其他与公民社会构成竞争关系的团体和社会关系中的角色，以及对它们的认同。伴随着城邦的诞生，出现了公共空间（*koinon* 或 *koinonia*），即公民活动的场所，包括公民大会、市政广场、圣所、体育场等。公共空间在人们心中的权威超越了家庭，获得了人们更高层次的忠诚。[30] 希腊化时期，在新实行的君主制下，随着城邦制在政治上的衰落，家庭的重要性据说相应得到了提升。里特・范・卜莱门（Riet van Bremen）这样描述家庭在

〔28〕Bourriot（1976），Donlan（2007），C. B. Patterson（1998：47-50），Roussel（1976）. 学者常用世系（lineage）和宗族（clan）来指代集体性宗族体制。根据罗杰・基星（Roger M. Keesing 1976：251）的定义，“世系是一种通过追溯与父系或者母系某个确知的共同祖先之间一系列的联系来确定成员身份的继嗣群体”，而“宗族是规模更大的一类继嗣群，其成员认为他们共同拥有某个祖先，但其成员间的具体关系不明确”。

〔29〕这是帕特森（C. B. Patterson 1998）在揭示进化论的不合理性时提出的主要论点。

〔30〕Freeman（1999：90）；Herman（1987）；Schmitt-Pantel（1990b）；Vernant（1982，第 4 章）。

希腊化时期的公民意识形态中的地位：

> 在公共领域内，来自各个家庭的成员按照性别和年龄重组，某种意义上形成了一个由公民组成的大集体式家庭。出于公民活动的需要，家庭成员分别融入由男性（*neoi*，年轻男性，组成了一个重要的独立群体）、女性（被称为 *gynaikes* 或者 *politides*）、不同年龄段的男孩（*paides*，少年；*epheboi*，16—19 岁的少年）以及未婚少女（*parthenoi*）组成的集体。这种功能性的区分不仅影响包括宗教职务在内的公职任免，还为公民与宗教仪式以及（未来）公民教育和涵化（acculturation）提供架构。[31]

范·卜莱门指出，上述希腊化时期家庭的地位对其他 13
时期的希腊社会同样适用。[32]在城邦制的公民思想中，自然意义上的家庭被分割，重组成一个由公民构成的大家庭。民众在公民集体内的身份（男性、女性、少年、未婚少女，每一类的身份和职能均不相同）被叠加在亲属关系之上。家庭和亲属间的纽带固然是维护城邦团结的基础，但每位男性、女性、男孩、女孩**各自**还有一重公民意义上的身份，效忠于他们所属的公民集体。这些集体联合在一起，组成一个

---

〔31〕Van Bremen（2003：322）.

〔32〕Van Bremen（2003：323）.

凌驾于所有家庭之上的“公民大家庭”。虽然亚历山大东征之后，民众对政治的热情发生了转移，把家庭放在更重要的位置，[33]但我们在解释这一变化时需要考虑到希腊化时期的公共空间仍然占据重要地位。用范·卜莱门的话来说，事实上，“公民式家庭理念”（civic family thinking）在亚历山大之后的几个世纪里达到了巅峰。一批致力于培养和表达男性、女性、男孩、女孩独立公民身份的公共机构蓬勃发展。[34]

简而言之，从古风时期到希腊化时代中期，尽管政府体制和权力分配模式经历了变革，但希腊诸城邦的公民在生活中延续了强烈的“公共空间”参与意识。由于年代和地域不同，不同类型的集体活动在培养“公共空间”参与意识方面所发挥的作用也不尽相同。[35]这些集体活动有些属于严格意义上的政治活动，有些则是非政治性的，此外还有其他类

〔33〕有关希腊化时期家庭以及女性生活变迁的研究，可参见 Fantham et al.（1994，第 5 章），C. B. Patterson（1998，第 6 章），Pomeroy（1997）。

〔34〕Van Bremen（2003：323，329）. 雅典历史上，为正式成为公民前的年轻男性提供军事训练的机构被称为“埃弗比”（*ephebeia*）。透过埃弗比的历史，我们可以了解到在新时期发生了哪些变化，又有哪些保持不变。尽管在公元前 2 世纪之后，埃弗比的军事意义就消失了，但作为一个为年轻男性提供运动和体育竞赛培训机构的埃弗比继续存在，构成了后古典时代希腊化的一股强大力量（Garland 1990：185；Hadas 1959：26；Shipley 2000：130）。公元前 4 世纪之后还出现过与演变中的埃弗比相类似的由年轻男性组成的团体，其主要功能大抵不外乎鼓励以集体活动为主的竞赛（Garland 1990：202）。有关其他历史更悠久的机构，如体育场、市政广场、剧场、圣所等，在希腊化时期的重要演变，参见 Hornblower（1991：275-276）和 Shipley（2000：86-87）。

〔35〕社会进化论大多关注公民大会和法庭等政治制度内的活动，对诞生于古希腊、独立并且有着超然地位的公众领域给予高度评价。

型的活动。地位最高的始终是那些以巩固不同公民集体之间 14
的团结和集体内部团结为出发点的活动。[36]即使是民主制度下，[37]权威关系（精英阶层与民众的关系以及精英阶层内部的关系）也始终是集体在追求团结时不可分割的一部分，但是，只有通过公民之间的平等竞争才能建立起一个富有凝聚力和活力的理想公民社会。这种平等不仅是个人意义上的平等，也是不同规模、不同性质的公民群体之间的平等。

西周时期中国各个社会领域之间的关系充分体现在宗法制当中。贵族阶层通过这一制度来管理其内部的政治和经济关系，其本质是一种亲属结构，以宗教和仪式方面的规范为基础。[38]宗法制的基础是大宗和小宗的区分。大宗通过正妻所生的长子传承，[39]小宗则通过庶子（嫡子之外的其他儿子）传承。与小宗相比，大宗不仅可以优先继承政治权力，在经济、宗教、仪式方面也享有特权。[40]我们可以把这种以宗法制为基础的等级性亲属制度看作一株枝干众多的大树，每一个小宗又形成大宗，由各自的宗子及其后代组成，

〔36〕施密特－潘特尔（Schmitt-Pantel 1991b）在考察古风到古典时期公民社会的性质时，探讨了不同集体活动的地位变化。

〔37〕J. M. Hall（2007：46）；Ober（1989）.

〔38〕我将在第 2 章中讨论一般民众是如何被吸纳到以宗法制度为基础的周代社会和政治思想体系中的。

〔39〕周代君主和上层官员通常有一位正妻和多个地位较低的配偶。我将在第 4 章中讨论一夫多妻制度及其对中国两性关系的影响，并比较其与希腊小妾制度的不同。

〔40〕许倬云（Hsu 2001，第 5 章）；钱杭（1991）；钱宗范（1989：72-95）；杨宽（1999，第 6 章）；朱凤瀚（2004：309-337）。

小宗内部的嫡庶关系同样根据直系父系继嗣原则来确定。[41]宗法制与当时政治体系的结构相对应。在该政治体系下，君
15 主赐予族人和盟友土地、爵位，且宗室成员的封地大多是一国的战略要地。这些受封者的后代以及跟他们关系较近的勋贵也能获得封号和其他特权（随着春秋时期诸侯国的不断扩张，土地也逐渐用来赏赐）。在这样一个锥形体制中，正常情况下每一层级的统治者都应该是嫡长子，所有的臣属都是他的叔伯、兄弟、堂兄弟以及侄子。[42]诚然，地区性的差异不可避免，尤其是在秦、楚等原本处于周文化辐射圈边缘的诸侯国，但理论上，上述大宗与小宗的区别是所有认同周王室权威的诸侯国实行政治体制的基础。周天子的重要性体现在其既是政治身份，也是家庭身份，作为开国君主的直接继承者，有资格领导其族人和盟友。[43]

宗法制不仅融合了政治和家庭制度，还有祖先崇拜作为宗教层面的支持。考古资料显示，祖先崇拜可能自新石器时代起就已成为中华民族最重要的“宗教媒介”。[44]周代在祖先崇拜方面的创举是把小宗的祖先排除在祭祀体系之外，坚持

---

〔41〕《诗经》中，以纪念西周伟大开国君主周文王为主题的《大雅 · 文王》第二章里就有这一意象。“亹亹文王，令闻不已。陈锡哉周，侯文王孙子。文王孙子，本支百世。凡周之士，不显亦世。”

〔42〕吕文郁（2006）的研究全面介绍了周代历史上的分封制。

〔43〕李峰在其最近的著作中将西周描述为一个“实行亲属分级授权制的聚落式国家”（delegatory kin-ordered settlement state），周天子以亲属结构为基础将政治权力授予各诸侯国，将“家族的社会组织形式迁入政治组织当中”（F. Li 2008：296）。

〔44〕Keightley（1998）.

大宗的父系宗祧群体在礼法上的核心地位。[45]在族长的带领下，同一父系家族的成员每年须按时参加祭祖，目的在于培养家族内部团结，强化各人基于其宗族谱系内的角色而决定 16
的社会身份和职责。周天子及其下属在宗庙内祭祀的场景不仅体现了家庭秩序与社会政治秩序的对应关系，还体现了宗教在其中的作用：不仅提供了来自超自然层面的认可，也是维持政治和家庭领域这种共生关系的手段。[46]一般来说，以公共节日和祭神为主要形式的希腊宗教既不以宣扬某种价值体系为目的，也不曾阐述政治或道德规范，而中国的祖先崇拜则不仅是政体和家庭的政治基础，也是两者的道德基础。[47]

---

〔45〕有关商代的祖先崇拜，参见常玉芝（1987）和 Keightley（1978，1998，2000）。张光直（K-C. Chang 1976，第 5 章）、普鸣（Puett 2002：50-68）、王贵民（1998：380-381）、王晖（2000，第 4 章）等人的研究探讨了祭祖活动在西周时期的延续和变化。据研究，西周中晚期（公元前 10 世纪至前 9 世纪中叶）是周代礼制创新的关键期（如 Falkenhausen 2006，Rawson 1999a）。柯马丁（Kern 2009a）考察了西周不同阶级的祖先崇拜。

〔46〕陈来（2006：9-10）认为，这种共生的关系在世界古代文明中是一个特例。我们在这里看到的仅仅是政治、宗教和家庭领域之间的同构性在贵族阶层的体现。我们将在本书第 2 章讨论平民是如何被容纳进以这种同构性为基础的周代社会政治意识形态的。

〔47〕关于希腊宗教不提供伦理规范这个问题，参看 Raaflaub（2005：276）。学界就西周时期的祖先崇拜是否已经有了伦理层面的意涵这一点意见不一，部分学者认为这一特点直到春秋时期才出现（Holzman 1998：2；Hsu 2005：456；Knapp 1995：201-204；Pines 2002：188-194；查昌国 1993；张继军 2008：63-66）。我认同祖先崇拜的伦理性起源于西周时期的观点。虽然西周时期的材料可能对此缺乏系统的表述，但祭祖仪式明显对日常的伦理规范有着影响（详见本书第 2、3 章）。有关中国历史上宗教、伦理和国家之间错综复杂的关系，参见余国藩（A. C. Yu，2004）。

公元前771年西周的灭亡和其后几个世纪加剧的分裂割据致使宗法制逐渐衰落。到了战国时期，“家”已经取代旧宗法制中规模更大的宗或者氏，成为基本的社会单元以及经济和礼法意义上的中心——家是由夫妻、子女以及一到两位祖父母组成的聚居单元。[48]然而，宗法制的一些核心理念在这场剧变中保留了下来，并以新的面目出现。陆威仪（Mark Lewis）将春秋时期称为中国的“城邦时代”。在陆氏看来，春秋时期的特点是宗族组织政治地位的衰退，贵族阶级普遍的权利共享，以及平民影响力在政治动荡时期的提升。他进一步指出，这一时期没有出现其他的权威模式或者
17 参政形式。[49]为何中国在“城邦时代”的新发展对于后世影响甚微？陆威仪指出，这应当归结于“周代君主制作为礼法现实和政治理念存在的不灭影响”。[50]就本书讨论的内容而

〔48〕李衡眉（1999：306-315）；M. E. Lewis（2006a，第2章）；朱凤瀚（2004：559-575）。

〔49〕M. E. Lewis（2006a：138-150）. 陆威仪指出，先秦时期，平民从未尝试作为一个集体去治理国家，也没有提出过任何关于自治城市的理论（2006a：149）。叶山（Yates 1976：76）同样使用了“城邦”这个概念来描述先秦，但他承认中国所谓的城邦并没有一个自由的公民主体。我将在第2章中讨论古代中国社会政治思想中公民身份的缺失，这种公民身份恰恰是希腊城邦制的要素。

〔50〕M. E. Lewis（2006a：149）. 陆威仪在第149—150页区分了春秋时期中国式的“城邦”和希腊城邦。后者一般被看作城邦制度的典范。近期的比较研究，尤其是由哥本哈根城邦研究中心主导的研究（参见上文脚注〔10〕），试图将城邦制度放在世界范围内“城邦文化”的历史背景下考察。然而希腊意义上的城邦仍旧是研究其他类型城邦文化时的参照物。无论我们是否把春秋时期看作城邦时代，陆威仪认为重要的是认识到先秦诸侯国与希腊城邦之间的根本差异。

言，西周时期这种以宗族为基础的社会政治组织形式有两点影响值得注意。

其一，随着宗法制的解体，父系小家庭（household）家长取代了大宗的领袖，后者不再是家族政治、经济以及仪式中的核心人物。战国时期各大新兴地缘诸侯国都做出积极努力，以图控制和驾驭家庭这一具有潜在对抗性的政治和经济单位。这些举措深刻地改变了家庭的形态和功能，加剧了政治和家庭关系的紧张，但两者间的同构性并未消失，而是以一种新形式出现，成为中国伦理和政治思想的基础。战国时期（以及之后）的诸侯国都试图攫取掌握在家庭制度手中的“更高权力”，但这从未催生自治的公民社会或者某种享有优先权的公共领域。〔51〕其二，传统规范的瓦解和数百年来

〔51〕学者普遍认为在前帝制时代的中国，尤其是战国中期以前，孝在人们心目中的重要性超越了对政权的忠诚（Knapp 1995；林素英 2003；张继军 2008：143）。忠孝的矛盾堪称困扰帝制时代中国思想家和政治家最长久的问题之一（参见冯友兰 1998［1931］；郭齐勇 2004；Q. Liu 2003；Tan 2002）。从比较视域看，有两点值得我们注意。第一，中国作为一个国家历来不被看作全体公民的集合，统治者与其治下百姓的关系类似于父母与子女的关系。第二，在面对孝道和臣节之间无法调和的冲突时，中国传统的思路和解决办法往往体现在对英雄和圣人事迹的讲述中，突出表现的是他们对家庭的责任和情感，这些在中国社会中被视为基本的道德要求。相比之下，在古希腊，安提戈涅最好地体现了家庭和国家利益之间的矛盾。作为一名女性，一个社会定位在家庭中的人，安提戈涅是与国家相对的家庭利益的最佳代言人。汉弗莱（Humphreys 1983：72）指出，安提戈涅的形象代表的是“将生命的意义寄托于个人生活的一种探索，选择她而非一位男性英雄来表现这一立场，可以避免在受众中引起带有歧义的反应”。有关长期以来安提戈涅的故事对西方文学、哲学、艺术的影响，可参看 Steiner（1984）。赵鼎新（2006）近期对（转下页）

18 社会政治领域发生的重大变革并没有摧毁“孝”的观念。战国时期理念、目标各不相同的思想家和政治家对孝进行了新的诠释，使其成为支配伦理、宗教和政治行为的关键品德。[52]

我认为，中国政治、宗教、家庭领域的制度同构性以及中国缺少希腊式的公共领域理念，是中国与希腊在社会秩序方面的一项根本差异。[53]这种根深蒂固的同构性难以用西
19 方政治思想中流行的、以希腊为范式的社会理论来解释。西

（接上页）东周战争的研究指出，各诸侯国几个世纪以来持续不断的战争没有带来任何决定性战果，但长期的战争催生了强大政权的出现。新生的政权实现了政治和意识形态力量的融合，将经济和军事力量边缘化。赵鼎新认为这一发展带来的影响贯穿了整个帝制时代的中国史。我一方面认同赵氏提出的春秋战国时期战争在中国独特和极其富有弹性的社会政治体制形成过程中发挥了重要作用的观点，另一方面我认为，战争带来的发展仅仅是重塑了——而不是创造了——上面讨论的这种同构性。

〔52〕有关从西周到战国时期孝的观念的演变，可参看康德文（1997），Knapp（1995），Pines（2002：188-199），张继军（2008：137-145）。侯思孟（Holzman 1998：4）指出，到公元前4世纪中期，孝已经成为“一种十分特殊的美德，几乎没有其他品德可以与其相提并论”。陈来（2006：10）认为春秋晚期之后宗法制的解体既有政治也有社会的一面。他指出，宗法制的破产仅仅是政治层面上的。在社会层面，宗法制的组织关系得到保留。李向平（1991：220-223）在探讨春秋中期到战国时代祖先崇拜的演变时提出了相同的观点。

〔53〕阿纳森（Arnason 2005：47-48）分别研究了古代中国和古希腊国家的形成。他认为古希腊国家形成的过程体现出“独特的自我约束性，以国家和政治集体的融合为导向，系统地将垄断倾向限制到最低程度”；而在中国，国家的形成往往伴随着“特别强烈”的垄断倾向。尽管阿纳森对希腊的描述相当合适，但我认为，中国的垄断倾向更应该从政治、家庭、宗教等领域之间的同构性方面寻找原因。中国的家庭提供的制度和思想基础杜绝了存在于希腊公共领域中的其他势力和关系与其竞争的可能性。

方政治思想区分前国家社会和国家社会。前国家社会的特点是经济、政治以及宗教的“家庭化”，国家社会的特点则是出现了独立的公共政治秩序，家庭受到压制并且被私人化。[54]因此，无怪乎近现代中国学者在接触到西方政治思想后会对中国古代社会的性质感到困惑：尽管政府体系复杂，但中国运行了几千年的政治体制显然大体上是按照亲属关系的原则来组织的。[55]同理，我们也不必对近现代的中西方学者得出的如下结论感到意外：家庭伦理主导下的中国从来没有成为真正意义上的政治实体，也无法发展出介于家庭和国家之间的公民社会。[56]无论 19 世纪和 20 世纪初的学者基于西方政治理论的立场做出何种评价，社会进化论带来的这个重大难题，即如何理解两大传统在社会政治体制方面的巨大差异，是始终存在的。

---

〔54〕Comaroff（1987：63）；Elshtain（1993）.

〔55〕严复（1854—1921）曾指出，尽管自秦汉以降中国社会就进入了帝制时代，但到最后中国社会仍是“宗法居其七，而军国居其三”（梁漱溟 2003：18-19）。严氏最著名的成就是将托马斯·赫胥黎、亚当·斯密、约翰·斯图亚特·穆勒、赫伯特·斯宾塞等人的著作介绍到中国。雷海宗（1902—1962）认为，历史上的中国社会大多数时候由家庭主导，唯有在战国时代出现了拥有真正意义上政治实体的政权（1940）。当然，在战国时代，国家享有政治集权，也不存在任何公民意识，这与古希腊国家和公民群体合为一体的情形完全不同。

〔56〕西方持这种观点的最著名代表是黑格尔（见上文）。伯特兰·罗素（1872—1970）在 1920—1921 年访问中国时指出，中国是一个文化意义体，而非国家（梁漱溟 2003：29）。有关以严复和梁启超（1873—1929）为代表的中国知识分子在 19 世纪末 20 世纪初针对古代中国缺少公民社会的探讨，可参见 Liu and Liu（1997）和 F-S. Wang（1997）。

为了思考这个难题，我采取性别研究的角度，考察古代中国和希腊的两性关系与更广范围内的团结和权威模式之间的联系。在中国和希腊传统中，主要社会领域之间不同的关系如何影响各自传统中的两性关系模式？对于男性和女性
20 来说，生活在两个独立性别团体组成的“公民家庭”式社会中，与生活在一个政治宗教秩序的体系和理念均由亲属关系与家庭纽带主导的社会中，体验有何不同？研究不同的两性关系模式又能如何加深我们对两大传统价值体系和主要社会政治制度的理解？[57]

性别与社交

任何关于古代中国和古希腊两性关系的研究都必须以性别隔离的基本原则作为出发点。依据此原则，男性与女性活动空间不同，从事的活动不同，各自的责任和行为规范也不同。空间上的性别隔离通常表现为“内部”（女性，家庭）和“外部”（男性，家庭之外）的对立，这是男女在性别角色和美德方面有所差异的物理基础，也为这些差异的表达提供了一个譬喻的方式。[58]现实生活中，上述这种性别界限固

---

〔57〕罗萨尔多（Rosaldo 1980：408）提出，应当深入探讨家庭关系的具体内容，而非满足于展示某些普遍原则。她认为值得思考的问题是“不同的家庭关系可以如何影响家庭外部的关系”。

〔58〕相关文献可参看：《易经》，第 37 章“家人卦”；色诺芬《家政论》，第 7 章。相关研究有：Hinsch（2003）；Just（1989，第 6 章）；Raphals（1998，第 8—9 章）；Vernant（1983）；Walker（1983）。

然不会泾渭分明。即使排除战争和社会动荡等特殊情形，[59]年龄、家庭角色、女性的社会经济地位等因素也会引发许多特例。此外，我将在后面谈到，现实中许多场合暂时松懈了性别隔离原则，这是受到社会和礼法认可的。虽然中国和希腊的女性从来没有被“禁锢”，也会从事经营活动并承担公众角色，但不可否认的是，无论是在中国社会还是希腊社会，妻子、母亲、女儿才是女性的主要社会角色。家庭不仅是女性的主要活动场所，也是女性影响力最大的领域。[60]特
例和暂时性的松懈之所以重要，是因为它们恰恰验证了常态 *21*
和常规，揭示了性别隔离原则在实践中的复杂性和灵活性，而不是破坏甚至否定性别隔离的存在。

本书的一个基本观点是，古代中国和古希腊虽然都是实行性别隔离的男性主导社会，但从现有资料看，二者传统的社交模式（即异性之间与同性之间在以社交为目的的集体活动中的交往）区别明显。本书研究的中心问题即是这种现象的成因及其表现形式。下面，我将简单介绍一下本书的论点、研究问题以及研究方法。

---

〔59〕颇梅洛依（Pomeroy 1975：119）提出，公元前431—前404年的伯罗奔尼撒战争可能暂时地打破了性别限制，促使女性从幕后走到台前接手一部分男性的工作。

〔60〕古希腊少数有着公众角色的女性包括女祭司。她们有着较高的社会地位，大多出身于贵族家庭。但祭司在希腊并非终身职业。在任期结束后，女祭司便会回到家庭生活中。中国的一些女性会担任王宫中的内官，管理日常宫务。虽然有正式的官职，但她们实际上是以嫔御的身份管理王室这一地位特殊的家庭。

首先，我研究的不仅是“两性关系”（在本书中定义为男女之间的关系），还有男性之间及女性之间的关系。这三种关系必须作为一个整体来考察。由于古代中国和古希腊都是由男性主导、实行性别隔离的社会，男性之间的交往方式对两性关系的影响很大。[61]女性的交往模式不仅是两性关系模式的结果，反过来又对两性关系模式的塑造产生影响。从主体人群的性别和交往的性质来看，共有四种不同的人际关系：同性社会关系、同性性爱关系、异性社会关系以及异性性爱关系。此外，考虑到家庭角色对于女性的重要性以及家庭是女性活动的主要场所，社会关系又可细分为两大类型，即家庭之内和家庭之外。我在下表（表1.2）中列出了这八种具体的人际关系。

表1.2列出的几种家庭关系比较简单，无须过多解释。古代中国和希腊社会中，家庭之外的异性社会关系基本不存在，因为无亲属关系的男女不允许常规交往，而如有发生，则常与通奸或者卖淫等性交易联系在一起。

22 **表1.2　人际关系类型**

	同性社会关系	同性性爱关系	异性社会关系	异性性爱关系
家庭之内	父子、母女、兄弟、姐妹、叔侄、婆媳等	不适用	母子、父女、兄妹等	夫妻

[61] 曼素恩（Susan Mann 2000：1600-1603）指出，讽刺的是，当下汉学领域“‘女性研究’的转向”似乎使得男性研究受到了忽视。因此她提出要将男性之间的关系纳入性别研究的范畴。

续表

	同性社会关系	同性性爱关系	异性社会关系	异性性爱关系
家庭之外	朋友、同事、邻居、公民同胞等	男性情侣 女性情侣	不适用	女伎与赞助人

“家庭之外的同性社会关系”和“家庭之外的同性性爱关系”以及这两者之间的联系，需要进一步说明。尽管性行为在现代社会中是区分“同性性爱关系”和“同性社会关系”的关键标志，但在其他社会环境和历史时期中，两种关系之间可能并不存在同样的断然划分。在古希腊人眼中，公民关系（维系城邦统一的公民纽带）与男性性爱形成了连贯的统一体。后者的主要表现形式为少年爱（pederasty）；在这种关系当中，成年男性不仅是少年的爱人，也是后者的社交导师。[62] 中国既没有像希腊人那样赋予同性激情以社会和政治内涵，也没有在观念或道德层面把同性社会关系与同性性爱关系对立。在中国，同性性爱的社会影响力不足以令其像在现代西方那样成为争议的焦点，或是像在古希腊那样

---

〔62〕我将在第 1 章中详细解释这一点。哈措克（Hartsock 1983，第 8 章）认为希腊城邦是由男性厄洛斯（male Eros）构成的社会。本书在这里参照古典学界通行的做法，把古希腊这种成年男性与少年之间形成制度化、兼具教育功能和性爱色彩的关系称作“少年爱”。戴维森（Davidson 2007，第 3 章）竭力论证希腊人的“少年爱”并不一定发生在两代人之间，理由是伴侣之间的年龄差常常只有几岁，而且这种亲密关系会持续多年。值得注意的是，古希腊人的少年爱行为和古希腊人对少年爱的理解不同于后古典时期与现当代对其的负面看法。参见福柯（Foucault 1985，1986）对少年爱源流的分析。

23 被积极利用。[63]因此，出于不同的原因，无论是在先秦还是在古希腊，我们都无须深究家庭之外的同性关系是否含有性成分。[64]本书中“家庭之外的同性社会关系”这个概念包括朋友、公民同胞、正式和非正式组织中的同事、少年爱关系中的搭档以及其他类型的同性性伴侣、类性伴侣在内的各种关系。只有当材料明确提及与性有关的内容时，才会在叙述中使用同性性爱（homosexuality）或者同性情爱（homoeroticism）这类说法。无论是否与性有关，也无论是在成年人之间还是在成年人与少年之间，家庭之外的同性社会关系都是家庭和宗族关系之外一种主要的社会关系。

表 1.2 列出的家庭之外的异性性爱关系主要指的是职业

---

〔63〕有关中国历史上的男性性爱，参看 Hinsch（1990），C. Wu（2004）。

〔64〕赛吉维克（Sedgwick 1985，第 1 章）研究了英国文学中男性对同性社交关系的需求。赛吉维克以古希腊为例，提醒研究者要注意年代的差异，避免想当然地将同性社交关系和同性性爱关系进行概念上的区分。戴维森（Davidson 2007）批判了窦佛将古希腊的同性恋爱关系（Greek homosexuality）等同于男性同性性关系（male sexual relationship）这一很有影响的研究范例。戴维森讽刺性地将该范例称作“鸡奸的诗学”（Davidson 2007：104），认为该理论会削弱同性恋爱关系的重要性，切断该现象与其背后复杂社会政治背景之间的联系。本书的出发点和研究目的都与戴维森不同，我对其观点也不完全认同。戴维森认为，作为希腊社会中一种制度化和理想化了的男性同性关系，少年爱的重要性被夸大了，其实成年人之间的同性恋爱关系才是希腊同性恋文化中最具启发性、影响最深远的遗产。大部分古典学家认为成年人之间的同性恋爱关系不被古希腊社会认可，更不用说成为某种理想化的存在。戴维森对古希腊男性同性情爱（homoeroticism）公共语境和情感层面的关注，修正了部分学者专注于性元素的倾向。我将在下文中提及，本书研究的家庭之外的同性社会联系（包括男性和女性），不仅包含情色关系，还有其他形式的同性关系，两者有时会纠缠在一起。

女伎与男性赞助者之间的关系。这种关系构成了性别研究和社交模式研究的一个重要领域，但经过艰难的抉择后我没有将其纳入本书的讨论范围。我在选择哪些人际关系作为考察对象时遵循了以下原则：侧重于那些允许我们进行跨文化的归纳总结，且在两个传统中能找到数量和质量都有可比性的证据来揭示古人思想的关系类别。职业女伎与赞助者之所以被排除便是因为现有材料无法满足上述要求。我有必要就这 24
一无奈的选择再做一点说明。

公元前 6 世纪后的文学和艺术作品中有大量记载可以证明古希腊的会饮（*symposium*，与会者皆为男性）中有女伎（*hetairai*，被雇用来助兴和提供性服务的高级妓女）参加。[65] 希腊男性喜爱那些多才多艺的迷人女伎，是否因为她们能提供妻子所不能给予的情感和精神满足？后者通常没有接受过教育，也缺乏取悦男性的技巧。对于妻子们来说，真正的敌人究竟是那些只能给男人带来感官享受的女伎，还是少年爱关系中古希腊男性爱慕和追求的少年呢？女伎和客人之间这种为社会所接受的关系明显对古希腊的家庭生活和夫妻关系产生了重要的影响，但因为同时期的中国缺乏类似职业女伎活动的记载，我决定对这一重关系略过不论。

女伎被称为“地球上最古老的职业”，肯定很早就在中国出现了。但现存材料显示，直到唐代（618—907 年），商

〔65〕参见 Davidson（1997），Faraone and McClure（2006），Keuls（1985：160-168），Kurke（1997），Stewart（1997）。

业化的职业娼妓才成为中国社交活动和文学想象中不可或缺的一部分。据记载，唐代以前（包含本书讨论的时间段在内），在男性聚会上提供歌舞表演和性服务的职业女性大多是履行公务职能的官妓或是私人陪酒助兴的家伎。[66]官妓由官府控制，只有极少数男性——例如部分官员和军士——才有机会享受，而家伎的身份则处在婢和妾之间的灰色地带。无论上述哪一种情形，这一时期女伎和客人的关系与古希腊以及中国后世的情形都有着很大的差异（即使在唐代商业化的娼妓业兴起后，官府和私人依然流行蓄养女伎）。古
25 代中国和希腊的男性通过不同的渠道发展家庭之外的异性性爱关系。这种不同源自多方面的影响。一方面，古代中国社会中，政府和家庭是人力、物力资源主要的管控者，其他类型的社会力量与社会组织在这方面处于相对弱势的地位。中国社会较低程度的商业化和城市化可以印证这一点。[67]另一方面，希腊的公民思想以平等主义为核心，多种社会力量交

〔66〕王书奴（1935）；郑志敏（1997）；周继仁（1993：43-46）。

〔67〕王大庆（2006：39-40）对比了古代中国城市由政治力量主导的商业模式和古希腊城邦商业活动的独立性。陆威仪（M. E. Lewis 2006a：149）指出，商人和商业财富的相对弱势地位是先秦时期的中国城市没有发展成一种独立和自主社会组织的原因。白宇烈和贝淡宁（Paik and Bell 2004）认为古代中国对体育的重视远不如古希腊的一个重要原因是，希腊高度商业化的社会创造的物质财富盈余和在家庭义务方面更高的自由度，使得男性希腊公民有充足的业余时间投入到体育锻炼和竞技比赛中。与此相对，中国高度农业化的政治经济模式和对家庭责任的重视对此类活动起不到推动作用。有关不受个人和准家庭（quasi-family）关系影响的纯商业性交易在中唐以后的迅猛发展，参见 J. Gernet（1995：276）。

织，“公共领域向所有人开放”这一观念深入人心，而那些提供商业化性服务的职业娼妓也属于公共领域的一部分。[68]

以上对古希腊和古代中国商业化娼妓业之间差异的解释虽然带有猜测性质，但仍然能够揭示两大社会之间一些值得进一步研究的根本性差异。这种差异与两个社会不同的两性关系模式之间是否存在系统性的关联？就这个问题我目前尚不能给出一个满意的答案。解答这一问题不仅需要深入研究中国的娼妓史和家庭史，还要将中国的娼妓与古希腊乃至其他有着类似性别结构的古代社会进行比较。只有以此为基础，我们才能对商业化的娼妓业和夫妻关系之间的联系提出初步猜想。这一问题远远超过了本书的研究范围。

上文曾提到，将女伎（职业和非职业）排除在外还有一个原因：先秦有关她们的记载本就不多，更不必说她们与客人的交往以及两者在情感沟通方面的情况。因此，我们很 26
难判断她们在男性生活中扮演的角色（除了知道她们可以被交易并且是男性娱乐场景的一部分[69]）以及该群体对于古代中国两性关系的重要性。本书研究的女性都是母亲、妻子、女儿等所谓的良家女子。毋庸置疑，这些活跃于各种社交场所的女性值得我们进行全方位的研究和系统性的跨传统比较。“良家女子”不仅是女性人口中的大多数，而且与女伎相比，她们与社会运行的关系也更加密切。我认为，本书基

---

〔68〕Halperin（1990，第5章）。

〔69〕《左传》和《战国策》等文献中有许多关于女伎的记载，她们常常与乐器和其他奢侈品一起成为统治阶级互相赠送的礼物。

于对“良家女子”的研究而得出的性别关系模式，待有朝一日我们对女伎在古代中国社会中的角色了解更多，可以为这些“声名可疑”的女性找到恰当的位置。

与此前选择哪些人际关系进行研究所遵循的原则相同，本书有意识地集中关注家庭内和家庭外的某些社交场合，作为男女之间、男性之间、女性之间的交往舞台。我们既研究两大传统各自独有的社交形式，也考察两者共有的一些活动场景，以此分析古代中国和古希腊的差异。在各自独有的社交形式中，中国的祭祖仪式和希腊的竞技比赛与节日合唱表演是鲜明的例子，而两者共有的活动场景则包括家庭宴会、男性会饮以及为纪念神祇而举行的节日。通过分析不同社会背景下的两性关系，本书希望为古希腊和古代中国社会的宗教、政治、伦理等重要领域提供一些新的启示。

宗教　学者们反复强调宗教在希腊社交活动中无处不在的影响力。宝琳·施密特-潘特尔指出，“宗教体现在［希腊］社会生活的方方面面，所有集体活动都有其宗教的一面”。安德列·沃切（André Vauchez）在点评研究现状时指出，19世纪以来的古典学研究已证明，在希腊“没有一种社交活动可以摆脱宗教的影响”。[70]无论是节日时的庆典、
27 合唱表演还是会饮，一切庆祝活动都在神的注视下进行，希腊世界的凡人在巩固与他人联系的同时不忘与神灵沟通。虽

---

〔70〕Schmitt-Pantel（1990b：200）；Vauchez（1987：9-10，11，13）. 这种观点可以追溯到甫斯特尔·德·库朗日出版于1864年的经典著作《古代城市》（1980）一书。

然中国与希腊的宗教活动（或受宗教影响的活动）在伦理内涵方面有巨大差异，宗教对于中国的社交活动同样有着重要影响。具有公民色彩和浓重竞争色彩的公众节日在古希腊占据统治地位。祖先崇拜作为一种典型的家庭宗教，是古代中国最重要的宗教活动。鉴于女性在宗教领域的社会贡献可以得到公众的正式认可，本书提出，中国和希腊在宗教性社会活动方面的巨大差异是理解两个传统不同两性关系模式的关键。〔71〕

政治　在古希腊，会饮和专为年轻男子组织的集体活动是“社交和积累参政经验”的重要途径，有助于“公民价值观的培养”。这类场合起到传递知识、价值观和技能的作用，在组织规程方面则借鉴城邦的政治制度。〔72〕未来的公民在各种社交活动中接受锻炼，为将来在公民大会上议事、投票以及走上战场做准备，而成年后在这些事务上的参与则标志着他们正式成为公民社会的一份子。在古希腊，与同侪的积极交往是成为正式公民的必修课；在先秦，家庭则是人们学习社会和政治德性的主要场所。由于古希腊和先秦社会以不同的社会化方式和政治再生产模式作为基础，同样是母亲、妻子、女儿，女性在两种不同的社会政治秩序下地位并不相同。

伦理　社交活动往往能够凸显那些塑造人际关系、对日常行为有着指导意义的观念和规范。然而，不论举办节日

---

〔71〕涂尔干（1858—1917，Durkheim 1976）的一个基本观点是，宗教信仰和实践不单单是社会经验的反映，还会反过来强化社会经验。

〔72〕Schmitt-Pantel（1990b：206）. 另参见 Murray（1983a，1983b）。

28 活动的目的是什么，它们也常常为我们提供考察矛盾和冲突关系（而不仅仅是亲和关系）的平台。与其罗列社会规范和理想，探究各种人际矛盾和冲突的形式、涉事方及其成因可能更有意思。倘若从人们追求团结和谐的角度去看，社交活动这一概念的丰富性便会体现出来，“追求”这个词本身就体现了实现团结和谐的困难以及为此须付出的努力。宴会和节日在这方面有特殊的研究价值：两者不仅展现了人们对团结的追求，还不可避免地揭露了利益的冲突、野心的碰撞和性格的矛盾。考虑到性别分隔原则在中国和希腊的重要性，社交活动可以说是考察两性关系不同方面（友好与冲突、依赖与疏远、喜爱与厌恶等）的绝佳平台，也是我的兴趣所在。通过这种考察，我试图更深入复杂地探讨所谓古希腊热衷竞争、古代中国追求和谐的观点。这一观点虽然广为人知且有其合理性，但人们的理解往往存在误区。[73]中国人和希腊人都追求和谐社会与和谐人际关系，但两个传统对和谐的本质理解不同，应对不满与不和的方式不同，在选择与哪些群体结盟、与哪些群体交恶时的考量和形式也不同。本书涵盖的各种亲和与冲突的人际关系有助于突破传统上汉学家、

〔73〕希腊和中国长期被认为代表了两种不同的价值观。希腊人以活力和热爱竞争知名，中国人则以对权威与和谐的注重而著称。罗界（Geoffrey Lloyd）的著作比较了希腊和中国传统中的科学、医学和史学。在这些著作以及他和席文（Nathan Sivin）合著的书中，罗界尝试摆脱传统东西方比较研究中常见的“文化心理”诠释角度，转而关注希腊和中国不同政治和社会力量之间的关系（G. Llyod 1996，2002，2004；G. Lloyd and Sivin 2002）。

古典学家和近来中希比较学者对两大文明特质的理解。

读者将会看到，古希腊和先秦史料展现了两种不同的社交模式。无论是两性还是同性之间的关系，家庭之内还是家庭之外的关系，都存在这种区别。一方面，古希腊材料中表现的社交模式特点是强烈的性别竞争（包括正面和负面的描写）、强大的家庭之外的同性社会关系以及亲密的母女关系。另一方面，先秦史料中看不到如此强烈的性别竞争，家庭之外的同性社会关系相对较弱，而更加重视家庭内女性之间的关系。表 1.3 和表 1.4 归纳了古代中国和古希腊以女性为中心的各种亲和与冲突的人际关系类型。

表 1.3　古代中国的人际关系类型 29

（以祖先－后代的联系作为人类团结的基本模型 *）

亲和	冲突
家庭内代际异性社会关系（母子）	**家庭内同性社会关系（二）（婆媳、妻妾、妯娌）**
家庭内同性社会关系（一）（母女）	
家庭外同性社会关系	家庭内异性性爱关系（夫妻）

* 黑体部分指“相对较强”者；未加黑的代表“相对较弱”者。

表 1.4　古代希腊的人际关系类型

（以同侪之间的平等、竞争作为人类团结的基本模型 *）

亲和	冲突
家庭内代际异性社会关系（母子）	家庭内同性社会关系（二）（婆媳关系）
家庭内同性社会关系（一）（母女）	
家庭外同性社会关系	**家庭内异性性爱关系（夫妻）**

* 黑体部分指“相对较强”者；未加黑的代表“相对较弱”者。

古代中国和古代希腊社会的女性需要面对各种亲和或者竞争的关系。尽管其他类型的关系对女性所处的人际关系网同样不可或缺，但表 1.3 与表 1.4 所列者对于两性关系的形成最为重要，有关材料也最为丰富。此外，将某种关系定性为亲和或者冲突仅仅是一种相对而非绝对化的表述，不代表任何本质性的差异。比方说，如果将先秦和古希腊的材料放在一起比较，读者会惊讶于希腊材料对于夫妻冲突和女性之间深厚友情的描写，惊讶于先秦材料表现的亲近母子关系
30 和对婆媳、妻妾、妯娌关系的管理。这并不是说希腊的母子关系就不亲近，或者先秦女性在家庭以外没有朋友，希腊的夫妻喜欢争吵，中国家庭中的婆媳、妻妾、妯娌总是相互对立而希腊就不存在婆媳矛盾，等等。通过对两大传统的比较，我们能够了解先秦和古希腊社会对各种关系的态度以及它们的重要性有何不同，对这些关系产生影响的是哪些因素，各种关系的倾向性——即亲和或冲突——在制度和结构方面的根源。

表象与现实

施密特－潘特尔在其有关古代希腊城邦公众节日的重要专著中提出，可以从社交活动的角度研究希腊社会。她认为，希腊“所有社会活动的背景和形式都是公民想象的表现对象”。[74]本书关注的正是表象与思想意识层面，以

---

〔74〕 Schmitt-Pantel（1987：73）.

及论述相关形象的制度背景。我从性别研究的角度入手，着重考察古代中国人和希腊人对于人际关系和社会价值的理念与感受，以及呈现在他们对于社交活动的描写中的团结和冲突模式。本书使用的主要是文学材料，具体到体裁上，则是所谓的抒情诗。中国方面的诗歌作品主要来自《诗经》，其创作年代大约在公元前1000年至公元前600年之间。《诗经》不仅是中国文学的源头，也是西周和春秋时期精英阶层教育和社会生活的核心内容。在古希腊，“抒情诗”是一个方便起见的泛称，包括数种韵律不同的诗歌体裁，还可根据是否有伴奏以及伴奏使用的不同乐器进一步区分。与《诗经》中的作品类似，本书引用的希腊抒情诗反映了各种节日场景，是我们探索社交活动风貌的绝佳材料。作为一种常常用于描写欢聚场面的体裁，抒情诗在本书中的突出地位与其在古希腊和中国文学传统中的社会功能相符。

除此以外，我还得讨论其他有助于我们理解两大古代 31
社会中不同人际交往模式下价值观、情感、观念的材料，包括历史和哲学文本，希腊史诗与戏剧，中国礼制文献，金文（青铜礼器上的铭文），等等。这些礼器中很多是食器和酒器，陈列于宗庙内或深埋于墓葬和窖藏中。金文记录的内容有人事任命、军事行动、法律事务、祭祀活动，以及包括宴饮在内的其他对器主来说意义重大的事件。金文的价值在于可以加深我们对周代社交活动和思想观念的理解，弥补本书研究时段内传世文献材料的不足。[75]

我从诗歌、戏剧、历史和哲学文本、金文、礼制文献中搜集证据的目的，在于重构中国和希腊在社交活动与两性关系方面的话语，考察这些话语体现出何种模式的关怀和价值，以及话语背后存在着何种体制。这就提出了如下问题：在本书这样一项以话语（文学作品或其他）为分析基础的研究中，表象与现实之间的关系是什么样的？这样的研究对于揭示中国和希腊实际社会生活中复杂的人际关系网有什么帮助？

这些问题可以从两个层面来回答。第一，虽然诗歌、故事、规章制度、祷词以及所谓真实事件的记录不一定是希腊和中国的男女在社交场合表现的真实反映，但它们确实体现了人们心目中理想的行为模式，他们希望为自己打造的社会形象，他们赋予集体活动的价值，以及他们对社交活动中所产生的对立和冲突的看法。重要的是认识到在这些问题上，中国和希腊人不仅关注点不同，看法也存在差异。差异中的规律性揭示了哪些是最受重视的观念，如何去实现这些
32 观念，以及两个社会中的人会以怎样的态度和方式来处理社交活动中的矛盾与冲突。

[75] 罗泰（Falkenhausen 2006：54-55）认为金文主要是与祭祖相关的礼制文本，作为史料并无太大价值。但器主显然是将与器物铸造和纪念对象相关的信息当作历史记录来看待的（比方说君主表彰某人在某日所做的特殊贡献，被表彰者借机铸造了某件特殊的器物，用来在特定的日子纪念特定的祖先）。对研究者来说，金文也保存了许多思想观念和史料，可以根据各自的兴趣深入探索。

第二，本书使用的主要材料不仅在创作和接受方面有牢固的现实基础与社会政治背景，对于文化的形成也有巨大的影响力。先秦和古希腊大体上仍属于口述文化时期，包括抒情诗、史诗、戏剧在内的各种形式的表演不仅起到传播知识和价值观的作用，也是不同的娱乐媒介。[76]节日、会饮和祭祀后的宴饮是重要的表演场合，许多文学作品因此本身就是集体娱乐性场合的活动、思想、情绪的反映。与会者演唱并讲述关于自己的故事，或者倾听他人的歌声和故事，都是一种社会化的过程。学习价值观和行为规范是该过程的一个重要组成部分。受教育的标志就是能够充分参与这些集学习和社交于一体的场合并富有收获：不仅要认同诗歌和故事体现的价值观，还要能够对材料加以演绎，推动价值观的传播。即使人们在宴会或者节日活动时听到的都是“表象”和想象的产物，而非个人或者群体思想、行为的真实反映，但长期以来这些“虚构的产物”塑造了先秦和古希腊的价值体系与审美情趣。表象与真实在现实世界里相互交融：我们今天所谓的“文学”在当时的主要受众是公共活动的参与者，并且被赋予了教化男女的意义。[77]

总而言之，本书试图研究社会制度如何通过话语被表

---

〔76〕读者可参看：Beecroft（2010），Collins（2004），Gentili（1988），Havelock（1963），Kern（2000，2005），Kurke（2000），Nagy（1990，1996），Nylan（2001，第2章），Schaberg（1999b），Stehle（1997），C. H. Wang（1974）。

〔77〕许多古希腊教育、文学、文学理论方面的研究都提出了相同的观点。参见 Anderson（1966），Pelling（2000），Taplin（2000），Too（2001）。

述，又是如何产生话语的。本书假设，话语相对于“现实”
来说并非是次要的，“现实”也不是超越“表象”的一种存
在。相反，我认为，话语是构成“现实”的一部分，影响着
人们对于“现实”的体验。我的思路是把“表象”放在制度
背景下来考察，因为制度是“表象”的根源，制度又受到
33 “表象”的影响，然后比较体制背景的不同如何导致中国和
希腊在表象层面的差异。尽管中国和希腊现存的人际和两性
关系方面的话语并不完整而且带有倾向性，但只要我们不把
话语视作独立的符号体系，而是在创造、流传、消费层面有
着重要社会和社交背景的产物，它们便可以极大地帮助我们
了解创造和消费话语的那些男男女女在他们的关怀、他们的
价值观和他们所处的制度环境方面的差异。

即便如此，这些材料呈现的确实不是直接的、未经遮挡的现实。诗歌、戏剧、规章制度以及历史记录中混杂着各种各样的偏见和曲解，研究者在处理这些材料时需要小心分辨，拨开表象的迷雾。出于这些原因，学者经常提醒要留意年代、地域和阶级等因素造成的偏见。上文已经用相当篇幅探讨了年代和地域方面的误区，在此仅简要复述两点。第一，取决于材料的多少，再加上从经济、简明的分析原则出发，本书关于某一时期和地区的讨论不可避免地会受到限制。然而，即使本书的部分讨论较多地依赖某一时段、某一地区的材料，但总体来说，我们还是可以根据不同年代和地区的材料分辨出中国和希腊各自独有的、具有相当历史延续性的模式。第二，由于这是跨文化比较研究，可能会一定程

度上忽略各文化传统内部的差异，这也是类似规模的比较研究不可避免的问题。本书试图通过研究对象（即各种人际关系）的复杂性来适当弥补历史和地域方面的不足。我希望这一研究路径能够促进新观点和新问题的产生，加深领域内的专家对先秦和古希腊社会的理解。

显而易见的是，本书研究的主要对象是精英阶层和相对富裕的阶层，因为开展娱乐和社交活动，将其提升到一定的社会高度并把相关体验记录下来传之后世不仅需要经济实力，还需要社会资本和文化资本为依托。但另一方面，节日和其他公共活动也为我们提供了接近权贵阶层以外的群体的机会。诚然，我们无法亲耳聆听他们描述自身的体验和感受，而必须通过诗人、哲学家、政治家受到自身阶层社会观念影响的记录来了解。但是，即使最终我们无法掌握先秦和 34
古希腊参加娱乐活动的一般民众情绪和想法的一手资料，仍然可以通过两大传统认为的公众娱乐在社会政治秩序的结构和运行方面发挥的作用，看到两种意识形态之间一些有启发性的反差。这些反差也为理解两大传统在两性关系方面的显著差异提供了基础。

假如说年代、地域和阶层差异带来的偏差困扰着每一个研究先秦与古希腊的学者，那么对于两性关系研究者来讲，另一个尤为严重的问题是传世材料几乎都是由男性所作。女性如何理解本书所讨论的各种关系？这一点目前只能主要通过男性的描述去了解。如果说男性的记录确实带有自身性别的偏见，除了将他们的叙述当作两个社会男性想象力的产物，它们还有什么价值？

本书在最后一章通过引入女性视角来回应上述问题。通过研究女性创作（或被认为是女性创作）的诗歌，我试图发掘男性和女性对人际关系的看法存在哪些重合与矛盾之处，以及两个传统中男女观点的重合度和差异性如何启发我们对于这两个男性主导社会的体制与价值观的理解。理解不同传统中男性和女性观点之间的联系可以帮助我们理解男权主导的影响。了解这一点对于女性研究领域的另一重要争议也能有所启发：不同时代、地区的女性在多大程度上因为她们共同的性别而拥有共同的特征和利益，女性的心态和行为在多大程度上受到她们所处社会的不同观念与体制的影响。

最后，对于本书所进行的比较研究，有几个具体问题仍需要简单的说明。第一，材料和体裁上的差异可能会导致读者对两个社会的印象产生偏差。某些体裁无法在另一传统中找到对应，最明显的例子就是希腊的史诗、戏剧和中国的礼制文献汇编。这对我们来说是一个挑战。第二，不应过分强调某一作者、某一文本或者某一文本的某一部分（本书引
35 用了不少残本）的重要性，而要充分考虑它们在自身传统中的代表性，以及由此引申出的它们对于比较研究的价值。

在思考这些问题时，我首先认为，某种体裁的存在或者缺失本身就非常有说服力。比方说，中国丰富的礼制文献可以说明维持以等级制度为基础的社会秩序的重要性，与此形成鲜明对比的是古希腊特别重视充满竞争性的公众节日，以及以团结与和谐为目标的歌唱和戏剧比赛。除了这一点，

我在选择和解读材料时还遵循三条相互联系的原则。

第一，不同类型的材料，只要创作和接受背景接近，功能类似，在各自传统的社会生活和文学史中的地位相当，就可以被拿来比较。第二，比较研究得出的不应该是中国还是希腊处理人际关系和两性关系的模式“更好”一类的肤浅结论。出于这层考虑，本书基本避免使用希腊悲剧，因为此类戏剧作品中表现的人性灰暗面在背景交代不充分时很容易被误解，而限于篇幅，本书不可能进行详细的背景分析。本书对希腊悲剧有限的引用中所提到的希腊社会活动和观念大多能在其他类型的材料里找到支持。尽管一般意义上的绝对平等很难实现，但我希望，本书呈现的先秦和古希腊的图景在大体上是平衡的，表现的不仅是两个传统各自的规范和理念，还有各自的问题和忧虑。最后，我认为，确定某一文本或者残本的重要性，需要把它们放在各自传统的大背景下看，寻找它们与本传统内部其他类型材料的共同点。这样做是为了不让读者怀疑，某一材料反映的可能只是某个有着古怪性格或者特殊社会政治立场的作者（或作者们）的观点。因此，在引用中国的礼制文献时，我选择忽略礼制的细枝末节，在历史记录、金文和诗歌中寻找证据来证实那些规章制度的实质。同理，在使用希腊抒情诗时，由于许多作品是以残本的形式保留下来，我将这些残本与其他文本（包括全本和残本）对照研究，来得出某种结论。

在选择比较研究的材料这一难度很高的任务中，我面临的挑战是如何把不同体裁、作者、年代和地区的材料拼接

36 起来，以合理地展现一个描绘两大古典文明中跨越社会领域和性别界限的复杂人际关系的画面。就理解两个传统的两性关系模式和社交模式而言，本书的拼接方式绝非是唯一的，我也不认为有可能拼接出天衣无缝的画面。鉴于表象和现实之间的复杂关系，我只能希望，在充分考虑了各种局限、采取了各种防范措施的基础上，本书在介绍古希腊和先秦的社交男女时，做到了公正分析各自传统中丰富的材料，说明了不同材料之间有哪些共同点，以及对于古人和数千年后的比较学者来说，研究这些共同点有何重要性。

章节安排

本书分为三个部分：第一部分考察男性的各种社交关系，第二部分关注男女在各种社交场合中的交往，第三部分从女性视角出发，分析女性经验和男性想象的关系。

第一部分（“男性之间”）有两章，分别为“希腊：战友、公民、男孩”和“中国：祖先、兄弟、子孙”。这部分考察希腊和中国男性社交的话语，为之后的两性关系研究做铺叙。第 1 章集中探讨古希腊的情况，第 2 章在描述中国社交活动的同时，与希腊的情况进行比较。每一章都集中表现了三类群体：战友、公民、男孩以及祖先、兄弟、子孙。这两组人物中的第一类，即战友和祖先，定位了两种传统中理想的男性社交模式。公民同胞和少年爱关系中的挚爱男孩本质上是战友或者成长中的战友，而兄弟和子孙则与“我”同为在祖先庇佑下按等级组织的家族集团成员。希腊传统将公共领域和家庭之外竞争性的同性社会关系摆在突出的位置，而中国传统则将父系家族当作文化再生产和歌颂人类感情纽带的中心。

第二部分（“男女之间，女性之间”）有两章。第3章“公共节日与家庭仪式”，在第一部分讨论宗教对男性社交形式和理念的深刻影响的基础上，探讨中国与希腊的性别关系 37
在这两种特色鲜明的宗教结构中的不同表现。丰富的材料显示，希腊女性与同伴一起活跃于公共宗教活动中，并且在其中的音乐竞赛场合一争高低。与此形成对照的是，在宗庙中为了父系先祖所举办的祖先祭拜，明确了中国女性在家庭与社会中的地位。并且，在中国的材料中，女性在公共节庆活动中与非家庭成员之间的同性社交联谊完全无迹可寻。

第4章“桌上与幕后”，通过分析女性参与的两种宴飨活动聚焦家庭内的性别关系动态。这两种活动是：参加家庭宴会以及准备节庆宴饮，并且在幕后观看她们的男性亲属在家招待客人。这一章考察男性和女性如何在餐桌上互动，男性又如何看待女性亲属的幕后角色。性别对抗是希腊材料中的关键主题，而在有关家庭宴饮的中国材料中，跨越性别界限的代际等级才是要点。

第三部分（“女性经验与男性想象”）将“女性以何为歌”作为单独的一章，试图回答这样一个问题：我们目前为止仅靠男性代述来理解的性别关系，在女性的眼中和经历中究竟是什么样的？我的做法是考察中国和希腊女性创作的诗歌，或者是被认为由女性所作的诗歌。在中国诗歌中，以男性为中心的家庭及亲缘关系为女性的声音定下基调。对比之下，希腊女性对于丈夫和夫家亲属保持沉默，却热情地歌颂了女性间的友谊以及母女间的纽带（这种家庭关系在中国传统中明显处于边缘状态）。这些发现证实了我们通过男性写作而获得的对希腊和中国性别关系的理解，与此同时，这些发现也证明，在希腊和中国的文学传统中，女性作者与讲述者所表达的价值观和男性对他们的女同胞的期许之间都存在着不同程度的分歧。

在结论中，我对两种模式的性别与社交关系做了分析式总结，以亲和与冲突这两种不同的辩证逻辑做了阐释，并且指出本研究如何挑战并充实了先前的人类学及比较研究中的发现。

第一部分

男性之间

第 1 章

希腊：战友、公民、男孩

正如伊冯·加兰（Yvon Garlan）所言，战士的中心地 41
位体现在希腊社会的各个领域、各个层次：从家庭生活的艺术表现到奥林匹亚神祇的特质，再到人类善的道德准则。[1]纵观希腊历史，成为一名英勇忠诚的战士和伙伴是任何一个希腊男子都渴望实现的理想。

本章将从希腊对节庆活动的文学表现着手，探究这一理想形象的方方面面。在希腊，供竞技冠军与公民士兵培养高度竞争意识与牢固的家庭外同性情谊的场所绝不只军事宴会，甚至军事宴会都不是最主要的场合。这种情谊也不局限于同辈的成年人之间。相当一部分军事对抗（*agon*）的特质延续到了众多公共节日里的体育和音乐比赛中。[2]同样，闻名的希腊“少年爱”（pederastic love）所具备的规范与教育作用也以同伴关系与竞争关系为主导。在会饮中或是体育场上，较年长的情人向他年少的爱人传授自己的高超技能、竞争意识，以及社会与政治方面的智慧，帮助少年成长为一名合格

〔1〕 Garlan（1995：54）.

〔2〕 卡特里奇（Cartledge 1985：112）认为奥林匹克竞赛是一种“准军事的练习”。

的公民士兵，并以此证明自己是一个与他般配的导师和伴侣。具有并肩作战与相互竞争双重价值的战士精神淋漓尽致地展现了希腊社会的社交性，同时解释了战友、公民与男孩在描写男性宴饮生活的希腊文学中为何拥有如此突出的地位。

这一分析将从荷马开始。紧随其后的是阿尔凯乌斯（Alkaios，公元前620—？），他是莱斯沃斯岛当地的贵
42 族，以酒歌在古代享有盛名。下一个研究对象《忒奥格尼斯诗集》（*Theognidea*）的主要创作背景正是酒宴。这是一部以活跃于公元前6世纪中期的诗人麦加拉的忒奥格尼斯（Theognis of Megara）命名的选集，累计收录了大约1400行诗，其中蕴含着丰富的智慧的教导，为当时及后世的希腊人所珍视。然后要分析的是《宴乐歌》（*Attic Skolia*），它收录了一系列广为流传的酒歌，其中大多数都被认为是公元前6世纪晚期至公元前5世纪早期的雅典作品。之后是两则对话体作品，其中之一的作者是柏拉图（约公元前427—前347），另一部则是由色诺芬（Xenophon，约公元前444—前357）所著，两篇对话都以《会饮》命名，主要讲述了两位作者的老师苏格拉底（约公元前469—前399）回忆多年之前参加的一场宴会。最后，我们将讨论宗教在希腊社交中所扮演的角色。除了以上提到的大多数文本，讨论还关注品达（Pindar，约公元前518—前438）与巴库利德斯（Bakkhylides，约活跃于公元前5世纪）为体育节日的胜利者创作的凯歌。本章的最后部分将目光从贵族的宴饮聚会上移开，引入宗教这个希腊社交活动中无所不在的元素，拓宽

了比较研究的背景。正如第 2 章与第 3 章将要指出的，中国与希腊举办宗教活动的缘由不同，形式各异，地点不一，因而为我们理解中希社会在社交活动方面截然不同的制度与话语提供了一个良好的切入点。

荷马

荷马史诗《伊利亚特》讲述了特洛伊战争的第十年，也是最后一年里发生的事件。[3]我们的讨论就从《伊利亚特》第 23 卷一场葬礼后的竞技活动开始。史诗中，希腊英雄阿基琉斯（Achilles）为帕特洛克罗斯（Patroklos）举办了这场竞技比赛。帕特洛克罗斯是阿基琉斯最亲密的战友。特洛伊保卫战中，他不敌赫克托尔（Hektor），不幸战死。[4]在描写这场竞技活动之前的五卷诗中（第 18 至 22 卷），诗人动人心弦地描述了阿基琉斯因战友的死而感到无尽的悲痛。哀悼
亡友的阿基琉斯不饮不食，他想起预言所说的，一旦他为帕 43
特洛克罗斯的死复仇，自己就会死去。想到这里，阿基琉斯为亲爱的朋友发出令人心碎的悲叹：

---

〔3〕传统上将特洛伊战争的时间设定在公元前 12 世纪。《伊利亚特》中囊括了来自不同时期的各种要素，包括语言、物品、行为以及信仰，《奥德赛》中也有类似的情况。但大多数现代学者都赞同《伊利亚特》完成于公元前 8 世纪。

〔4〕帕特洛克罗斯在《伊利亚特》第 17 卷第 411 行与 655 行都被称为阿基琉斯“最亲密的战友（*philtatos hetairos*）”；在《伊利亚特》第 18 卷第 80—82 行，阿基琉斯回忆帕特洛克罗斯，称他为“亲爱的伙伴（*philos hetairos*）”“我在所有同伴中最爱的男子 / 爱他如同爱我的生命（*ton egō peri pantōn tion hetairōn/ison emēi kephalēi*）”。

我的心不思吃喝，尽管这里有食物，
只因为悼念你。对我不会有更沉痛的不幸，
即使是得知我的父亲亡故的消息，
也许他现在正在佛提亚伤心地落泪，
想念我这个儿子。[5]

因此，阿基琉斯杀死赫克托尔之后举办的葬礼竞技凸显了英勇精神与战友情谊在荷马构建的这个战士世界中的重要性。丧宴落幕，焚烧遗体的火堆燃尽之后，阿基琉斯在全军中举办竞技比赛，以此继续悼念他陨落的伙伴。在第23卷中，有三分之二的篇幅逐一描述了竞赛的各个项目，包括战车竞赛、拳击、摔跤、赛跑、决斗、射箭、掷铁饼以及投标枪。参与其中互相比拼的战士都是希腊最优秀的健儿，他们将身体力量发挥到极致，彼此奚落，全心全意地投入到这场争夺同侪认可的激烈角逐之中。这些竞赛向阿基琉斯最亲密的伙伴身上所具备的英勇、高贵和忠诚的品质致敬，同时也向这些制度化的竞技活动本身致意，因为它们培养了具备这些优秀品质的战士群体。[6]

---

〔5〕《伊利亚特》第19卷第321—324行。（凡书中所引荷马史诗，均参考罗念生、王焕生译本，不再一一注明。——译者注）

〔6〕布朗（B. Brown 2003：123）以“一个由同侪组成的社会”如何“表达敬意并且保留平等的原则”这个角度分析了为帕特洛克罗斯举办的葬礼竞技。布朗（B. Brown 2003）与高登（Golden 1998：93-94）都指出，在史诗将要结束时举办的这场竞技，标志着血腥的冲突得以解决，开始向和平进行过渡。

伊塔卡岛的国王、率领希腊同盟军对抗特洛伊的主要指挥官之一奥德修斯（Odysseus）在帕特洛克罗斯的葬礼竞赛上夺得了摔跤和赛跑两个项目的桂冠。[7]他在战争之后历经艰险的回家之路正是荷马另一部史诗作品《奥德赛》的主题。如果说《伊利亚特》的故事发生在战场上，描述了军人之间的情谊，那么《奥德赛》则重申了家人之间的纽带和家庭的价值。特洛伊战争结束后的十年间，奥德修斯跋山涉水，终于回到了伊塔卡，却发现 108 名贵族男子正在他的宫殿中日日相聚，宴饮狂欢，争夺他的妻子佩涅洛佩的芳心。史诗的结尾，在儿子特勒马科斯与数名忠仆的帮助下，奥德 44
修斯杀死了求婚者，赢回了他的王国、财产，以及他的妻子。[8]大卫·康斯坦（David Konstan）颇有见地地提出，《奥德赛》“强调了个人家园的完整与自治”，以及“友谊在故事中扮演边缘角色”。[9]然而，奥德修斯是否诚如查尔斯·波尔（Charles Boer）所称是一位“家庭的英雄”仍然有待商榷。[10]在描绘《奥德赛》中大量的欢庆场面时，荷马不断地

〔7〕《伊利亚特》第 23 卷第 700—797 行包含对这两个事件的详细描述。

〔8〕温克勒（Winkler 1990a：129-161）认为荷马让他的读者怀疑佩涅洛佩在奥德修斯的凯旋之中也发挥了作用。

〔9〕Konstan（1997：26-27）.

〔10〕查尔斯·波尔在评价两部荷马史诗在主题上的矛盾时说：“阿基琉斯是友谊的英雄，无论如何，友谊都是他生命中至高的价值。奥德修斯是家庭的英雄，家庭就是他至高的价值。相应地，奥德修斯没有朋友。阿基琉斯曾经（在第 9 卷中短暂地）想到过家庭，但为了一个在他看来要高贵得多的理由放弃了它。”（1992 版 W. B. 斯坦福《尤利西斯的主题》前言，第 7 页）。普奇（Pucci 1987：214-227；1998：1-9）探究了《奥德赛》与《伊利亚特》之间“争辩的”关系。关于文学批评（转下页）

提醒我们奥德修斯是一位战争英雄，他甚至抛出了许多极富诱惑性的线索，暗示奥德修斯富有英雄气概的真实自我属于那个被友谊联结起来的同伴们的世界，并且沉浸于永无休止的冒险之中。

在第 8 卷，漂泊的奥德修斯抵达热情好客的费埃克斯人所居住的岛屿，国王阿尔基诺奥斯盛情款待了他。阿尔基诺奥斯认为他的客人酒足饭饱，也尽情享受了优美的音乐，便提议进行一场竞技比赛。年轻的费埃克斯贵族积极地参与赛跑、摔跤、跳远与掷铁饼的竞赛。仅从吟游诗人对赛跑比赛的描述中，就能看出竞争的激烈与刺激：

> 赛手们从起跑点迅速起跑，随即全力
> 向前飞奔，赛场上迷漫起滚滚飞尘。
> 高贵的克吕托涅奥斯远远地超越众人，
> 有如新耕的田地上健骡犁耕的距离，
> 他这样超过其他人，把他们拉在后面。
>
> （《奥德赛》第 8 卷第 121—125 行）

费埃克斯的贵族因这场竞技而激情澎湃，振奋鼓舞，他们中的某一个随即向客人提出了挑战，使奥德修斯被迫卷入这场比拼：

（接上页）中或隐或现地将《奥德赛》与“女性的”特质联系起来，并且和《伊利亚特》的男性特质与英雄气概形成对比的倾向，参见 Clayton（2004，第 1 章）。

尊敬的外乡大伯，请你也参加竞赛，
如果你也有擅长，你显然也精通竞技。
须知人生在世，任何英名都莫过于 45
他靠自己的双脚和双手赢得的荣誉。

（《奥德赛》第 8 卷第 145—148 行）

奥德修斯拒绝了这项提议，并解释说他思乡情切，无心参加竞技。然而他得到的回应却是讥讽与嘲笑，这对于一个特洛伊战争的英雄是莫大的屈辱，让他无法忍受。[11]奥德修斯以同样轻蔑的话语回敬了这位年轻的挑战者，同时表示，尽管他在多年的战争与漂泊之中已经饱受磨难，但他现在也要参与竞技，一争高下（《奥德赛》第 8 卷第 182—185 行）。轻松迅速地赢得了掷铁饼比赛之后，已为自己正名的冠军反过来向这位青年发出挑战，请他赶上自己的成绩，并且宣布自己愿意参加任何其他的竞赛，因为他自信会取得胜利：

人世间的一切竞赛项目我都在行，
但我最为精通的是使用光滑的弓箭。
我总是首先把箭矢射向稠密的敌群，
第一个把敌人射中，即使是许多同伴

［11］《奥德赛》第 8 卷第 161—164 行。这位年轻人将奥德修斯与一位毫无运动技巧的商人作比，反映了典型的希腊贵族的心态。参见斯坦福（Stanford 1959：336）对《奥德赛》第 8 卷第 161—164 行的评论。

一起作战，同时把箭矢瞄准敌人。
只有菲洛克特特斯在箭术方面胜过我，
当我们阿开奥斯人在特洛亚大地比箭术。
我敢说我的箭术远远超过其他人，
只要他们是凡胎，现在在大地上吃谷物。

（《奥德赛》第 8 卷第 214—222 行）

奥德修斯提及他参加特洛伊战争的经历，以此来夸耀自己卓越的运动技能，而以上这段演说清晰地表明，奥德修斯将体育竞技看作战争的延伸。此处很可能也是奥德修斯对那位年轻的挑战者之前提出的“人的最高声名来自他们展现出的速度与力量”这一观点给出的另一个回答。奥德修斯证实了这一观点，但通过从军功的角度谈论自己的运动才能，他又将军人的英勇推举为比体育更为崇高的成就。[12] 此外他也证明，即便自己以一个孤独漂泊的思乡者的形象出现在这座岛屿上，他的战士身份仍然是不容置疑的。正是他与战友们并肩抗敌的战斗最终证明了自己的价值。

46 在阅读这个片段的时候，我们应当想到《伊利亚特》中为帕特洛克罗斯举办的葬礼竞赛，《奥德赛》中的英雄正是从这样的环境一路走来。他是国王阿尔基诺奥斯的飨宴上那个彬彬有礼的客人，也是同费埃克斯贵族展开竞技时那个

〔12〕正如斯坦福（Stanford 1959：335）所指出的那样，这名年轻人的主张在“和平时期”是适用的。

被激怒的参赛者。他是一个伟大的战士，曾经在帕特洛克罗斯的葬礼竞赛上夺得两魁，如今又赢得这位来自费埃克斯的，较他年轻得多的对手的钦佩。[13]

多亏了费埃克斯船员无与伦比的航海技术，在他们的护送下，奥德修斯得以坐上快船回到伊塔卡。《奥德赛》接下来的十一卷详细叙述了奥德修斯如何伪装成一名乞丐来到自己的宫殿。他混迹在纵情欢乐的求婚者之中，接着杀掉他们，夺回了所有被篡夺的东西。针对求婚者的屠杀发生在他们在奥德修斯宫殿的宴会厅中例行狂欢之时，这一节庆场面，堪称整部史诗的高潮部分，阐释了《奥德赛》中宴饮欢庆与武力竞技的紧密联系。

佩涅洛佩组织了一场箭术竞赛。这场竞赛将决定她新任丈夫的人选，同时也宣告了求婚者的覆灭。所有的求婚者都没能为奥德修斯留下的那把硬弓安上弓弦。至此，仍然扮作乞丐模样、只因特勒马科斯的慷慨才得以列席宴会的国王要求亲自上阵，并且得到了准许。他轻而易举地成功了，也因此成为在场男性中最有力量的一位。他宣布自己成为冠军，并自称是一位受弓箭之神阿波罗庇护的复仇者。奥德修斯站在厅堂的门槛之上，将他的箭矢对准参与宴会的人们，

---

〔13〕在奥德修斯赢得赛跑比赛之后，领取了最后一份奖品的安提洛克斯表达了对奥德修斯的敬意，认为他尽管是“略微年长的一代”，却仍然很难被打败（《伊利亚特》第23卷第790行）。显然，奥德修斯度过了漫长而精力充沛的晚年，甚至在十年之后仍然是不可战胜的。

他向弓箭之神——“从远方发力”的阿波罗祈求庇佑。[14]而
47 屠杀结束后，奥德修斯屹立在四散于宴会厅的尸山之中，他的双足与双手都沾满了鲜血。最终，奥德修斯在他自己的宴会厅中表明，他是一个不可战胜的战士。而整场战斗中，战争之神雅典娜都陪伴于奥德修斯左右，这一事实凸显了“不可战胜的战士”是这位归家的特洛伊战争英雄最根本的特质。[15]与《伊利亚特》不同的是，《奥德赛》这部史诗讲述的是日常与家庭生活的复归，然而宣告这场回归的，却是在理应象征欢欣与和谐的和平生活的场所中发生的一场血腥的战斗。[16]由于求婚者的覆灭与故事的结尾相距不远，我们不禁

〔14〕随后，通过一个给人深刻印象的狩猎场景，荷马描述了奥德修斯与他的帮手们（特勒马科斯，一些忠诚的仆人，以及伪装成一位家庭老友的雅典娜）面对求婚者所占据的优势，求婚者的防守都不过是徒劳：“其他的人［奥德修斯一行］/ 又如一群凶猛的利爪弯喙的秃鹫 / 从空中飞过，扑向一群柔弱的飞鸟，/ 飞鸟在平原上的云气里奋力飞逃躲避，/ 秃鹫扑杀它们，它们无力自卫，/ 也无法逃脱，人们见此猎杀心欢然；/ 他们也这样在堂上向求婚的人们冲击，/ 到处杀伤求婚人，求婚人悲惨地呼喊，/ 头颅被砸破，整个地板鲜血漫溢。”（《奥德赛》第 22 卷第 302—309 行）。在希腊的文学与艺术中，狩猎往往被类比为战争。这两者都是展现英勇价值的地方（Barringer 2001）。耐人寻味的是，史诗中讲述的奥德修斯的第一场胜利是在狩猎的时候。尽管仍然是青少年，但他在那时就已经展现出非凡的力量与镇定，杀死了一头野猪（《奥德赛》第 19 卷第 428—466 行）。

〔15〕雅典娜也是智慧女神（尤其是所谓“狡诈的智慧”；参见 Detienne and Vernant 1978）。她在所有的凡人中最偏爱奥德修斯，因为他与她有着相似的品质（Stanford 1992，第 3 章）。在荷马史诗中，雅典娜屡次在各个场合下站在奥德修斯一边，鼓动并帮助着这位像她一样拥有伟大智慧的战士。

〔16〕在接受费埃克斯人的款待之际，奥德修斯谈道，他发现世界上的任何事物都不及一场愉快的欢宴更美。“我想没有什么比此情此景更（转下页）

会有这样的感觉：在回归到缺乏激动人心的战争，也没有作为文学主题的趣味性的家庭生活之前，吟游诗人荷马与他的听众都急切地想要看到这位英雄再次取得一场富有军事意味的胜利。

事实上，在第 14 卷中，奥德修斯自己曾经暗示过家庭生活之于他的意涵，以及欢庆活动在他作为国王与战士的生活中所起到的作用。这一事件就发生在奥德修斯隐姓埋名地抵达伊塔卡之后。奥德修斯之前的养猪奴欧迈奥斯款待了他，而他编造了一个虚假的身份。在这段虚构的叙述中，奥德修斯说自己是来自克里特的贵族，骁勇善战，却不喜欢干农活或照料家务，尽管这样能够“生育高贵的儿女”。与之相反，他总是珍视“配备划桨的战船”以及“激烈的战斗、光滑的投枪和锐利的箭矢 / 一切令他人恐惧、制造苦难的武器”。(《奥德赛》第 14 卷第 222—226 行）带领战友在特洛伊战争中厮杀之后，他仅仅在家中待了一个月，用来“同我的孩子们和高贵的妻子同欢乐，享受丰盈的财富”，接着就又踏上征程。如他所述，“心灵又迫使我外出航行，前往埃及，/ 把船只装备，带上神明般勇敢的伴侣”。[17] 他这次离家 48
为的是自己的老本行，尽管看上去像是海盗的作为，但他却

（接上页）悦人 / 整个国家沉浸在一片怡人的欢乐里。/ 人们会聚王宫同饮宴，把歌咏聆听，/ 个个挨次安座，面前的餐桌摆满了 / 各式食品肴馔，司酒把调好的蜜酒 / 从调缸舀出给各人的酒杯一一斟满。/ 在我看来，这是最最美好的事情。”(《奥德赛》第 9 卷第 5—11 行）

〔17〕整体叙述见《奥德赛》第 14 卷第 199 行起。所引诗句位于《奥德赛》第 14 卷第 244—247 行；“神明般勇敢的伴侣”：*antitheois hetaroisin*。

将之看作等同于特洛伊战争的军事任务。[18]

这个虚构的克里特贵族为自己感到骄傲，因为他骁勇善战，并且享受战争。缺乏刺激的家庭生活显然无法吸引他的兴趣，只有和同伴一起探索冒险的时候，他才活跃起来。我认为奥德修斯为自己虚构了这样一个克里特的化身，不仅仅是为了在旧日仆人面前隐藏自己的身份。如果"在陌生人眼前更容易展露真我"这一说法是正确的，那么此处，在奥德修斯就要迈出最后一步，夺回自己被篡夺的王位与家园之前，他或许在酒后漫不经心地吐露了自己的激情与抱负所在。[19]在奥德修斯透露给养猪奴的这段虚假陈述中，他描述了在驶往埃及之前为同伴们举办的宴会：

> 我装备了九条船，同伴们迅速聚齐。
> 我的忠实的伴侣们连续会饮六天，
> 我为他们宰杀了难于胜计的牲畜，
> 既用作祭献神明，也供他们饮宴。
> 第七天我们登船离开辽阔的克里特，
> 有美好的顺风、暴烈的博瑞阿斯推送。
>
> （《奥德赛》第 14 卷第 248—253 行）

---

〔18〕在特洛伊战争之前，奥德修斯曾经带领他的伙伴九次远征海外（《奥德赛》第 14 卷第 230 行起）。关于荷马世界中的海盗行为，参见 Tandy（1997：74）。

〔19〕这段与欧迈奥斯之间的对话发生在两人刚刚吃完晚饭，开始饮酒的时候（《奥德赛》第 14 卷第 109 行起）。

特洛伊战争之前，在奥德修斯还统治着伊塔卡的时候，他宫殿中的宴会厅见证了许许多多与这位虚构的克里特贵族招待同伴时所举行的相似的盛宴。[20] 想必在奥德修斯消灭了求婚人，夺回王位之后，这些宴庆活动又会在伊塔卡重现。伴随着奥德修斯的凯旋，宴会厅内的无情杀戮宣告着统帅夺回了他的权柄，一个由共食关系维系的战士群体重新开始凝聚。[21] 备受尊敬的领导者与热情好客的东道主，是这位崇高 49
战士的一体两面，但战士是奥德修斯最根本的特质。在克里特贵族喜爱的那些“令人战栗的东西”（指兵器和打斗）本应毫无用武之地的场所，奥德修斯用箭和矛展现了自己的勇猛和武艺，从而证明了这一根本特质。荷马叙事中，奥德修斯的返乡无关家庭的和平与安稳，迈克尔·内格勒（Michael Nagler）指出，“奥德修斯离开战场回到了家，但他将战争带了回来”。[22] 就像那个克里特贵族一样，对奥德修斯这样的战士而言，家只是一个重新启程前的补给站。之后，奥德修斯向佩涅洛佩坦承，为了完成神明的预言，他必须在众多城市间游荡，只有经历了这些旅程，他才能够回到家人和乡亲之中，终老一生（《奥德赛》第 23 卷第 267—284 行）。[23]

---

〔20〕《奥德赛》第 19 卷第 314—316 行中，佩涅洛佩回忆起她不见踪影的丈夫，称他是最热情好客的主人。

〔21〕默雷（Murray 1995：222）提出，“事实上，求婚人的罪行源于他们在主人不在的时候篡夺了属于战士阶层的特权”。

〔22〕Nagler（1993：257）.

〔23〕根据《忒勒戈诺斯纪》（*Telegony*）——这部完成于公元前 6 世纪，所谓的“史诗集成”（Epic Cycle）中后荷马时期的诗歌中最晚（转下页）

尽管《奥德赛》的故事背景远离战火，并且以家庭生活为主题，但它仍然不能算与《伊利亚特》完全背离。倒不如说，它所表现的是一位贵族勇士生活中的另一面。英雄奥德修斯来自这样一个世界：在那里，斗士们出于对胜利和声名的渴望而战斗；同伴之间的爱与冲突是情感的主旋律。阿基琉斯为了向帕特洛克罗斯致敬而举办的葬礼竞赛，不仅证明了军队在残酷的战争环境中也能保持团结一致、彼此竞争的精神，而且当奥德修斯在费埃克斯和伊塔卡的宴庆活动中大获全胜时，那场葬礼竞赛所体现的精神也时时呼之欲出。这或许说明，尽管《奥德赛》中描述了为数众多的宴会，奥德修斯在漂泊无定之时也反复诉说对甜蜜家庭生活的思念，但事实上并没有任何庆典活动是为该史诗标榜的主题——奥德修斯的回归——而举办的。〔24〕这也许说明了某些问题。只

（接上页）完成的作品，奥德修斯在屠杀了求婚者之后再次离开了伊塔卡，踏上了新的冒险（Davies 1989：84-91）。斯坦福（Stanford 1992：86-89）指出，《忒勒戈诺斯纪》的情节为后来将奥德修斯描述为一名漫游者的传统打开了大门，该传统一直延续到但丁与丁尼生（Tennyson）的诗歌中。他认为，后来的发展演变呈现出了与荷马的《奥德赛》截然不同的观点，后者的主人公“心灵与精神在本质上向往着家乡”。然而，斯坦福（Stanford 1992：87-88）也承认，荷马的确抛出了暗示（包括我此处所指的预言），为日后关于奥德修斯后续旅程的充满想象力的描述提供了丰饶的土壤。由此看来，后人的发展有可能呈现的是荷马笔下奥德修斯形象的自然补全。斯坦福（Stanford 1992：88）也指出，《忒勒戈诺斯纪》可能不是那位生活在公元前6世纪的诗人的发明，而是基于前荷马时代的传统。

〔24〕在杀死了求婚者之后，奥德修斯下令进行如下的布置：“让宅里的女奴们也都穿上整齐的服装，/ 再让神妙的歌人弹奏嘹亮的弦琴，/ 为我们伴奏，带领跳起欢乐的歌舞，/ 让人们从外面听见，以为在举行（转下页）

有两名前特洛伊战争的斗士参与了《奥德赛》中的家庭宴会。一个是涅斯托尔，他是参与特洛伊战争的希腊首领当中最年长的一位，另一个是惧内的墨涅拉俄斯，他的妻子海伦被特洛伊王子帕里斯劫走，从而引发了特洛伊战争。[25]对于奥德修斯这个在战争中幸存，并仍然保持着英雄做派的人来说，有关宴庆的叙事展现出的仍然是他的英勇与领导力，唤起的仍然是战友情的回忆。就像詹姆斯·雷德菲尔德（James Redfield）注意到的，“从荷马开始，希腊政治共同体就被看作一支自治的军队”。[26]而我们在荷马的宴会上所看到的那些激烈的竞争以及对家庭外同性情谊的高度重视，在日后希腊关于社交的话语中也仍然是一种特色。 50

阿尔凯乌斯

公元前7世纪，贵族战士的世界似乎被党派政治所主宰，而从阿尔凯乌斯的诗歌中，我们得以窥见他们的情感与活动。阿尔凯乌斯用他极具个人风格的激烈言语，或是诋

（接上页）婚礼，/ 不论他们是路过，或是周围的居民。”（《奥德赛》第23卷第132—136行）这场宴会的目的旨在向他们的亲属掩盖求婚者死亡的消息，从而能够为奥德修斯争取更多的时间准备未来的战斗（后来发生在第24卷中），因此这场假作的宴会不能被看作一场真正的为家庭生活而举办的庆典。

〔25〕《奥德赛》第3卷叙述了涅斯托尔的出席，《奥德赛》第4卷提到了墨涅拉俄斯的出席。在本章接下来的内容中我们将谈到在涅斯托尔的宫殿中举办的庆典活动，第3章中也涉及了相关内容。第4章将会讨论墨涅拉俄斯与海伦在宴会上的出场。

〔26〕Redfield（1995：165）.

毁、谴责他的敌人和从前的盟友，或是歌颂自己与同伴在政治与军事上的英雄伟业。在这两个话题下，他的诗歌表达都以集体的饮酒活动作为背景。研究古代文化的阿忒纳乌斯（Athenaios，约 170—230）对阿尔凯乌斯在任何场合下都能找到饮酒理由的能力赞叹不已（《智者之宴》10.430b）。不过，这位公元前 7 世纪莱斯沃斯岛的贵族是否果真如此并不重要，因为我们关注的只是从他作品中浮现出来的那个侃侃而谈希腊宴饮体验的诗人形象。[27]阿尔凯乌斯的残本 140 这样写道：

51 ……大厅闪耀着青铜色的光芒：
整块天花板都为战争之神而装潢
挂着明亮的头盔，垂下

〔27〕阿忒纳乌斯与大多数古代或现代的读者一样，认为阿尔凯乌斯诗歌中的叙述者就是这位贵族诗人自己。这种鉴定有一个常见的循环论证的问题，即我们从这些系于诗人名下的诗歌中获取了有关他本人的印象，而又通过阅读这些诗歌来确认这个被构建出来的诗人形象（Lefkowitz 1981）。不过这个问题与我的论证目的关系不大。让我感兴趣的是阿尔凯乌斯作品中明显一致的主题——意象与情感。无论它们属于历史上的阿尔凯乌斯，还是属于像他一样的贵族战士群体，出于便利的考虑，我将称呼诗中的叙述者为阿尔凯乌斯。纳吉（Nagy 1996：217）认为阿尔凯乌斯的诗歌是在会饮环境中进行表演与重演，强调其人称可能随着时间与情况的不同而变化，以适应多种多样的场合。他提出，“的确，真实的阿尔凯乌斯可能曾经存在，他在实际生活中经历的场合也可能的确是生发这种独特的阿尔凯乌斯传统的开始。但是随着阿尔凯乌斯在各个场合的会饮中为他的同伴们（*hetaireia*）重复表演，他已经远离了那个表面上的典型场合”（Nagy 2004：31-32）。

白色的马毛做成的羽饰，
男子的头饰。
足以抵抗强劲箭矢的
锃亮的青铜护膝，
遮住了悬挂它们的钉子；

簇新的亚麻做成的战衣，
以及中凸的盾牌，都被丢置在地。
还有来自哈尔基斯的剑，
数量众多的腰带与短衣。
从我们第一次执行这项任务开始，
这些场景便永存于心。

阿忒纳乌斯用残本140来展现阿尔凯乌斯极端好战的精神。[28]诗中细致入微地描写了悬挂在墙上的武器，让我们不禁想起奥德修斯宴会厅中的军事用具。[29]然而，这两种宴饮情境在历史背景上有一个重要的差异。在荷马构建的世界中，通过共享盛筵的活动，诗人明确歌颂了争强好胜的军事

〔28〕第1—10行的一部分字词残留了下来。阿忒纳乌斯的评论见《智者之宴》14.627a。

〔29〕《奥德赛》第1卷第一次描绘在奥德修斯的宫殿中欢饮宴乐的求婚者时，荷马提醒读者注意宴会厅中的武器。当时特勒马科斯正引着一位旅行至此的陌生人（由雅典娜假扮的）前去用餐，并将她的长矛“插进高大的立柱前 / 一座制作精美的矛架里，那里摆放着 / 饱受苦难的奥德修斯的根根矛枪”。(《奥德赛》第1卷第127—129行）

贵族对自身这个群体的维持和他们的自我表达。与此不同的是，公元前 7 世纪采用的重装步兵战术导致军事有生力量急剧增长，这使得对公民士兵这一合作共同体的忠诚成为一种
52 新的美德，贯穿于古风时期的宴饮话语之中。[30] 如果我们赞同古风时期所有的劝战诗歌都是为了在酒宴上表演而创作的，那么阿尔凯乌斯主要关注的拉帮结派以及派系内斗，可能与诸如提尔泰奥斯（Tyrtaios）、卡利诺斯（Kallinos）以及米涅摩斯（Mimnermos）之类的诗人在战歌中所传达的精神相悖。[31] 然而，争强好胜的英雄主义与同伴团结的核心要素，从荷马开始到公元前 7 世纪从未改变，所有酒宴上的歌者在这个重装步兵的时代也都对之熟稔于心。即使将同伴这个关键的“共同体”从贵族阶层扩展到整个公民群体，这条论述也仍然成立。[32] 换言之，亚瑟 · 阿德金斯（Arthur Adkins）

〔30〕阿德金斯（Adkins 1960）提出一个现在已被广泛接受的观点，即荷马时期的社会以竞争的美德为主导，而希腊道德思想史的特征就是从竞争的美德向合作的美德逐渐转变。假设古风时期的军事发展与道德和政治的转变之间存在着因果关联的理论被广为接受。（例如 Adkins 1960；Murray 1980，第 8 章；Vernant 1980，第 2 章）。同时参见克伦茨（Krentz 2007）与莫里斯（Morris 1987：196-205）对这一论点的质疑。默雷（Murray 1991：94-98）认为，从荷马到公元前 7 世纪的颂歌诗人关于会饮道德准则的变化反映了这种观念上的变化。

〔31〕伯伊（Bowie 1986，1990）反复提出了这一观点。默雷（Murray 1991：94-98）注意到阿尔凯乌斯的关注点与公元前 7 世纪的战歌作者之间有所不同，也对这一观点表示赞同。

〔32〕例如，罗斯乐（Rösler 1990：234）认为阿尔凯乌斯朗诵诗歌的听众们正是诗人的“团体”。尽管当代古典学的学术研究在描述希腊古风时期的创作与接受背景时，对诸如“公众”（the public）与“团体”（the community）这样的名词不作区分，以至于遮盖住了许多历史（转下页）

曾经广为人知地论述过希腊的价值体系从鼓励竞争向以合作为美德转变，但是这并不意味着追求卓越被摒弃，而是提倡合作中的对抗，同时依凭广泛的公民基础将之应用于更多的活动领域。[33]

米蒂利尼（Mytilene）是阿尔凯乌斯的故乡莱斯沃斯岛上最大的城市，而共同执掌米蒂利尼政治大权的米尔索洛斯（Myrsilos）与庇塔库斯（Pittakos，约公元前650—前570）则是派系斗争中阿尔凯乌斯与他的党派所面对的头号敌人。残本140的最后提到的“任务”或许指的就是反抗他们的战斗，可能正是在这个团体重新宣誓继续抗争的聚会上，诗人奏唱了这首诗歌。闪闪发亮的武器挂在墙上，令男主人公久 53
难忘怀，这证明了他们的决心与勇气，而这首歌本身则证明了他们赞颂彼此之间牢固联系的能力。残本140中的“大厅”指的可能是宴会厅，也可能不是，不过正如我们接下来要看到的那样，阿尔凯乌斯的许多诗歌片段都呈现为参加宴

（接上页）语境下的重要差别，但是适当地对这两个概念加以区分，例如“哪些公众”以及“什么样的团体”，并不影响我的整体观点——无论是针对古希腊的论述，还是将它与古代中国做比较时提出的观点。

〔33〕Adkins（1960）. 本章中还将再次提到在合作中对抗这一主旨，尤其是在分析凯歌的时候。罗霍（Loraux 2002，第4章）有一个短语贴切地形容了希腊的神话、政治以及哲学思考中关于合作与竞争、和谐与冲突之间的辩证关系：“分裂的联结”。在政治科学领域，也就是管理城邦的知识中，我们在亚里士多德的作品中发现，他敏锐地认识到政体成员之间有保持竞争与多样性的必要（Saxonhouse 1992）。如果在亚里士多德可行的城市设想中，嫌隙与永恒的争斗是为了实现城市和谐所必须付出的代价，相较于难以与自由平等的共同体相匹配的统一秩序，他或许更能接受这样的结果。

会的人向他们的敌人表达憎恨，分享他们的沮丧，以及彼此鼓励时的创作。[34]

残本335佐证了通常情况下阿尔凯乌斯与他的同伴们饮酒的用途——忘却挫折，振奋精神。在这一片段中，诗人的倾诉对象可能是与他格外亲密的战友，一个名叫毕吉士（Bykkhis）的男子：

莫要忧愁到心上，
满腹牢骚无益处！
美酒乃良药，
一醉消千愁！

（水建馥译，《古希腊抒情诗选》第92页）

残本73中，当阿尔凯乌斯号召他的同伴们将当下严峻的情形放在脑后，享受彼此片刻的陪伴之时，他再次单独提到了毕吉士。占据这段诗歌中心位置的是一艘船的拟人形象，而它或许正是载着阿尔凯乌斯与他的同行者们的那艘船只：[35]

---

〔34〕纳吉（Nagy 1996：83；2004：32-33）提出，阿尔凯乌斯与他的同伴们一同表演，并且为彼此表演。纳吉在“表演者”（a performer）与“表演团体”（a group）之间做出了如下划分：“表演者为观众演出，而表演团体可以为彼此演出。即便其中的某些成员扮演着比其他成员更为重要的角色，以至于一个外人可能很难分辨出表演团体与观众之间的区别，但这种演出也仍然可能作为表演团体的演出而存在。”

〔35〕甄提利（Gentili 1988，第11章）。阿尔凯乌斯诗歌中类似的拟人化见残本6与残本208。

整艘舰船……

尽可能地［被浪头？］

她说，她不想被击沉

被……浪花，与大雨搏斗

［还有疯狂的风暴？］和［将要损毁？］

被暗礁重创。

让她在这种情况下［随心所欲；

我，我的朋友，想要］忘记这些

仅仅是在你们所有人的陪伴下一同年轻，

与毕吉士一起去……

如是，我们到了第二［天］……

如果任何……

显示……

这艘船所处的危难关头，或许正象征着阿尔凯乌斯与他 54
的党派所处的政治环境。并肩战斗，共历风雨；一同胜利，一同失败；朝气蓬勃地相聚一堂（第9行），简单地纾解压力，又为前方的奋斗再次充满活力：这就是阿尔凯乌斯诗歌中咏唱的，他与他的同伴之间亲密的联系。提及毕吉士的第10行存在缺失，使我们无法得知诗人在整个团体之外（“在你们所有人的陪伴下”，第9行），想要单独与毕吉士一起做的事情是什么，但毫无疑问的是，毕吉士是一个特殊的伙伴。[36]

［36］残本60（a）的注释中也提到了毕吉士。

阿尔凯乌斯的诗歌中另一个被提及的伙伴是梅拉尼波斯（Melanippos）。据希罗多德（《历史》，5.94-95）称，阿尔凯乌斯曾经将一首诗（残本 428）寄给他的伙伴梅拉尼波斯，诗中阿尔凯乌斯讲述了他在己方对抗雅典人的一场战役中逃跑的经历。梅拉尼波斯也是残本 38A 的致诗对象。诗中并未表明该诗具体是以哪一场败仗为背景而创作的，但是在最近的这次挫败后，阿尔凯乌斯与他的同伴们显然需要安慰。诗人引述了神话，试图劝他的朋友听天由命，趁着尚能行乐，不妨加入诗人的狂欢：

举杯，狂醉，梅拉尼波斯，和我一起。为何
你认为当你越过汹涌的冥河
你还会再看到太阳纯净的光芒？
来吧，切莫定下高远的目标：
为何，埃俄罗斯之子，国王西西弗斯——人类中最聪明的那个，
认为他［能够主宰死亡？］；
尽管他机敏狡诈，却也只是在命运的掌控下
两次跨越漩涡翻腾的冥河。克洛诺斯之子国王宙斯，
还令他在黑色的大地下百般辛劳。[37]

---

〔37〕西西弗斯告诉他的妻子不要举办他的葬礼仪式，从而获得了冥王哈得斯的许可得以返回人世，惩罚他的妻子。然而，西西弗斯回到人间之后驻留在此，并且活到了很老的年纪。在他第二次抵达冥界后，他因自己的狡诈受到了惩罚，被判处将一块岩石推上山顶，岩石一旦到达顶端就会再次滚下山脚，因此这是一项永无止境的任务。

来吧，不要对这些事怀有期望；如果说有一刻，
正适宜忍受神明赐予我们的磨难，
那便是现在，当我们还年轻。
……北风……[38]

这里，阿尔凯乌斯向他的同伴提出了与我们此前读到 55
的相同的建议：宽容忍耐，接受现实，为将来可能存在的新斗争做好准备。从同一首诗来看，同伴们不屈不挠，因为他们投身于同样的事业，也因为他们在战场内外曾一起共度的时光。在他们的酒宴上，同伴们制订计划，交流思想，增进感情，促进互信。尽管目前为止，我们所看到的例子都是男人们聚在酒宴上，舔舐他们受伤的自尊，为了新的战斗积蓄力量，但这并不是全部。有些时候，欢乐的庆祝酒宴也会因好消息而举办，例如残本 332 中所描述的：

此刻，人人都须全力以赴地畅饮烂醉，
因为米尔索洛斯已经丧命。

如果我们以诸如残本 70、残本 72 这些诗歌为基础，就能更好地理解为何诗人认为这件事值得庆祝。在这两个片段

〔38〕残本 38B 中包含着如下这些破碎的字词：“……北风 /……城市 /……弦琴 /……在屋顶下 /……分享……”，很有可能与节选片段属于同一首诗。如果情况果真如此，阿尔凯乌斯似乎接着描述了他方才敦促同伴们进行的庆祝活动。

中，诗人强烈谴责了对手们醉酒后的狂欢行为。他不仅仅在宴席上称呼米尔索洛斯和庇塔库斯为“言之无物的吹牛大王”，还对庇塔库斯的父亲出言不逊，因为据说他“聚众酗酒”。如果说是美酒与诗歌让阿尔凯乌斯的同伴们在屡屡受挫后还能聚在一起，那么一名头号敌人的死亡也将给他们充分的理由去“全力以赴”地狂欢歌唱。

除了诗人的同伴们，英俊的男孩也为阿尔凯乌斯的会饮增色不少。和公元前7世纪以来希腊的其他地区一样，少年爱在阿尔凯乌斯的会饮中蓬勃发展。[39]在残本368中，叙述者说道：

> 如果想让我享受这场会饮，
> 我请求邀请迷人的门农列席。

此外，一首仅余一行的残诗（残本366）写道：“美酒，亲爱的男孩，以及真理。”其中传达的信息与残本333是一致的：“酒是窥探男性的猫眼。”我们接下来将会看到，这两首诗都呼应了《忒奥格尼斯诗集》与《宴乐歌》中的一个重要主题。或许，阿尔凯乌斯遵循了希腊少年爱的规范，在他

〔39〕关于希腊古风时期与古典时期少年爱以会饮作为重要背景的研究，参见 Bremmer（1990）。阿尔凯乌斯作为少年爱支持者的名声，参见洛布丛书 test. 21，第228页以及《古希腊抒情诗》（*Greek Lyric*）第2卷第28页，Anakreon test. 7。大量文献研究了古希腊少年爱。其中，参见哈伯德（Hubbard 2003）关于古典资料的汇编，以及比菲埃（Buffière 1980），珀西（Percy 1996）和斯坎伦（Scanlon 2002）的研究。

的爱人面前扮演了一个教育者的角色，指导那个年轻人理解
学习在会饮场合观察他人的个性与行为，分辨孰真孰假、是 56
敌是友的价值所在。[40]他笔下庇塔库斯与米尔索洛斯的叛徒形象，以及他对坚贞不渝的同伴之情的歌颂，正是源源不断的鲜活案例，阐释了他或许不时向男孩传授的何为“好”何为“坏”的抽象教诲。在阿尔凯乌斯的作品中，鲜有其他的证据能够证实这段少年爱的关系。缺乏证据或许并不是因为阿尔凯乌斯沉迷于党派之争，以至于无法在追求年轻的爱人，并且培养他成为一名战士、政治家和公民这件事上投入过多的精力。对于一个将党派政治与武装斗争作为全部事业的男人来说，这样一项工作应该是十分重要的。正如有位学者曾经说过，阿尔凯乌斯对男孩的爱表现为“那些个漂亮的男孩也参与了党派之争，爱欲仿佛被用来招纳新的成员，并将他们彼此相连”。[41]尽管这位诗人在古代文献中以喜爱少年而闻名，但现存的阿尔凯乌斯的诗歌中，男孩出场却十分有限。这或许与后人对古代文本的选择性保留有关。我们即将讨论的诗人忒奥格尼斯主要是作为少年的教育者与情人出现的，然而阿尔凯乌斯的形象却被敲定为一个大声疾呼的诗人，坚定的斗士，以及忠诚的战友。[42]不过，他们都势

---

〔40〕布雷默（Bremmer 1990：137）认为残本 366 的主题是少年爱，而背景则是会饮。

〔41〕Davidson（2007：496）.

〔42〕莱福科维茨（Lefkowitz 1981）探究了选择性的留存如何导致了后代对古希腊诗人的看法存在着诸多偏见，并指出希腊诗歌的现代读者在试图从残本当中凝练诗人的性格与意图时所得出的谬论。

必要在与同伴和未来同伴的竞争中积极发展家庭外的同性情谊。

《忒奥格尼斯诗集》

如果说在阅读阿尔凯乌斯的诗歌，并将其作为希腊酒宴体验的典型表达时，我们有必要区分诗中的形象与真实的历史人物，那么阅读《忒奥格尼斯诗集》时我们更要加倍小心。这部诗集包含了许多有着相似形式与主题思想的诗行，但是它们的出处却驳杂多端。这让我们很难断定，历史上这位来自公元前 6 世纪的麦加拉，名叫忒奥格尼斯的诗人究竟有着怎样的个性与经历。[43]因此，接下来的分
57 析与那个被冠以忒奥格尼斯之名的诗人形象有关，而非历史上那位来自麦加拉的贵族。不过，一些无疑应系于其他著名希腊诗人名下的作品也被收入这部著名的选集当中，因此也可将它作为衡量古风时期与古典时期早期希腊社交准则的依据。[44]忒奥格尼斯的集子突出地表现了酒宴场景以及少年爱的关系，对我们的研究格外有价值。酒宴是有心人对少年展开追求的主要场所，从这个角度来说，它的前身可能是古时战士们监管年轻人的教育与社交的俱乐

---

〔43〕根据诗歌本身提供的证据，这些作品可断代在公元前 640—前 479 年之间（Cobb-Stevens，Figueira，Nagy 1985：1）。

〔44〕费格拉与纳吉（Figueira and Nagy 1985）选编的集子出发点即为《忒奥格尼斯诗集》凝结了古风时期与古典时期早期麦加拉诗歌传统的代表特征，但远远超越了狭隘的地域观念，可以说拥有泛希腊化的意义。

部。[45]奥斯温·默雷认为，旧时战士团体的“军事职能已经被城邦的重装步兵军队所接管，在贵族地位产生变动的影响下，他们已经转变为一个以休闲为目的的团体”。[46]笔者认为，战士精神的精髓并未随着贵族宴饮团体的职能转变而消失，而是继续定义着忒奥格尼斯式的会饮所践行的文化传播的目标。

《忒奥格尼斯诗集》中的许多对句都涉及饮酒派对上的享乐，诗人常常对正确的宴乐习俗提出建议，并且对客人们的举止评头论足。[47]不过，他关注最多的是友谊。因此，他谈到好的伙伴会带来至高的愉悦：

> 不会有任何新的追求
> 代替令人愉悦的艺术，引起我的兴趣。我宁愿

---

〔45〕荷马作品中没有出现少年爱。莱文（Levine 1985）与路易斯（J. Lewis 1985）关注会饮与集体、诗歌与道德以及情色与政治之间的关系，特别强调了忒奥格尼斯作品的会饮背景与少年爱的主题。

〔46〕Murray（1983a）；Bremmer（1990：136）. 默雷（Murray 1991：99）认为，这种转变代表着荷马式与多利安人的战士集体在重装步兵时代所经历的两种发展方式的其中之一。另一种方式则是重塑旧的战士集体中共同进餐的仪式，以便让它能被推广到整个公民重装步兵的阶层中去。激进地采取这种方式的是斯巴达人，在那里，所有的男性公民都投身于军事生活之中，并且在日常的公共食堂中一起吃饭。施密特－潘特尔（1990b：202-203）也做出了相似的分类。关于斯巴达人的公共食堂参见Singor（1999）。

〔47〕涉及享乐的诗句如第531—532行，第533—534行，第885—886行，第983—988行，第993—996行，第1055—1058行；建议与评论如第295—298行，第467—496行，第509—510行，第627—628行，第837—840行，第841—844行，第873—876行，第989—990行，第1047—1048行。

58 时常因笛声与歌舞欣悦，
并在好伙伴的陪伴中，保持我高妙的机智。

（第 789—792 行）

如何分辨宴饮同伴的好坏（*agathoi* 与 *kakoi*，指具有社会与道德双重意涵的对立两面）这个问题一直困扰着忒奥格尼斯。他似乎是在将自己的讯息传达给两种不同的听众：一种是共同参加会饮的同辈，即成年男性，会饮的正式参与者；另一种则是那些在长辈或追求者的监护下参与酒宴的青少年。我们主要关注后者，因为忒奥格尼斯的诗句相当一部分都是写给他的爱人—— 一位名叫基尔努斯（Kyrnos）的青年。

《忒奥格尼斯诗集》的前十八行诗是向神明的祈祷，紧随其后的诗句便是写给基尔努斯的。其中，忒奥格尼斯称自己"举世闻名"，同时宣称自己创作了这部诗集，用以教导基尔努斯。[48]他向年轻的爱人保证，"这是出于对你的好意，基尔努斯，/ 我将要给你的忠告，是我年轻时从好人那里学到的"（第 27—28 行）。这种通过少年爱关系实现的教育最常发生在酒宴上，而其中最首要的就是学习在这种环境下如何结交有价值的伙伴。

不要与坏人同流合污，

〔48〕莱文（Levine 1985）从对基尔努斯的教育与社会化的角度讨论了《忒奥格尼斯诗集》，认为诗中的会饮是更广阔的社会群体的缩影与模型。

但要接近那些好人：
与他们同席吃喝，并肩而坐，
取悦他们，因为他们有着杰出的能力。
近朱者赤，
但若你与坏人纠缠不清，你甚至将会失去
你原本的智慧。因而要与好人交往，
有朝一日你便会说，我正确地劝导了我的朋友。

（第 31—38 行）

在另一处，忒奥格尼斯表现出对这种通过恰当社交而实现的教育的信心。同时，他再一次劝告男孩要利用酒宴的场合观察那些好人，模仿他们，向他们学习：

坏人也非生来如此，
而是在与坏人的交往中，学到了卑鄙的举止，邪恶的言语
以及恣意妄为的恶行 59
因为他们轻信了坏人的话，以为那些都是真的。

（第 305—308 行）

极好的是，作为宴会的宾客，与那些博闻强识的
好人同席。你应该记下
他口中任何有见地的话语，这样，你或许能从中学习

满载收获归家。

（第 563—566 行）

诗中随后指出，基尔努斯必须要学习的第一件事就是如何分辨真正的朋友与虚假的朋友。[49] 忒奥格尼斯指出，只有为数不多的同伴能够同甘共苦，而大多数朋友都会在困难的时刻消失不见（第 79—82 行，209—210 行，697—698 行）。以自己为榜样，忒奥格尼斯在教学中不断地谴责虚假的友谊与背叛，与此同时，他将自己描绘为最忠诚的友人：他从未背叛过朋友，正如经过了烈火考验的真金，是个“货真价实的厚道伙伴”（第 415—418 行，529—530 行，1164E—H 行）。不过，即使陶醉在自我欣赏之中，他同时也感到忧伤——尽管四处寻觅，却未能找到任何一个像他一样的人（第 415—418 行，第 1164E—H 行）。对于观察虚假的友谊，以及不能共患难的朋友的阴暗现实而言，会饮是个再好不过的场合。忒奥格尼斯反复重申他的观点：

当然，许多人不过是酒肉朋友，[50]
一个人的同伴中，只有极少数经得起风浪。

（第 115—116 行）

---

〔49〕唐兰（Donlan 1985）分析了忒奥格尼斯诗中这个重要的主题。

〔50〕*Polloi toi posios kai brōsios eisin hetairoi.*

许多人会在觥筹之间成为同伴，
只有为数不多的人会在风浪中共济。

（第 643—644 行）

我不会与仅靠唇舌功夫的人成为朋友，而要看他的行动。

他必得用他的双手与财富，心甘情愿地为我效劳。
他不必在宴席上用花言巧语抚慰我的心肠，
但是如果可以，他要用行动证明自己是个好人。

（第 979—982 行）

对于方才批评过的那种酒肉朋友，忒奥格尼斯称呼他
们为“危险的同伴”，并且主张，即便是拥有一个敌人，也 60
好过拥有一个这样的伙伴（第 87—92 行）。然而，诗人反复抱怨着区别真朋友与假朋友是多么困难。例如，在第 119—128 行中，忒奥格尼斯告诉基尔努斯，要辨认一个虚假的朋友，比辨识伪造的金银还要困难。知人知面不知心，一个假朋友只有通过测试与考验才会现出原形，尽管这可能是世上最令人难过的真相。在这方面忒奥格尼斯自认并未比其他人聪明多少（第 963—970 行），因为他也曾被其他人假装出来的友情的外表所欺骗，只有随着时间的流逝才能看破伪装。同时，对于那些终生都不曾受过敌人的磨折，或是被迫检验朋友忠诚的人，忒奥格尼斯表达了他的羡慕（第 1013—1016 行）。令他难过的是，相较于被敌人欺骗，人更容易被

朋友欺骗（第 1219—1220 行）。

以上就是忒奥格尼斯关于友谊之中的背叛的看法。他将游刃有余的技巧教给基尔努斯，教会他如何保持浮于表面的联系，以及如何适应周遭环境，从而使年轻人能够应付危险的现实。会饮让青年们有机会去观察并学习成年人的处事方式，同时也提供了教学环境。在第 309—312 行中，针对如何在与客人共处时举止有礼，忒奥格尼斯给出了他的建议：

> 你的聪明人看似与周围的人融洽相处
> 然而他们所说或所做的一切都好似与他擦身而过
> 就像他并不在场一样。他说着俏皮话儿，表面上
> 格外耐心，试图了解每个客人的脾性。

成为朋友，尤其是酒桌上的朋友，其表象往往是具有欺骗性的。同样，一个人应该掩饰自己的思想，只向同伴展现自己的外表。他应该外表和蔼可亲，富有魅力，而内心保持疏远和警惕。对于在宴会厅欢快而亲密的气氛中所听到或看到的任何令人愉悦的事物，他都不会当真。他密切地审视周围的每一个人，考验着真正的友情。正如忒奥格尼斯所描述的那样，这种适应能力是一种比笃实不渝的美德更有价值的技能（*sophiē*）。[51]

---

〔51〕例如第 213—218 行忒奥格尼斯著名的劝诫：自己要像章鱼或是珊瑚虫一样对待朋友："我的心，在所有朋友面前，复杂多变 / 混杂了你的性情，让它们彼此相似 / 让你的感情变成那蜷缩的珊瑚虫 / 与它交谈（转下页）

以上的讨论似乎证实了希腊少年爱的标准范式：情人 61
通过表达爱慕和依恋来追求爱人，并且通过传授他的知识与观点，帮助年轻人走向成熟；而爱人则学着回应情人的追求，并且依照年长者的教诲规范自己的举止，从而提升自我。这些交流和互动主要发生在会饮中，而诗歌则在其中发挥了至关重要的作用。然而，智慧、技巧与价值的传递并不是忒奥格尼斯式的酒客与情人所追求的全部。除了希腊少年爱在理想的假设中所具有的益处，忒奥格尼斯的诗句也揭示了少年爱关系中所牵涉的丰富又复杂的情感。[52]

我们来到了一个充斥着痛苦、竞争、背叛和复仇的世界。在第1283—1294行中可以清楚地看到，追求与屈服构成了向少年求爱的基本语汇。[53]在这些诗句中，诗人引述了阿塔兰忒（Atalanta）的神话。阿塔兰忒是一个脚步轻捷的少女和猎手，她发誓终身不嫁，并且杀死了每一个在赛跑中输给她的追求者。最终，她屈服于希波墨涅斯，因为后者在爱神阿佛洛狄忒的帮助下赢得了赛跑。诗人相信，那个逃避他追求的男孩也会经历同样的命运。与阿塔兰忒神话中狩

（接上页）的石头变作相同的模样；/一会儿这样伪装，一会儿变个颜色/这技巧定会比一成不变更妙。”写给基尔努斯的第1071—1074行传授了相同的道理（但去掉了珊瑚虫的比喻）。

〔52〕这些诗句集中在《忒奥格尼斯诗集》所谓的第二卷（第1231—1388行）中。诺克斯（Knox 1989：101）认为，“似乎有相当的把握肯定，第二卷中的内容曾经散布于整部集子当中，在拜占庭时期被抽取出来，组成了一个独立的单元”。

〔53〕同样的习语也被应用于异性恋的求爱与女同性恋的爱情关系中（Barringer 2001，第2章；Rissman 1983，其标题《爱情如战争》引人深思）。

猎和追逐的母题相符，诗人断言，尽管男孩暂时成功地逃避并且欺骗了他，“当你（男孩）从我（诗人）身旁远走高飞，我会伤害到你”（第1287行）。[54]在其他地方，忒奥格尼斯也立下同样的誓言。他提醒这个男孩，当他长大成人，失去阿佛洛狄忒（“诞生于开普瑞思的女神”）的青睐之时，他将不再处于被追求的爱人的地位：

你会离开我多久呢，孩子？我多么急迫地追赶着你！
愿上天让你的愤怒有个了结。
尽管你因心中的贪婪和傲慢离开了我，
62 用你残忍的方式，就像飞走的风筝一般。
留下来吧，予我你的宠爱。你很快便不再拥有
那头戴紫罗兰花冠，诞生于开普瑞思的女神，赠予你的礼物。

（第1299—1304行）

根据求爱的成败与否，爱人会体验到完全不同的情感，如下所见：

苦涩而又甜美，醉人而又冷酷，基尔努斯，

〔54〕路易斯（J. Lewis 1985：214-219）认为，在将被爱的男孩与神话中的女猎手进行对比时——后者不得不通过在丈夫家中的驯化重新融入文明社会，忒奥格尼斯是将少年爱关系理解成一种机制，用以驯化、教育在社会中处于边缘位置，并且等待着融入男性贵族群体的青少年男孩。

这就是尚未餍足的，对少年人的爱意。
你若得到，它是甘甜，求而不得，
它是至苦。

（第 1353—1356 行）

忒奥格尼斯在多处都谈到爱情当中固有的痛苦，[55]但是最令他痛心的是那个男孩背弃了他，转而投向自己的敌人。这种情况下，诗人会叫喊着“欺骗”与“背叛”这样的词语，采用与他教导基尔努斯关于友谊中的种种困难之时使用过的相同的修辞。这里有两个例子：

我们曾是很久的朋友；现在你却与别人厮混在一起，
保持着你那与忠诚背道而驰的诡诈手段。

（第 1243—1244 行）

孩子，我很清楚你的欺骗。
因为我甚至能看透你。那些人如今与你
格外亲密友好，以致你将我们的友谊
视如敝屣，尽管你从前与他们并非友人。
而我，我原想让你成为所有同伴中
最真诚的那个，而你现在有了另一个朋友。我
对你那样好，却终被忽视。我愿所有能见到你的，

〔55〕例子见第 1323—1326 行，第 1341—1344 行，第 1359—1360 行。

活着的人，都不会想要爱你。

（第 1311—1318 行）

第 1311—1318 行中密集点缀着用来形容友谊和陪伴的词语："友人"（*philos*，第 1312 和 1314 行），"友谊"（*philotēta*，第 1313 行），"信友"（*hetairon piston*，第 1315—1316 行），以及"朋友"（*philon*，第 1316 行）。诗人间或使用形容友情的词语以及"厄洛斯"（*erōs*，例如前引第 1354 行，意为强烈的爱欲），以形容他与那个男孩的关系（第 1318 行使用了"对男孩的爱"即 *paidophilein* 一词）。这一做法表明，在忒奥格尼斯关于少年爱的概念中，朋友间的喜欢与充满激情的爱恋这两种情感构成了一个逐渐演进的统
63 一体。[56] 少年爱关乎友情，亦关乎爱情，而诗人遭逢背叛的感受，来自既是作为同伴，也是作为恋人的那个少年。

正如愤愤不平的诗人所理解的那样，这个男孩之所以背叛他，是因为听信了坏伙伴的诬蔑。在第 1101—1104 行中，忒奥格尼斯预见到这样的忠告会对他和男孩的关系产生破坏性的影响，他表达了对这种前景的恐惧：

永远不要被下等人的言语说服，

---

〔56〕希腊文献中爱情（*erōs*）与友情（*philia*）之间的模糊性与相似性见 Davidson（2007，第 1 章）与 Konstan（1997：37-39）。*Philos* 与 *Philia* 二词也经常用在家庭成员的身上（Humprheys 1983：67）。关于古代中国材料中相似的语义重叠现象，参阅第 2 章。

离开你的朋友，去寻找下一个。因为
他们常常说着虚妄的话，在我面前诋毁你，
在你面前反对我。所以要对他们充耳不闻。

（第 1238A—1240 行）[57]

显然，男孩没有听从这个建议。他离开了忒奥格尼斯，选择了别人做他的导师。忒奥格尼斯以多种方式面对自己的失败。每当忒奥格尼斯说到背叛，我们都会看到愤怒的控诉。忒奥格尼斯甚至归纳，一个男孩会乐于接受他身边的任何人，只要他们能为他提供帮助。就像一匹马，会驮着任何一个喂养它的骑手。[58]他也诉诸愤恨的诅咒，比如，他曾经表达出这样的愿望：因为这个年轻男孩背叛了他，没有人会再爱上这个男孩（第 1318 行）。同时，忒奥格尼斯努力维护着自己的尊严：

美丽如你，却因为你邪恶的心肠，与卑鄙的人
厮混在一起，所以，孩子，你要经受严厉的责备。尽管我
没能赢得你的友谊，但这并非是我的过错，我很满足于

[57] 亦见于第 1151—1152 行与第 1278A—1278B 行。

[58] 亦见于第 1263—1266 行。对比参照第 1367—1368 行，其中诗人讲述了男孩的感激之情，并与妓女的回应进行对比，后者会爱上任何一个身边的人。

做一个像我这样的自由民应当做的事情。

（第 1377—1380 行）

正如此处诗人自说自话的断言，他自己在这场分手中没有过错。他以高尚的方式追求所爱，并且接受了对方不公正的对待。这种忍耐与忒奥格尼斯对自己的艺术、智慧、激情与高贵品质的自信如出一辙，他相信这些将使他成为一个
64 有竞争力的、最值得托付的情人。我们在文集里最著名，也是最优美的篇章之一中看到了这一点，这首诗同时也清楚地表明，会饮正是忒奥格尼斯创作关于少年爱的诗歌的背景：

我给了你自由飞翔的翅膀
在无边际的海洋与大地之上。
没有一餐一宴看不到你的存在，
存在于许多客人的唇间，
可爱的年轻人会为你歌唱，清脆，优美，
有序地和着清朗的笛声。
当你向下，去到冥王哈得斯那令人叹惋的屋宇
在阴暗的大地深处，纵然死去，也永远
不会失去你的声名。人们将把你看作
一个不朽的名字，基尔努斯。你漫游于希腊的
土地和岛屿，穿过水产丰饶的深海，
不是骑在马背上，而是被戴着紫罗兰花冠的
缪斯女神的礼物

带到所有接纳你的地方。
跟我的歌一样，你会被后人传颂
只要地球与太阳仍然存在。至于我，
你对我没有丝毫尊重，在任何层面上都是如此，
你竟用言语欺骗了我，仿佛我是个小孩子一样。

（第 237—254 行）

这些诗句分为两个主要部分。第一部分包括除最后两句外的所有内容，展现了忒奥格尼斯对自己艺术效果的赞美。忒奥格尼斯宣称自己闻名于整个希腊，并且称自己的诗歌永垂不朽。他向基尔努斯——这首诗中特别提到的对象——承诺，他也会获得同样的成就。无论是分隔了诸多希腊城市的海洋，还是令人憎恶却不可避免的死亡，都无法阻挡忒奥格尼斯关于基尔努斯的诗歌广为传播；只要地球存在，阳光普照，人们还需要宴饮作乐，这些诗歌就会在希腊世界的每一场饮酒派对上流传。忒奥格尼斯投身于艺术，以表达他对基尔努斯的爱，并且让这名男孩名垂不朽，而这就是忒奥格尼斯对于艺术力量的信念。

紧随这些倾泻而下的抒情诗行，诗歌的最后两行揭露了男孩的欺骗。这令人震惊，但还不足以抹去我们对这个男人的印象——他对自己的价值与魅力极度自信。忒奥格尼斯谴责基尔努斯的背叛，并且毫无疑问地受到了伤害，但他却表现出绰绰有余的信心，认为自己作为情人和导师要更胜一筹。任何对手在他面前都会黯然失色，任何男孩都会后悔没

65 有为他心折。如果说诗人心甘情愿地屈从于爱情的折磨，他最终也仍然是一个猎手。当这个情人在会饮中追求一个温柔的男孩，他事实上正着眼于竞争、胜利与荣耀，是在他的同伴以及准同伴之中追求自己的公众生活。用亨利·马如（Henri Marrou）的话来说，希腊的少年爱关系“本质上是战士之间的同志情谊”。[59]

这种与希腊人所珍视的价值之间的一致性或许可以解释，为何忒奥格尼斯不断地表达对人际关系（几乎全部是关于友谊）的悲观和愤怒，却在希腊被尊为道德导师。把会饮中的话语作为他智慧的载体，将姣好的男孩置于他复杂情感的中心，忒奥格尼斯自封为希腊人的代言人。《忒奥格尼斯诗集》在整个希腊地区的重要意义得到了充分的认可。[60]正如忒奥格尼斯向基尔努斯承诺过的那样，他那如有双翼的诗句，连同他们赞颂的会饮，以及那个让他依次扮演了导师、友人、猎手与受害者的反复无常的爱人，在诗人去世后都获得了不朽的声名。

《宴乐歌》

《宴乐歌》是酒歌的合集，而友谊则是其中一个突出的主题。所有的酒歌在长度上都是二到四行，其中大部分作品

---

〔59〕Marrou（1956：51）.

〔60〕见前注〔44〕。

在内容与主题上都与忒奥格尼斯的诗歌相呼应。[61]就像《忒奥格尼斯诗集》一样，这些间断的片段展现了面对友谊的谨慎态度。例如，第 889 篇与第 903 篇这样写道：

> 要是能够看到每个人的样子该多好
> 打开他的胸膛，看看他的心肠
> 再把它合上，将这个人看作是
> 自己的朋友，因为他有颗诚实的心。
>
> （第 889 篇）

> 我的朋友，每块石头下面都潜伏着一只蝎子。
> 小心别让它袭击到你：所有诡计
> 都伴随着看不见的东西。
>
> （第 903 篇）

正如在《忒奥格尼斯诗集》中一样，我们应当把《宴 66
乐歌》表达出的对友谊的谨慎，理解为这些诗歌中与友谊相关的重要部分。合集中有不少最著名的诗歌是献给哈尔摩迪奥斯（Harmodios）与阿里斯托革顿（Aristogeiton）的，它们高度赞扬了真正的友谊与男性之间的同性情爱。

---

〔61〕康斯坦（Konstan 1997：44-47，65-66）认为《宴乐歌》是公元前 5 世纪雅典贵族青年文化中的一部分。除去主题上的相似性，科林斯（Collins 2004，第 9 章）认为《宴乐歌》与《忒奥格尼斯诗集》具有相同的会饮即兴创作的传统，并且都有证据证明它们的内容在表演中有所出入。

哈尔摩迪奥斯是一个英俊的青年，他是阿里斯托革顿的爱人。公元前514年，他们都在一次暗杀雅典僭主希庇亚斯（Hippias）的兄弟希帕克斯（Hipparkhos）的行动中丧生。[62]希帕克斯曾经追求过哈尔摩迪奥斯，并且在遭到拒绝后曾经试图报复。作为回应，这对恋人在泛雅典人节（纪念雅典的守护女神雅典娜的节日）的游行上借机暗杀了希帕克斯。哈尔摩迪奥斯与阿里斯托革顿的行为很快成为备受雅典人珍视的传奇。这对恋人一直被誉为雅典的解放者，尽管与史实有所出入——雅典直至公元前508或507年才成为一个真正的民主国家。他们的雕像竖立在广场上；为了纪念他们，人们修建了一座坟墓；公众赡养他们的后人；会饮中，像下面这样纪念他们的诗歌也在传唱：

我将在桃金娘的花丛中藏着利刃，
一如哈尔摩迪奥斯与阿里斯托革顿一般
当他们刺杀僭主
让雅典成为人人平权的城市。

（第893篇）

---

〔62〕希腊术语中的“*tyrannos*”（僭主）区别于现代的“暴君”（tyrant）。里代尔与斯科特（Liddell and Scott）编写的希腊语词典将“*tyrannos*”译为“绝对的统治者”，并解释说这个术语“是指获得权力的方式不合常规，[而不是]指行使权力的方式。它可以应用于温和的庇西特拉图身上，但却不能用在波斯专横的国王们身上。不过，这个词很快带上了批评的意味，就像我们的‘暴君’这个词一样”。

最亲爱的哈尔摩迪奥斯，你没有死，
不！他们说你在神佑的岛屿上，
他们说，那里有步履敏捷的阿基琉斯
还有堤丢斯之子狄俄墨得斯。

（第 894 篇）

我将在桃金娘的花丛中藏着利刃，
一如哈尔摩迪奥斯与阿里斯托革顿一般
当他们在雅典娜的节日上
杀死了僭主希帕克斯。

（第 895 篇）

最亲爱的哈尔摩迪奥斯与阿里斯托革顿，
你们两位将会永享人间的荣光，
因为你们杀害了僭主 67
让雅典成为了人人平权的城市。

（第 896 篇）

约翰·芬恩（John V. A. Fine）认为，尽管希罗多德、修昔底德与亚里士多德三位巨擘一致持否定态度，但人们仍然赞美哈尔摩迪奥斯与阿里斯托革顿，将他们视作雅典的解放者，这一蓬勃的传统似乎“完全不合逻辑”。[63] 我一方面

---

〔63〕Fine（1983：223）. 芬恩提到，公元前 264 或 263 年的一份公共文献中，哈尔摩迪奥斯与阿里斯托革顿仍然被称为雅典的解放者（第 225 页）。

建议读者从历史与政治的角度参阅芬恩的观点，[64]另一方面我也认为，雅典人高度赞扬这对情侣的行为是很能理解的，因为其中所展现出的坚牢的男性同性情谊是希腊英雄主义传统中的固有成分，并在古典时期发扬光大。

古典时期已开创了将阿基琉斯与帕特洛克罗斯视为恋人的先例。而现在，在普通雅典人的脑海中，哈尔摩迪奥斯与阿里斯托革顿也加入了这一“荷马传说中的伴侣”的行列。[65]哈尔摩迪奥斯在杀死一个心存报复的前仰慕者时光荣地死去，而阿里斯托革顿为了保护爱人的荣誉献出了自己的生命，从而证明了他是一个与之相配的情人。这对情侣的行为本身是高尚的，而暗杀对象的身份则进一步抬高了行动的意义——他是僭主政府的一个重要成员，而这个政府在几年内就将遭到诋毁并被推翻。这两位英雄的事迹可以证明他们对自由的热爱，以及对男性同性情爱的尊崇。相较于历史的准确性，雅典的市民更在乎的是拥有这两名英雄，因此他们

---

〔64〕芬恩（Fine 1983：222-225）对哈尔摩迪奥斯与阿里斯托革顿传统兴起的历史背景进行了清晰的探讨。据他所言，这主要是由于贵族家族阿尔克迈翁（Alkmaionids）与僭主庇西特拉图（Peisistratids）家族之间的政治斗争。

〔65〕雅典演说家、政治家埃斯客涅斯（Aiskhines，公元前 390/389—前 314）在一场法庭演说中预料到他的对手提马科斯（Timarkhos）——一名因卖淫而被控告的男性市民——会援引英雄伴侣例如帕特洛克罗斯与阿基琉斯、哈尔摩迪奥斯与阿里斯托革顿，来为自己的行为辩护。这两对伴侣被相提并论，可见后者在人们心目中地位之高。古典时期对阿基琉斯与帕特洛克罗斯之间关系的情色化参见 Cantarella（2002：11）。关于埃斯客涅斯演讲的讨论参见 Dover（1978：19-109）。

欣然接受了关于哈尔摩迪奥斯与阿里斯托革顿的那些“虚假的”与“夸张的”传统。

在这两位英勇的雅典恋人收到的所有褒奖中，酒歌回溯着那使他们的名字永垂不朽的英雄事迹。不难想象，在他们尚在人世的时候，酒宴——吟唱酒歌的场合—— 一定也曾滋养过他们的感情。雅典的宴客将两位恋人与英雄典型阿基 68
琉斯并列为不朽的人物（第 894 篇），以此表达自己钦佩这些英雄人物所代表的理想以及想要仿效的心情。前文所引的诗中，有两首都出现了“我将在桃金娘的花丛中藏着利刃，/ 一如哈尔摩迪奥斯与阿里斯托革顿一般”这样的诗句。将杀人武器与希腊欢宴上传统用具的一部分并置，看似冲突，实则不然。泛雅典人节的游行上，哈尔摩迪奥斯与阿里斯托革顿很有可能将他们的剑藏在了作为节日装饰的桃金娘的花枝中，而酒宴的宾客吟唱酒歌的时候，也有把桃金娘的花枝拿在手中的习惯。这背后隐含着极具内涵的文学传统，我们能够借此欣赏战争与欢宴这一激发奇异感兴的组合。我们再度想起奥德修斯在他的宴会厅里的英勇复仇，以及与同伴重新立下战斗的誓言时，阿尔凯乌斯对大厅墙壁上悬挂着的武器那热切的审视。或许不同之处在于，这两位雅典恋人的英雄行为并未局限于室内环境和贵族小团体之中，而是在雅典的正中心公开上演，并且被雅典人和蛮族人共同视为这座城市重要而长久的象征。[66]当碌碌于日常工作的雅典人，将目光

〔66〕波斯人于公元前 480 年入侵雅典的时候，带走了哈尔摩迪奥（转下页）

投向矗立于广场之上的这对情侣的雕像时，对于某种个人激情的仰慕便会油然而生。人们认为，这种激情能够生发出最高等的政治美德。同时，他们也会对这座城市萌生浓厚的感情，并且为自己是一个公民群体中有价值的成员而感到无比自豪。[67]哈尔摩迪奥斯与阿里斯托革顿的神话的意义，或许正在于它使男性同性间的社交情谊走向了空前的情色化与政治化。这个神话在雅典人的想象与创造中占据着一席之地，或许是因为其中描绘的那个在男同性恋关系的基础上产生的
69 互相合作又充满竞争的社会蓝图，完美地体现了自荷马以来希腊团结一致的伦理观念中所蕴含的争强好胜精神。[68]

会饮中的苏格拉底

在他的弟子柏拉图与色诺芬笔下，苏格拉底符合忒奥

（接上页）斯与阿里斯托革顿的雕像。雅典人在公元前 477 或 476 年重新竖立了一对新的雕像。

〔67〕我们很容易联想到，在伯罗奔尼撒战争第一年的年末，伯里克利（约公元前 495—前 429）在为纪念雅典战争中死去的人们发表的著名的葬礼演说。伯里克利劝诫雅典人坚持热爱他们的城市，从而保持他们勇敢的精神以对抗棘手的斯巴达人："你们每天都应当将目光锁定在雅典的伟大之上——而她也的确是伟大的，你们应当**爱上她**（*erastas gignomenous autēs*）。"（修昔底德，《伯罗奔尼撒战争史》，2.43，强调为笔者后加。）毫无疑问，伯里克利敦促爱国的雅典人民每天端详的对象当中，就包括在民主政体下建造的为数众多的公共纪念建筑（从神庙到雕像）。路德维格（Ludwig 2002：160-161）与蒙诺逊（Monsoson 2000：21-50）以哈尔摩迪奥斯－阿里斯托革顿传说为切入点，讨论了爱神厄洛斯在古典时期雅典论述中的政治特征。

〔68〕路德维格（Ludwig 2002：28-39）认为，在希腊，鼓励合作化的竞争是他所说的"政治少年爱"的关键。

格尼斯式的宴客、情人以及教育者的特征。就像同时代的雅典人一样，苏格拉底十分敬重忒奥格尼斯。在自己与年轻人交流的诸多社交场合，苏格拉底大量援引这位麦加拉诗人的智慧："与好人交往。"[69]苏格拉底遵循着忒奥格尼斯的这一教导。在两名弟子的印象中，他从未放弃任何一个与男孩子见面、向他们求爱，或是教导他们的机会，无论是在体育场、摔跤学校，抑或是会饮中。柏拉图与色诺芬分别作有名为《会饮》的对话录，在寓教于乐的氛围下，将他们的老师生动地描绘成一个激情洋溢而又精明机敏的爱神信徒。如果说色诺芬的描述强调了苏格拉底在会饮中儒雅圆融的举止和谈吐，那么柏拉图则塑造了一个更为崇高而有力的形象。

《苏格拉底颂歌》是柏拉图《会饮》中赞颂男性之爱的一系列发言的结尾。其中，苏格拉底曾经的助手和门生，一个英俊的年轻贵族亚尔西巴德（Alkibiades，约公元前450—前404）赞颂了苏格拉底，但也同时指责他作为情人，只用自己的智慧征服别人，因此无休止地散发着魅力，但对那些年轻的崇拜者生理上的吸引力不屑一顾，无动于衷。亚尔西巴德自己就是这些年轻人当中的一个。他们试图用自己的美貌换取苏格拉底在肉体关系上的青睐，而不是完全地折服于苏格拉底的哲学魅力，与他一起追寻最高的理想之美。奇怪的是，在这篇致苏格拉底的颂词兼诉状接近高潮

〔69〕在色诺芬的《回忆苏格拉底》（1.2.20）与《会饮》（2.4）中，苏格拉底引用了忒奥格尼斯的第35—36行诗来说明年轻人与好的同伴交往并且远离坏的同伴是多么重要。

的地方，醉醺醺而又愤愤不平的亚尔西巴德插入了一段相
当详细的对苏格拉底的军事经历的描述。他将这位大哲学
家描绘成一个坚韧不屈的士兵，一个在战争中勇猛无私的
同伴。根据亚尔西巴德的说法，在公元前 432 年的波底代阿
（Potidaia）战役中，苏格拉底曾经救过他的性命；八年之后
在德利雍（Deliom），苏格拉底以其非凡的沉着和勇敢帮助
70 了当时正处于极度混乱之中的军队成功地撤退（柏拉图《会
饮》220d-221c）。

在亚尔西巴德的颂歌中，从宴饮与情色到战争与政治的转向并不奇怪。据柏拉图的记载，公元前 399 年的审判上，苏格拉底因以异端思想腐蚀年轻同伴之罪名被判处死刑（柏拉图《苏格拉底的申辩》28c）。正是在这次审判中，苏格拉底引用了阿基琉斯的例子。借用阿基琉斯毫不犹豫地接受死亡，从而替牺牲的战友复仇的故事，苏格拉底在致陪审团与市民同胞的讲话中解释了自己之所以选择为哲学殉道的原因：

> 可是我会把事情做坏，雅典公民们，因为我曾经在你们选派来指挥我的将军麾下，在波底代阿和安丕波利，以及德利雍，都和别人一样坚守阵地，冒着死亡的危险不退；现在神灵给了我一个岗位，这是我深信而且理解的，他命令我终生研究哲学，考查自己并且考查别人，如果我由于怕死，或者由于其他顾虑，擅自离开了职守，那就坏了。
>
> （《苏格拉底的申辩》，28d-e）

尽管苏格拉底不愿从政，[70]但他的生活却与公众密不可分。他的同辈和弟子对他或惧怕，或敬爱。他是个活跃于战场与集会之上的公民战士，同时，他也是个兼职教育者的情人，在运动场、摔跤学校与会饮中将对手逼入角落，[71]让观众和同伴都为他倾倒。苏格拉底省察、盘问着自己遇见的每一个人，无论他是雅典人还是外邦人。尽管如此，他也清楚地表明，他辩论的对象主要还是与他同城的公民，因为相较于外邦人，他们与苏格拉底的关系更为密切（《申辩》30a）。对于柏拉图和色诺芬而言，苏格拉底在各种公共场所对他的公民同胞所表现出的那种情感，使他成了一个模范的公民战士与情人。正如在色诺芬的《会饮》中苏格拉底反复声明的那样，他说不上来自己何时处于感情的空窗期。同时，为了 71
他们的城市，他终生都在教导年轻人学习美德。[72]

与柏拉图笔下常常显得尖刻的苏格拉底不同，色诺芬

〔70〕在柏拉图的《苏格拉底的申辩》中，苏格拉底屡次重申这一观点。在31d他表示，如果他参与了政治，在很久以前就会被处以死刑了。

〔71〕这些构成了柏拉图与色诺芬记录中大多数苏格拉底的对话的背景。在《申辩》17c，他表示自己已经习惯在露天广场和其他的公共场所发表讲话。接着，他自信地断言，“要是有人说他私下从我这里学到或听到一些东西，别人都不知道，那是说瞎话”。（《申辩》33b）《回忆苏格拉底》第1卷第10节中，色诺芬指出苏格拉底“常出现在公共场所”，即公共的步行大道、体育场与广场，维护苏格拉底，驳斥了针对他在宗教上不忠诚的指控。

〔72〕色诺芬，《会饮》8.2（*egō te gar ouk echō chronon eipein en hōi ouk erōn tinos diatelō*），8.24（*ho aei sunoikos emoi erōs*），8.41（*agathōn gar phusei kai tēs aretēs philotimōs ephiemenōn aei pote tēi polei sunerastēs ōn diatelō*）。

在他的《会饮》中将苏格拉底描绘成一个彬彬有礼的客人。这与他赋予老师的大体上较为温和的性格是一致的。除了一篇关于少年爱的长篇演讲之外，苏格拉底的教学尝试都巧妙地遵循了酒宴的规范。[73]关于色诺芬笔下的苏格拉底，我们通过《会饮》中较早出现的一个场景可窥一斑。

卡里阿斯（Kallias）是一位显赫的雅典公民。为了庆祝他所爱的男孩奥托吕克（Autolykos）在公元前421年的泛雅典人节上赢得了男孩组的搏击比赛，[74]他在自己家中举办了一场派对。当宴会上的宾客纷纷斜靠在沙发上进餐、聊天时，男孩坐在他的父亲吕克昂（Lykon）旁边分享盛宴，同时安静地倾听着宾客的闲谈。[75]当苏格拉底援引忒奥格尼斯的诗句，来说明与好的朋友交往，同时避免与坏的朋友相处是多么重要（第35—36行）时，吕克昂问奥托吕克："你听到了吗，我的孩子？"（色诺芬《会饮》2.4-5）苏格拉底替男孩给出了肯定的回答，并且补充道，通过与一流的运动员交往并且在比赛中取得优胜，奥托吕克已经将这一建议付诸实践了。此外，苏格拉底还指出，在吕克昂的帮助下，奥

---

〔73〕柏拉图与色诺芬的两篇对话体作品中，对苏格拉底在饮宴上的言谈举止有着不同的描述。关于个中差异的分析参见 Zhou（2005：204-209）。

〔74〕古希腊的搏击对抗十分野蛮，其中结合了拳击与摔跤，允许使用几乎所有动作进行对抗。在接下来的小节我将关注作为公共社交场合的节日。

〔75〕作为区分年龄与地位差异的标志，在会饮中成年男性采取斜靠的姿势，而男孩则采取坐姿（Bremmer 1990：139）。注意忒奥格尼斯在第34行与第563行对基尔努斯的建议（在前面的小节中均有引用）："并肩而坐"与"与好人同席"。

托吕克能够找到一名精通高尚生活艺术的导师（色诺芬《会饮》2.5）。

当然，就如城邦中的其他人一样（色诺芬《会饮》8.7），苏格拉底知道，已经有一位杰出的男性愿意成为奥托吕克的导师与情人，那就是这场宴会的举办者卡里阿斯。在对话中，卡里阿斯被多次描述为一个沉醉于爱河之中的人。聚会上的奥托吕克姿态谦逊，寡言少语，与他备受宠爱的贵族少年的身份相称。但对话的最后，他对卡里阿斯感情的回应也 72
显露了出来。当苏格拉底的长篇大论进入尾声的时候，宾客们都在热火朝天的讨论中抽不开身，只有奥托吕克的目光始终黏着卡里阿斯不放。而正在与苏格拉底交谈的卡里阿斯也将目光投向苏格拉底身后，回应着奥托吕克的注视（色诺芬《会饮》8.42）。这个细节表明，尽管奥托吕克理应从那一晚的所有谈话，尤其是苏格拉底充满智慧的演讲中受益，但是他把大部分注意力都放在了卡里阿斯身上。卡里阿斯的言行举止可能对这个男孩的成长影响最大。这就是为什么在肯定卡里阿斯的热情并鼓励他的同时，苏格拉底还要煞费苦心地提醒这位东道主，导师的职责是何等崇高和庄严（色诺芬《会饮》8.6-11，8.37-41）。一位客人意识到了苏格拉底的手段之机敏，他赞赏道，在奉承卡里阿斯的同时，苏格拉底也在教育他遵循少年爱的理想准则（色诺芬《会饮》8.12）。秉承着他对忒奥格尼斯“与好人交往”这一教导的认可，并忠于自己作为最热心的教育家和情人的声誉与自我认知，苏格拉底将卡里阿斯视为公民同胞，认为他致力于培养雅典未来的保卫者与立法者，并且尽其所能，以会饮促成这一重大目标的实现。[76]柏拉图的《会饮》赞颂了苏格拉底所做的关于具象化的爱与美的主题演讲，色诺芬的作品中也有相应的记载。但与柏拉图相对的是，色诺芬的作品之所以引人注目，因为它坚实地立足于此时此地，着眼于一对真实的少年爱情侣卡里阿斯和奥托吕克，并且关注情人的实际义务与技巧。

柏拉图与色诺芬这两位记录宴饮谈话的作者或许在性情与志向上有所不同，但他们在苏格拉底的一个关键问题上是一致的：他是一个公民战士，他为自己对雅典联邦的热爱而激动不已，这使他乐于与他的公民同胞，以及这座城市中即将成年的年轻人为伍，成为他们的挑战者、老师、
73 伙伴和情人。在苏格拉底的日常生活中，体育馆、市政广场、会饮三者的重要性难分高下。它们中的每一处都只是为单一而连贯的战士理想的表达提供了场所，而这一理想的核心将会在整个希腊历史中得以延续。苏格拉底则恰好

〔76〕根据苏格拉底所说，奥托吕克的目标应当“不仅为自己和自己的父亲增添光彩［*heauton kai ton patera kosmēsein*］，也还可以借着个人的美德令他的祖国为他感到骄傲［*philous eu poiein kai tēn patrida auxein*］，他会在对付敌人的战斗中建功立业，他自己也同时成为众人敬仰之人，的确，他的名字就会在希腊人与蛮族人中间流传”（色诺芬《会饮》8.38）。因此，作为这样一个前途光明的男孩的导师，卡里阿斯必须设法获得能让诸如希腊的解放者泰米克勒（Themistokles，约公元前528—前462）、整个国家最富智慧的指导者伯里克利，以及传奇的立法者梭伦（活跃于公元前529年）这类伟大的人脱颖而出的那种知识。此外，他还必须找出让斯巴达人成为杰出的军事统帅的原因（色诺芬《会饮》8.39）。

是古典时期雅典的“爱之学校”当中最有奉献精神，也最有天赋的老师。[77]

神谕之下

在关于希腊社交的研究当中，会饮享有突出的地位。这一现象是理所应当的，但也有可能产生误导。一方面，当时还有其他重要的交际场合，并不局限于贵族或富人的宴会厅。宗教节日与公共祭祀就是为了构建和加强更具包容性的社会结构而设置的。另一方面，即便我们仍然将讨论保持在会饮这一语境下，也不能将注意力过分地集中在群体追求享乐和友谊时所涉及的物质与社交层面，而忘记了宗教因素是所有这些活动不可或缺的一部分。如前所述，试图在古希腊将“宗教的”与“世俗的”节日划清界限是不恰当的，因为几乎所有宴会上都有祭祀仪式，而所有祭祀仪式后都会举办宴会。[78]

这一小节首先研究的是前面讨论过的作品中饮宴欢庆

---

〔77〕“城邦正如爱之学校”来源于路德维格（Ludwig 2002：259）。学者们认为，雅典民主政体下的贵族饮宴可以作为传播反民主的观念，或是在精英阶层之间策划阴谋的场所。由此，饮宴构成了与公共的公民宴会与节日相对的空间（例如 Burkert 1991：18；Dentzer 1982：448-449；Murray 1990）。康斯坦（Konstan 1997：45-47，65-67）认为支撑这种观点的证据不足，并且认为贵族的饮宴在雅典的民主政治中似乎仅仅扮演了一个边缘角色。正如此处已经讨论过的那样，贵族饮宴在民主雅典不再具有政治上的意义，但它们仍然根深蒂固地存在于公民意识之中，并且在文化产出与再生产中发挥着重要的作用。

〔78〕Schmitt-Pantel（1990a）.

的宗教背景，从荷马史诗开始，直到苏格拉底的两篇对话录。接下来我们将谈到宗教节日，它们以壮观、频繁和竞争性极强的特点成为古希腊文明的标志。只要是在神的指示下
74 举办的节日活动和会饮，都会通过需要激烈竞争和密切合作的活动，将家庭以外的同性社交关系神圣化。本节的最后一部分，我们将分析品达与巴库利德斯为体育活动中的优胜者所写的凯歌，从而探讨应当如何理解希腊社交生活中一直强调的竞争性的伙伴关系与亲属纽带的重要性之间的关联。凯歌在赞颂运动员的胜利时，会强调其家庭传统与贵族出身。当我们将“竞争性的同伴关系在希腊的欢宴话语中处于中心地位”这一论点放在历史背景下加以检验时，凯歌的这个特点使其成为很好的切入点。

祭祀与宴会

《奥德赛》第 3 卷中，当特勒马科斯来到皮洛斯（Pylos），拜访奥德修斯在特洛伊的战友涅斯托尔，打听他失踪已久的父亲的消息时，他在海边找到了涅斯托尔，发现他正在主持一场皮洛斯人为海神波塞冬举办的盛大祭祀。[79] 应东道主的邀请，特勒马科斯参加了祭宴。“在他们满足了饮酒吃肉的欲望之后”——这是荷马史诗中惯用的套话——涅斯托尔开

---

〔79〕祭祀由 4500 名皮洛斯人参与，共屠宰了 81 头牯牛作为祭品（《奥德赛》第 3 卷第 7—8 行）。罗伯特 · 帕克（Parker 1996：27）撰写了有关公元前 7 世纪初关于雅典宗教的文章，认为当时的公共仪式或许与《奥德赛》中由涅斯托尔主持的祭祀仪式相仿。

始询问他的客人来访的原因。接着，他们尽情享宴，向彼此发问，又分别以故事作答。在谈话的最后，特勒马科斯加入了当地人的行列，一同向不朽的神明奠酒，行过祭奠之后，又为纪念波塞冬和雅典娜而畅饮。[80]

《奥德赛》这一节中所展现出的宴饮与祭祀之间的密切联系，在奥德修斯家里求婚者日常的狂欢作乐中也可以看到。正如忠诚的养猪奴欧迈奥斯向他伪装身份的主人所悲叹的那样，每一天，求婚者都要献祭不止一两只祭品（《奥德赛》第 14 卷第 93—94 行）。求婚者们的欢宴是越轨的，充满掠夺性的，但却并没有省略请求神之祝福这一希腊欢宴过程中必不可少的环节。

希腊人认为，是荷马与赫西俄德将他们关于神明的知识变得系统化（希罗多德，《历史》，2.53.2）。主持《奥德赛》中无数宴会的诸神，包括阿波罗、雅典娜与波塞冬，都属于泛希腊众神。任何一个希腊人，无论身在何处，都应当 75
能够认出他们。[81] 克里斯蒂安·苏维努－因伍德（Christiane Sourvinou-Inwood）总结道，自公元前 8 世纪以降，各个城邦城市泛希腊诸神崇拜的不同之处在于“对信仰的准确表

〔80〕《奥德赛》第 3 卷第 5 行起，第 338 行起。当涅斯托尔发现特勒马科斯在这场旅行中的同伴实际上是伪装成人类的女神时，将雅典娜也纳入了致敬的对象（《奥德赛》第 3 卷第 371—394 行）。

〔81〕《奥德赛》第 8 卷中，在国王阿尔基诺奥斯于费埃克斯举办的宴会上，奥德修斯屡次向“众神”泼洒祭酒，显然是在感谢他们的护佑。有赖于此，他才能在特洛伊战争中存活下来。关于对所有希腊人都很常见的宗教体系的存在，参见 Cartledge（1985）与 Price（1999，导论）。

达；其历史及特殊的形式；每个城市选择强调各个神明的哪个方面；哪些神明被认为与城市有着更紧密的联系，或是对城市更为重要，等等”。[82]一些来自《忒奥格尼斯诗集》与《宴乐歌》的例子让我们得以一窥古风时期与古典时期泛希腊诸神在会饮中的存在。

《宴乐歌》的前五首诗似乎曾是宴席上流行的颂歌；其中呼唤的神明包括雅典娜（两次，分别为第884篇与第888篇）、得墨忒尔（第885篇）、阿波罗与阿耳忒弥斯（第886篇同时赞颂了这两位神祇）以及潘（第887篇）。众神也出现在《忒奥格尼斯诗集》的前十八句诗中，包括阿波罗（出现两次，分别是第1—4行和5—10行，并在之后再次出现）、阿耳忒弥斯（第11—14行）以及缪斯女神与美惠三女神（第15—18行）。在这两本诗集中，诸神诞生与出处的典故，表现信仰的虔诚，以及祈求神明的祝福成为献给诸神的诗歌的基本组成部分。在祈求的祝福当中，护佑城市是常见的一种。例如《宴乐歌》中的两首颂歌，其中之一献给雅典娜，另一首则献给得墨忒尔以及她的女儿珀耳塞福涅。诗中写道：

---

〔82〕Sourvinou-Inwood（2000a：18）. 在一篇更早的文章中，苏维努－因伍德（1978：101）提出了以下假设：“在公元前8世纪，泛希腊地区的宗教中介（即泛希腊圣地以及像荷马史诗这样的文学作品）出现以前，不同城市当中对于神性的描绘，以及有关诸神的创作存在着显著的差异。”米卡尔逊（Mikalson 2004）认为荷马与赫西俄德作品中反映出的希腊宗教已经在泛希腊化过程中被“大幅度地塑造”了（第210页）。他同时注意到，在后来的希腊宗教中，人们崇拜的具体的神明、神明的作用以及崇拜仪式仍然具有地理上的多样性（第214—215页）。关于希腊宗教中隐含的统一性与地域变化的混合体，另请参阅Schachter（2000）。

从崔屯湖中诞生的帕拉斯，雅典娜女王
维护着这座城市与它的公民
让他们免于痛苦和斗争
或是夭折——您和您的父亲。

（第 884 篇）

我歌颂财富之母，奥林匹亚的得墨忒尔，
在这头戴花冠的时节，
还有您，宙斯的孩子珀耳塞福涅: 76
向两位问好！请照顾好这座城市。[83]

（第 885 篇）

普鲁塔克（Plutarch，46—120）认为，前面列举的这些诗歌通常创作于一场宴会的开始或结尾，可能是所有客人为了集体表演而共同创作的。其中，具备更高超音乐才能的宾客会代表整个团体，为大家表演更为精妙的篇章。[84]而较长的诗歌，例如《忒奥格尼斯诗集》第 757—768 行，可能属

---

〔83〕《宴乐歌》第 884 篇，第 885 篇。希腊人向共同的神明表达虔诚的形式本质上是统一的。《宴乐歌》中的诗歌、《忒奥格尼斯诗集》中的颂歌以及荷马颂歌（粗略估计为公元前 7 世纪或前 6 世纪的合集）中最简短的几个篇章之间相似的意象、形容、结构与修辞给出了进一步的文学性证据。

〔84〕普鲁塔克，《席间闲谈》（*Table-Talk*）1.1.615b-c。对比参阅忒奥格尼斯，《忒奥格尼斯诗集》第 943-944 行："在这里，我将站在吹笛人的右手一侧，歌唱 / 当我向不朽的神明祈祷。"关于诗歌在希腊宴饮游戏中的多种使用方式，参见 Collins（2004）。

于后一种情况：

> 愿住在天空的宙斯，与众神一起
> 永远伸出他的右臂，
> 护佑这座城市，为了她的安危。
> 愿阿波罗涤清我们的口舌与头脑，
> 愿竖琴和笛子奏出神圣的乐章。
> 让我们奠酒以慰众神，
> 彼此欢饮畅谈，
> 无惧于米底亚人的战争。
> 以狂欢的饮宴度日——这样更好，
> 同心合意，无忧无虑，
> 远离恶灵，
> 令人恐惧的衰老，和死亡的终局。

在这首诗中，阿波罗是一个合适的祈求对象。这不仅因为他是主神之一和司掌音乐之神，还因为他是与忒奥格尼斯有关的那座城市——麦加拉的守护神。[85]《忒奥格尼斯诗集》的第773—782行开场向作为麦加拉守护神的阿波罗祈祷，又以对阿波罗的求恳结尾，请他“展现仁慈，守卫这座

〔85〕与我们理解阿波罗和节庆活动最为相关的是《献给阿波罗的荷马颂歌》（*The Homeric Hymn to Apollo*）当中的一段长文，其中，阿波罗引导着缪斯女神在奥林波斯山神明的聚会上表演歌唱与舞蹈。

我们的城市”。[86]对于麦加拉的宾客来说，阿波罗的存在具有特殊的意义。这体现在《忒奥格尼斯诗集》开篇对上帝虔诚的祈求之中： 77

> 主啊，您是勒托的儿子，宙斯的后代，
> 无论始终，我都不会忘记您。
> 我只会歌颂您，从最初直至终末。
> 只要您侧耳听我，施恩于我。
>
> （第 1—4 行）

当参与会饮的宾客聚在一起，向他们共同的神明表达虔诚是必要的。而神明对他们的城邦共同体的祝福，则是在这类赞颂男性同性社交关系的场合中他们希望得到的最大的“好处”（*esthla*）之一。当国家等同于全体男性公民的时候，友情与作为公民的同胞情谊就构成了一个统一体。[87]这两种情谊都只有在神明的庇佑下才得以蓬勃发展。

从物质上的福祉到人际关系，再到个体的创造力，人类所拥有的一切事物都以神明为最终的源头。这一观念在柏拉图与色诺芬的两部《会饮》中得到了精妙的阐述。根据两

---

〔86〕忒奥格尼斯，《忒奥格尼斯诗集》第 773—774 行：“阿波罗大人，您自己围起了这座城市的高点 / 以取悦珀罗普斯（Pelops）的儿子阿尔卡苏斯（Alkathoos）。”（阿尔卡苏斯是麦加拉伟大的英雄。）

〔87〕正如亚里士多德在《尼各马可伦理学》（1155a23-24）中所言，公民之间的友谊（*philia*）起到了国家的黏合剂的作用。

位叙述者的记录，晚餐后，客人们先举行了奠酒仪式，吟唱颂歌，随后进行以谈话和欣赏音乐为特色的会饮活动（柏拉图《会饮》176a；色诺芬《会饮》2.1）。宾客向哪位神明吟唱颂歌，我们已不得而知。但值得注意的是，柏拉图与色诺芬都认为当晚的哲学活动延续了此前赞颂神明的行为。在柏拉图的叙述中，厄里克希马库斯主动提出了当晚讨论的主题。他注意到，其他神明都拥有为他们而作的颂歌和赞歌，但却从没有诗人创作诗歌颂扬古老伟大的爱欲之神厄洛斯。他提议宾客每人都为这个被忽略的神明试作一首恰当的颂歌，纠正这种不公（柏拉图《会饮》177a-d）。随着这一动议被批准，宾客轮流发表对厄洛斯的颂赞，并在修辞技巧上互相比拼。这些颂歌构成了柏拉图会饮篇的主要内容。

尽管采用了与柏拉图相同的手法记录会饮中的对话，色诺芬却仅保留了一首献给厄洛斯的颂歌（色诺芬《会饮》8.1-41），长篇演讲是留给苏格拉底的。然而，它的长度，它那处于篇章高潮的位置，以及它对观众施加的影响，无疑表
78 明作者希望它被看作那群才荟萃的一晚中最引人注目的一项。色诺芬笔下的苏格拉底也同样在赞歌中指出，这位古老、强大、无所不包的神明是如何遭受了不公的忽视（色诺芬《会饮》8.1）。苏格拉底代表所有崇敬这位神明的人，认为有必要为厄洛斯献上一首充满激情的颂词。虽然以一番冗长的论述为载体，但在此处，以及柏拉图记叙的对话中，对男性之爱的探讨与认可被冠以颂歌之名，试图借用这一传统的神圣体裁的权威。在这两种表述中，作为理想社会的城市

都是由爱神厄洛斯的信徒构建的，他们在神的喻示下结成伙伴，而在激烈的同伴竞争中所萌生的创造力则拥有神的庇护。

节日：个人与城邦

至此，本章所讨论的众多会饮活动都以宗教节日为背景，其中尤以体育和音乐竞赛为典型。例如，奥德修斯向求婚者发起的复仇发生在阿波罗节期间，《忒奥格尼斯诗集》的第 773—782 行中庆祝的也是这个节日。卡里阿斯为庆祝年轻的爱人在公元前 421 年的泛雅典人节的体育比赛中获胜而举办了一场宴会，色诺芬的《会饮》就声称是对这场宴会的回忆。此外，柏拉图的《会饮》中，宾客们之所以聚在一起，是因为在公元前 416 年的勒纳节（Lenaean festival）上，剧作家阿伽颂（Agathon）第一次在戏剧比赛中夺冠。

在我们所讨论的文本中，包含激烈竞争的节日占有突出地位绝非巧合。正如瓦尔特·伯克特（Walter Burkert）所指出的，“希腊人仍在施行的宗教习俗主要集中在节日上”。这位学者也注意到，在竞技活动中，希腊节日的宗教功能有丧失的危险。他用希腊人对各类竞赛的热爱来解释这种情况：“所有人都深信，众神与人类一样，都愉快地关注着竞技对抗。”[88]

---

〔88〕Burkert（1985：225，103）。在第 105—106 页中，伯克特惊叹于希腊人如何将所有事物都转化为一场竞赛，并且注意到神殿在管理这些与节日相关的竞赛时所起到的核心作用。罗伯特·帕克（Parker 1986：264）发表了评论，认为希腊人缺乏对节日中“世俗的快乐”有可能取代它们的宗教目的这一事实的担忧。

节日上的体育竞赛拔高了个人成就的意义。公元前6
79 世纪上半叶，四大泛希腊节日——奥林匹克（礼敬宙斯）、皮提亚（礼敬阿波罗）、伊斯特米亚（礼敬波塞冬）与尼米亚（礼敬宙斯）——组成了一个环环相扣的巡回活动。[89]这些节日享有的极高声誉以及它们在整个希腊世界引发的高度兴奋的情绪表明，以荷马作品中的贵族战士形象为代表的对个人卓越的不懈追求没有消失，反而重新表现在希腊的古风时代晚期与古典时期的体育运动之中。事实上，希腊人认为所有盛大的泛希腊竞赛都起源于《伊利亚特》中阿基琉斯为帕特洛克罗斯举办的葬礼竞赛。[90]当采用紧密方阵进行战斗的公民重装步兵成为新时代的英雄战士，贵族和他们的精神却仍然主宰着体育节日。竞技活动对闲暇和财富的要求导致贵族与富人在这些节日中占主导地位，尤其是在与马术相关的项目中，因为他们会雇用赛马骑师与驾车手进行实际的比赛操作。庆祝体育竞技胜利的过程中，对财富的夸耀以及对个人功绩的吹捧严重地背离了民主的意识形态。[91]

凯歌（*epinikia*）是为了表彰比赛的胜者而演奏的歌曲，它最能代表那些对于个人在激烈竞争的节日中取得的优异成就，以及为追求卓越而做出的激情奉献的慷慨赞颂。例如，

---

〔89〕这四大主要节日交替排列，导致竞赛接连不断。关于希腊资料中记载的体育节日的估量数据，参见 Scanlon（2002：29）。

〔90〕Scanlon（2002：28）.

〔91〕普里查德（Pritchard 2003）分析了为何在希腊的民主制度下，对体育成就的追求仍然为上层阶级的家庭所独占的社会经济与文化原因。关于骑术比赛在民主雅典所引发的厌恶情绪，参见 Golden（1998：169-175）。

品达的《奥林匹亚颂》第13首向科林斯的色诺芬表示敬意，因为他在公元前464年的奥林匹克竞赛中摘得了短跑比赛（stadion race）与五项全能竞赛的桂冠。诗人称誉这一壮举为“凡人从未有过的成就”（《奥林匹亚颂》第13首，第31—32行）。与之相类，巴库利德斯第4首称赞赫农是三次在皮提亚运动大会中夺冠，此外还两次获得奥林匹克冠军的“唯一的凡人”。并且，巴库利德斯第8首写给一名在伊斯特米亚运动会上取得三胜，又在尼米亚运动会上获得一次胜利的运动员。其中，诗人热切地证实：“希腊无有一人，/ 作为男孩或是男人，/ 在同等的时间中，/ 取得更多的胜利。”（巴库利德斯第8首，第22—25行）

尽管只有一小部分精英能够取得类似的引人注目的成就，但每一位被创作凯歌的诗人所纪念的胜利者都是非凡的。他们的成就足以使自己从芸芸众生中脱颖而出，同时也不可避免地招致嫉妒与怨恨。诗人反复抱怨这种不良后果， 80
却也同时毫不避讳地提倡这种与众不同。贵族优胜者是这种卓越品质的典型代表，他们在运动场上的胜利进一步完善并提升了自身整体的优秀。巴库利德斯第10首中，诗人向一位伊斯特米亚竞技大会上的赛跑冠军断言，“这是最好的事情：成为 / 被众人嫉妒的伟大的人”（巴库利德斯第10首，第47—48行）。在一首赞扬叙拉古的统治者赫农王于奥林匹克运动会的战车竞赛里获胜的颂歌中，巴库利德斯宣称“任何不食嫉妒而肥的人”都应当赞美这位在军事上取得了众多胜利的“爱马的战士”，更何况他还是一位以虔诚、好客、热爱艺术而著称的统治者（巴库利德斯第3首，第67—71行）。品达的《奥林匹亚颂》第1首也赞美了赫农王，该诗就是为纪念这位统治者在公元前476年奥林匹克运动会上单人赛马项目中获胜而创作的。在吟唱赫农的颂歌时，诗人毫不吝惜溢美之词："他将所有巅峰成就尽收囊中 / 也在最优美的诗歌中 / 得到赞颂。"（《奥林匹亚颂》第1首，第13—15行）[92]

音乐家、运动员和诗人都在希腊的节日庆典上追求个人的卓越与成就，尽管这是那些激动人心的事件的显著特征，但肯定不是它们的全部。相反，从一个城区到整个城邦，从城邦的联盟到整个希腊世界，节日作为公共场合在各个层面发挥着重要的城市功能。例如雅典最重要的节日泛雅典人节，是为了赞美这座辉煌城市的守护神雅典娜而举办的。尽管居住在雅典的外国人、其他城市的代表，甚至是获得自由的奴隶，在泛雅典人节的大游行中也能扮演有限的角色，[93]但这一节日首先并且着重强调的是雅典人作为一个政治集体的统一性。由此看来，哈尔摩迪奥斯与阿里斯托革顿

〔92〕赫农既不缺乏体育场上的胜利，亦不缺少这两位以凯歌体裁闻名的伟大诗人的赞颂。除了《奥林匹亚颂》第1首与巴库利德斯第3首之外，品达的《皮提亚颂诗》第1首，《皮提亚颂诗》第2首，《皮提亚颂诗》第3首，以及巴库利德斯的第4和第5首都是献给赫农的。莱福科维茨（Lefkowitz 1976）对以上这些凯歌（除简短的巴库利德斯第4首之外）有详尽的研究。

〔93〕关于泛雅典人节所包含的政治意义、公民性质以及宗教本质，参见Maurizio（1998），R. Parker（1996：91），Philips（2003），Stevenson（2003）。

在泛雅典人节上发起暗杀行动，并且因此赢得了“城市的救世主”的称号，或许是恰如其分的。在这一最为地道的公民节日的背景下，由男性之爱激发的行为被赋予了政治意涵，也同时说明了整个公民团体的紧密情谊。[94]在德尔斐（Delphi）举办的皮提亚运动会或许可以很好地说明在泛 81
希腊层面上节日对于城市和政治的意义。在这里，蛮族人（即非希腊人）被排除在比赛之外，而在希腊人中，德尔斐人与德尔斐联盟的成员在比赛的行政管理中享有象征性的特权。[95]就像在泛雅典人节或是其他的节日上那样，公民身份在这些竞技中十分关键。它决定着参赛者是否有资格参与比赛，以及参与的程度、参与的顺序，而所有这些不仅暗示着公民的特权，也暗示着希腊人的与众不同。[96]因此，想要理解希腊节日中对于个人卓越的热烈追求，我们必须从那些场合的公民性质角度考虑这个问题。

进行这项研究的方法之一，是研究活跃于节日的合唱团体。众所周知，合唱队，也就是从集体中按照年龄和性别选出成员组成唱歌和跳舞的团体，在节日上发挥着显著而又

〔94〕菲利普斯（Philips 2003：206-208）评论了泛雅典人节的象征意义，认为这是哈尔摩迪奥斯与阿里斯托革顿行动的原因。

〔95〕Sourvinou-Inwood（2000a：16-17）.

〔96〕丧失公民权利是对一些特定的罪行或过失的惩罚，它可能意味着无法参加节日（Sourvinou-Inwood 2000a：14-15）。与蛮族人不同，希腊人为自己对竞技体育的狂热而感到自豪。体育场与体育节日是希腊生活方式的象征，而这种生活方式在希腊化时期与罗马时期的对外扩张与文化交流中被广为传播（Hornblower 1991：275-276；Scanlon，2002，第2章；Shipley 2000：86-87）。

至关重要的作用。根据一位学者的说法：“庆祝节日就是成立合唱队。”而另一位学者则认为合唱表演和体育竞技是希腊节日上敬神活动的两种基本形式。[97]还有两件关于合唱与体育竞赛的事实，能够说明为何合唱队在阐释说明希腊宗教中个人与集体之间的关系这个问题上非常有帮助。

第一，合唱队由代表性的集体成员组成，并且要求投入可观的集体资源进行训练，因此，合唱队成为“集体宗教的标志”，以及“得到正式公共化的共同参与、共同享有的集体仪式体验”。因此，它的成功直接关系到整个集体的荣誉与繁荣。[98]公元前 6 世纪末至公元前 5 世纪初民主制度的出现极大地扩大了参与公共节日的群众基础，合唱队这些特征中的关键词“集体”随之有了不同的内涵。“那些（在合唱队中）跳舞的人也是掌握权力的人”：与古风时期合唱队
82 本质上的贵族特质不同，民主时期见证了拥有更广泛参与度的合唱团体。有时我们甚至可以说，参与节日的集体与公民集体是相同的。[99]如果说，通过突出节日中的合唱比赛，[100]

---

〔97〕Burkert（1985：102）；R. Parker（1986：264）.

〔98〕这些引言来源于 Kowalzig（2004：55）与 Nagy（1990：142）。更详细的关于雅典的合唱队赞助制度（*khoregia*）的研究，参见 Wilson（2003）。这一制度的功能是为合唱队出资，支持它们参与戏剧节的竞赛。

〔99〕关于在民主雅典更多人参与公共的宗教生活，参见 Jameson（1998）。科尔瓦吉格（Kowalzig 2004）是这段引用文字（第 64 页）的作者，她认为，在雅典，从精英合唱队向公民合唱队的转变必须从公元前 5 世纪政治变化的角度去理解。

〔100〕个人之间的音乐竞赛最晚在公元前 7 世纪就已经存在。最著名的是赫西俄德［《工作与时日》第 654—659 行，《神谱》第 22—（转下页）

民主制度的确提高了合唱活动的参与度，并且将新的关注点放在集体荣誉而非个人成就之上，但是合唱表演所代表的公共理想及其对于社会团结的意义从未改变。尽管在不同的时期，组成合唱队的是公民团体中的不同部分，但合唱队始终代表着集体，为神明献上歌声与舞蹈。[101]

第二，根据性别、年龄以及在合唱排练中与成员们一同花费的时间长度来组织合唱队的成员，有助于形成牢固的家庭以外的同性社交关系。例如，古典时期的雅典，在城市狄俄尼索斯节—— 一个为纪念酒神狄俄尼索斯而举办的节日上，演唱酒神颂歌的合唱队分两大类，一类是成年男性的酒神颂歌，另一类则是少年的酒神颂歌。其中，每一类别各有 10 支队伍，每队 50 人，其中的成员分别代表城市的不同地区。如前所述，长时间的训练有助于男孩们萌发团结一致之感，同时也成为“早期政治参与或者预备政治参与的一项重要行动”。至于男性合唱队，从他们的作曲到歌唱与舞蹈

（接上页）34 行］赞美自己在哈尔基斯（Khalkis）取得了音乐竞赛的胜利。赫西俄德将他的奖品—— 一件带把手的三足鼎——敬献给了缪斯女神，他声称正是缪斯女神将创作歌曲的精湛技艺教给了他。“致阿佛洛狄忒的颂歌”以向女神的请求结尾：“请赐予我比赛的胜利，准备好我的歌曲。”彼得·威尔逊（Wilson 2003：167, 182）揣测性地提出，在雅典，合唱队之间正式的、会颁发奖品的比赛最早出现在公元前 6 和前 5 世纪，当时节日庆典被重新编排，成为创建民主社会秩序与新的公民意识这一规划中的一部分。然而，无论有没有正式的奖励，合唱活动在整个希腊世界显然是高度竞争性的集体活动。

〔101〕Kowalzig（2004：41-43）. 福尔奇（Folch 2006：277）在分析柏拉图的《法律篇》中合唱队所扮演的角色时提出，对于柏拉图而言，训练歌唱与舞蹈“成了公民身份的排演”。

的内容，都使成年男性公民想起他们在军队或是在民主议会
83 中的公民义务。[102]合唱活动的竞争性以及合唱队成员之间合作的必要性同时提倡竞争与同伴情谊，这让合唱队成为军队之外希腊的一个重要团体。彼得·威尔逊（Peter Wilson）在关于酒神颂歌合唱队的讨论中提到，参与合唱队“很容易就会与参加城市军队的行列一样，成为积极体现公民身份，以及表达作为公民的团结感的手段”。[103]

无处不在而又备受人们喜爱的节日合唱队体现了一种植根于公民意识的斗争精神与集体精神的结合。因此，合唱队为我们理解希腊节日中对个人成就的赞颂提供了一个很好的参照点，而凯歌就是这种赞颂的缩影。一方面，正如马克·高登（Mark Golden）所指出的，体育运动所追求的崇高品质与“伟大的英雄史诗中所描述的那种品质基本一致”，并且“使人回想起贵族的社会环境，并进一步加强了它。而这种环境背景与在重装步兵的战线上作战、驾驶战船

---

〔102〕P. Wilson（2003：168-169）. 同时参见 Golden（1990：67）与 Strauss（1993：91）。福尔奇（Folch 2006：243）在评论柏拉图在他的哲学作品中为儿童制定的音乐课程时，提出合唱队在年龄上的独特性“表明了对舞蹈和游行的训练与表演不仅是作为军事准备与宗教表达，同时也是社交入门的一种形式”。在关于古希腊合唱队结构形态的详尽研究中，卡拉姆（Calame 2001，尤其是第 26—30 页）认为成员处于同一年龄段是合唱队最重要的特点之一，并且研究了合唱活动中规定特定年龄这一特征在社会与心理层面带来的结果。第 3 章中，我将会讨论年轻女性的合唱队，尤其是因公元前 7 世纪斯巴达诗人阿尔克曼的合唱词而千古留名的那些团体。

〔103〕P. Wilson（2003：169，183-184）.

或是在民主班子或议会中任职所要求的集体合作与团结相距甚远”。[104]另一方面，凯歌有意识地尝试回应了那些所谓的针对运动员及其荣誉的“公民批判”。[105]正如我们将要看到的，体育运动上的胜利不仅被解读为优胜者自身及其家族的荣耀，也被认为是其所属城邦的荣誉。这是创作凯歌的诗人们尽职尽责、不辞辛劳地在他们为优胜者创作的颂歌中表达出来的。从各个方面来看，这一设计都十分精妙。城邦与胜利者分享公众的关注，也因它养育的儿子所取得的成功而受到赞誉。

《奥林匹亚颂》第9首中，有一段是品达为奥普斯的艾法摩斯托斯（Epharmostos）而写的。他在公元前468年的奥林匹克摔跤竞赛中夺冠，并因此成为四项主要比赛的获胜者。这段文字展现了诗人可以用多么直接而简单的方式来实现他的目标——为歌颂对象的成就赋予特定的背景：

> 赞美这座城市的儿子和他所属的城市，
> 那里属于忒弥斯和她出色的女儿，秩序女神，
> 卡斯塔里亚，它因你的甘泉而 84
> 成就斐然，繁荣昌盛，
> 也得益于阿尔甫斯；
> 最优秀的冠军们为它添彩——

〔104〕Golden（1998：161-162）.

〔105〕高登（Golden 1998：162-163）讨论了这一批判。

这座树木繁盛的，洛克里人的母城。[106]

这种赞扬不仅仅是固定套路。在接下来的几行中（《奥林匹亚颂》第 9 首，第 14—20 行），品达将胜利的消息四处宣扬（《奥林匹亚颂》第 9 首，第 21—25 行），清楚地表达了他期望这首颂歌能够通过他的“炽热之歌”，“使这座亲爱的城市容光焕发”的愿望。在希腊数以百计的城邦中独独得到众神祝福的奥普斯城（注意《奥林匹亚颂》第 9 首中提到的女神忒弥斯与秩序女神）为赞颂艾法摩斯托斯在体育场上的胜利提供了更广阔的背景。

在凯歌的修辞手法中，城邦的突出地位还体现在这个体裁的一个主要特征上，即神话故事的插入。通常情况下，被插入的神话故事会出现在颂歌的中间部分，内容上则与获胜者城市相关的历史和神话中的英雄人物有关。诗人为叙述这些英雄的丰功伟绩留出了大量的空间，有时甚至在诗歌的中间就开始讲述神话，直至结尾，如《尼米亚颂诗》第 1 首和第 10 首就属于这样的情况。这一现象极好地反映了诗人试图协调个人成就与公民意识的愿望。[107] 在为来自埃癸娜城（Aigina）的提马萨科斯（Timasarkhos）而创作的《尼米

〔106〕忒弥斯是执掌法律与公平的女神。卡斯塔里亚是德尔斐的一处泉水，而阿尔甫斯则是一条流经奥林匹亚的河流。奥普斯是一座属于东洛克里人的城市。奥林匹克比赛中的胜利被看作所有体育场上的胜利中名望最高的一个，所以原文中提到“最优秀的冠军们”。

〔107〕相似地，库珂（Kurke 1991：197-203）讨论了凯歌中讲述有关胜利者家乡的神话以及赞美其家乡的作用。

亚颂诗》第 4 首中，品达努力遵循凯歌的要求，将城市作为赞颂个人成就时的焦点。诗歌的前 35 行包括惯例的安抚，声明这场胜利的基本事实，以及简短的神话叙事，随后，诗人似乎终于准备好赞颂这位胜利者，却又突然止步，声称他必须抵抗这样做的诱惑，直到他先行赞美当地的英雄埃阿喀斯家族（the Aiakidai）。埃阿喀斯（宙斯与埃癸娜的儿子，埃癸娜与获胜者的家乡小岛同名）的后代，埃阿喀斯家族包括阿基琉斯在内的族人，在品达为来自埃癸娜城的胜利者创作的 11 首颂歌当中都有出现。在《尼米亚颂诗》第 4 首中，品达改变了他对埃阿喀斯家族例行的呈现方式。他指出，只有那些精通写作凯歌这门艺术的人（例如他自己），才知道如何向当地神话中英雄的始祖致以敬意。相比之下，拙劣的
颂歌诗人过于急切地想要赞颂胜利者，从而轻视了英雄。在 85
明理而虔诚的赞颂者品达手中，以其神明和英雄为代表的公民集体的共同遗产，不会因非凡的个人而黯然失色。

如果从传统的观点角度入手，认为凯歌是由公民组成的合唱队（少数情况下由胜利者或他的家人委托）在胜利者家乡所举办的凯旋庆典上进行演唱，[108]那么这种试图调和对个人成就的肯定和对城市的赞颂的想法就更容易理解了。品达《尼米亚颂诗》第 2 首的结尾提到的很有可能就是这样一

〔108〕希斯与莱福科维茨（Heath and Lefkowitz 1991）挑战了这一传统观点。但同时也可参阅伯内特（Burnett 1989）与凯里（Carey 1991）提出的关于合唱队的设想。我赞同伯内特、凯里，以及其他研究品达的学者例如库珂（Kurke 1991：5）与纳吉（Nagy 1990：142-143）的观点。

个场景：

> 公民们，赞美他（宙斯，尼米亚运动大会的守护神）吧！
> 为了祝贺提摩德摩斯的凯旋，
> 就以甜美悦耳的声音作为开始。
> （《尼米亚颂诗》第2首，第23—25行）

巴库利德斯在一首赞美皮提亚运动会少年摔跤冠军的颂歌中可能也提到了凯旋仪式的公共背景：

> 多亏了您，[胜利女神]，梅塔蓬托，
> 这座尊崇神明的城市，如今遍布着
> 为四肢强壮的年轻人而举办的，
> 欢悦的庆典，他们歌唱
> 歌中赞美着皮提亚运动会的胜者，
> 斐斯科斯光荣的儿子。
> （巴库利德斯第11首，第9—14行）

如果说诸如此类的段落的确是自反的，即在诗歌中提及现实中表演该诗的场景，那么它们就同时完成了双重任务——褒奖个人的竞争力与卓越成就，同时又用结合了竞争与集体精神的公民制度为它套上缰绳。在代表城邦欢迎胜利者凯旋的时候，合唱队力图传达两个讯息，这名运动员是最棒的，以及有鉴于此，这名运动员是集体中值得尊敬的一员。后者在品达为埃癸娜城的阿里斯托克莱达斯（Aristokleidas）创作的颂歌中得到十分有趣的阐释。这位运动员在尼米亚的古希腊搏击项目中夺冠，该项目以极高的体 86
力要求著称。诗人对缪斯女神说：

> 赞美这片土地——这将是一项充满乐趣的任务，
> 古老的密耳弥冬人［阿基琉斯的亲兵］居住在此，
> 阿里斯托克莱达斯并没有
> 让这久负盛名的聚集地蒙羞。
> 因为你的恩宠，他在激烈的搏击赛事中
> 未曾示弱。
>
> （《尼米亚颂诗》第 3 首，第 12—17 行）

诗歌以一种否定的方式表达胜利，称"胜利等于不玷污某人光荣的土地"。胜利由此变成了公民的成就，由运动员带回并献给他的家乡。[109]凯歌减轻了胜利者的公民同胞可能对他产生的嫉妒之情，并且使他们也能分享胜利者的荣誉，从而实现了其让体育英雄重新与公民团体融为一体的功能。同样的目标也促使诗人不遗余力地消除任何对胜利者的怀疑，例如认为这样一个出身高贵、能力出众的人可能怀有

〔109〕历史上就有这样的先例，胜利者在归来时将他的桂冠献给家乡（Kurke 1991：206）。

试图颠覆公民集体的野心，因为人们始终恐惧着专制统治的建立。[110]众所周知，公元前6世纪至公元前5世纪，地方节日与泛希腊地区节日的制度化与重新整顿，旨在控制个人野心的同时，提倡共同竞争与集体的公民认同。[111]如果说合唱比赛更直接地实现了这一功能，那么凯歌则试图兼顾肯定体育比赛获胜者的荣誉，以及夸耀其所属城邦的伟大，从而使公民集体中的矛盾张力显现出来。

节日：个人、家庭与城邦

贵族精神构成了希腊体育竞技的基础，而追求个人卓越则植根于对天赋的自信，以及延续家族传统的努力。凯歌中，运动员的家庭也分享了相当一部分对主人公的赞颂，而这种情况不仅仅出现在那些受少年运动员的父母委托而创作的诗歌当中（成年男性运动员通常自行进行委
87 托）。因此，体育节日成为协调个人、家庭以及城邦之间关系的场合。

除了家乡城市为其举行的返乡庆典，一位得胜归来的运动员还会受到家庭庆典的热情接待。品达为来自埃癸娜的少年冠军创作的11首颂歌当中，《伊斯特米亚颂》第8首就以一场即将到来的家庭庆典作为开场。在城市举办的欢迎仪式上，诗人对当地的青年说道：

---

〔110〕其他例子参见 Kurke（1991：209ff.）。在第214—218页，库珂详尽地讨论了《皮提亚颂诗》第11首明确拒绝暴政的问题。

〔111〕Osborne（1993：34-37）；Philips（2003）.

为了致敬年轻的克里安德罗斯，让你们其中的一人——

年轻人啊，走向那扇辉煌的大门，
它属于他的父亲特里萨科斯。
去叩醒狂欢，那是一份光荣的报偿，
赠予他的刻苦努力；亦是一份奖赏，
为他在伊斯特米亚取得的胜利，也为他在尼米亚的竞技中获得的成就。

（《伊斯特米亚颂》第 8 首，第 1—5 行）

绝大多数——如果不是全部的话——培养了竞技比赛冠军的家庭都拥有贵族背景。只有这样的家庭才能够负担得起委托诗人写作凯歌的费用，并且有能力斥资举办一场像前面所引的诗歌中设想的那种庆祝宴会。而对于在体育方面追求卓越这整个过程需要耗费的巨大资源而言，这些花销仅仅是不可或缺的其中一部分而已。[112]结果，这样的成功往往集中于某些家庭，而写作凯歌的诗人们对世袭的天赋表现出热烈的支持，他们也欣然将每一场胜利都与整个家庭此前取得的体育成就联系在一起。

诗人常常采用条目的形式记录胜利，详细列举出作为致敬对象的胜利者之外的其他家庭成员所获得的胜利。例如，《奥林匹亚颂》第 13 首就包含两段条目，描述了色诺

〔112〕 Nicholson（2005）；Pritchard（2003）.

芬（来自科林斯，而非雅典）的家族获得的最令人印象深刻的体育成就。色诺芬在同一天赢得了奥林匹克竞赛短跑以及五项全能项目的冠军，而他的父亲也曾夺得奥林匹克赛跑（footrace）项目的胜利。仅在尼米亚与伊斯特米亚两地，色诺芬家族的五名成员（色诺芬、他的父亲、他的一位祖父、一位叔祖父以及一位叔叔或堂兄弟）就摘得了60枚桂冠。诗人宣称，如果说这些记录反映了这个家族辉煌成就的冰山一角，那么想要完整地记述它的辉煌是不可能的，“因为我真的不知/如何能说清大海中有多少颗卵石”（《奥林匹亚颂》第13首，第45—46行）。另一个例证可以在《尼米亚颂诗》第6首当中找到。该诗是为赞扬来自埃癸娜
88 城的阿尔基米达斯（Alkimidas）在少年摔跤比赛中获胜而创作的，但阿尔基米达斯一家上溯五代人在体育方面取得的非凡成就也在诗中占据了突出的位置：他们总计在四大竞技比赛中获得了25次冠军。就像安妮·伯内特（Anne Burnett）指出的那样，在这种情况下，颂扬过去的荣光这一负担是如此沉重，以至于“在歌手们宣告这惊人的总数时，刚刚摘得桂冠的小伙子阿尔基米达斯只比一个统计数字高大一点”。[113]

有关品达的文学批评通常将关注点放在英雄式的个体身上，莱斯利·库珂（Leslie Kurke）反对这种做法，并且

---

〔113〕Burnett（2005：157）. 其他有关胜利条目的例子参见Kurke（1991：20n14）。按照库珂的计算，品达的诗歌中有37段同时提到了获胜者及其获胜的家庭成员，有28段只提及了获胜者本人。

提出了有力的论据。笔者赞同库珂的观点。我认为，凯歌关注整个家族在体育方面的传承，表明了胜利者不是“完全自由的行为主体”，而是“代表了需要他们取得成就的共同集体”。[114]那么，在凯歌当中，个人、家庭以及城邦之间的关系是怎样的？希腊古风时代与古典时代关于社交性的论述中赞同家庭外的同性社交关系，以及其中包含的平等主义、竞争意识和团结精神等要素，而凯歌体系中家庭的重要性又是怎样与之相适应的？我们是否应该把凯歌这一体裁对个人与家庭的赞颂解读为古风时代晚期与古典时代早期的“一种来自贵族的反向革命”？[115]对此我有两点需要陈述。

首先，凯歌赋予获胜者家庭的重要性并不意味着个体从属于家庭，而是在强调“挑战与努力的连续性”，而家族对竞技成就的共同追求能够最好地体现这一点。[116]凯文·克罗蒂（Kevin Crotty）在分析品达的“胜者凯旋”这一主题时，使用了“挑战与努力的连续性”这个短语来描绘“家”对于那些不得不背井离乡参加比赛的运动员的意义。正如克

---

〔114〕Kurke（1991：23）. 辛西娅·帕特森（Patterson 1998：242n18）认为希腊古风时代与古典时代不存在任何共同的亲缘集体（参见导论），并在她关于品达诗歌中家庭与亲属关系的讨论中批评库珂先入为主地构建了以集体为基础、遵循父系亲缘关系的社会结构。我认为如果我们从对同一种家庭传统的归属感这个方面去理解“共同集体”，而不是将它看作因共同财产而结合起来的亲缘组织，那么库珂的观点是站得住脚的。

〔115〕Kurke（1991：258-259）.

〔116〕引用的短语来自凯文·克罗蒂（Crotty 1982：137）。下文即将讨论这一分析的来龙去脉。

罗蒂所言，家是一个运动员必须离开的地方，也是他必须返回的地方，参赛者自己或是整个家庭对更多的竞技成就的
89 追寻，意味着每一次凯旋“都不是终结性的，而仅仅是一个不断发展的，有关于挑战、胜利和失败的故事中的一个阶段”。[117]

品达对家庭所提供的安全感持谨慎态度，这在《皮提亚颂诗》第 4 首中表达得淋漓尽致。《皮提亚颂诗》第 4 首赞颂了来自库瑞涅城（Kyrene）的阿刻西拉斯（Arkesilas）在公元前 462 年的一场战车竞赛中获胜。该诗是品达所有颂歌中最长的一首，其中详尽地描述了关于阿耳戈船英雄的神话故事，他们都是年轻的战士，与伊阿宋一同踏上寻找金羊毛的航程。这是因为库瑞涅的统治者阿刻西拉的家族宣称他们的祖先是阿耳戈船英雄中的一个。在讲述赫拉是如何激励众多英雄加入伊阿宋的远征时，诗人提出，女神的意图是“不让任何一人留在家中 / 在母亲身边度过不冒风险的碌碌一生，/ 而是和其他同龄人 / 冒生死去寻求英雄气概的良方”(《皮提亚颂诗》第 4 首，第 185—188 行)。这几行诗中，家被表现为一种阻碍，不利于年轻的战士成长，或是得到赢取声名的机会，而刻板印象中娇生惯养的母亲则是这种消极影响的典型代表。一个年轻人只有离开他的母亲，加入到“其他同龄人”寻求冒险的行列中去，才能够长大成熟，并为自己、家庭以及祖先带来声望。待在家中，他将失去自己的同

〔117〕Crotty（1982：137）.

伴所提供的挑战、激励以及支持，从而失去得到认可，以及证明自己与辉煌的祖先相称的机会。[118]

希腊传统中，一个人与同龄伙伴之间的社交有着不容忽视的重要性。《奥德赛》是一个较早的权威案例，它在并行的情节中包括了一部关于特勒马科斯的成长小说，描写了奥德修斯年少的儿子日臻成熟的过程。这部史诗的开头几卷当中，特勒马科斯是一个沮丧而困惑的青年。他对家中掠夺式的求婚者和他看上去优柔寡断、举止轻佻的母亲心怀怨恨，但又不确定他与那位英雄的君王之间的关系——他们从未相见，可别人都说那是他的父亲。同时，他也对自己感到愤怒，因为他没有能力扫清混乱，恢复家中的秩序。在雅典娜的指导下，特勒马科斯踏上了寻找自我的旅程。这个过程的开端是一场真正的旅行，一群因友谊（*philotēti*）而追随他的同龄人（*homēlikiē*）陪伴他穿越海洋，寻找父亲的消息（《奥德赛》第3卷第363—364行）。在这段旅程中，特
勒马科斯践行了品达在《皮提亚颂诗》第4首中提到的一个 90
身怀抱负的贵族青年应该做的那些事，即离开他的母亲，与同龄人一起拥抱外面世界的风险以追求荣耀。旅程的最后，特勒马科斯已经独立于他的母亲，并且做好了进入他的父亲所代表的成年男性世界的准备。只有这时他才准备好回到家中拿起武器对抗那些求婚者，并与他归来的父亲并肩作

〔118〕 Crotty（1982：119-120）.

战。[119]在家庭之外的领域与同龄人共处的经历，以及忽视母亲这个最常与家庭联系起来的角色所带来的影响——这些是塑造一个成功的公民，并且让他能够执掌整个家庭的关键。[120]

节日很好地表明希腊社会对于与同龄人共处这种经历的高度重视。如前所述，合唱队是由同年龄组的成员组成的。[121]此外，各种各样的入门仪式——往往是竞争性的——也是根据年龄进行的，体育竞赛也是如此。尼米亚运动会与伊斯特米亚运动会都将竞技分为男孩组（大约 12—15 岁）、青年组（15—18 岁）以及成年组，而奥林匹克运动会和皮提亚运动会则在某些项目中省略了中间的青年组。[122]表演凯歌的合唱队很有可能是由与被表彰的获胜者处于同一年龄段的男人和男孩组成的，其中包括一些经常和他一起练习，或是在其他场合与他同场竞技的人。品达分别称呼那些凯旋欢迎仪式上参加庆祝活动的人为男人（*andres*）、青

---

〔119〕在关于特勒马科斯走向成熟这一过程的分析中，费尔逊（Felson 1994，第 4 章）将“彻底与他的母亲分离”作为第一阶段。

〔120〕第 4 章将会对比中国的案例，进一步讨论希腊母子关系间的内部张力。

〔121〕戴维森（Davidson 2007：75）对希腊按年龄分组的系统进行了富有启发性的讨论。戴维森对比了希腊的年龄等级与“届”的概念，例如 1968 届、2000 届等等。所有同届的人与处于同一年龄等级的人都被认为是大致同龄的。

〔122〕Golden（1998：104-105）. 男孩这一年龄层有时会包含更多组别。斯坎伦（Scanlon 2002：68）认为，公元前 8 世纪以前，按年龄分组是希腊社会组织中的一部分，之后这种分组形式也表现在少年爱以及体育竞技当中。

年（*neoi*）或男孩（*paides*）。了解庆祝者的人群构成丰富了
我们对于凯歌让获胜者重新融入他的集体这一使命的理解：
他不仅作为一名杰出的公民和家庭成员受到欢迎、认可和表
彰，也是同龄人当中的杰出代表。胜利者带着荣耀回到了曾
经是他的对手或是同伴的集体当中，这既是向培养他的集体 91
致敬，同时也作为一个竞争对象，激起了同伴们获得更多成
功的渴望，从而导致彼此之间更多的竞争。

写给埃癸娜城的阿里斯托克莱达斯的《尼米亚颂诗》第 3 首表现了胜利者的同代人举办的凯歌庆典中团体内部的互动。开头第一节诗中，诗人将我们带到了埃癸娜。在阿索波斯河旁，“精于甜美歌唱与喧闹欢庆的年轻人们等待着 / 等待［缪斯女神］的信号快要发狂”（《尼米亚颂诗》第 3 首，第 4—5 行）。对于那些可以将归来的英雄称为自己的同伴和朋友的年轻人来说，这种急切的心情恰如其分。跳过零散的对阿里斯托克莱达斯的赞美，以及预想之中关于埃阿喀斯家族非凡造诣的神话叙述，颂歌的最后四分之一赞美阿里斯托克莱达斯的成就提升了家乡城市的名望；这份赞誉与庆典上“疯狂呐喊”的盛况吻合。“呐喊”显然是指紧随其后的诗行，正在为阿里斯托克莱达斯庆祝的朋友们这样喊道：“完美在比赛的中途就已显露 / 当一个人注定要出类拔萃之时，作为孩童，就会胜过其他孩童 / 作为男人，则有别于其他男人 / 作为长者，也在长者当中拔得头筹。”（《尼米亚颂诗》第 3 首，第 70—73 行）这些观点“表明只有在竞技过程中才能一窥极致的卓越，这意味着对于每个年龄层次的男

性来说，在同龄人之间举办的竞赛都恰当地锻炼了他们的力量和美德”。[123]胜利者的年轻朋友们讲出那些话语是恰当的，因为他们不仅是他的伙伴和支持者，也是他的对手和挑战者。他们之间的竞争加强并充实了彼此的友谊，而他们的友谊又赋予竞争目的与风度。追求卓越的竞争是恒久的，伴随着一个人作为孩童、成人直至老者的时光。当每个人都参与到竞争中去，而竞争的范围不仅由人类规则所限定，最终还要以不可违背、通常也捉摸不透的神的意愿所限定时，一个由不断竞争的个体组成的集体就会团结一致，繁荣兴盛。

这就引出了我想说明的第二个观点。泛希腊诸神被认为是掌控人类福祉的超自然力量，无论是个人还是个体组成的组织。[124]凯歌当中个人、家庭以及城邦之间的关系或许可以从它们三个单元在希腊关于宗教虔诚的表达中分别扮演的角
92 色这一角度去理解。在这种表达中，个体是基本单元，[125]城邦则作为集体性宗教表达的基本单元，而家庭作为宗教信仰的单元，在许多可能的方式（例如按年龄、性别或职业分组）

[123] Burnett（2005：150）.

[124] 正如莱福科维茨（Lefkowitz 2003）的观点，与基督教对神的观念不同，这并不意味着众神以任何持续或连贯的方式关心人类的福祉。人类对神的依赖与神明的反复无常之间的矛盾巩固了这两种存在之间的距离。

[125] 这是因为每一个人都可以通过个体或集体的宗教活动与神建立联系，因为个体和集体的宗教实践在本质上没有差别，同时也因为个体在参与集体的宗教崇拜活动时，会根据不同的分类，以多种多样的方式划分成不同的群体。

当中，为想要表达虔诚的小团体提供一种选择。[126]男人、女人、男孩与女孩在大多数的公共节日中形成了不同的分类；有些节日仅对男性开放，有些节日仅对女性开放，有些是男孩的节日，有些是女孩的节日。[127]笼罩在我们对希腊家庭宗教的认知之上的晦暗与节日所表现出的光辉和活力之间的对比，或许能够衡量希腊人赋予公民表达宗教虔诚何等崇高的地位。

也许是随着公元前8世纪城邦的兴起，公共庙宇和圣所取代了宫殿，成为宗教活动的中心。[128]也可以说，希腊的公民宗教冒用了家庭的宗教权威，并试图将城邦描绘为一个凌驾于家庭之上的存在，其中所有公民都向同一个宗教中心展现他们的虔诚。作为希腊城邦公民生活的中心建筑，[129]

---

〔126〕Sourvinou-Inwood(2000a,2000b). 苏维努－因伍德（Sourvinou-Inwood 2000b：44）特别指出，个人而不是家庭构成了希腊城邦宗教中的基本单元。

〔127〕参见Dillon（2002）；Humphreys（1983：16）。范·卜莱门（van Bremen 2003：322，导论中亦有引述）讨论希腊化时期公民活动中对个人的公开描绘时也证实了这一观点，节日在其中发挥着重要的作用。第3章将会讨论女性的节日。

〔128〕参见Ainian（1997）；Burkert（1995：205-207）；de Polignac（1995）；Morris（1992：149154）。莫里斯（Morris 1992：127，150）认为圣所是一个“更公共化的场合”，并注意到公元前7世纪前后围绕圣所进行的活动迎来一次井喷。国王的宫殿在较早的时期可能是宗教中心，但这并不意味着宗教崇拜被限制在贵族阶级中，直到后来才将其他阶级包含进来。相反，贵族仅仅单纯地拥有管理宗教的特权，但宗教本身是向所有人开放的（R. Parker 1996：23-24）。

〔129〕米勒（Miller 1978）给出了以议事厅为主题的最为全面的研究，采用了横跨数个世纪（从古风时期到希腊化时代）、不同地点（转下页）

议事厅（*Prytaneion*）的作用就说明了这一点。

93 议事厅中放着公共的壁炉（*koinē hestia*），其中燃烧着永恒不灭的火焰，象征着城市的活力。[130]常见于每个希腊家庭中的与壁炉（*hestia*）的功能和象征意义相匹配的两种活动，都让人联想到议事厅的公共壁炉。家中的壁炉象征着家庭的活力和热情好客，拥有公共壁炉的议事厅则成为整个城市招待杰出公民与外国使者的地方。[131]此外，由父亲主持的家庭仪式围绕壁炉展开，而由全体公民参与的公民宗教活动也以公共壁炉为中心。官方的祭祀在议事厅中举行；数不胜数的宗教游行也从这里开始；主持节日或对节日进行评判的神职人员在这里举行会议；围绕着壁炉，人们立下虔诚的誓言。[132]可以说，在安置一个模仿并套用了家庭壁炉功能的公共壁炉时，希腊公民宗教的目标就是超越家庭的宗教权威，并且将城市定义为宗教表达、政治效忠以及社会团结的中心场所。在培养"城邦是一个大写的家庭"这一观念的过程中，公共壁炉的作用举足轻重。[133]

（接上页）（包括雅典、提洛、拉托以及奥林匹亚）的文学与考古学证据。正如米勒（Miller 1978：66）所指出的那样，议事厅的出现较民主制度更早，并且可能存在于希腊的任何城市当中，无论这座城市有着何种形式的政府。

〔130〕Miller（1978：13-14）.

〔131〕米勒（Miller 1978：4-13）与施密特－潘特尔（Schmitt-Pantel 1992：148-149）讨论了在议事厅用餐的人员以及供给的餐品。

〔132〕Miller（1978：14）.

〔133〕参见 L. Gernet（1981：322-337），Humphreys（1983：15），Mikalson（2005：160-161），R. Parker（1996：26-27），以及 Vernant（1983）。

另一个例子是对庭院神宙斯（Zeus Herkeios）的崇拜。因为庭院神宙斯守护着作为有形空间的家庭，也守护着作为社会单位的家庭，所以，希腊家庭对家神宙斯的崇拜或许可以视作最地道的家庭崇拜形式。然而，在市镇和城邦都有对庭院神宙斯的崇拜，而对其的家庭崇拜则象征性地依赖于这些更高层次的崇拜形式，并且需要得到它们的认可。[134]对保佑家庭物质财产的贮藏之神宙斯（Zeus Ktesios）的多层次崇拜也属于同样的情况。[135]

然而，家庭崇拜的活动中有一个重要方面没有被纳入公民宗教系统，即照管祖先的坟墓。与照管坟墓相关的表示虔诚的行为包括浇洒祭酒、清洗墓碑以及放置花圈。[136] 94
尽管这种纪念仪式往往是不规律的，并且随着时间逐渐减少，[137]但它们表明，在保留自己的独特记忆并使之遗存下去的层面上，相对于城邦和其他家庭而言，每个家庭都享有自主权。无论个体公民对“公民大家庭”的归属感有多重要，也无论公民意识在希腊宗教表达的各个层面上渗透得有多深，自然家庭永远会让个体感到依恋，并且应该是让个体感到依恋的主要社会单位。国家在套用家庭的宗教权威和规范

〔134〕Sourvinou-Inwood（2000b：52-53）. 多层次的宗教团体崇拜家神宙斯的证据另请参阅 Lambert（1993：215-216）。

〔135〕更多对庭院神宙斯与贮藏之神宙斯的家庭崇拜的细节参见 Mikalson（2005：134-135）和 Rose（1957）。

〔136〕Burkert（1985：193-194），Mikalson（2005：136-137）. 第 2 章将会讨论希腊与中国在纪念祖先的方式上最关键的不同之处。

〔137〕Antonaccio（1995：48）.

家庭仪式的执行上所做的努力证实了家庭与亲属关系长久不渝的力量，[138]而这种力量的表达一般来说要么获得国家的许可，要么在公民集体的框架下以协商与和解的形式存在。

正如品达的颂歌所示，胜利者的家庭与他的家乡城市之间存在着一种张力。接受委托的诗人有责任赞颂他的客户光荣的家族，他非常小心地避免让家庭的美誉抢占了城市应得的荣耀。《尼米亚颂诗》第 2 首中，品达赞颂了来自雅典的提摩德摩斯，因为他在古希腊搏击中获得了冠军。在这首仅有 25 行的简短颂歌中，品达称获胜者的家庭在“以盛产勇士而闻名已久”的家乡也是体育场上的佼佼者。他用了六行诗句列举这个家族曾经取得的胜利：四项皮提亚运动会的冠军，八项伊斯特米亚运动会的冠军，七项尼米亚运动会的冠军，而当地比赛的奖项则“数不胜数”（《尼米亚颂诗》第 2 首）。这里品达似乎沉溺于夸耀这个家庭的辉煌成就，但是，诗人在颂歌开头附近谨慎地提供了这些炫耀的背景：“的确，生活 / 引导他（提摩德摩斯）径直走在父辈的道路上 / 也让他为伟大的雅典人民增色。”（*tais megalais dedōke kosmon Athanais*，《尼米亚颂诗》第 2 首，第 6—8 行）在这

〔138〕有一个例子涉及从古风时期到古典时期葬礼竞技的转变。古风时期，为了纪念某人死去的亲属，举办葬礼竞技向他们致敬是一种很常见的做法（Roller 1981）。公元前 5 世纪，为了纪念直系祖先而举办的体育竞赛被纪念公民英雄的葬礼竞技所取代。他们通常已经死去，并且拥有特殊的神圣力量，人们在城市的授权下崇拜这些英雄（Roller 1981：5-6；Seaford 1994，第 3 章）。纳吉（Nagy 1990：143）认为，“从历史上看，对英雄的崇拜就是祖先崇拜在城邦层面上的转化”。

条陈述中，胜利者世袭的卓越成就被归入公民认同的范畴，95 他和他的家庭都隶属于此。胜利者紧随着祖先的脚步，将体育上的荣耀带回家中之时，他其实与祖先一样，为自己的家乡赢得了声望与荣誉。正是基于这种对于个体、家庭与城邦之间关系的理解，诗人才以一条面向公民的请求结束了这首颂歌："公民们，赞美他（宙斯，尼米亚运动大会的守护神）吧！/为了祝贺提摩德摩斯的凯旋，/就以甜美悦耳的声音作为开始。"（《尼米亚颂诗》第2首，第23—25行）只有获得了公民集体的认可和参与，以及监督竞赛和庆典的神明（在这个例子中是宙斯）给予的祝福，才能使针对个人和家庭卓越成就的赞颂变得可靠而富有意义。

家庭的成功与城邦的声望之间的关系在品达的《伊斯特米亚颂》第6首当中也可窥得一斑。埃癸娜城的朗潘（Lampon）委托诗人为他获胜的儿子们创作了三首颂歌，这是其中之一。品达先是赞扬了两名"出色的男孩"，因为他们刷新了家族在体育成就上的纪录，接着称赞了朗潘对儿子们的良好训练。他赞颂了这位父亲的好客、谦逊以及公民意识，这些都是一位优秀的、意识到自己不应引起他人嫉妒的公民应当具备的美德。诗人以此表达了自己对他的嘉许。诗人无须透露朗潘公开的慷慨行为的细节，这是杰出的公民经常被敦促展现出的美德，[139] 而这位培养了两名运动冠军的父

〔139〕大约在公元前7世纪以来，人们开始"摒弃展现家庭中的财富与追随个人的吸引力，转而在城市中心表现出慷慨，以此争夺独立于个人的人际关系之外的政治职务与政治支持"（Humphreys 1978：69）。（转下页）

亲"将全民共享的荣光带回了他自己的城市"（*xunon astei kosmon heōi prosagōn*，《伊斯特米亚颂》第 6 首，第 69—70 行）。这与前引《尼米亚颂诗》第 2 首中用在提摩德摩斯身上的短语类似。此处，个人的成就与家庭的成功必须被放置在公民的大背景下，并被理解成公民为城邦共同体做出的贡献。[140]

我们应当从赞颂杰出的个人与家庭和维护公民意识之
96 间的张力、协商以及调和关系去理解凯歌当中的"反向革命"。这种理解既适用于品达的诗歌，也适用于理解斯巴达人在古风时代晚期与古典时期纪念体育胜利的方式。斯巴达的男性以一种强制性的、公共的方式生活。他们当中的大多数在 30 岁以前都与同龄人一起生活在军事训练营当中。他们的所有活动，包括参与体育竞赛，都受到官方严格的管控。[141] 在斯巴达，训练营中强制性的集体生活践行了"公民家庭"字面上的概念。然而从根本上说，斯巴达人和其他希腊人（包括喜欢在他们的伯罗奔尼撒邻居面前炫耀"自由"的雅典人）一样，都高度重视体育场上取得的胜利，并

（接上页）库珂（Kurke 1991，第 7 章）讨论了慷慨大度（*megaloprepeia*）的美德，这意味着将大量财富用于高尚的公共事业，例如向神明献祭，创作合唱曲或戏剧，或是为战船提供装潢布置。彼得·威尔逊（P. Wilson 2000）在研究雅典戏剧合唱队的赞助时，阐述了公开的慷慨这一思想体系以及它是如何运转的。

〔140〕另一个例子是《奥林匹亚颂》第 13 首。该诗开篇赞颂了色诺芬的家族，称其"对镇上的人温和友善 / 对外邦人态度殷勤"（第 2—3 行）。

〔141〕Cartledge（2001）.

且十分注重选择以何种方式纪念他们的成就。[142]斯巴达与其他希腊城邦在为体育胜利授予公共荣誉时有着显著的相似之处：城邦中胜利的运动员向神敬献了相似种类的供品用以还愿，献祭的碑文在内容上也相仿。有一部分现存的碑文中赞颂了几代家庭成员的运动成就。[143]我们或许有理由怀疑，在这些情况中可能存在着家庭与国家之间的竞争与紧张关系，但是我们也应当注意到，在宣扬一对父子所取得的体育胜利的铭文当中，其中之一被镌刻在斯巴达卫城敬献给护城神雅典娜的石碑之上。[144]这座有趣的石碑表明，斯巴达城邦的公民框架允许人们合法地公开展示个人与家庭的成就，而这种展示背后可能存在的所有矛盾都被控制在这个框架之内。

斯巴达的例子明晰了我们应当如何理解品达在凯歌中 97
对家庭和传承的褒扬。有时候，品达会将一场体育上的胜

〔142〕本段中的讨论得益于霍德金森（Hodkinson 1999）的研究。他有力地反驳了认为公元前6世纪中叶以后，斯巴达在关于体育竞赛的态度上与其他希腊城邦产生了分歧的传统观点。霍德金森（Hodkinson 1999：177）总结道，除去当地的一些特殊习俗（例如团队竞赛的重要作用，以及显而易见地限制公开纪念在世的奥林匹克获胜者），“可以说斯巴达社会的确共享了好战的文化，而这种文化在古风时期与古典时期的希腊世界是被广泛接受的”。

〔143〕Hodkinson（1999：152-153，173-175）.

〔144〕Hodkinson（1999：152-153）. 问题中的碑文（年代大约在公元前440—前435年）列举了父亲达摩农（Damonon）在多个节日上赢得的胜利，以及儿子艾尼马克拉提达斯（Enymakratidas）在各种竞赛（战车竞赛、赛马、短跑、折返跑、长跑以及男孩组短跑）中取得的胜利共计56次。碑文的翻译参见Sweet（1987：145-146）。

利或是一首凯歌作为获胜者的祖先葬礼上的祭奠。[145]然而，这并没有让他成为一个对主流的公民意识持保守态度的怀疑论者，也没有让他缅怀过去，成为贵族政治的拥趸。斯巴达卫城上的胜利献词也不曾让镌刻它的父子成为这样的人。前面的讨论已经表明，就我们所知，品达始终小心地确保城邦受到应得的肯定和赞赏，因为城邦作为背景框架，使得个人与家庭为成功而做出的拼搏努力具有了意义。一场运动场上的胜利能够鼓舞人心、带来活力，从而成为对运动员祖先的祭奠。它是运动员对城邦的敬献，也是代表城邦向神明奉上的献礼。[146]

斯巴达卫城上家族的体育成就被堂而皇之地宣扬，在斯巴达的其他圣所也有类似的献词。尽管这有些出乎意料，但却提醒我们想到一个本应显而易见的事实：家庭与亲缘的纽带和情感是“天然的”，无论是在古代还是现代，所有社会中都能找到有关这个主题的鲜明表达。个中的区别或许仅在于表达的方式，以及它们在特定文化的社会关系中各自扮演的角色。希腊的凯歌和颂词碑文中所纪念的家族传承，表明了家庭在希腊的社交生活中的重要性不容置疑。不过，要理解这种重要性，必须要参照占据希腊文学传统主导地位的对家庭外同性社交关系（同伴、公民同胞、少年爱的双

〔145〕Kurke（1991：64，第3章）。

〔146〕《奥林匹亚颂》第9首中，凯歌赞颂的胜利者——来自奥普斯城的艾法摩斯托斯将他的桂冠敬献在当地的英雄埃阿斯的祭坛上。关于此类敬献的历史案例，参见Kurke（1991：206）。

方，[147]以及同龄人之间）的激情赞颂。对于古风时期与古典时期的运动冠军而言——就如荷马笔下的战士——尽管他们赋予家庭传承重大意义，但他们必须在家庭之外的地方通过与同侪的竞争才能赢得荣耀。[148] 98

小结

在希腊古风时代与古典时代对于男性社交的描绘中，以同伴或是公民同胞的身份与同龄人交往是永恒的焦点。从史诗到宴饮酒歌，从阿尔凯乌斯到品达，从《忒奥格尼斯诗

〔147〕在古代，品达也以喜爱男孩而闻名。在他现存的作品中，残本 128 描述了会饮中的一场游戏，其中，参与者向他所爱的男孩剖白了自己的感情。残本 123 是一首酒歌，依照少年爱求爱的传统夸赞了男孩忒俄塞诺斯（Theoxenos）的美貌："应当有个人来摘走我的爱，我的心，这与青春的年纪正相适宜，/ 可谁看到了那些光亮 / 在忒俄塞诺斯的眼中闪耀 / 它并未被欲望淹没，/ 有着坚定刚硬的黑色心脏 // 淬过冷冽的火焰，并被眼神明亮的阿佛洛狄忒轻蔑 / 或是被困于金钱的牢笼 / 或是秉持着女子般的勇气 / 被送往一条彻底漆黑冰冷的道路。/ 然而我却因为她［指阿佛洛狄忒］，仿如圣洁的蜜蜂所产的蜂蜡一样融化 / 就像是遭到了太阳的撕咬，只要当我看向 / 新生的少年。/ 那么，总之是在特内多斯（Tenedos）/ 说服女神（Persuasion）与美惠女神（Grace）居住的地方 / 他是哈格西拉斯（Hagesilas）的儿子。"无论这首诗是否代表着诗人自己的爱情宣告（阿忒纳乌斯就持这样的观点，他在《智者之宴》第 13 卷 601 行引用了这首诗），或是受这名男孩的情人所托创作的作品，以凯歌为主的品达作品中有这首诗的存在，这提醒着我们，古风时期与古典时期的诗人亦如他们那些诗歌天赋寥寥的同代人一样，支持并参与着家庭外同性社交关系相关的竞争，即使他们并不以创作这方面的作品而备受赞誉。关于品达酒歌的研究，参见 Groningen（1960）。

〔148〕Donlan（2007：37-39）；Kurke（1991：16，27）.

集》到柏拉图与色诺芬充满哲学智慧的会饮对话，诗人和哲学家们以竞争、平等的精神赞美着友谊。民主制度的出现最大限度地扩大了群众基础，使更多的人能够参与到平等而又充满竞争的友谊关系当中，从而进一步增强了公共领域内集体活动的重要性。个人与家庭之间，家庭与公民集体之间的张力、协商以及调和关系在古典时期得到了最丰富的表达。但从荷马开始，家庭外的男性同性社交关系开始凌驾于家庭纽带之上，并且与之对抗，成为塑造和考验伟大的英雄，并且使他们最终赢得长远声名这个过程中最为重要的人际关系。正如詹姆斯·雷德菲尔德所述："希腊人通常认为，只有加入了这样一个彼此竞争的同侪团体，一个人才能成为真正意义上的'人'。"〔149〕正是在公共节日中，作为公民团体的一员，站在他们共同信仰的神祇面前，希腊人作为平等而互相竞争的个体才充分地兴旺繁盛起来。自荷马时代以降，他们在所有的社交场合中就渴望成为这样的人。宗教视角对于理解希腊社交的组织原则发挥了特殊作用，而当我们谈及中国的情况时，其作用将变得更为明显。

〔149〕Redfield（1995：164）.

第 2 章

中国：祖先、兄弟、子孙

在先秦时代有关娱乐活动的话语中，我们看到的是全 99
然不同于希腊式“勇士—酒客—情人”一类的形象。虽然战争是周代贵族一项重要的活动，节日也在宣传社会价值和培养集体凝聚力方面有着重要的作用，[1]但体现中国娱乐活动理念的主要是与家庭聚会和宗族团结相关的材料。在这里可以看到一个鲜明的对比：一方面，希腊文献透露出一种竞争意识，男性在家庭之外拥有着紧密的同性社会关系；另一方面，从先秦时期材料反映的思想观念来看，人们关注的主要是家庭内部的和谐与秩序。

本章主要分为三个部分。第一部分讨论中国的宗教节日，包括为纪念神祇的节日和作为祭祖活动一部分的宴会。随后我们将目光转向庆祝军事胜利的宴会。最后我们思考一个问题：先秦时期的宴会情境下，亲属和友谊之间的关系具重要性体现在哪里？当时的人们就这个问题给出了怎样的答案？本章还会适时将中国的情况与古希腊进行比较。

---

〔1〕 有关军事活动在西周贵族生活中的重要性，参见杜正胜（1979，第 2 章）；M. E. Lewis（1990）；杨宽（1999：711-715）；朱凤瀚（2004：239-240，396-401）。

除了金文和《仪礼》记载的乡饮酒礼节，[2]以及其他一
100 些支持性材料，本章使用的一手材料主要来自《诗经》。[3]作为一部诗歌总集，《诗经》分为四个部分，计305篇，公认的创作年代大约在公元前11至公元前7世纪之间。其中《颂》的年代最古，然后依次是《大雅》《小雅》《国风》。《颂》和《国风》在主题上有明显差异：前者保存的是关于王朝历史的虔诚记忆，描写的大多是各种肃穆的仪式，后者则更多地关注恋爱和婚嫁一类的题材及其他日常的情感与关怀。《大雅》和《小雅》的风格大抵在《颂》和《国风》之间，两者不仅表现出对历史和祭祀活动的兴趣，还涵盖了日常生活和爱情类的主题，总体上具有一种宫廷风味。[4]

尽管各部分在年代、地域起源和主题上有着显著差异，但这部大体由佚名作品组成的诗歌总集在语言上表现出高度的统一性，“在声调上相当一致”。[5]按照传统的说法，周朝

---

〔2〕关于参考金文的依据，请参见导论。基于对现有材料的细致研究，沈文倬（2006）提出了一个合理的推断，即《仪礼》的成书年代大约在公元前450—前350年之间。

〔3〕在本章中，我用《诗经》来指称传世的诗歌总集，而《诗》则指在传世本产生之前，以口头形式流传、仍在持续演变中的诗篇集合。

〔4〕戴梅可（Nylan 2001，第2章）将这两个部分称作“宫廷乐曲”。前人对《诗经》四分结构的形成原因提出了多种猜想：道德立场（纯正或者堕落），创作者所属的社会阶层（普通民众、贵族、宫廷乐师），功能（褒贬），表演的类型和风格（伴奏、音乐的调式）。参见陆侃如、冯沅君（1999：9-18）；Nylan（2001：87-91）；朱孟庭（2005）。

〔5〕从语言分析的角度出发，杜百胜（Dobson 1968）指出《诗经》四部使用的语言不存在方言或者社会阶层方面的差异，其中的语言差异应当归结于汉语本身的历史演变。他提出，虽然传统上认为《国风》（转下页）

官方曾参与了《诗》的采集和整理，意在将其作为了解民众
思想和评估统治得失的渠道。[6]虽然就这一点目前尚无法给
出明确的答案，然而周王室是最有可能参与诗歌的辑录，并 101
且通过不断修订将它们打造成一部风格大体统一的作品集的
机构。虽然我们无法断定官方在《诗》形成过程中扮演的具
体角色，但有一点是毋庸置疑的：春秋时期，无论是王室还
是诸侯的社交活动，都会表演《诗》中的内容，这一过程推
动了《诗》承载的文化遗产的传承。[7]早在《诗》写定并在
大一统的汉代被确立为“五经”之一以前，其中的作品在被
演唱、舞蹈、讽诵的过程中，已然成为“通行官方辞令的一
部分以及最精华的文化表达形式”。[8]

今本《诗经》中仅有极少数作品能依据内证和外证明确作者或创作年代。以活跃于公元前 2 世纪的《毛诗》一派

（接上页）中的作品源自周代各诸侯国，但它们在语言层面表现出统一性。他还指出，作为《诗经》中最晚出的一部分，《国风》的语言与其他三部分之间存在整体性的差异。戴梅可（Nylan 2001：78）指出了《诗经》整体声调上的一致性。

〔6〕 有关《毛诗》，参见：J. R. Allen（1996：341-342）；陆侃如、冯沅君（1999：9-18）；张西堂（1957，第 4 章），周延良（2005，第 6 章）；朱孟庭（2005）。

〔7〕《诗》的表演形式多种多样，包括讽诵、演唱、舞蹈和对话引用，参见：M. E. Lewis（1999：155-163）；Nylan（2001：93-97）；Schaberg（2001：234-243）；Tam（1975）；van Zoeren（1991：39-45，64-67）。虽然上述表演形式大约在春秋末期逐渐退出了历史舞台，但在战国时代《诗》仍然有着重要的教育功能。

〔8〕 引自戴梅可（Nylan 2001：74）总结的《诗》对于春秋时期周代文化精英生活的重要性。她强调，《诗》的娱乐功能“确保了《诗》在这几个世纪中传承下去”（Nylan 2001：77）。

为代表的注者，花费了大量心力试图找到那些佚名作品的作者，还原具体的创作背景，然而他们的解读常常晦涩难懂，且常有穿凿附会之嫌。由于大部分作品为佚名，我们应当记住，《诗》中的作品在春秋时期的各类社交场合反复地被表演，以这种形式传承下来的《诗》几个世纪以来影响着周代的贵族生活。对理解诗歌的“主旨”来说，后世新演绎的重要性并不亚于通常模糊不清的原始创作背景。[9]

以《小雅·常棣》为例，表面上，该篇的主旨似乎十分明确：感慨兄弟不和，赞美手足之情。早期的两家注
102 者对《常棣》的历史背景有着不同的看法。一派认为《常棣》乃周公所作，创作时间在其辅佐年幼的周成王（公元前 1042/1035—前 1006 年在位）平定由武王的两位兄弟发动的三监之乱以后。另一派认为，此诗作者为周厉王（公元前 857/853—前 842/828 年在位）时期的召公召虎，后者召集宗族成员，用诗歌表达了对宗族内部道德式微的痛惜。“道德式微”指背离西周早期以孝悌为核心的理想社会政治秩序。[10] 虽然两派对《常棣》创作年代和地点的看法不同，但双方均认同作品主旨为兄弟之情。后世一些注家试图调和关于作者身份的争论，认为周公是《常棣》的原作者，而

〔9〕我的观点与戴梅可（Nylan 2001：83）基本一致。戴氏指出，“认为存在与某一情景、地点、作者（不管是民众还是贵族出身）有着一对一关系的诗歌底本是一种严重的误区。在上古以各式礼仪为核心的情境中，有意识的重复和变化赋予了口述的表演性文本更强的规范性和艺术魅力”。

〔10〕关于这两种迥异的解读，参见《国语·周语中》；《左传·僖公二十四年》。

召公对其进行了重新演绎，希望借此感召那些走上歧途的族人。[11]若此假设成立，那么召公对《常棣》的再呈现不过是周公之后两百余年间，人们对原作无数次不同形式演绎中的一次——只不过成了最著名的一次。从其他两则记载可知，在春秋时代的社交场合，人们继续以赋诗的形式表演《常棣》。

据《左传》记载，公元前541年，同出姬姓一族的四国代表在郑国会盟。席间各方代表通过赋诗来表达自己的观点。[12]在一方赋诗倾诉了对和平的渴望之后，作为回应，另一方吟诵了《常棣》，希望日后四国之间能够永无纷争，亲如兄弟。根据《左传》中另一则记载，公元前553年，鲁国 103
一位大夫出使宋国，在主人为其举行的宴会上称引了《常棣》的最后两章。在这一场合，单单吟诵这两章而非全篇或者其他章节，或许有特殊意义。鲁国国君乃是姬姓，宋国的公室则是子姓，这意味着两国原非兄弟之国，而是姻亲关系。了解这一点，这位鲁国大夫选择《常棣》最后两章来向主人示好的原因便清楚了：在这首敦促兄弟齐心协力创造和

〔11〕持这种观点的学者有：韦昭（204—273，《国语·周语中》）、孔颖达（574—648，《毛诗正义》，第408页）、方玉润（1811—1883，《诗经原始》9.333）等人。

〔12〕春秋时期，在社交场合赋诗十分普遍。最早的记载可以追溯到公元前637年。按照惯例，某人可通过朗诵某一首诗或诗中的某一节，优雅而委婉地表达自己的情感、意向或者请求。赋诗时，将作品脱离其创作背景来满足表演者的需要是常见的现象。关于赋诗的规范，可参见：M. E. Lewis（1999：155-163）；Nylan（2001：93-97）；Schaberg（2001：234-243）；Tam（1975）；van Zoeren（1991：39-45，64-67）。

睦家庭的诗中，最后两章是将夫妻好合作为家庭和谐的重要一环来描绘的。[13]

上述例子说明，同一诗篇能够通过演绎和再演绎与迥然不同的时代和背景产生联系。在此过程中，从贵族受众对该作品的起源和社会功能的理解来看，其道德教化意义从未丧失。有学者甚至认为，一些公认为是西周早期作品的“颂”，其实可能在西周晚期或者东周初期才被创作出来或者经历了局部的翻新，目的是唤醒人们忆起从前的理想。[14]虽然《诗经》中大部分作品的年代和来历都难以确定，但长期以来对它们的演绎和重塑使得这些作品获得了另一个层次的新生，其含义不再局限于具体的历史场景。因此，在几个世纪间《诗》一直与周代精英文化有着密切联系，而本书对《诗》的倚重，正是鉴于其在规范、情感和美学层面长期持续累积、增强的影响和魅力。

按照传统的说法，孔子编《诗》时从三千余首作品中选定了今本所见的三百余篇。在孔子看来，《诗》的教育和社会功能可以用一句话来概括，即“诗可以群”。[15]《诗》与先秦时期娱乐生活的联系，以及对于广义上中华文化的重要

---

〔13〕《左传・昭公元年》,《左传・襄公二十年》。

〔14〕Kern（2009a）.

〔15〕参考贾晋华（J. Jia 2001）对孔子“诗可以群”的解读。戴梅可（Nylan 2001：76）在探讨《诗》的功能时，把重点放在了“学习、快乐、团结”的主题上。有关《诗》在孔子倡导的教育体系中的重要性，以及史传孔子在编纂《诗经》方面的贡献，参见：戴维（2001，第2章）；张西堂（1957，第4章）；朱孟庭（2005：67-70）。

性，使其成为比较研究的宝贵资源。整体而言，《诗经》承载的情感和价值数千年来不仅能让古代中国的表演者与读者产生共鸣，还能在发挥教育作用的同时为其带来乐趣。就本 104
书探讨的具体问题和进行的比较研究而言，《诗经》表达的情感和关怀都与希腊材料中所体现的大为不同。

祭祖与祭神

宴会与祭祖

杰西卡·罗森（Jessica Rawson）的观点充分体现了祖先在周代礼法和社会政治秩序中的重要性。她指出："首先，……祖先是社会的核心组成部分，是人们需要按时供奉和祭祀的对象。其次，从祭祀活动、丧仪及其他仪式来看，社会中明确存在一个同时包含数代人的家庭结构，而社会的政治秩序则以君主授予的职级为基础。"[16]《诗经》中约六分之一的篇目与祭祖有关，包括祭礼本身和仪式后的宴会。[17]这些作品体现了祭祖宴会对于理解周代社交话语的重要性。

我们考察的第一篇作品是《小雅·楚茨》。该诗共分为6章，72句，完整地展现了一场祭礼的风貌。学者在重构周代祭典时经常会引用这首诗，一般认为，包括《仪礼》在内

〔16〕Rawson（1990b：22）.

〔17〕秦照芬（2003：16）。《颂》当中的许多篇目可能是祭祀时用以直接与先祖沟通的祝辞。《大雅》和《小雅》的相关篇目对宴饮活动有着更详细的描述。

的三礼中记载的祭仪很有可能以《楚茨》的记载为参考。[18]第一章写道，收获的粮食堆满了仓庾，祭祖一方面是感谢祖先的庇佑，另一方面是为了祈福。第二章描写人们为祭祀所做的准备：牛羊被洗剥干净，然后宰杀、烹煮，用来祭享降临的先祖之灵。第三章更深入地描写了祭祀的相关准备工作。经过燔、炙的各色肉类应有尽有，各种祭品摆放得整整
105 齐齐。祭祀终于开始了，气氛一片祥和，觥筹交错之间，各项仪式有条不紊地进行。第四章描写“工祝”代表受祭的先祖向祭主表达祝福：

> 苾芬孝祀，神嗜饮食。卜尔百福，如几如式。既齐既稷，既匡既敕。永锡尔极，时万时亿。
>
> （《诗经注析》第 660 页）

第五章起首的“礼仪既备”宣告仪式的结束，主祭随即宣布神明已享用祭品（“神具醉止”）。“神保”在钟鼓声中离去，撤去祭品后，摆上一桌宴席供参加祭祀的族人享用。第六章为这篇气势宏大的作品画上了句号：

> 乐具入奏，以绥后禄。尔殽既将，莫怨具庆。既

---

〔18〕姚际恒（1647—？）《诗经通论》11.335-336；方玉润《诗经原始》11.431；Maspero（1978：150-154）；Falkenhausen（1993：25-32；1995：297）。柯马丁（Kern 2000）对《楚茨》进行了细致的研究，认为它是祭祀时使用的作品，挑战了传统上将其看作描写王室祭祀仪式的理论（87n130）。

醉既饱，小大稽首：“神嗜饮食，使君寿考。孔惠孔时，维其尽之。子子孙孙，勿替引之。”

（《诗经注析》第 662 页）

自始至终《楚茨》试图表现一种秩序井然的和谐氛围。“济济跄跄”形容清洁祭品时的恭谨，“执爨踖踖”描写司炊者的恭敬。“礼仪卒度，笑语卒获”则表现敬酒酬答的场面。总之，参与祭祀的所有人在履行各自职责以及完成仪式时都十分小心谨慎——“我孔熯矣、式礼莫愆”。在他们看来， 106
能够让祖先感到欣慰的不仅是子嗣的繁荣，还有通过祭礼展现出的和谐的家庭秩序。

如果看一看《诗经》对族人射礼活动的描写，那么祭祖礼对秩序与和谐的强调会更加清晰。《大雅 · 行苇》对于宴会和射礼有如下描述：

肆筵设席，授几有缉御。或献或酢，洗爵奠斝。醓醢以荐，或燔或炙。嘉殽脾臄，或歌或咢。

敦弓既坚，四鍭既钧；舍矢既均，序宾以贤。敦弓既句，既挟四鍭。四鍭如树，序宾以不侮。

（《诗经注析》第 809—810 页）

作品充分表现了宾客和参加射礼者的恭敬有序。诗人关注的不是技巧、力量、竞争性，而是秩序是否良好。从陈设的精美弓箭到众宾依次拉弓瞄准的仪态，都体现了这一点。胜者不会被大张旗鼓地表彰，因为大家把注意力放在宾客的秩序与和谐上。[19]考虑到祭主的身份，即最后一
107 章“曾孙维主，酒醴维醹”里提到的“曾孙”，这种态度也就不足为怪了。朱熹（1130—1200）认为，由于作品提到了“曾孙”（指祭祀时担任祭主的宗子），射礼的情境应该是祭祀结束之后的宴会，但戴震（1724—1777）、陈启源（？—1689）、林义光等学者则单纯地将背景理解为一般性的家族聚会。[20]后一种解释也许较为稳妥，因为《行苇》一诗中并未明确提及祖先或者祭祀。

不过，从其他诗篇中，我们的确可以看到射礼之前祭祖活动的情况。《小雅·宾之初筵》明确地将射礼作为祭礼后庆祝活动的一部分来描写：[21]

> 宾之初筵，左右秩秩。笾豆有楚，殽核维旅。酒既和旨，饮酒孔偕。钟鼓既设，举酬逸逸。大侯既抗，弓矢斯张。射夫既同，献尔发功。发彼有的，以祈尔爵。

---

〔19〕射礼作为一项娱乐活动，有着一整套复杂的仪式。《仪礼》中有两章内容与射礼有关。参见《仪礼》，第999—1014页，1027—1045页。

〔20〕朱熹《诗集传》17.9a；戴震《戴氏诗经考》，第2086页。陈启源《毛诗稽古编》19.10a；林义光《诗经通解》24.26b。

〔21〕值得提醒的是，在研究古代中国与希腊的节日庆典时，我们应当避免在宗教性和非宗教性之间做出清晰的划分，虽然在具体分析时对两者常需要区别对待。

> 籥舞笙鼓，乐既和奏。烝衎烈祖，以洽百礼。百礼既至，有壬有林。锡尔纯嘏，子孙其湛。其湛曰乐，各奏尔能。宾载手仇，室人入又。酌彼康爵，以奏尔时。
>
> （《诗经注析》第 696—697 页）

正如《宾之初筵》一诗中射礼的背景是表现（包括祖
先和子孙在内）家族的繁荣，《行苇》第一章的描写说明，108
宴会和射礼等活动的目的均是巩固父系家族的团结。作者借自然意象起兴：

> 敦彼行苇，牛羊勿践履。方苞方体，维叶泥泥。戚戚兄弟，莫远具尔。
>
> （《诗经注析》第 808 页）

庆祝活动的出发点是鼓励同族兄弟在“曾孙”的带领下实现“莫远具尔”的理想，以此为背景，也就不难理解《行苇》宣扬的主旨了——虔敬、秩序、无争，即使在射箭这样的竞技活动中亦不例外。上述三点是所有参与者都必须遵循的理念，唯有这样才能获得祖先的赐福；而正如《宾之初筵》所示，祖先的福泽将会惠及世世代代的子孙。

此处让我们回想一下，《奥德赛》第 8 卷中，奥德修斯在一位费埃克斯年轻贵族的怂恿下（这位费埃克斯人同样受到了同伴的鼓动）参加了一场在宴会后进行的比赛。奥德修斯轻松击败挑战者，狠狠地教训了他们一番。我们在前文中并没有交代，作为最受雅典娜青睐的凡人，奥德修斯这次的胜利要感谢战争女神暗中给予的帮助。若非雅典娜伸出援手，故事的主人公，疲惫的中年人奥德修斯在这场较量中是否注定会失败？虽然我们不清楚荷马的意图，但有一点是确定的——对于奥德修斯来说，他对自己能否获胜没有把握。因此，他在接受年轻人的挑战前说道："我想我也会名列前茅 / 只要我的青春和双手仍然可凭信 / 只是我现在心里充满愁苦和忧伤 / 我经历过无数战争，受尽波涛的折磨。"（《奥德赛》第 8 卷第 180—183 行）与费埃克斯人相关的这一情节表现出的竞争精神与《行苇》描写的场面形成鲜明对比。参加宴会和射礼的宾客在"曾孙"的引导下按部就班地完成各项仪式。这样的社会环境培养的精神与"青年崇拜"截然相反：不提倡使用武力，压制个人的竞争意识。作为一种家族活动，《诗经》中描写的射礼深受这些理念的影响：参与者团结在领袖周围，为祖先展现一个有组织、讲团结的集体。

109 《宾之初筵》的例子说明理想并非总能实现。宴会伊始，一切都有条不紊地进行着，气氛也与祭祖这类场合的要求相符。随后作者笔锋一转，用讽刺的手法揭露了在场宾客醉酒后的丑态。在杯中之物的作用下，客人们仪态尽失，早将应有的礼节抛诸脑后，吵吵嚷嚷，表现得粗鲁不堪。结尾颇具讽刺意味，诗人告诫那些客人应当举止得体，并适时地提醒读者，理想有时终究只能停留在理想的层面。显然，在作者看来，祖先——也就是在节日降临的"神保"——希望族人无论何时何地都能够维持良好的秩序。先秦观念认为，在祖先、神明降临的情况下，像希腊人那样在节日活动和宴会上通过激烈的比赛来取悦神灵，祈求赐福，也许和《宾之初筵》刻画的混乱宴会一样不合时宜。[22]

《大雅·既醉》一诗则点明了祭祖赐福的具体内容。前两章描写主祭的周天子在他人协助下完成祭祀，享用美酒佳肴。第三章结尾提到“公尸嘉告”，[23]以下是“嘉告”的具体内容：

> 其告维何？笾豆静嘉。朋友攸摄，摄以威仪。
> 威仪孔时，君子有孝子。孝子不匮，永锡尔类。
> 其类维何？室家之壸。君子万年，永锡祚胤。 110
> 其胤维何？天被尔禄。君子万年，景命有仆。
> 其仆维何？釐尔女士。釐尔女士，从以孙子。
>
> （《诗经注析》第 814—816 页）

诗人这里再一次重申秩序对于祭祀的重要性，祖先赐福的内容则揭示了祭祖仪式的出发点，即父系家族的延续与繁荣。“孝子不匮”的祝愿不仅与《楚茨》中的“子子孙孙，勿替引之”的说法如出一辙，也与我们熟悉的许多青铜祭器

〔22〕部分希腊人，比如哲学家色诺芬尼（约公元前 570—前 480），或许会对胜者获得的荣誉持否定态度（参见色诺芬尼，第 2 篇）。但这种态度恰恰证明了竞技体育带来的荣誉在希腊社会主流思想中的特殊地位。

〔23〕“尸”指祭祀时代表先祖受祭的年轻男性族人。该习俗说明祖先崇拜关注的是家族的长久延续和传承。祭祀时由工祝代表“尸”致辞。

所记载的铭文形式化的结尾类似——“子子孙孙永宝用”。[24]祭主既是宗子也是君主，在“朋友”（男性族人以及主君臣属）的襄助下祭奠先祖，祈求长寿与宗祧的延续。个人成就无论多么显赫都转瞬即逝，“室家之壶”（第6章第2句）则仰赖于世世代代孝子贤孙各尽其责。

值得注意的是，在这样一首以宣扬宗族观念为主题的作品中出现了“朋友”一词，意即“伙伴和友人”。许多学者曾指出西周和春秋时期的古籍与金文中提到的“友”或“朋友”既可用来泛指不存在血缘关系的友人，也可指男性亲属，尤其是兄弟、堂兄弟这些同辈男性亲属。[25]“友”和
111 “朋友”在语义层面的这种包容性，可能源于父系亲属和非亲属关系的友人之间的一个共同点：二者都可能在与“我”交往时为我提供帮助。下文将提及“友”和“朋友”指代无亲属关系的友人以及同伴的具体例子，但在类似《既醉》表现的祭礼场景中恭敬地协助君主兼祭主完成祭祀的“朋友”，应该都是父系亲属。[26]从某种意义上说，君主之于“朋友”，

---

〔24〕这样的句式在金文中反复出现，参见塞纳（Sena 2005）对西周时期亲属关系的研究。

〔25〕童书业（1980：122），查昌国（1998），朱凤瀚（2004：292-297）。王利华（2004：49）指出，直到战国时代，用“友”来指代没有血缘关系的朋友才成为普遍现象。

〔26〕两则铭文可以用来证明“友”能够指代父系亲属：《集成》87（春秋时期），《集成》3848（西周晚期）。（除另外注明，本书所引金文均出自《殷周金文集成引得》，并以缩写《集成》加上铭文编号的形式标注。）上述两则铭文中，某位“友”人为祭主铸造了用于祭祖的祭器。一般来说，非亲属应该不会插手献给先人的祭器的制作。

乃同侪之中位居第一者（*primus inter pares*），这种关系与希腊文化里领袖与伙伴（*hetairoi*）间的关系相似。然而，由于祖先崇拜在一个垂直关系的框架内，强调兄弟间的等级差异（体现为大宗相对于小宗的地位），极大地限制了先秦时期的君主与“朋友”发展出平等的“友谊”关系。[27]

至此，我们可以比较一下中国与希腊的祭祖仪式。希腊人纪念死去亲属的形式多种多样，包括献祭和丧宴（参
见第 1 章）。这些习俗通常被称为“祖先信仰”或者“祖先 112
崇拜”，但古典学家和人类学家指出，祖先崇拜和亡灵崇拜（cult of the dead）之间存在一个重要的区别：亡灵崇拜包括在死者去世时或去世后不久举行的各种丧礼，以及扫墓和祭奠等活动，但这些活动往往是不定期的，而且会逐渐停止；相比之下，祖先崇拜包括的各种纪念仪式不仅会定期举行，呈现出系统性和延续性，更重要的是，逝者被看作继嗣群的

〔27〕塞纳（Sena 2005：317）在其对西周时期亲属关系的研究中提出，金文对垂直亲属关系（即祖先与后代的关系）十分重视，而“与兄弟姐妹、姻亲关系和旁系亲属相关的词语极度匮乏”。查昌国（1980）提出了一个新颖的观点，即西周时期的君权模式是以朋友关系，而非“孝”为基础。作为一项重要依据，他指出，宗法制的核心是嫡系与旁系间的关系。但查氏的观点忽略了一个重要前提，那就是祖宗与后代之间的垂直关系（具体某一对父子关系仅仅是整个体系的一环）是嫡系与旁系兄弟之间关系需要严格遵守的大前提。具体到个例而言，西周时期父亲作为个体来说的权威相较后世可能相对较弱（查氏另撰文［1993］更为有力地阐述了这一点），且该时期父子之间情感的双向性相较于帝制时代更加重要。例如《尚书·康诰》就谴责不愿养育儿子的父亲和不亲近弟弟的兄长违背了“孝”和“友”的原则。然而祖先和后代之间的等级关系构成了西周伦理、宗教、政治秩序的基础这一点，应当是无可争议的。

永久成员，被认为对于巩固家族团结有重要作用。[28]

这两种崇拜的区别在两大传统中有清晰的体现。按照上述定义，严格来讲，只有中国有祖先崇拜，古希腊并没有发展出祖先崇拜。[29]后者没有与中国的父系宗族（即经济和礼法意义上的集体继嗣群）类似的组织结构（参见导论），而且祖先崇拜作为西周时期中国社会政治体制和伦理观念的基础，对于任何时期的希腊社会来说都是完全陌生的存在。祖先和祭祖活动是中国礼法和社会生活的核心组成部分，其重要性接近神祇和节日在希腊社交活动中的地位。与祭扫祖茔的习俗不同，古希腊英雄（即被神化并转化为公民集体共同祖先的凡人）崇拜的特点是定期并且相对稳定的游行、祭祀、比赛等活动。[30]学者曾提出，早期希腊贵族祭扫祖茔的习俗为古典时期对虚构祖先的英雄崇拜提供了范式，并且最终被后者取代。[31]这种确有可能发生的转变再次体现了公共领域在希腊仪式的中心地位，以及希腊人为争取公民集体

〔28〕Goody（1962：381）；Morris（1991）.

〔29〕Antonaccio（1995）；Humphreys（1983：13）；Morris（1991）. 19世纪，甫斯特尔·德·库朗日（1980）提出了著名的家庭祖先崇拜是希腊宗教基础的论断。但近来学术界（Humphreys 1980，1983：140-147；Morris 1991：156-157；C. B. Patterson 1998：13-17）已经有力地批判了这个观点，认为其缺乏文字记载和考古证据的支持，并指出这一观点的诞生受到了19世纪社会进化论的影响。依据社会进化论，“家庭宗教”代表历史发展进程中层次比较低的阶段。

〔30〕Antonaccio（1995：52）.

〔31〕Larson（1995：7）. 在本书第1章，我在讨论公民社会对为纪念先祖举行的葬礼竞赛进行的接管时，引用了Nagy（1990：143）的论断：“从历史角度讲，英雄崇拜是在城邦层面对祖先崇拜的改造。”

利益，不懈地冒用家庭在宗教和政治领域的权威（参见本书第1章）。希腊人的这种努力与其说造就了一个重大的历史性变化，不如说体现了家庭的地位在希腊宗教体系中被进一步削弱，有了更强的从属性。所有的证据都表明，长期以来神灵和公开祭神对于希腊人的重要性远超其他形式的宗教信仰，家庭和亲族的重要性远不能与两者在古代中国礼法体系中的突出地位相提并论。[32]比较《奥德赛》和《诗经》对城市建设的描写足以帮助我们了解古希腊和中国传统宗教信仰在空间方面的差异。下文描述的是先王瑙西托奥斯，即时任国王阿尔基诺奥斯的父亲，开拓费埃克斯的经历： 113

> 仪容如神明的瑙西托奥斯迁离那里，
> 来到斯克里埃，远离以劳作为生的人们，
> 给城市们筑起围垣，盖起座座房屋，
> 给神明建造庙宇，划分耕种的田地。
>
> （《奥德赛》第6卷第7—10行）

《大雅·绵》讲述了周文王的祖父，后来被尊称为大王的亶父，率领周人迁徙，在岐山脚下筑城的故事：

> 乃召司空，乃召司徒，俾立室家。其绳则直，缩

---

〔32〕前城邦时期，公共宗教活动由君主和贵族主持，对参与者不做限制。随着城邦的兴起，公共领域的宗教权威转移到了全体公民手中（参见本书第1章）。

版以载，作庙翼翼。

（《诗经注析》第 762 页）

先秦的文献记载和金文显示，一切国家层面的政治军事仪式与活动均在天子宗庙进行。策命、庆赏、颁历、巡
114 狩、用兵、议和，乃至其他国策的制定都需要向列祖列宗汇报并在宗庙内宣布。[33] 神庙圣所在希腊宗教体系中的重要性体现了以信仰共同神祇为标志的公民社会的团结理念。宗庙在周代中国礼法体系中的地位则以另一种形式的团结来表达——一种建立在等级化家庭秩序之上的团结。对祖先的虔敬是周代政治思想不可或缺的一部分，这在《大雅·思齐》有关周文王的描写中有充分体现。文王不仅是周代的奠基者，在中国文化史上也享有崇高的地位：

惠于宗公，神罔时怨，神罔时恫。刑于寡妻，至于兄弟，以御于家邦。[34]

（《诗经注析》第 773 页）

---

〔33〕Bilsky（1975：66-67）；Kern（2009b）；F. Li（2001-2002：42-47，65-66）；H. Wu（1998）；杨宽（1999：335）。关于国君宗庙对于周代城市重要性的图像学研究，参见 F. Li（2008：165，244）。

〔34〕下一章中，文王以“肃肃在庙”的形象出现，他的孝、谦慎、统治才能使其成为明君的典范，被看作伟大王朝的缔造者。文王之子周武王作为周朝实际的创立者，则是以军事方面的成就著名，在中国历史中的地位稍逊文王一筹。有关周代两位君主历史地位的差异，参见 Creel（1970：64-69）。

节日

虽然祖先崇拜在周人的宗教世界中占据重要地位，但并非他们宗教活动的全部。许多神灵都是周人的祭祀对象，有些与农业生产息息相关，如社（土地神）和稷（谷神），有些则是与山、水、云等自然现象相联系的自然神。虽然对这些神祇的祭祀可能以某种形式在家庭之内进行，但据研究，此类仪式大多属于公开性的集体活动。以《小雅·甫田》为例，作品描写了丰收庆典和祭奠农神的场景：

> 以我齐明〔35〕，与我牺羊，以社以方。我田既臧，农 115
> 夫之庆。琴瑟击鼓，以御田祖，以祈甘雨，以介我稷黍，以谷我士女。
>
> （《诗经注析》第670页）

此处的“社”和“田祖”分别指土地神和谷神，两者主管的都是农事，祭祀他们的场所遍布乡村。诗中的农人洋溢着丰收的喜悦，但在考察这一集体宴庆的性质时，有一个重要因素需要考量。诗人在其余几章中提示读者农人耕种的土地为“曾孙”所有。这一称谓说明参加欢庆者都来自同一个父系继嗣群，他们服务的“曾孙”即是宗族的宗子。作品以宗子的视角展开，接受农人们祈福的也是宗子。明了这一点，我们才能理解最后一章表达的喜悦之情

〔35〕“齐”“明”指的是盛放在祭器中的谷物。

的性质：

曾孙之稼，如茨如梁。曾孙之庾，如坻如京。乃求千斯仓，乃求万斯箱。黍稷稻粱，农夫之庆。报以介福，万寿无疆。

（《诗经注析》第 671 页）

《小雅·甫田》的下一篇《小雅·大田》描绘的是“曾孙”在农夫耕作的田野祭祀的场景。此处我们再次看到，农人丰收的喜悦跃然纸上，而“曾孙”是此情此景的主角，他对丰收的满意又给农人带去欣喜。[36] 上述两者之间的关系及
116 这种关系对于理解《诗经》反映的农事节庆的影响，在《豳风·七月》一诗中有清晰体现。该诗以时令为序，逐月呈现了一幅农耕活动的精彩画卷。作品采用“赋体”来记叙“工作与时日”，[37] 以及野外和室内日常劳作之艰。末章表现的是收获的季节，此时农人们终于可以暂时从农事中解放出来，稍事休息：

十月涤场。朋酒斯飨，曰杀羔羊。跻彼公堂，称

---

〔36〕《甫田》：“禾易长亩，终善且有。曾孙不怒，农夫克敏”（《诗经注析》第 670 页）。《大田》：“俶载南亩，播厥百谷。既庭且朔，曾孙是若”（《诗经注析》第 673 页）。两首作品中都提到“曾孙”的“妇子”参加祭祀。

〔37〕威利（Waley 1996：119）将《小雅·七月》称为关于“工作与时日”的诗篇。其用词显然受到了赫西俄德《工作与时日》一诗的影响。该诗描述的是古风时期希腊的农业生活。

彼兕觥，万寿无疆！

（《诗经注析》第 415 页）

除了通过祭祀神明和祖先来感谢丰收，[38]这样的庆祝活动还有一个作用，那就是明确领主和农夫之间的等级差异。这种等级关系的基础可能是亲属关系，也可能是拟亲属关系。近来李峰在研究西周政体的性质时指出，宗族是维系国家与散居乡里的子民关系的重要纽带，“通过宗族亲属结构来控制聚落是西周政府的一项基本职能”。[39]杜正胜在研究西周早期至春秋的情况时指出，春秋时代大大小小的田邑和农庄构成了农村地区基本的社会、经济面貌。真实和虚拟的亲属关系（前者指农夫之间以及农夫与采邑领主之间的关系，后者指农夫与通过军事征服获得农庄控制权的领主之间的关系）构成了田邑和农庄的社会基础。[40]

换言之，诗中构建的这种农人和采邑领主间的关系以相 117

〔38〕祭祖仪式是庆祝丰收的活动的一部分，参见《楚茨》和《载芟》。

〔39〕F. Li（2008，第 4，6，7 章）。李峰认为，“从这个意义上说，西周政权可以说是由数千个聚落组成的联盟。其政治权力的行使依赖于宗族的亲属结构。也就是所谓‘聚落式国家’和‘家族式’国家”（第 296 页）。

〔40〕杜正胜（1979，第 4 章，特别是第 110—121 页）。翦伯赞（1898—1968，1988：264-268）从马克思主义史学的角度出发，将这种等级差异比作农奴和奴隶主间的关系，但他同时也认同两个阶级之间可能存在亲属关系。基于对墓葬材料的考察，罗泰（Falkenhausen 2006：160）猜测西周社会最大的阶级差距存在于同族精英阶层和族内普通成员之间。“倘若如此，那么这一社会结构有着相当的同质性，统治者与被统治者互相视对方为亲属。”

同的垂直亲属体系为蓝图，这种体系也是周代政治理念的基础。垂直亲属体系的重要性间接说明了横向关系的次要性和从属地位，不论对于贵族还是对于村民来说都是如此。类似以庆祝丰收的活动和仪式为主题的作品中大多会出现这样的场面：农人犹如众星捧月一般聚集在领主周围，表达对他的爱戴。可想而知，这些活动确实是属于农人的节日：整年的忙碌之后，他们在节日时一起开怀畅饮，畅叙乡谊，这无疑是此类活动最重要的功能。但需要特别强调的是，这一功能存在于垂直亲属体系的框架之下，在该框架之外则缺乏独立的意识形态基础。

在第 1 章中，我们看到了希腊节日在确立公民身份和强化公民意识方面发挥的重要作用，尤其是公民对于城邦的义务和归属感。节日时的合唱和竞技活动推动了家庭之外竞争性同性社会关系的形成。现有材料表明，先秦时期庆祝丰收的节日不具备类似的功能。相反，节日的一项核心功能是维持以等级制父系亲属关系为基础的社会秩序。材料的缺乏限制了我们进一步了解节日对于培养社会横向关系的影响。

有学者提出，春秋以降，对于社稷之神的祭祀在性质和地位方面发生了重大演变。春秋时期，随着各诸侯国自主权的不断扩大，对于地方诸侯来说，祖先崇拜在政治层面的意义逐渐降低，地方神祇信仰的重要性则不断增加。通常认为，
118 这一转变象征各诸侯国在礼法层面的独立性和领土主张。[41]

〔41〕Bilsky（1975：14，126-127）；贝冢茂树（Kaizuka 1976：339-341）；M. E. Lewis（2006a：147）。

特别要指出，据研究，这一时期社祭的重要性不断增加，因为“这是一种整个城市都会参与的仪式，象征着作为一个单元存在的城市形成”。[42]

这一时期的社稷坛似乎大体分为两种。一种设立在各诸侯国的都城之内。此类社稷坛不仅用于举行政治仪式，偶尔也是议政的场所，这些活动由包括王公贵族和公卿在内的地方统治阶级主持。另一种社稷坛遍布乡里，民众在此开展祭祀活动，祈求来年风调雨顺。[43]这两种可能存在的不同形式的社稷坛，前者体现了区域内的政治关系。[44]相比之下，后者的性质更接近社稷祭祀的原始功能，是举行集体节日活动的场所。这些活动的形式和风貌可能与《甫田》和《大田》中的描述类似，气氛也更加活跃（参见第 3 章）。由于我们在这里探讨的是社稷坛政治地位的提

---

〔42〕M. E. Lewis（2006a：147）.

〔43〕这种揣测性的分类主要是根据李向平（1991：128-138，151-164，230-231）书中所搜集的材料。

〔44〕有关从农业神到地域性的社稷神的转变，参见池田末利（Ikeda 1981：108-121）。尽管《逸周书》中记载西周早期祭祀社稷仪式的章节可能系伪作，但其仍可以帮助我们了解上述第一种社祭表现的政治关系。按照《逸周书》的记载，从周天子处得到土地赏赐的诸侯在受封的同时，会得到从周王城大社取得的一份泥土。诸侯带着这份泥土到封国就藩，然后将其安放在各国自己的社稷坛中（《逸周书校补注译》第 256 页）。该仪式有着极大的象征意义，主要体现诸侯国对周王室的臣服。周天子在大社举行祭礼时向各诸侯分发祭肉，其目的也是通过这种方式来巩固王室和各诸侯国之间的关系（李向平 1991：131-132，136-137，188-189）。这一类在社稷坛进行的祭祀活动本质上体现的是统治精英内部的政治关系，强化了以祖先崇拜为宗教基础的权力架构（李向平 1991：128-138）。

升，以及该现象与“将城市作为具有自我意识的政治单位来构建”这一目的之间的联系，[45]我们将考察对象设定为第一种社稷坛。

学界目前尚不清楚普通民众在第一种社稷坛进行的祭祀中扮演何种角色。这些仪式在理论上是对全体民众开放，
119 还是通常仅限于家长？民众会定期参加全部或者几乎全部的祭祀活动，还是说只参加其中一部分？这方面的决定权是否在统治阶级手中？是否会受特定政治环境影响？[46]民众在实际参与中又扮演了什么角色？

囿于材料，我们无法解答上述问题，但有一点大抵是明确的，那就是没有证据能证明普通民众参加祭祀活动与公民身份两者之间存在联系。公民身份的关键意义在于参与一个政治共同体，而先秦民众似乎既没有权利或义务定期参政议政，与贵族在祭祀社稷的祭坛上结盟也并不意味着双方联手建立了某种共同体。[47]换言之，社祭地位在春秋以后发生演变可能只是对有领土野心的各路诸侯而言，而对其治下的民众来说并无意义。现有材料并未提及这些祭祀活动对于社会大众在家庭之外的同性社会关系起到了何种促进作用，更不要说推动重要政治纽带的形成。[48]社稷坛对

〔45〕Lewis（2006a：147）.

〔46〕现有的材料表现的主要是民众在非常时期以及受到统治阶级召见时的参政情况（Lewis 2006a：147-148；李向平 1991：134-135）。

〔47〕这一结论与陆威仪（Lewis 2006a：145，149-150）提出的论断相符。后者认为，春秋时期没有形成集体参政的观念。

〔48〕我将在第 3 章中对部分材料进行探讨。

于作为政治实体存在的地方政权看似有象征意义，迎合了诸侯国扩张领土的野心，但对一般民众的政治地位并未产生明显影响。

就我们所知，周代的丰收节和古希腊的节日大相径庭。二者最根本的一项区别在于，先秦时期的节日不是一种公民制度。参与节日活动既不能带来荣誉，也不是一种义务。而在希腊观念中，公共节日是属于公民的特权。参与节日的权利是区别公民和非公民的标志；行为不端的公民会被剥夺这种权利。中国的节日不像希腊节日那样起到区分个 120
人社会身份的作用。即便先秦节日对家庭之外的同性社会关系有一定的促进作用，但与希腊不同，这种关系未得到国家和社会层面的大力提倡。尚无证据表明先秦时代存在与希腊的合唱和竞技体育相似的制度，这种制度有助于培育兼具平等和竞争精神的伙伴关系。不仅如此，先秦时代无论是诗人、思想家还是政治家，都不曾像希腊人那样盛赞节日在培养超越和挑战以亲族为中心的关系类型与价值观念方面的作用。

此处可以比较一下先秦的丰收节和爱奥尼亚希腊人的阿帕图里亚节（Apatouria）。我们对后者的了解主要是通过古典时期雅典的记载。阿帕图里亚节是“兄弟会”（phratries）一项主要的宗教活动。“兄弟会”这一称呼说明其在远古时代可能是由多个有亲戚关系的家庭组成。但到了古典时期（从该时期开始才有少量关于这一棘手问题的材料留存），兄弟会已然演变为公民社会中家族的上一级行政单位，与继嗣、公民权和继承权等问题密切相关。[49] 阿帕图里亚节的主要活动包括宴饮、竞技以及儿童朗诵等。其间，少年和成年男性会获准加入兄弟会，而加入兄弟会是获得公民身份的基本前提。[50] 从阿帕图里亚节对“兄弟会之神宙斯”和“兄弟会之神雅典娜”的信仰可以看出，节日重点是“由整个雅典公民集体构成，而非个体层面的兄弟会”。[51] 从家族中的身份到兄弟会中的身份，再到公民权，这一套通过阿帕图里亚节构建的环环相扣的体系明确了亲属关系对构建城
121 邦社会体制的意义。城邦可以说是围绕“一种笼统的公民亲属关系”组织起来的“（虚拟的）兄弟之国”。[52] 在这一体系中，雅典城邦——由“兄弟”（兄弟会成员）组成的大集体——是整个体系的顶点或目标。未来的公民通过阿帕图里

〔49〕古风时期及之前的兄弟会历史依然是一个谜团。学界尚不明确兄弟会是否属于血缘组织。此外，兄弟会与其他各类组织，如部落（*phylai*）和村社（*demes*）的关系也存在争议。兰伯特（Lambert 1993）对兄弟会体制的各个方面进行了初步研究。

〔50〕Lambert（1993，第 4 章）；R. Parker（1996：105）。

〔51〕Lambert（1993：240）. 兰伯特（Lambert 1993：207）认为，雅典兄弟会形成的基础是“某个能够将雅典一个兄弟会的成员与另一个兄弟会的成员，乃至爱奥尼亚甚至整个希腊世界的兄弟会的成员团结在一起的社会，而不是某个由雅典范围内外，相互对立的地方群体组成的社会”。据此，兰伯特（Lambert 1993：207n12）指出，同时期的文学记载中没有提及任何一个具体兄弟会的名称。“成为兄弟会的一员大抵等同于成为雅典人。兄弟会身份几乎不存在排他性。”中国对于宗族或者氏族层面的身份归属的理解完全不同。

〔52〕罗霍（Loraux 2002：198，200，208）研究了“希腊人将血缘关系转化成只具有类别意义的关系类型的倾向”。她所举的例子是“通过伙伴的概念推动从兄弟到公民演变的语义链”。

亚节的庆典和比赛完成公民身份的认定，获得了日后在其他节日场合参加类似活动的资格。

先秦节日体现出的社会关系不以超越亲属关系和获得公民权为目的。中国有关农耕节日的描述常提到节日为人们提供了放松身心和娱乐的机会。在这一点上，中国与希腊的节日并无区别。但两者之间仍存在明显差异。[53]最重要的一点是，中国的节日不具备公民色彩，其目的既非宣扬某种超越、高于，甚至对立于亲属关系的思想观念，也非试图打造一个兼具竞争色彩和团结精神的社会。

公共娱乐理念

中国的节日虽是娱乐场合，但不像希腊节日那样有强烈的公民思想贯穿其间。尽管如此，周人的思想中，也有对于非家庭背景下公共娱乐活动的性质和形式方面的表述，其主要特点是家长制，以及对秩序和等级的遵从。

笔者认为，乡饮酒制度代表了国家在巩固社区纽带方面所做的努力，体现了周代官方对公共娱乐活动的指导精神，这一制度归根结底是以等级性亲属关系为基础的社交模式的延伸。依据郑玄（127—200）所述，乡一级地方行政组织的主管官员每三年会从治下邀请宾客出席在乡学举行的酒

---

〔53〕《礼记》(《杂记》第1567页）有一则难得的，据传为孔子所述的关于节日功用的早期记载。子贡不理解岁末蜡祭之时民众的兴奋。对此，孔子解释说，这反映了人们在长时间的劳作之后渴望休息的心情。即使文王、武王一类的圣王治世，也必定会满足他们的这项要求。

会（《仪礼》第 980 页）。《仪礼》中有一整章记述乡饮酒的
122 礼节，但对其中酒会流程细致的描述，我们须持审慎态度。这些记载大概率掺杂了后世对理想化的描述。然而关于乡饮酒礼有一点是明确的：一切程序的出发点都是通过等级和差异划分营造和谐的欢宴氛围。在选择“宾”“介”时遵循选贤举能的原则；当有公侯和卿大夫一类的政要出席时，仪式也会做相应的调整。[54]然而除了才德和职级之外，对多数参加者来说，乡饮酒礼致力于巩固的这种等级制度似乎以年齿作为主要参考因素。[55]

乡饮酒礼的主要目的并非培养平等的公民关系。在希腊，兄弟关系作为譬喻为平等公民社会提供了观念基础。但在先秦，兄弟关系并不与平等挂钩。相反，兄弟关系受到等级制度的约束。我们须将其放在以孝为核心的等级制度中来理解这一特点。正如重视兄弟之情是因其能够促进以孝为核心理念的家庭的团结，通过乡饮酒制度建立的公众联系被寄望于能够与等级性的社会政治秩序无缝对接。维系这种秩序的是统治者与被统治者之间类似家长制的关系。

123 据说乡饮酒的举办地点在乡学这一国人定期集会和交际的公共空间。某种程度上，乡学可算作周代“舆论”空间

---

〔54〕例如入门和登堂时为尊者所设席的层数不同（《仪礼》第 990 页）。

〔55〕按照《仪礼》（第 990 页），一般宾客按照长幼之序依次饮酒。关于年齿或资历对于乡饮酒礼的影响，参见小南一郎（Kominami 2001：65-99）以及杨宽（1999：742-769）。小南一郎认为，乡饮酒这种将长幼之序当作社会等级基础的做法可以追溯到新石器时代的社会风俗。杨宽持类似看法，认为乡饮酒的风俗源自氏族聚落元老会议的会食活动。

的最佳代表，[56]但无论是从功能还是象征意义的角度来看，乡学都无法与希腊的市政广场或议事厅相比。很明显，乡学被视为一种对政府具有辅助功能的制度，因此得到开明统治者的维护甚至鼓励。良臣子产不毁乡校的故事就是一个例子。虽然有国人批评他的施政，但子产拒绝了废除乡校的建议。类似提供“自由交流”平台的“公共空间”的存在并非理所应当，而是依赖于家长制统治者的接受度和容忍度。[57]

《大雅 · 灵台》充分体现了周人社交思想中家长制的一面。自孟子（约公元前 372—前 289）起，传统上认为该诗记叙的是周文王营建园林的故事：

> 经始灵台，经之营之。庶民攻之，不日成之。经始勿亟，庶民子来。
>
> 王在灵囿，麀鹿攸伏。麀鹿濯濯，白鸟翯翯。王在灵沼，于牣鱼跃。
>
> 虡业维枞，贲鼓维镛。于论鼓钟，于乐辟廱。
>
> 于论鼓钟，于乐辟廱。鼍鼓逢逢，矇瞍奏公。 124
>
> （《诗经注析》第 787—790 页）

---

〔56〕《左传 · 襄公三十一年》记载，公元前 6 世纪的郑国大臣子产得知有人借乡学集会之机批评其政策，但他拒绝了通过关闭学校来阻止批评言论的建议。子产认为，百姓的意见无论好坏都值得作为将来施政的参考，防民之口不仅是危险的，也是徒劳的。陆威仪（Lewis 2006a：146）指出，子产在通过培养民众支持而获取权力后，即加强了国家对民众的控制以维护自身的权威。

〔57〕故事的具体内容见上注。

从第一章可以看出，作品刻画的这种喜悦之情须在带有家长制色彩的政府体制下理解。虽然仁慈的国君并没有要求百姓帮忙，民众还是自发赶来参与灵台的建设，即所谓“庶民子来”。[58]在民众自发的踊跃帮助下，灵台很快就建成了，即所谓“不日成之”。[59]第二章描述了庆祝竣工的喜悦场景：在君王德政的感召下，各种生灵也赶来捧场。这一幕深刻体现了家长制理念对集体乐趣的影响：腾跃的麀鹿、耀眼的白鸟、起伏的鱼儿、与民同乐的仁慈君父——谁能抗拒这些景象所传递的巨大感染力？动物们带着喜悦之情目睹的公共节日活动可以说是家族娱乐活动理念的延续，读者也被作品蕴含的教化之力感召，这种力量本质上是亲属关系模式在公共娱乐领域的延伸。[60]

---

〔58〕先秦时代带有家长制色彩的政体观在《诗经》中多有体现，比方说：“岂弟君子，民之父母”（《大雅·泂酌》，《诗经注析》第830页）。此外，《尚书·康诰》：“若保赤子，惟民其康乂”（第204页）。《逸周书·芮良夫解》中大臣芮良夫的谏言有“天子惟民父母”（《逸周书校补注译》第394页）的说法。《左传》中晋悼公（公元前572—前558年在位）与著名乐师师旷的对话用比喻的手法强调了这种政治化的父子关系。一方面，国君应当爱民如子，“盖之如天”；另一方面，“民奉其君，爱之如父母，仰之如日月，敬之如神明，畏之如雷霆”（《左传·襄公十四年》）。

〔59〕朱熹按照字面意思来理解第四行的“不日成之”一句，意即灵台在一日之内完工，有如神助。朱熹认为以“灵”命名是为了凸显建造之神速（《诗集传》16.27a）。

〔60〕孟子在解释国君与民同乐的重要性时就引用了《诗经·灵台》中文王的例子（《孟子·梁惠王上》）。郑玄把“灵”理解成文王之德带来的神力（《毛诗正义》第524—525页）。小南一郎（Kominami 1995：69）认为，诗中的动物是君主祭祖仪式之后射礼的猎物，被用来供奉祖先。小南一郎的解读不影响我们理解该诗体现出的家长制思想的重要性。

战士和模范的游乐者 125

在本书涵盖的时间段内，周王朝经历了诸多战争：建国伊始开疆扩土，公元前 9 世纪中与北方游牧民族大规模交战，王朝内部各诸侯国之间的冲突也从未停止。周代贵族对武功的重视显而易见，并且十分注重培养勇敢且体格强健的战士。[61] 周代贵族似乎理应热衷于组建成员之间紧密团结但又互相竞争的精英军事集体，然而现有材料显示，西周和春秋时期的贵族极少歌颂战友关系，也不像希腊人一样热衷于享受一线作战激动人心的过程。本节将在军事庆典的背景下，考察西周和春秋时期贵族重视的理念，以及他们与希腊人在这方面的差异。这些庆祝活动的背景是公元前 10 世纪至公元前 8 世纪间，周人与北方游牧民族猃狁及东方淮夷蛮族之间旷日持久的战事。[62]

我们首先考察多友鼎的铭文。这篇铭文以超乎寻常的细节记录了周人和猃狁之间的一场战斗。铭文第一部分讲述一位名为多友的官员奉命率军抵御入侵的猃狁。第二部分记录了作战的具体情形，包括多友部署的行军路线，斩杀、俘获的敌军数目，以及缴获的战车数量，等等。铭文最后一部

---

〔61〕射和御是周代贵族教育重要的组成部分（杨宽 1999：670-676）。

〔62〕猃狁在公元前 771 年袭占了西周国都，迫使周王室东迁，宣告东周的开始。李峰（F. Li 2006）认为，与猃狁的战事耗尽了西周的国力，对于西周的衰落有着重要的影响。夏含夷（Shaughnessy 1991：180-181）通过分析一篇公元前 10 世纪中叶纪念西周战胜淮夷的铭文，推测此时的周王朝对四邻之敌已丧失了军事上的优势，连进行反击作战都有困难。

分提到多友首先将俘虏献给了上级，后者又将他们解送至周
126 王处，多友因战功得到嘉奖。为纪念这次胜利，多友特意铸造了这尊鼎，用以招待自己的朋友与同事（亦即铭文中所说的“用朋用友”）。[63]我们知道，春秋时期指挥作战的主要是世家贵族子弟。这些贵族子弟不仅为家族而战，也是在履行对周王室的职责。[64]多友鼎的铭文没有明确提及祭祖。这一事实说明纪念祖先并非铸造贵重青铜器的唯一原因，除此之外还告诉我们，尽管军队以宗族为基础，但军队成员完全能以战友的身份聚在一起庆祝胜利。[65]多友鼎的铭文佐证了庆祝活动能够促进同侪凝聚力，鼓舞团队士气，对于西周时期军队建设也具有重要性（这一点对其他时期的其他社会同样适用）。

为纪念祖先而铸造的器物远超献给战友的数量。这些为祖先铸造的器物被安置在宗庙里，在祭祀时作为祭器使用。记录周穆王（公元前956—前918年在位）和周懿王（公元前899/897—前873年在位）在位期间与淮夷作战的大量铭文充分说明了这一点。大部分铭文都提到铸造器物是为了敬献先祖。[66]有一组青铜器是某位名为“戜”的官员为纪

［63］《集成》2835。

［64］Falkenhausen（2006：412）；Hsu（1965：53-77）；M. E. Lewis（1990：35-37）；朱凤瀚（2004：396-401）。

［65］李峰（F. Li Forthcoming）近期将要发表的文章批判了学界将祭祖看作铸造青铜器的唯一重要目的的倾向。

［66］夏含夷（Shaughnessy 1991：178-179）列出了21篇有关周代与淮夷交战的铭文。

念击败淮夷所铸。𢦏将其中两件祭器献给母亲，另一件献给
父亲。[67]还有一件同样出自穆王时期的祭器则是一位名为
“兢”的将军所铸。兢因为与淮夷作战受到赏赐，所以制作
了这尊卣纪念他过世的父亲（《集成》5425）。另一个例子是
官员无其为纪念祖父铸造了一尊祭器，起因是周懿王为表彰
无其陪同出征淮夷对他进行了嘉奖（《集成》4225）。传世铭
文显示，数量最多的当属敬献给祖先的器物。这是器主表达 127
孝心的一种方式。原因包括器主受到嘉勉或赏赐，或是其他
喜庆之事。战功只是其中一种可能的情况。[68]

铭文显示，虽然西周的军事精英对生存和成功的追求与古希腊人相似，但双方在社会和道德观方面却有很大差异。西周时期，尽管将士获得的荣誉和赏赐主要应归功于自身的军事素养和战友之间的团结，但与希腊人不同，他们在记录战功时很少强调战友关系和同侪竞争的作用。与西周时期其他勋贵和他们在其他情形下的反应类似，在那一时期的军人眼中，无论是庆祝战功还是战场上的好运，“孝”都是首先考虑的因素。

上述纪念性铭文可以帮助我们理解《大雅·江汉》的主

---

〔67〕《集成》2824，4322，5419。我将在第3章讨论𢦏为纪念母亲所铸造两尊器物的铭文。夏含夷（Shaughnessy 1991：177-181）对其中一篇进行了翻译和解读。

〔68〕比方说有乐师为纪念在演出时受到国君称赞，铸造器物献给去世的父亲（《集成》5423）；官员为纪念在宴会上侍奉国君受到称赞，铸造器物献给先父（《集成》4207）；负责教授射艺的射官因为演示箭术受到嘉奖，铸造器物来纪念过世的母亲（《集成》4273）。

旨。作品记叙的是周宣王（公元前827/825—前782年在位）时其中召公平定淮夷的事件。第一章描写战前的准备工作和行军情况。之后两章迅速将目光转向对胜利的庆祝，以及描写在新征服的地区推行征税及其他事务。最后三章记叙国君和大臣在庆功宴上的对答。对话围绕召穆公召虎显赫的家世（召虎之祖，即初代召公召康公，是周武王同父异母的兄弟，对周代早期的军事及政治有重要影响）及这种家族背景对王室和家族之间的义务关系产生的影响展开。[69]宣王在诗中提到初代召公支持文王、武王受命于天，暗示召虎要像召康公那样辅佐自己，即所谓“召公是似”。宣王提醒召虎其祖先为王室所做的贡献，一方面强调了召公一脉对周天子的职责，另
128 一方面表达了自己信赖祖先与后人之间这层牢不可破的纽带。这种纽带通过随后的仪式得到升华。宣王赏赐召虎，吩咐他：

> 釐尔圭瓒，秬鬯一卣。告于文人，锡山土田。于周受命，自召祖命。
>
> （《诗经注析》第914页）

以“文人”指代先祖是周代常见的表述。周王赏赐的秬鬯用于祭祖。[70]虢季子白盘铭文记录了子白击败猃狁，王在宗庙设宴接见之事。虢季子白盘铭文（《集成》16.10173）

〔69〕有关召康公的事迹，参见Shaughnessy（1989）。

〔70〕有关“秬鬯”在祭祖仪式中的作用，参见《毛诗正义》第574页；朱熹，《诗集传》18.34a；马瑞辰（1782—1853），《毛诗传笺通释》27.1019-1020。

说明《江汉》所描写的仪式的背景可能类似在宗庙内举行的宴会。[71]如该假设成立，宣王敦促召公告知先祖受到天子恩赏的举动就为双方的政治关系增添了一分宗教色彩。在作品结尾，为报答宣王的恩典，召公表示将以铸器纪念召康公，原因与那些为纪念胜利所铸的青铜器的铭文相同：凯旋的将领为感谢君上的赏赐和褒奖，铸器敬献给先祖。[72]

虽然作品表现的整个受赏和还礼的过程有些迂回曲折， 129
但考虑到周代政体以父系氏族为基础，这样的安排完全合理。在该体制下，“孝”不仅关系到个人伦理和家庭伦理，也是一种政治任务。君主权威的基础是贵族内部的父系家族关系网。因此君主不仅有充分的动机，也有义务积极强化贵族成员的祖先崇拜，来确保贵族对君主的忠诚。举办众多的祭祀宴会，为凯旋的将领庆功接风，也可以达到同样的目的。理论上，与会贵族不仅应按照领袖的旨意行事，还应仿效这种做法来建立自己的关系网。

---

〔71〕塞纳（Sena 2005：169-171）翻译了这篇铭文并分析了作为虢氏家族重要支系的虢季一支在西周晚期的活动情况。

〔72〕许多论者都注意到了《大雅・江汉》中召公的表述与其他铭文中受礼者为感念主君恩德，铸造祭器的誓言之间的相似性（如朱熹《诗集传》18.34b；马瑞辰《毛诗传笺通释》27.1021；方玉润《诗经原始》15.563；程俊英、蒋见元《诗经注析》，第910页）。方玉润认为，《江汉》系刻在召公宗庙内祭器上的纪念性文本。方氏提出（《诗经原始》15.563），由于作品意在将所有的功劳都归因于先祖的仁德，前半部分对战争的描写“无非为后半作势”（程俊英、蒋见元《诗经注析》，第910、915页）。杜百胜（Dobson 1969：46-47）将《江汉》与其他几篇一道看成所谓的“颂德体”，是“贵族尊奉王命刻在青铜祭器上的纪念性铭文的韵文形式”。杜百胜认为，这些诗歌与纪念性铭文的作者属于同一批人。

《小雅·六月》描写的庆功场面生动地体现了家庭美德在先秦军事庆典中的重要性。作者在结尾突然从战争场面的描写转向庆功宴的记录。为表现这种转变的突然性，现将全诗转录如下。按诗中所说，由尹吉甫统帅的周军此次远征是为了抵御入侵的猃狁军队：

六月栖栖，戎车既饬。四牡骙骙，载是常服。猃狁孔炽，我是用急。王于出征，以匡王国。

比物四骊，闲之维则。维此六月，既成我服。我服既成，于三十里。王于出征，以佐天子。

四牡修广，其大有颙。薄伐猃狁，以奏肤公。有
130 严有翼，共武之服。共武之服，以定王国。

猃狁匪茹，整居焦获。侵镐及方，至于泾阳。织文鸟章，白旆央央。元戎十乘，以先启行。

戎车既安，如轾如轩。四牡既佶，既佶且闲。薄伐猃狁，至于大原。文武吉甫，万邦为宪。

吉甫燕喜，既多受祉。来归自镐，我行永久。饮御诸友，炰鳖脍鲤。侯谁在矣，张仲孝友。

（《诗经注析》第 498—505 页）

这里的战争场面不禁让人想起《大雅·江汉》。作者不厌其烦地叙述战前周密的后勤部署、华丽的旌旗、严整的战车、雄壮的战马，而战况和战果却仅用寥寥数语一笔带过：“薄伐猃狁，以奏肤公。有严有翼，共武之服”，“薄伐猃狁，至于大原”。战报里仅提及大臣尹吉甫对胜利的贡献，而对英勇作战的士兵只字未提。作者告诉我们“文武吉甫，万邦为宪”，却从未向我们展示这位文武兼备的统帅亲自操戈的形象。实际上，在尹吉甫作为歌颂对象而被彰显的那一刻，他就已被置身于战争场景之外了。对习惯阅读荷马的读者来
说，比起前五章战争场面的描写，最后一章对庆功宴会的描 131
述多半会让他们感到意外。[73]

尹吉甫布置宴请时表现出对于返乡的如释重负和喜悦之情。如果说这完全在情理之中，那么诗中最后一句言及的贵客则颇出人意表。诗人在这里无论是提及尹吉甫在朝中的显赫同僚，还是某位心系战况的挚友，抑或与尹吉甫一道出征、立下赫赫战功的战友都不会令人意外。虽然贵客张仲的身份多半符合上述某种可能，但他并未以其中任何一种身份出现。张仲既有可能是战场上优秀的指挥官，[74]也有可能是尹吉甫志趣相投的同僚或是生活中的密友，但在众人眼中，

---

〔73〕王靖献（C. H. Wang 1975）对西方史诗和中国文学传统中对英雄主义不同的表现方式进行了研究。顾立雅（Creel 1970，第 10 章）在评价西周时期所谓“文”的取向时，常引入古罗马进行比较。

〔74〕程俊英和蒋见元《诗经注析》（第 471 页）提出，张仲可能就是《小雅·出车》和《大雅·常武》两篇中提到的南仲。南仲是活跃于公元前 9 世纪的西周将领，曾率军击败猃狁。

他最值得称道的品质是孝悌，这也是其得以成为尹吉甫庆功宴上的贵宾的原因。

实际上，《小雅·六月》洋溢着欢乐气息的结尾和关于战争场面的描写放在一起毫不违和，甚至相得益彰。这次庆功宴也许就是《六月》的表演现场，而尹吉甫把宴席上最高的赞美留给了以孝悌著称的张仲。[75]尹吉甫借此重申在战争状态下不免受损的家庭理念，表明了自己为何当得起“万邦为宪”的评价：他不仅是边疆，更是周王朝社会体制和政治体制坚定的守护者。[76]《小雅·六月》的宴乐结尾与《奥德赛》最后数卷形成有趣的对比：后者着重描写返乡的战争英
132 雄奥德修斯在其宴会大厅中的英勇表现。

如果说以上分析体现了家庭理念的重要性（虽然作品表现的庆祝活动目的是歌颂战功、同袍之情、朋友之谊），那么《国风·无衣》则表达了另一种情感：

> 岂曰无衣？与子同袍。王于兴师，修我戈矛，与子同仇！
>
> 岂曰无衣？与子同泽。王于兴师，修我矛戟，与子偕作。
>
> 岂曰无衣？与子同裳。王于兴师，修我甲兵，与

---

〔75〕柯马丁（Kern 2000）以《楚茨》（即本章开篇引用的关于周代祭祖仪式的作品）为例，探讨了诗歌表演背景与创作背景重合的可能性。

〔76〕据孔疏，正是尹吉甫在这两方面的才能使他成为一位贤臣（《毛诗正义》第425页）。

子偕行。

（《诗经注析》第356—358页）

出自《秦风》的《无衣》是中国文学传统中罕见的以歌颂战争热情和战友之情为主题的作品。《诗经》中常见反映士兵厌战情绪和思乡之情的作品。[77]《无衣》的这种特质可能与秦人的尚武名声有关。秦国地处边陲，自公元前9世纪建国起便长期与各游牧部落作战。虽然秦国在公元前8世纪得到了周王室的认可，正式被封为诸侯，但其仍然长期远离中原政治舞台。[78]在此种地缘政治背景下出现歌颂战争的作品并不令人意外。演唱者可能是奔赴前线途中的士兵；发生的场景既可能是军营中某场欢乐的集会，也可能是其他军事行动期间。《无衣》 133
这类作品的存在说明《六月》和《江汉》所体现的对待战争庆典的态度并不能完整地呈现时代风貌。如果说铭文和文献中的伤亡数字让我们认识到，周代战争与其他时代其他地方的战争一样真实而又残酷，那么《无衣》则表现了周代武将，尤其是驻守边疆的军士对事业及战友怀有的激情和骄傲。

为什么《诗经》中《无衣》这类作品寥寥无几？是否

---

〔77〕如《邶风·击鼓》、《豳风·东山》、《小雅·采薇》、《小雅·出车》、《小雅·祈父》等等。顾立雅（Creel 1970：255-256）简单探讨了《诗经》在涉及战争时的沉重态度，以及缺少战争正面描写的情况。

〔78〕包括班固（32—92，《汉书》，第1644、2998—2999页），朱熹（《诗集传》6.22b-24a），崔述（1740—1816）（《读风偶识》第75页）在内的众多学者都注意到了《无衣》这种精神特质，并将其与秦人好战强悍的风俗联系在一起。

可以将这种现象与秦人的两种特质联系在一起？它们是：一，尚武精神；二，祖先崇拜和以父系宗族为基础的政治体制相对滞后的发展。[79]《无衣》一类的作品是否为秦地特有的产物，在其他大多数地域并不流行？倘若周王朝的确掌控了《诗》的编纂权，是否说明《无衣》所代表的来自秦地或其他地区的作品不受编纂者的重视？[80]

我们掌握的材料远不足以解答上述疑问。但笔者认为，不应过分强调秦国相对中原地区其他诸侯国的特殊性。首先，春秋时期，记录狩猎等贵族活动的秦石鼓文在语言和思想上与《诗经》中的作品存在诸多相似之处。石鼓文的记载说明，在条件允许的情况下，军事化国家的武将精英也会仿效中原地区的生活方式，对此深以为荣以至于刻石纪念。[81]
134 即便周王朝的采诗人确实对尚武主题持排斥态度，但此主题

〔79〕参见钱杭（1991：165-203）有关秦地祖先崇拜的论述。

〔80〕关于这一点，有一个有趣的思路值得参考，即内战对于激发战争热情和英雄主义起到的是负面作用。莫林（Murrin 1994：241）用这一理论来解释16—17世纪英国史诗文学和战争文学的衰落。这个观点也可以被用来解释早期中国文学缺少庆祝战争、歌颂战争英雄作品的现象，因为公元前750年至公元前250年间的战事主要是各诸侯国之间的内战。然而在公元前8世纪初周王室衰败以前，大部分战争都是针对周围的游牧和土著民族（Creel 1970，第9章）。外部强敌带来的长期威胁并没有使《诗经》出现美化战士或者武力的作品。周王室可能对《诗经》的形式和内容产生了较大影响。与其将周代军事活动相对希腊地位较低的现象归结于内战等个别原因，在理解这种现象时，我们更应考虑到周代社会政治体制的整体性。

〔81〕秦石鼓文由十首刻于石鼓之上的诗歌组成。有关刻石年代，比较可靠的说法是约公元前6世纪至公元前5世纪之间（Mattos 1988，第4章）。马几道（Gilbert Mattos 1988：330）在其对石鼓文的全面研究中指出："贯穿这组记叙游猎的诗歌的一个主题是一切事物的和谐：从车驾、河流再到步卒的行军。"

在这部对先秦的精英教育和社会生活影响巨大的诗集中明显缺席，编纂者似乎不应对此负全部责任。秦石鼓文显示，秦地的军事精英也未能免受流行于其他“文明”程度更高的诸侯国的社交理想的影响。

其次，引入比较研究视角有助于我们分析《无衣》的独特性，以及这种独特性对我们总结周代精英阶层的社交理念所具有的意义。《无衣》对袍泽之谊的热情讴歌在早期中国传统中可谓独一无二，而对伙伴之情（即在战场上和日常生活中形成的，兼具友情和竞争的关系）的歌颂则是希腊社交理念的核心。此外，《无衣》体现的袍泽之谊与希腊文学作品中表现的伙伴之情相去甚远。接下来，让我们再次回顾荷马笔下著名的阿基琉斯与帕特洛克罗斯的友谊。

《伊利亚特》第 18—24 卷描写了阿基琉斯在帕特洛克罗斯死后的表现，此处略过不表。失去好友的锥心之痛折磨着阿基琉斯，复仇的怒火填满了他的胸膛，即使他明白这样做的代价会是自己的死亡以及令父母丧失独子。勇士阿基琉斯承受着失去挚友的痛苦——“即使父亲的死也无法令我更加伤心”——这一言论固然足以引人注目，[82]然而另有一段情节堪称两人之间深厚情谊的最佳见证。第 23 卷中，阿基琉斯击杀了赫克托耳，成功为帕特洛克罗斯复仇，并打算在

〔82〕这一段我已在第 1 章中引用过：“我的心不思吃喝，尽管这里有食物 / 只因为悼念你。对我不会有更沉痛的不幸 / 即使是得知我的父亲亡故的消息 / 也许他现在正在佛提亚伤心地落泪。”（《伊利亚特》卷 19 第 319—324 行）

第二天为其举行葬礼。葬礼前夜，帕特洛克罗斯现身战友阿基琉斯的梦境，向他提出最后一个请求：

> 请不要让我俩的骨头分离，让我们合葬，
> 就像我俩在你们家从小一起长大
> ……
> 135 因此让我俩的骨灰将来能一起装进
> 你的母亲给你的那只黄金双耳罐！
>
> （《伊利亚特》第 23 卷第 83—84，91—92 行）

战友之情与家庭关系的对比在此处清晰体现。双耳罐不仅是忒提斯（Thetis）的礼物，也是母爱的象征。因此，帕特洛克罗斯将两人骨灰放在一处的请求使紧密的家庭纽带成为牢固战友之情的陪衬。阿基琉斯毫不犹豫地答应了帕特洛克罗斯的请求：

> 为什么向我一件件详细吩咐这些事情？
> 你说的我都同意，我会全部遵行。
> 现在请你走近我
> 让我们拥抱一番，
> 也好从痛苦的哭泣中得到短暂的慰藉。
>
> （《伊利亚特》第 23 卷第 95—98 行）

阿基琉斯这位荷马笔下最杰出的英雄其心愿是如此热

忧深切。阿基琉斯随后命人将帕特洛克罗斯的骨灰保存在黄金双耳罐中，直到自己死去。[83]阿基琉斯追随他深爱的伙伴的脚步一同去了冥府；两人并肩作战，共同商议，分享财富、激情乃至生命在内的一切，最后在死亡中实现不朽。

我们在先秦时代的任何材料中都无法找到类似的描写。
荷马笔下的友情超越家庭关系，占据了战士情感世界的中心
位置。与此相比，《无衣》表现的袍泽之谊充其量说明中国
的兵士认可战友关系在战争中的重要性。在比较视域下值
得注意，中国传统中只有极少数作品以战友之情为主题，而
且完全没有荷马史诗中将战友之情置于家庭关系之上来歌颂
的情况。阿基琉斯和帕特洛克罗斯的骨灰被合放在黄金双耳
罐中，说明在希腊文化中，战友之情是一种神圣而牢不可破
的关系，比家庭关系还要紧密。各种各样周代将士献给祖先
用来纪念胜利的青铜器雄辩地说明了中国武人眼中的最高价
值。古希腊人对以荷马笔下两位英雄为代表的家庭之外同性
社会关系的认可和敬意体现在各种竞技节日中，这类节日被
认为源自阿基琉斯为帕特洛克罗斯举行的葬礼竞赛。先秦时 136
代的官吏和武将在宗庙祭祀时向祖先汇报功绩，他们尊崇的
是以家庭为中心的孝的理念，这种理念构成了周代政治思想
的基础。

[83]《伊利亚特》第 23 卷第 243—244 行。《伊利亚特》第 24 卷，第 76—77 行提到，阿基琉斯死后，他的骨灰与帕特洛克罗斯的骨灰被一同安放在忒提斯的金罐之中。

亲属关系与伙伴关系

目前为止，我们考察了两种情境下的先秦庆祝活动：宗教宴会（包含家庭和公共性质的宴会）和带有竞技或军事背景的节日。亲属关系在中国这两种语境下所占的主导地位，与公民身份和伙伴之情在希腊文化中的重要性形成鲜明反差。我们需要考察这种反差在更广阔的背景下是否依然成立。因此本节将探究庆祝活动如何帮助先秦时代的人们思考亲属关系和伙伴关系的相对价值，以及家庭如何成为周代中国文化生产的中心，最后分析中国早期诗歌传统对非亲属关系的歌颂。

“友生”：一则宴会邀请

《小雅·伐木》很好地体现了周人如何理解庆祝活动在巩固人际关系方面的作用。开篇写道：

> 伐木丁丁，鸟鸣嘤嘤。出自幽谷，迁于乔木。嘤其鸣矣，求其友声。相彼鸟矣，犹求友声；矧伊人矣，不求友生？神之听之，终和且平。

鸟儿在林中呼朋唤友引发了主人公的思考：人类同样需要寻觅伙伴，并在交友方式上体现自己高于禽鸟的价值。谐音的运用增强了这层联系：鸟儿借“友声”求友和人类对“友
137 生”的追求相映成趣。虽然作者以自然意象作比，表现了社交活动决定人类社会性的思想，但“友生”一词的确切含义，需

要在对“友”和“朋友”这两个概念讨论的基础上进一步考察。威利（Waley）将“友生”译作“朋友和亲属”（friends and kin），可能是因为他将“生”释作同音的“甥”字。还有相当数量的译者和注者认为“友生”的意思是“朋友，伙伴”，将“生”理解为语助词。〔84〕笔者认为“友生”可作两解，两者的合理性都取决于“友”和“朋友”这两个词在语义上的包容性。一是将“友”和“生”（甥）分别理解为父系亲属和姻亲的泛称；〔85〕二是将“友生”理解为包括亲属和非亲属朋友在内的“亲密对象”。这两种解读方式都与《伐木》剩余部分的文意相符。主人公这样解释大自然带给他的灵感：

> 伐木许许，酾酒有藇。既有肥羜，以速诸父。宁
> 适不来，微我弗顾。于粲洒扫，陈馈八簋。〔86〕既有肥
> 牡，以速诸舅。宁适不来，微我有咎。 138

---

〔84〕把“友生”释为“朋友、伴侣”的有郑玄（《毛诗正义》第410—411页），朱熹（《诗集传》9.11b），方玉润（《诗经原始》9.335），Karlgren（1950：109），高亨（2004：270），余冠英（1956：177），程俊英、蒋见元（1991：451），等等。马瑞辰（《毛诗传笺通释》17.505）最早提出“生”为表感叹的语助词，之后的多位现代注者都采纳了这种观点，如程俊英、蒋见元（1991：451），唐莫尧（2004：335，358），王守民（1989：386，451），杨任之（2001：310）。

〔85〕按照这种思路，我认为，“兄弟甥舅”和“兄弟昏姻”在这里可以互通，含义相同。我将在下文中讨论这两个词在《诗经》中的使用。

〔86〕参考周代礼制，“八簋”暗示了宴会主人可能是君主（周王或者诸侯国的统治者），至少也是某位卿大夫一级的高官（《毛诗正义》第411页，姚际恒《诗经通论》9.260；姬秀珠 2005：211-216）。

伐木于阪，酾酒有衍。笾豆有践，兄弟无远。民之失德，乾糇以愆。有酒湑我，无酒酤我。坎坎鼓我，蹲蹲舞我。迨我暇矣，饮此湑矣。

（《诗经注析》第 453—457 页）

受林中嬉戏的鸟儿启发，主人公不禁陷入了思考：受邀前来的嘉宾都是自己的亲属（兄弟、叔伯、母舅）。无论我们怎样理解“友生”的含义——作为父系亲属和姻亲的统称，还是对关系亲近者的泛称，《伐木》想要传达的是：建立亲密人际关系的首要基础是亲属关系网。[87]此外，如果亲属关系是主要人际关系中最重要的一种，各种亲属关系当中最重要的就是“以速诸父”一句中提到的父系男性亲属，主人公所抒发的伦理思考体现了兄弟关系特别的重要性（“兄
139 弟无远。民之失德，乾糇以愆”）。尽管如此，姻亲作为亲属关系网中不可或缺的一部分，经常出现在以增进和睦友爱为目的的社交活动中。[88]

---

〔87〕诗中单单提到亲属而没有提到朋友，这一点困扰了历代的注者。朱熹认为，“诸父”、“诸舅”、“兄弟”分别指“朋友之同姓而尊者”、“朋友之异姓而尊者”、“朋友之同侪者”（《诗集传》9.12a-13a）。王先谦（1842—1918）认为，《伐木》的作者是周公，诗中所涉及的对象是其父文王和文王的友人，后者即周公称之为“诸父”或“诸舅”者（《诗三家义集疏》14.16）。方玉润提出，“友道”包含在亲属关系当中，亲人同样可以是朋友（《诗经原始》9.336）。

〔88〕“友”、“朋友”、“友生”等词在语义上的包容性与希腊语中“*philoi*”一词的广度有可比性。后者包括亲属和非亲属关系的朋友与同事［Konstan 1997：28-31，53-56 对“*philoi*”一词在语义上的包（转下页）

《伐木》表明，集体在追求快乐的同时也是在履行社会责任，宴会提供了与人际关系有关的伦理观念传播的平台。值得一提的是，诗人所描述的宴会最初似乎只是兴之所至的产物，但当读者看到主人公把宴会安排得井井有条时，这一印象似乎很快地消散了。主人公解释了热情而诚恳地邀请叔伯母舅等长辈的原因：来与不来取决于客人，主人一方已发出了邀请，但愿可免遭不周到的指责。同理，在邀请兄弟赴宴时，主人公认为招待不周经常导致关系疏远。主人公作为宴会组织者，对于宴会的社会功能以及在亲属责任和公众形象方面的重要性有清晰认识。

对于宴会主人来说，无论他有何种考量，任何对他诚意的质疑几乎都是不可接受的。他所做的一切充分证明了他的诚意：从筛酒、宰杀牛羊、洒扫到烹煮食物，亲自照料大小一应事务。读者可以感受到他在备办酒宴时的喜悦之情。卒章着重刻画主人的好客之情："有酒湑我，无酒酤我。坎坎鼓我，蹲蹲舞我。迨我暇矣，饮此湑矣。"换言之，诗人借自然意象起兴，以其乐融融的聚会场面作结，前后呼应，中间部分则恰如其分地点明以亲属关系为中心的伦理义务的

（接上页）容性提出了异议，读者可参看]。这种相似性说明亲属关系和友谊在先秦和古希腊的社会关系中均占有重要地位。我试图探究亲属和友谊之间的相互关系在两个文化中的异同，以及各子类间的相互作用。"友"、"朋友"、"友生"的含义仍有待全方位的语言学分析。贾士曼（Gassmann 2000）分析了"人"和"民"作为社会群体的重要代称在东周文献中的使用情况。他指出："上古时代对于'人'的认同似乎仅限于各家族内部的成员。"（第 358 页）

140 重要性。作品一方面表现了宴聚的欢乐，另一方面宣扬了人伦原则。两种特征的结合正是中国和希腊燕飨文学的共同特点，尽管两大传统在这方面的差异仍然是巨大的。[89]先秦时代的宴会大多以亲属关系为重点，而古希腊人在类似场合下的情感抒发和道德教诲对象一般是伙伴、公民同胞、挚爱少年这些截然不同的群体。

除了从自然规律和社会责任的角度论证社交活动的必要性，《伐木》还从宗教角度进行了阐述。作品对主人备办宴席的描写体现了这一点。第二章五、六两句，作者一方面引入大自然与人类作比，一方面从宗教认可的角度强调了和谐人际关系的重要性："神之听之，终和且平。"在祖先之灵的庇佑下，在场宾客歌颂家族的团结与繁荣，殷切地告诫骨肉离心的后果："兄弟无远。民之失德，乾糇以愆。"宗教层面的认可也是古希腊节日不可分割的一部分，二者不同之处在于希腊语境中的神灵大多是公民集体的守护神或家庭之外同性社会关系的见证者。先秦时代的宴饮中最受爱戴的守护神角色是祖先的"神灵"，是他们在聆听和回应后嗣的声音。

亲属关系的首要地位

先秦时期的人们常常借宴会一类的场合阐述人际关系理念。《诗经》中的一些作品明确提出亲属关系的地位高于

---

〔89〕戴梅可（Nylan 2001：104-119）对《诗经》的研究十分重视欢乐作为一种诗歌主题的重要性和社会功能。

其他所有关系。我们先来看看《小雅·常棣》。该诗以兄弟聚会为背景，比较兄弟和朋友关系（朋，友生）：

常棣之华，鄂不韡韡。凡今之人，莫如兄弟。

第二章进一步发挥诗意，通过刻画逆境时不离不弃、 141
守望相助的兄弟表现手足之情的可贵：

死丧之威，兄弟孔怀。原隰裒矣，兄弟求矣。

但作品并不局限于单纯称赞兄弟之情。由于人们常常意识不到兄弟关系的重要性，作者在《小雅·角弓》中强调了亲属关系的重要性，表达对上位者疏远亲人，以致上行下效的担忧：世上既有“绰绰有裕”的“此令兄弟”，也有“交相为瘉”的“不令兄弟”。[90]忽视亲族团结的后果即是“不令兄弟”。《常棣》的主旨正是平衡亲情与友情。作者通过对比两种关系抒发规劝之意：

脊令在原，[91]兄弟急难。每有良朋，况也永叹。

---

〔90〕前一章中，《角弓》的作者告诫贵族阶级的听众为普通民众做好榜样：“骍骍角弓，翩其反矣。兄弟昏姻，无胥远矣。尔之远矣，民胥然矣。尔之教矣，民胥傚矣。”（《诗经注析》第710—711页）

〔91〕暗示危急情况的发生。

兄弟阋于墙，外御其务。每有良朋，烝也无戎。

作品体现了友情与亲情之间潜在的竞争关系。令诗人不安的是，由于兄弟间各种难以避免的矛盾，人们往往忽视化解家庭内部矛盾的重要性，将外部关系置于手足之情之
142 上，而没有意识到维持良好的朋友关系比兄弟关系更容易，因为朋友在我们日常生活中的参与度远不如手足，紧要关头更是如此。对于这种错误认知造成的悲剧，作者感叹道：

丧乱既平，既安且宁。虽有兄弟，不如友生。[92]

诗人在这里批判人们通常难以正确认识内（兄弟）外（朋友）之别以及兄弟关系的不可分割性（尽管兄弟之间的矛盾不可避免，但兄弟关系的价值不容置疑），并将朋友关系放在适当的、相对次要的位置（朋友之间表面可能十分和睦，但不如兄弟关系可靠）。虽然在危急时刻伸出援手的是兄弟，一旦时过境迁，人们常常很难放下兄弟间的矛盾，而更愿意与朋友交往，因为与朋友交往既不容易产生分歧，也更加愉快。《常棣》作者的哀叹以娱乐活动为背景，因为这类场合最能反映日常生活中的亲疏关系。作品最后三章描绘了一场其乐融融的家庭聚会：

---

〔92〕与"兄弟"并列时，这里"友生"应当指的是无亲属关系的友人。王利华（2004：49）则认为不排除这里的比较对象是兄弟和堂兄弟。

傧尔笾豆，饮酒之饫。兄弟既具，和乐且孺。

妻子好合，如鼓瑟琴。兄弟既翕，和乐且湛。

宜尔室家，乐尔妻帑。是究是图，亶其然乎？

从这一章的描述及上文规劝的语气来看，本诗的表演背景可能是一场宴会，席间兄弟和各自的家人摒弃前嫌，欢 143
聚一堂。这种解读固然有相当的合理性，但我们不能排除其他可能性。[93]对《常棣》的演绎和再演绎可能发生在任何形式的亲属聚会期间。正如手足之间的矛盾不可避免，人们在建立关系和理解不同关系的重要性上常常存在误区。《常棣》所提的建议因此十分具有现实指导意义。诗人在卒章中以一位严肃的思想家和睿智导师的面目出现。作者传达的核心思想主旨十分明确：手足之情绝非外人可比，外人固然可以成为好友，但小家的幸福取决于大家庭（即卒章提及的“室家”）的和谐。[94]

《常棣》可算是早期中国文学中表现手足之情及兄弟一致对外重要性的最为精妙之作。“常棣”一词在后世成为兄

---

〔93〕我在本章的开头考察了《常棣》的创作背景在早期材料中的反映以及后世对作品的重新演绎。

〔94〕点出小家与室家之间相互依存关系的有郑玄、孔颖达、朱熹（《毛诗正义》第 409 页，《诗集传》9.10a-b）等学者。关于《诗经》和《左传》中“室”和“家”（贵族经济、政治、礼法意义上的大家庭）的含义，参见 M. E. Lewis（2006a：80-82）、朱凤瀚（2004：459-467）。

弟和睦理想的代名词。值得注意的是，作品通过家庭聚会来表现这一理想：第六、七两章几乎穷尽所有表现“和谐之乐”的词语——“和乐且孺”“和乐且湛”。

《小雅·頍弁》表达了类似的主旨。诗人开篇便直截了当表达了自己的立场，并点明作品的背景是一场宴会：

> 有頍者弁，实维伊何？尔酒既旨，尔殽既嘉。岂伊异人？兄弟匪他。茑与女萝，施于松柏。
>
> （《诗经注析》第686页）

144 之后的两章开头运用了相同的反问句式，仅在用词上做了细微改动。诗人先是提到，“岂伊异人，兄弟具来”，然后将范围扩大到兄弟之外的其他亲属：“岂伊异人，兄弟甥舅。”诗人同《伐木》观察鸟儿的作者一样，借自然意象起兴来增强作品的感染力。诗中松柏等意象代表的是主人，而茑与女萝等攀援、依附于松柏的植物则代表与会的亲属与宾客。如果我们将使用依附性比喻来描写主宾关系看作对主人的恭维（无论主人在地位或财富上是否高于客人），诗人显然是想凸显亲属之间相互依存的关系，以及维护这种排他关系的必要性。[95]虽然亲属范畴常可视情况相应扩大或缩小，但所谓的“异人”无疑不在此范围内。作品虽然没有直接提

〔95〕松柏被茑与女萝缠绕的意象在第一、二章中重复出现。关于其象征意义，参见《毛诗正义》第481页、朱熹《诗集传》14.4a。

到朋友，但朋友显然应属外人。按照本诗的主旨，不管朋友是外人里多么特殊的一类，其地位都不能超越亲属关系。这一点与《伐木》的主旨类似。

此前对《伐木》一诗的分析提到其融刻意教化和自然抒情为一体的特点，《常棣》和《頍弁》也体现了这种特色。《棠棣》融合了对兄弟关系的复杂思索与阖家欢乐场面的动人描写，堪称传统中国诗歌表现亲情和友情关系的典范之作。《頍弁》一诗虽然以直白的宣言代替说理，但其对赴宴亲属情感世界的探索却比《常棣》更加深入：

> 如彼雨雪，先集维霰。死丧无日，无几相见。乐酒今夕，君子维宴。
>
> （《诗经注析》第688页）

《毛传》传统认为《頍弁》是西周声名狼藉的亡国之君 145
幽王（公元前781—前771年在位）时期的作品，将最后一章解读为幽王族人所发的感叹：对时局感到沮丧的他们将宴饮当作一种消遣方式，沉湎其中聊作慰藉。朱熹则摒弃了将本诗系于特定历史背景的说法，而将最后一章理解为诗人对人生之虚妄和亲情之重要的普遍感悟。[96]朱熹所说相较《毛传》更具说服力。这首先是因为，朱熹的解读不仅强化了前两章所表达的主旨，还突出了其中的哲学意

---

〔96〕《毛诗正义》第481页；朱熹《诗集传》14.4b-5a。

涵，而《毛传》的解读则让这首诗显得有些虎头蛇尾。其次，当周人在宴会场景下反复演绎《頍弁》时，他们从中获得的本就更有可能是具有普遍性的感悟，而非某个具体历史事件的反映。

将《頍弁》在开头和结尾运用的两组自然意象并置而观，会令人唏嘘感慨。头两章中缠绕松柏的茑与女萝象征亲人的团结，而最后一章中飘落的冰霰和暴雪将至等意象不由得让读者将它们和不可避免的死亡对亲情的考验联系起来。卒章流露的伤感固然是因为死亡非人力所能阻止，但诗人想要传达的似乎是以下主旨：正因为有亲人可以倚靠，生活才显得不那么痛苦；普通人应当珍惜与亲人相处的每分每秒，不错过每一个借用诗歌、美酒来歌颂亲情的机会。[97]时至现代，在庆祝活动的情境下抒发关于生死悲喜交加的感受这一做法也许已经成了俗套，但我认为早期中国文学中关于此类作品有一点需要特别注意：将亲情看作漂泊不定的人生旅程中最稳定的基石；亲情作为人类最自然、最崇高的一种关系，值得反复的集体性歌颂。

先秦对亲属－非亲属关系之间的关联的态度，即对于亲属关系的强烈重视，将之与古希腊区别开来。古希腊的赫西俄德在这方面的言论颇具“中国”特色，他写道，“不要把朋友当作兄弟”（*mēde kasignētōi ison poieisthai hetairon*，《工
146 作与时日》第 707 行）。但他接着表示，“如果你这样做，不

〔97〕《常棣》中“死丧之威，兄弟孔怀”体现了类似的思想。

要先冒犯他，/ 也不要用说谎来开玩笑”（《工作与时日》第708—709 行）。赫西俄德在接下来的五行中继续阐述他关于友谊的观点，认为友谊是一种完全独立的社会关系，而没有再提及亲属关系。[98]显然赫西俄德并不像周人那样执着于理清亲情和友情之间的关系。先秦的诗歌作品坚定拥护亲情至上的观念，赫西俄德则坦然地接受人们将朋友与兄弟一视同仁的做法，满足于只在交友方面提供建议。

结合其个人经历来看，赫西俄德的立场十分耐人寻味。赫西俄德在训喻诗中毫不讳言自己与懒惰不公的兄弟佩耳赛斯间的矛盾（《工作与时日》第 27—41 行，第 274—292 行）。赫西俄德给佩耳赛斯的建议大多与社会公德有关，尤其是勤劳和公平这两点。赫西俄德似乎把兄弟不和更多地归结于佩耳赛斯违反普世道德的一些行为，而不是因为其作为兄弟有何行为上的缺陷。赫西俄德关注的重点显然不是维护家庭团结。这一点与中国表现兄弟关系的诗歌作品不同。赫西俄德的作品也没有提到兄弟不睦会给家庭带来任何需要双方共同承担的后果。

我们可以得出推论：周人更多地受亲属关系限制，而古希腊人受“亲族至上”观念的影响要小得多。至于古代中国父系男性亲属之间的关系是否一定比希腊更加亲近，则

〔98〕“如果他先得罪你，/ 不论是说了坏话还是做了坏事，/ 你要记住予以加倍报复。/ 如果他愿意与你言归于好，并打算给予补偿，/ 你应愉快接受。交朋友朝秦暮楚的人是没有价值的，/ 至于你自己，则应待人以诚。”（赫西俄德《工作与时日》，第 709—714 行）

是另外一个问题（至少在某些情况下，答案应该是“不一定”）。先秦在道德观念和制度层面对周人提出了“亲族至上”的要求，原因在于父系家族制度是古代中国社会政治秩序的模型和基础。

虽然《诗经》反复歌颂亲属关系，提出亲情高于友情的观点，但这并不意味着家族团结已成为社会现实。讽刺的
147 是，对父系家族团结以及族人和睦关系的重视可能带来反作用，导致家族内部在资源、地位及其他领域更为激烈的竞争。[99]周代社交理念如此强调亲属关系至上，恰恰说明家族内的竞争不仅被有意识地大力压制，而且在现实中，这种内部竞争与家族在对外事务和祭祖仪式方面表现出的相对“异人”的团结性并行不悖。

古希腊的诗歌作品和哲学思想体现了家庭之外同性社会关系的重要性，反映了公共活动在希腊的特殊地位，但这并不是说古希腊人不与亲属交好，或者人人都以阿基琉斯和帕特洛克罗斯为标杆。中国传统对亲属关系的高度重视体现了家庭在中国社会政治体制的中心地位；同理，这并不意味着中国人不重视友谊关系，或者说家家户户都能做到兄友弟恭。家庭美德在中国传统中具有特殊地位，象征人性的终极和圆满。希腊观念中，兼具竞争性与合作精神的公民式“兄弟关系”象征从血亲到拟制血亲的升华，代表着人性光辉的极致。中国传统重视现实家庭关系的管理，因为无论从组织

---

〔99〕《左传》记载了历史上大量家族内部的斗争。

还是理论层面而言，家庭纽带都是中国政治体制的基础。而对古希腊人来说，家庭关系的和谐与不谐，只有在突破血亲关系的范畴，用以代表公民社会中的和谐与冲突时，才获得了更高层次的含义。[100]

作为文化再生产中心的家庭

家庭在周代社会不仅是人们接受以亲族为中心的道德观熏陶和进行日常宗教活动的场所，还兼具基础教育的功能，与古希腊的圣林、体育场、摔跤学校以及会饮等在男性青年成长和教育过程中发挥的作用类似。

中希空间场所的区别反映在男性的成年礼上。[101] 在古希腊，举行这类仪式的地点是市政厅和神庙等公共性质的公 148
民场所。成年礼通常与节日中的体育竞赛或其他形式的竞技活动同时进行。参加者除了适龄少年的年友（age-mates），还有同时扮演伴侣和人生导师角色的成年男性。古风时代的克里特岛和斯巴达最为典型。这两个地区的少年都是很小就离开家庭（斯巴达是 7 岁），同年友一道接受文学、音乐、

---

〔100〕 Loraux（2002）; Thériault（1996）.

〔101〕 成年礼（“coming-of-age rituals”）在古典学界一般被称为入会仪式（“initiation rites”）。学界近来反思了滥用“入会”一词的倾向。格拉夫（Graf 2003：15，20）认为，严格来说，古希腊城邦不存在符合人类学意义上“入会”的体制。他提倡使用“成年礼”的说法。法罗尼（Faraone 2003：44）同样对于广泛使用“入会”的说法来描述古希腊的仪式持异议。但他认为可以从不同角度理解“入会”，即“标志新成员的加入，关注‘个体成长与发展’的仪式”。我认为该说法适用于成年礼的定义。

运动方面的教育。少年们需要完成一整套长短不一的仪式才能获得正式认可，包括与成年男性伴侣一同参加宴会、狩猎、战斗等。[102]

古典时期和希腊化时期，雅典的成年礼在流程上大体相同，但不如以往严格。每一位雅典少年在正式获准加入村社以前，须先加入父亲所属的兄弟会，以便在 18 岁时能获得完全的公民资格。加入兄弟会的节点是阿帕图里亚节。这是一个属于兄弟会内部成员的节日，孩童间的比赛是其中一部分。在成为村社一员并获得青年（*ephebe*，即 18 岁至 20 岁之间即将成为正式公民的年轻男性）身份后，年轻人须造访雅典所有的圣所。[103]希腊化时期的大量铭文显示，雅典青年获得正式公民身份时，须在市政厅祭司的监督下，在公共壁炉（public hearth）进行祭祀，然后才能向阿耳忒弥斯神庙进发。[104]另有材料显示，运动竞赛也是由儿童的守护神阿耳忒弥斯主持的成人礼的一部分。[105]与斯巴达和克里
149 特岛地区的成年礼类似，雅典的成年礼印证了笔者关于古希腊少年教育和社会化的两点看法，一是家庭之外活动的重要

---

〔102〕Calame（2001：246-247）；Kamen（2007：90-93）；Scanlon（2002：74-75）；Vernant（1991：239-240，323）.

〔103〕R. Parker（1996：105）；Zaidman and Schmitt-Pantel（1992：270）.

〔104〕Miller（1978：168-170，test.195-202）. 目前尚不清楚青年（*ephebe*）是否属于“埃弗比”的成员。后者系创建于公元前 4 世纪的军事组织，其成员为尚未正式成为公民的年轻男性。许多学者认为雅典埃弗比的源头可能是曾在希腊世界广泛存在的成年礼制度（Scanlon 2002：87）。

〔105〕有关阿耳忒弥斯作为儿童守护神和成年礼守护神的特殊地位，参见 Scanlon（2002，第 3 章）、Vernant（1991，第 12 章）。

性，二是强烈的竞争色彩。[106]

相比之下，先秦时代在宗庙内举行成年礼（即冠礼）的目的是灌输家庭至上的理念。下面这则出自《左传·襄公九年》的记载说明了地点对于成年礼的重要性。公元前564年，年少的鲁襄公（公元前572—前542年在位）加入了由当时两位霸主之一的晋悼公组织的联军。联军归途中，晋悼公设宴作别，席间得知了襄公的年龄。于是他向在场的鲁国执政季武子提议立即为襄公举行冠礼。季武子非常重视悼公的建议，但是提出了无法照办的理由：举行冠礼的地点必须是宗庙，且祭祀和礼乐均需齐备。为讨好晋悼公，季武子安排鲁襄公在途经卫国时行了加冠礼，因为卫鲁两国第一代国君是兄弟关系。鲁国从卫国借用了钟磬等所需的礼器，在卫成公（公元前634—前633，公元前631—前600年在位）的宗庙内为襄公举行了冠礼。

《左传》这则记载的最重要之处是点明宗庙是举行成年礼的场所，这符合宗庙在古代中国宗教和仪式活动中的核心地位。从《仪礼·士冠礼》（第945—960页）可知，冠礼的目的与其空间布置的性质一致。这与古希腊成年礼形成了鲜明对比。

根据《仪礼》的记载，冠礼当天，受邀主持冠礼的正宾来到主人一方的宗庙为一系列仪式做准备，其中最重要的

---

〔106〕有关雅典青年在宗教节日中的角色，以及青年们接受的军事训练和他们在节日合唱表演之间的相似点，参见 Polinskaya（2003：101-102）、Winkler（1999b：47-58）。

150 步骤是加冠服和为冠者取字，作为成人的标志。每次加冠前都需要准备相应的祭品和醴酒，然后由正宾向受冠者宣读祝辞。主持仪式者勉励年轻人弃“幼志”，顺“成德”，即“孝友时格，永乃保之”（《仪礼》第957页）。对“孝”和“友”这两种家庭美德的强调与冠礼地点暗合。正宾在祝辞和醮辞中两次提到届时受冠者男性亲属都将亲临现场观礼（即“兄弟具在”“兄弟具来”——译者注）。实际上，不只男性亲属，女性亲属也会到场。仪式期间，受冠者需多次参拜母亲、姑、姊等女性长辈并向她们答谢致礼。换言之，邀请外来宾客主持冠礼一定程度上说明其目的是使年轻人得到社会的认可，但从根本上说，冠礼可被看作对受冠者自小接受的家庭美德教育的完善，年轻人在步入受家庭理念主导的社会后得以将其付诸实践。外来宾客存在的意义并非宣扬年轻人就此获得独立于家庭的身份，开始处理不同的社会关系，承担不同的社会责任，而是代表社会向他们重申以家庭为中心的观念。受冠者并不像在古希腊那样，置身于一群年龄处于少年和成年之间的同龄人当中，而是被诸位亲戚环绕，等待他们的审查和认可。这些受冠者无须同古希腊人一般通过与年友公开较量来证明自己，而要参加一系列以等级、秩序、礼敬为重点的仪式，接受长辈的教导，承诺终身以孝悌为本。

重要的不是冠礼在实践中是否严格遵照了《仪礼》的记载，而是男子成年礼一般在中国典型的家庭内部仪式空间进行。这一点和先秦时代许多其他仪式类似，但和希腊传统对于公共空间的突出重视形成对比。我认为，空间选择上的差异反映了先秦和古希腊对亲属关系和家庭之外的同性社会关系大为不同的态度。

家庭在先秦时代不仅是男性实现个人价值的场所，也
是男性奋斗的原动力，而希腊男性则是通过同侪间的竞争与 151
合作获得成功。特勒马科斯从小缺少父亲的陪伴，在家中度过了一个躁动的青春期，后来他决定瞒着母亲，悄悄离家同伙伴们踏上旅程。这个决定标志特勒马科斯从少年到成人的转变。忒奥格尼斯在诗中这样告诫他的挚爱少年基尔努斯："玷污父母之名者，必将无处容身。"但忒奥格尼斯其实主要是想以诗教的方式提供友谊和少年爱方面的指导。[107]希腊人虽然也赋予家庭关系和"孝"道德层面的意义，但男性在这两方面的表现并不会成为评价其成功的标准或让他们留下值得重视的遗产。如果说家庭领域的道德行为关乎体面，能让一个人获得尊敬，那么与同侪和未来同侪间的竞争才是获得成功和荣誉的唯一途径。如果神灵的愤怒和惩罚会让人类产生畏惧，使他们不敢虐待年迈的父母，[108]这些神灵也极有可能乐于见到人们在公众活动中表现出竞争意识。子女对父母的尊敬和服从在希腊社会具有重要性，但应当指出，对子女的这种期待不可避免地与希腊男性接受的提倡自主和竞争

---

〔107〕《忒奥格尼斯诗集》第821—822行。高登（Golden 1990：102），汉弗莱（Humphreys 1983：74）以及施特劳斯（Strauss 1993，第3章）指出，希腊儿童必须懂得尊敬、服从和赡养长辈。

〔108〕赫西俄德在《工作与时日》（第185—189行，331—334行）中指责虐待父母的子女不敬神灵，预言不肖子孙必将承受神灵的怒火。

精神的教育及社交理念相抵触。合唱比赛、竞技体育、宗教仪式、少年爱、埃弗比等活动和组织增强了年轻人的自信心和独立性，帮助他们在活动空间和象征意义层面脱离家庭生活，代价则是相对淡薄的服从家庭的意识。[109]因此，无论古希腊的思想家、诗人、政治家和家长如何强调家庭内部的等级制度及团结精神，都不足以挑战或削弱希腊文化中兼具竞争意识和合作精神两方面特质的家庭之外同性社会关系的地位。在古希腊，公共领域，而非家庭，才是公民培养竞争意识与合作精神的主要场所。[110]

152 中国传统对家庭和公共领域在情感上的优先级有着不同的理解。我们的材料显示，社交、文化生产、强化礼法和社会的团结意识等活动都在家庭中完成。社会重视友谊和社会关系的前提是两者能够支持和加强现行以等级制的家庭秩序为模板而设计的社会制度。以家庭为基础的伦理、社会政治秩序成型于西周时期，孔子作为这种体制的重要提倡者曾

---

〔109〕施特劳斯（Strauss 1993：102）讨论了古典时期雅典的代际矛盾，将其描述为“雅典父权社会的悖论”。基于体制和观念方面的相似性，施特劳斯指出的悖论不仅存在于古典时期的雅典，放在整个希腊文化的背景下看也同样成立。

〔110〕汉弗莱（Humphreys 1980：69-70）在论述古典时期雅典家庭（*oikos*）和城邦（*polis*）之间的关系时指出，“私人空间被视作正常公共生活的威胁，私人空间被认为是有着破坏性影响的个人利益和野心的根源，而非培养合作精神的基础”。家庭领域在古典时期的雅典未能促进对于合作精神的培养这一观点同样适用于其他历史时期和地区。这种合作精神起到的是维系竞争性公民社会的作用，而家庭被认为是对城邦健康的威胁。古典时期的雅典只不过为这种看法提供了一个特别强有力的例证。

多次谈及友谊的方式和意义，[111]他高度向往与年轻人交游的快乐。弟子曾皙描述的春游场景赢得了夫子发自内心的赞赏："莫春者，春服既成。冠者五六人，童子六七人，浴乎沂，风乎舞雩，咏而归。"[112]

令夫子倾心的这类春游，目的并非打造希腊式的、以家庭之外同性社会关系为中心的集体。在这样的集体中，希腊男子作为自由的个体与他人交往，男孩则学习如何从家庭脱离出来。中国传统追求的并非这种形式的自由和独立。宗庙作为礼教活动的中心是举行冠礼的场所，行加冠礼不仅意味着成人，还意味着对家庭终身的忠诚。等级观念与和谐理念不仅是日常家庭秩序，也是社会政治秩序的基础性原则，充分体现在宗庙进行的各类仪式之中。孝悌是孔子伦理思
想的基础。[113]夫子对于春游之乐的激赏需要放在另一则名 153
言的背景下来理解——"父母在，不远游"（《论语》4.19）。对孔子和他的先辈来说，除非以家族的传承和兴盛为目的，否则任何人际交往都与激情、光荣、不朽这些主题无关。

---

〔111〕参见《论语》9.25，10.23，16.4 等等。

〔112〕《论语》11.26。故事的背景是孔子与四名学生之间的对话。其间夫子令弟子们陈述各自的志向。最终得到夫子认可的是曾皙描述的春游场景，而另三人讲的都是如何做官。东汉学者王充（27—97）认为，曾皙描绘的实际是包含了舞蹈、奏乐、宴会等环节的祈雨仪式（参见阎步克 2001：20-21）。

〔113〕孔子（《论语》1.2）以孝悌为"仁"之本，在儒家道德哲学中，"仁"是最高的境界。《论语》2.21 中，当问及为何不从政时，夫子引用《尚书》作答："孝乎惟孝，友于兄弟，施于有政。是亦为政，奚其为为政？"

对友谊的歌颂

亲属关系在周代社交理论话语中占主导地位并不意味着先秦时期男性在交游方面的匮乏，或者他们不曾体验友情的快乐。孔子坚定维护以父系宗族为中心的社会秩序，但他也曾留下“有朋自远方来，不亦乐乎”的名句。[114]对友情的魅力做出如此简洁而富有感染力的表述，孔子想必常常享受与友人相聚的巨大快乐。当孔子提出《诗》“可以群”（即《诗》的四种社会功能之一）的观点时，他无疑也将友人视作社交群体的一部分。《诗》在促进交友方面的作用体现在《左传》一则有关外交会议的记载中。公元前541年，来自四国的使臣在郑国会晤。主办方设宴款待，众人开怀畅饮，吟诗作对。酒阑人散之际，在场的晋国执政赵孟情不自禁地发出了“吾不复此矣”的感叹（《左传·昭公元年》）。

赵孟席间所吟诵的《常棣》一诗提出的孝悌之义高于友谊的观点堪称中国古典文学中类似主题作品之滥觞。我们应当记住，虽然赵孟与在场其他使臣分别来自四个不同的诸侯国，但其国君均源出姬姓一族，而这次会盟就是为了维护
154 兄弟邦国对于和平的承诺。因此，赵孟深刻体会到的宴飨之乐是事实上的亲族感情，而不仅仅是一个比喻。另外值得注意的一点是，《左传》当中提及的所有在贵族聚会上被多

---

〔114〕查昌国（1998：100-101）认为，“朋友”在这里指的是同门弟子。他指出，师生关系可能是以友谊为基础、与亲属关系有清晰界限的各种社会关系中最早出现的一类，相关记载可上溯至春秋时期的文献。查氏还提出，“友”的含义在春秋时代经历了从“兄弟”到“友人”的转变。

次吟诵的诗歌宣扬的几乎都是亲属关系和家庭美德一类的主题。[115]相比之下，类似场合里完全没有歌颂友情的作品出现。

《诗经》中公认以歌颂友情为主题的作品是《小雅·伐木》。开篇引入鸟儿通过鸣叫求友的意象（“友声”）类比人类的求友行为（“友生”）。如上文所述，《伐木》最有趣的一点是，父系血亲和姻亲作为“朋友”成为了诗人歌颂的对象。前文已指出，这说明在周代社交理念中，亲属关系为所有可以被称为“亲切友好”的亲密关系提供了范式。友谊作为古代中国男性生活中的一种主要社会关系，在本书涵盖的近六个世纪期间尚未发展出独立的话语体系，遑论像在古希腊那样强大到足以对抗亲属关系。[116]

---

〔115〕如《国风·载驰》（文公十三年、襄公十九年）；《小雅·常棣》（襄公二十年、昭公元年）；《小雅·南山有台》（襄公二十六年、昭公十二年）；《小雅·六月》（僖公二十三年、襄公十九年）；《小雅·角弓》（襄公八年、昭公二年）；《大雅·假乐》（文公三年、襄公二十六年）。本章之中讨论或者提到过的有《常棣》《六月》《角弓》几篇。有关《载驰》，参见本书第 5 章。

〔116〕丧服制度的等级可以为古代中国观念当中亲属关系和友谊的相对地位，以及不同种类亲属关系的相对地位提供参考。该制度规定了居丧期间居丧者对于去世亲属和其他相关人等应尽的义务。郭店楚墓出土的竹简（年代不晚于公元前 3 世纪）对此做出了如下规定：对父亲的责任高于对君主的责任；对昆弟的责任高于对妻子的责任；对宗族的责任高于对朋友的责任（林素英，2003）。郭店竹简说明友谊之于亲属关系相对次要。这一点与本章得出的结论是一致的。值得注意的一点是，战国时期，也就是郭店竹简所属的年代，宗法制已经解体，与之相对的是家庭之外关系重要性的提升。有关中国历史上丧服制度在定义社会关系方面的重要性，参见丁鼎（2003）、丁凌华（2000）、林素英（2000，2003）。

虽然友情在先秦时代是一种相对次要的人际关系，中国传统中不乏抒发友情的感人之作。以《小雅·白驹》为例：

155 皎皎白驹，食我场苗。絷之维之，以永今朝。所谓伊人，于焉逍遥。

皎皎白驹，食我场藿。絷之维之，以永今夕。所谓伊人，于焉嘉客。

皎皎白驹，贲然来思。尔公尔侯，逸豫无期。慎尔优游，勉尔遁思。

皎皎白驹，在彼空谷。生刍一束，其人如玉。毋金玉尔音，而有遐心。

（《诗经注析》第 533—536 页）

朱熹认为《白驹》表达了主人公对于贤者——也就是诗中的“嘉客”——乘驹遁世归隐的依依惜别之情。[117] 按照这种解读，末章中主人不再挽留，尊重后者归隐“空谷”的意愿。尽管感到十分遗憾，主人此刻唯一希望的就是保持联系，有朝一日能够重逢。虽然主客双方很有可能是朋友关系，但诗中并未明确交代。作品中最强烈的还是对在浊世之中失去君子的惋惜。

156 另有一些古代学者把《白驹》的主旨理解为因好友离

〔117〕朱熹《诗集传》11. 2b-4a。毛诗系统，即毛传—郑笺—孔疏一派，则认为《白驹》的主旨是讽刺周王不能使贤人为朝廷所用（《毛诗正义》第 434 页）。

去产生的感伤。[118]亚瑟·威利（Arthur Waley）将“嘉客”译为“所爱之人”可能就是受这种观点影响。这两种解读实际并不冲突。不管主客之间关系的细节如何，我们都可以将作品理解为友情的见证。

白驹作为诗中反复出现的意象，象征客人高尚的情操和纯洁的友谊。作品明为写马，实为写人，充分表现了主人对客人的仰慕之情和惜别之意。直到送别之际主人方才通过“毋金玉尔音，而有遐心”的请求委婉地表达了自己的情感。“其人如玉”描写的不仅是外貌，也是品德。这种婉转的风致丝毫无损于作品的感染力。《白驹》的重要性不仅体现在它是早期中国文学中难得的专一歌颂友情的佳作，还体现在其情感深度和新颖的表现手法上。《诗经》中不乏颂扬祭祖以及宣扬亲属关系相对其他人际关系更具重要性的作品，《白驹》的特殊性在于其歌颂的是友谊。尽管后者在主流的社交理念中只是一种相对次要的人际关系，但不可否认，友谊对男性来说有着十分重要的意义。[119]

---

〔118〕鲁诗和韩诗两家均持此说。后世采纳这种观点的有学者蔡邕（132—192）和诗人曹植（192—232）等（王先谦《诗三家义集疏》16.8-9）。鲁诗和韩诗在公元2世纪毛诗兴起后逐渐衰落。著名经学家郑玄对于毛诗的推广起了至关重要的作用。有关四家诗在汉代的发展，见本书第5章。

〔119〕在这里有必要简单提一下先秦时期有关男性同性关系的材料。这方面的记载不仅数量极其有限，且年代相对较晚（战国、汉代甚至更晚出的材料），记载的大多是君主嬖御男宠的情况。男宠通常依靠出卖色相、逢迎上意来赢得君主宠幸，地位往往并不稳固。从现有的材料看，在这方面唯一较为可靠的结论是：“男同性恋在周代至少得（转下页）

157 小结

古希腊战士和公民宴会的对象包括战友、朋友、挚爱少年以及家人，但前三者才是他们在追求个人价值的过程中携手的伙伴和分享最强烈情感的主要对象。早期中国社交话语赋予亲属关系的主导地位反映了周代贵族在推动父系家族制成为周代社会体制的基础方面所做的系统性努力。虽然家庭之外的同性社会关系亦是古代中国社会生活必不可少的一部分，但相对于亲属关系，前者无疑处于相对次要的地位。这与希腊的情况形成了鲜明对比。在希腊观念中，友谊堪称人类最高贵、最热烈的情感。平等的男性关系而非亲属关系为古希腊政治共同体提供了基本架构。

库珂的研究探讨了古希腊人对于公共竞赛的热情（体育竞技是最好的例子）。她指出，希腊人对荣誉的追求本质是零和博弈；这种竞争“不可能发生在家庭内部，因为……家庭就是最小的独立单元”。[120]学者指出，古希腊设立年龄等级制度（age-class system）的初衷可能就是为了避免代际竞争，尤其是减少父子间的对立，起到分散双方精力的作用，促使人们将好胜心转向与同龄人的竞争。[121]相反，在

（接上页）到了上层政治人士的容忍甚至接受。”（Hinsch 1990：33）按照现有的了解，古代中国的男同性恋行为同古希腊完全没有可比性。古希腊不仅推动了男同性恋关系社会、政治功能的制度化，还将男同性恋关系推崇到了与家庭关系并立和相对的高度。

〔120〕Kurke（1991：16）. Redfield（1995：170）也曾指出，“家庭不是竞争而是合作的地方”。

〔121〕Golden（1998：104-116，139-140）.

古代中国，虽然社会致力于维护家族的团结，但家庭内部的矛盾并未消失。对家庭和谐的重视甚至可能成为家庭矛盾的导火索——尽管为达成家族团结这个最高目标，社会对家庭矛盾给予了强力管控和抑制。以下问题仍有待研究：公共领域是否是唯一能体现希腊人竞争意识的场域（古希腊认为家庭是体现人们合作精神的场所）？[122]鉴于古代中国对和谐亲属关系及亲属矛盾给予重视，当我们将女性纳入考察范围时，又会有何发现？古代中国和古希腊在男性社交话语方面的差异对两大传统中两性关系的表达又有何影响？

---

〔122〕亚里士多德在《政治学》中提出，城邦想要维持其生命力就必须要在公民之间建立紧密的联系，适应、鼓励竞争，抛弃家庭模式，因为在家庭中，等级观念与合作意识带来的是和谐的家庭氛围（Saxonhouse 1992）。

第二部分

男女之间，女性之间

第3章

公共节日与家庭仪式

在宗教领域，先秦和古希腊的女性都扮演着受到社会 161
认可的重要角色。[1]如第一部分所述，两国迥异的宗教体系对男性社交活动的形式和理念产生了深远影响，那么当我们将目光转向另一半人口，又会有怎样的发现？此前我们已经看到，带有强烈竞争色彩的公共节日是古希腊宗教生活的核心，而家庭宗教活动则处于相对次要的地位。这种情况印证了公共领域在希腊社会中的重要性，也提升了公共领域的影响力。在这样的宗教体系下，无权参与政治活动而被期望全身心投入到家庭工作中的妻子和女儿地位如何？一方面，我们知道妇女广泛地参与各类公共宗教活动，尤其是节日中的女性合唱；另一方面，对于她们在家庭范围内的宗教活动我们却知之甚少。这一现象如何与上述针对女性的、以家庭为中心的性别期望相契合？如果宗教活动是希腊男性在同侪之

---

〔1〕古典学家习惯上把宗教看作古希腊社会和政治将女性边缘化、排斥女性做法的例外（例如：Henderson 1996：22；Lefkowitz 1996：78；Osborne 2000）。罗伯特·帕克（R. Parker 1996：80）将希腊女性获准参与宗教活动戏称为“一种信仰层面的公民权”。雷德菲尔德（Redfield 1995：167）认为：“在仪式的领域，女性和男性之间实现了某种平等。”

间确立身份认同以及强化家庭外团体凝聚力的重要途径，而对于希腊女性，宗教也推动了类似的、以家庭之外同性社会关系为核心的社交理念的发展，那么我们该如何定义宗教在希腊女性生活中所扮演的角色？

与希腊的情形不同，对中国女性来说，性别规范和宗教活动之间似乎不存在类似的龃龉。祖先崇拜是一种致力
162 于强化父系家族团结的家庭宗教。虽然其主导者为男性，但基于女性对父系继嗣群的延续和繁荣所做的贡献，母亲被赋予了崇高的地位，妻子的作用也不可或缺。假设家庭成为中国男性和女性礼法、情感意义上的中心，一方面是因为祖先崇拜的核心地位，另一方面则因为中国缺乏一种以公开宗教活动为基础且具有强大竞争力的意识形态，这一假设对解读周代的性别关系以及女性之间的关系有何影响？

本章将首先探讨希腊女性参与公共节日的情况，重点关注这些活动在加强女性竞争性、促进家庭之外同性交际的过程中发挥的作用。接下来的两个小节关注先秦女性在公共节日和祭祖活动中的表现。最后一节探讨希腊女性的家庭宗教活动。对不同社会背景下女性参与公共和家庭宗教活动在形式、内容、相对地位方面的异同的比较将贯穿本章。

希腊的公共节日

参与节日活动在古希腊是女性社会地位的重要标志。

一方面，限制参加城邦宗教活动被当作制裁行为不端女性的手段；[2]另一方面，希腊社会中女性的最高荣誉即是被推举担任公共宗教活动中的各种显要角色。[3]由阿里斯托芬（约公元前450—前388）创作并于公元前411年公演的喜剧《吕西斯特拉特》（*Lysistrata*）中有一个著名的场景，刻画了一位在人前自豪地讲述自己参与宗教仪式经历的雅典妇女（详见《吕西斯特拉特》第638—647行）。她7岁那年成为被选中的两名女童之一，参与制作在泛雅典人节（四年一度为礼敬雅典娜所设的节日）时献给雅典娜的袍子，还加入了游行的队伍。她帮助制备在埃琉西斯节这一泛希腊节日时献给女神（可能是得墨忒尔）的祭品。10岁那年，她被选派参加四年一度的布饶戎节，与其他雅典女孩一道在阿耳忒弥斯的守护下接受洗礼并参加比赛。最后，她还以携篮者（basket bearer）的身份参加了一场名称不详的节日游行；杰 163
弗里·亨德逊（Jeffery Henderson）认为该节日指的是泛雅典人节。[4]

尽管随着民主制度的推行，女祭司和提篮者一类职位的潜在人选大幅增加，但依然只有极少数人可以交出一份如此惊艳的履历。[5]一般情况下，宗教节日与女性社会

〔2〕 Blundell（1995：160-169）；Cohen（1991：225）；Henderson（1996：22）.

〔3〕 Dillon（2002，第2、第3章）。

〔4〕 Henderson（1996：216n143）. 有关古典时期女童和年轻女性在公共宗教活动中的角色，参见Dillon（2002，第2章）。

〔5〕 Dillon（2002：60-76）.

地位的关系常常通过在希腊世界分布极广的节日合唱得到体现。[6]

女性歌队

根据欧里庇得斯（公元前480—前406）创作、以国王阿伽门农和克吕泰墨涅斯特拉之女命名的戏剧《埃勒克特拉》(*Elekra*)，参加歌队是每一位出身良好的希腊女性共同的愿望。克吕泰墨涅斯特拉与情夫联手杀害了阿伽门农并强迫公主埃勒克特拉嫁给一位农民。出于对公主出身的敬重，两者仅仅维持着名义上的夫妻关系。公主深切地哀叹自己悲惨的境遇，认为自己尴尬的身份阻碍了她参加不管是由妇女还是由未婚少女所组成的歌队（参见《埃勒克特拉》，第310行起）。在欧里庇得斯看来，显然参加歌队是正常社会生活的标志。同理，地方上的少女邀请埃勒克特拉在即将到来的礼敬赫拉的节日上一起跳舞，表现了乡邻对落难公主的接受与尊重。埃勒克特拉在帮助兄弟弑母后忍不住颤抖哭泣："哎呀，哎呀，我到哪里去呢？ / 我去参加什么歌舞队和婚礼呢？ / 哪个丈夫肯接受我做他的新娘？"(《埃勒克特拉》第1198—1200行）参加歌队、出席婚礼、婚姻，三者并列充分体现了歌队在希腊妇女生活中的重要性。参与歌队是女性获得社会认可和集体认同的标志，合唱本身也被看作

---

〔6〕 卡拉姆（Calame 2001：25）认为，宗教仪式中，合唱更多地与女性而非男性联系在一起。

女性的一项重要才能。因此，那些被排除在歌队之外的女性的痛苦显而易见。

参加歌队不仅是社会地位的重要标志，也是女性之间友谊的重要基础。女性通常会被依照年龄分组，为各种各样的公共表演排练。[7]歌队不仅有助于培养超越亲属层面 164
的亲密关系，希腊文学作品中表现的歌队更常以女性情感世界的中心这一形象出现。以阿里斯托芬的《地母节妇女》（*Women at the Thesmophoria*，第1029—1130行）为例：被俘的少女安德洛墨达哀叹自己再也不能与同龄女孩一起跳舞。与此类似，欧里庇得斯的《伊菲革涅亚在陶里克人中》（*Iphigenia in Tauris*）一剧中，阿伽门农王之女伊菲革涅亚流落于陶里克（现克里米亚地区），服侍她的希腊少女企盼回到故土，重新加入歌队。对昔日舞姿的缅怀成为此刻身为囚徒的她们心灵的慰藉：

> 逗引她们来比赛，
> 比赛谁的衣饰美丽，
> 当我罩上绣花的面巾，
> 一绺绺的鬈发
> 遮住我的面颊时。
> （《伊菲革涅亚在陶里克人中》，第1147—1151行）

---

〔7〕卡拉姆（Calame 2001：26-30）列举了可以证明歌队成员年龄接近的材料。

此处，歌队成员之间在容貌和艺术表现力方面的激烈竞争构成了她们长期亲密关系的基础。作者在这里描写的可能是婚礼上的舞蹈。在民主政治时期，雅典年轻女性的节日舞蹈并没有制度化，不像同时期礼赞酒神的男性合唱队那样采取公开赛的形式。[8]但竞争精神和伙伴关系不单单是欧里庇得斯笔下舞蹈的特征，也是起源于公元前7世纪的斯巴达少女合唱歌的标志性元素。这些合唱歌的作者是伟大的合唱歌诗人阿尔克曼，其以残本形式流传至今的两部长篇作品代表该体裁现存著作的最高成就。[9]

165 在考察阿尔克曼以残本形式存在的著名长篇《少女歌》之前，让我们将目光转向另一篇幅较短的残本《阿尔克曼第三篇》。原作被认为是一首至少长达126行的少女合唱歌。[10]大卫·坎贝尔（David Campbell）对其进行了整理和翻译，现转录如下：

奥林匹亚的（缪斯，将）我的内心（充满对新的）
歌曲（的企盼）：我（渴望）听到（少女）的歌声，美

---

〔8〕Kowalzig（2004：48）；R. Parker（1996：80）；P. Wilson（2000：46）. 我们尚不清楚民主制度的施行对于雅典女性歌队公开表演的影响。帕克认为雅典和斯巴达的情形从最开始可能就存在差异。我在第1章中讨论了雅典男性的酒神颂合唱队。

〔9〕品达创作的三篇少女歌仅有两篇以残本的形式保存了下来。颇梅洛依（Pomeroy 2002，第6章）探讨了宗教在斯巴达女性生活中的地位（有关古风时期和古典时期，参看第106—108页）。

〔10〕此据坎贝尔的洛布丛书版本（Campbell：381n9）。

妙的旋律（直达天庭）……（它？）将我从美（梦）中唤醒，指引我去到（花神赫拉的？）集会，（在那里）我（飞快地）摆动着金黄的头发……柔软的双足。

残本此处出现了50行的阙文，内容可能是一个神话故事。以下是残本剩余的内容：

……令人四肢发软的欲望，她（注视着我？）的目光比沉睡和死亡还要令人沉醉，竟是如此地甜美。但阿丝图美洛莎从不曾回应我，而是手持花环，好似夜空中的明星，金黄的枝条，柔软的绒毛。修长的双足穿过［人群］……塞浦路斯香油赋予的光泽令少女的长发愈发美丽。阿丝图美洛莎在人群中穿梭，她是人们的宠儿。取……我说。若能……一只银杯……让我来看看她对我的心意。若是她向我走来，牵起我的手，我愿立刻成为她的追随者。就像这样……智慧的少女……少女……我有着……少女……魅力……〔11〕

虽然《阿尔克曼第三篇》残缺的情况较为严重，但歌队成员之间，少女与阿丝图美洛莎（Astymeloisa）以及整个集体之间的紧密联系仍然通过第一人称视角的叙述得到了清晰的呈现。残本的第一段描绘了兴奋的少女在清晨早起，为

〔11〕莎草纸本中保存了篇首的另外三十行。

当天赫拉节的庆典做准备。[12]美妙的歌声直达天庭，她们踏着明快的步子，黄色的秀发伴随着柔和的身姿飘舞。女孩们早起准备的场景充分展现了她们对于这一时刻的殷切期待。在这个寒冷的清晨，比美梦更甜蜜的是在公众场合展示才能带来的荣耀，是成为歌队一员的喜悦乃至欣喜若狂。
166 无论是在美貌、个人魅力还是才华方面，团队中心的女孩都是无可争议的领袖。残本第一部分使用的 *agōn*（指人群为了竞赛而聚集，或指竞技比赛本身，坎贝尔译作“集会”[Assembly]）一词道出了活动的竞争性。这点可以说是希腊节日所共有的特质。

《阿尔克曼第三篇》第二部分表达了对阿丝图美洛莎的赞美。她不仅是一场成功演出的关键，也是团队的核心。预备在庆典时献给女神（可能是赫拉）的花环先在歌队成员之间传递，最后回到阿丝图美洛莎的手中。原作使用了一系列传递光芒和柔情的意象，将她比作“夜空中的明星，金黄的枝条，柔软的绒毛”。节日时阿丝图美洛莎的表演赢得了观众的青睐，受欢迎的程度正暗合了她名字的含义，即“城市的宠儿”。公众的认可是这些仰赖社会资助，又致力于回馈社会的歌队所能获得的最高荣誉。阿丝图美洛莎的伙伴们同样表达了作为团队一员的自豪。然而这种自豪之情的重要性

〔12〕文本可辨认的部分只是提到了“the assembly”（*agon*）。“花神赫拉的”这一部分是坎贝尔的试探性补充，依据是第 65 行中出现的“*puleōn*”（花环）一词，花环被作为领袖的阿丝图美洛莎拿在手中。据《智者之宴》15.678a，*puleōn* 指的是斯巴达人献给赫拉的花环。

却不及作品中表现的女孩们对于领袖的爱慕之情。诗人使用了希腊作品中描写性爱时的经典语言：她们已沦陷在“令人四肢发软的欲望”当中，[13]阿丝图美洛莎的眼神比“沉睡和死亡还要令人沉醉”。同样地，依照经典的爱情游戏规则，阿丝图美洛莎对爱慕者的追求无动于衷（她“从不曾回应我”），只是举手投足间不经意流露的美丽、风韵、神采，便足以令众多追求者为之倾倒。心上人这种漠然的态度只会令追求者愈加心驰神往：无论是那双穿梭在歌队、观众、祭台（？）之间的“修足”，还是在塞浦路斯香油浸润下泛着光泽的一头美丽秀发，她的一举一动、一颦一笑无不牵动着众人心弦。这场游戏似乎在歌队为神祇献上图酒的一幕到达了高潮：“取……若能……一只银杯……让我来看看她对我的心意。若是她向我走来，牵起我的手，我愿立刻成为她的追随者。”

阿丝图美洛莎此时可能是在队友身前起舞，每人都托举一只作酹酒之用的酒杯（杯子在这里可能是实物，也可能是想象），殷切地期望领袖取走自己身前的杯子。阿丝图美 167
洛莎似乎与女神，也就是名义上致酒的对象融为了一体。歌队成员希望通过献礼的方式引起领袖的注意。她们热切而谦恭，期待自己的祈求能够得到回应。任何形式的回应都会令她们欣喜若狂。这一切都与那些寄望于通过祭祀进行祈福者的心态相同。阿丝图美洛莎与女神在形象上的这种模糊的相

〔13〕另参见赫西俄德，《神谱》第910—911行，阿基洛克斯（Arkhilokhos）196。

似性充分体现了歌队感情纽带的特质。从用词上说，以“追随者”（*hiketis*）指代歌队普通成员的做法也体现了这种相似性。一方面，这种纽带牢不可破，正如祭祀者庄严宣誓永不放弃对神明的信仰；另一方面，我们可以隐约觉察情欲元素的重要性。团队成员在阿丝图美洛莎的带领下参加各种活动，而她们之间大量的共处时间构成了亲密感情的基础。

阿丝图美洛莎无疑是《阿尔克曼第三篇》表现的重点，其同伴则居于从属地位，承担辅助的角色。这一点值得我们注意。这种关系符合一般希腊人对伙伴关系的理解。学者曾指出，从语义上分析，希腊语中描述伙伴的两个词——*hetairos*（用于男性之间）与 *hetaira*（用于女性之间）——通常体现被描述对象与团队领袖之间的从属关系。[14]这一点并不难理解。考虑到合唱的竞技性，少女歌队必然需要通过强调服从的理念来强化领袖的号召力和团队凝聚力。与军队类似，上述这些是一支歌队胜出必须具备的特质。不同于战场，在这里大家竞争的是美貌、个人魅力和音乐才能。[15]

以战争类比可以加深我们对以合唱活动为基础的女性友谊的理解。以卢浮宫收藏的《少女歌》为例。对现代读者

---

〔14〕参见 Calame（2001：33-34）。除了卡拉姆文中援引的例子，亦可参见 Halperin（1990）。

〔15〕莱福科维茨（Lefkowitz 1986：52）的说法存在夸张的嫌疑。她说，“毫无疑问，根据现有研究，男性诗人不会描写同龄（*helikia*）少女在情感（和肉体）方面的依恋，如萨福诗歌中表现的那样”。情感表达的力度也许存在差异，但阿尔克曼的作品并不缺少对歌队成员之间情感的描写。我将在第 5 章讨论萨福和她的圈子。

来说，这部残本奠定了阿尔克曼古风时期首屈一指的合唱歌诗人的地位。该诗起始今已亡佚，可能包含了若干祷词以及对合唱场面的描写，随后是一大段神话故事。剩余的 62 行 168
主要是对两名团队核心成员的称赞。作品主要围绕哈格西可拉（Hagesikhora，意即“歌队领袖”）展开。歌队的另一名成员阿吉多（Agido）虽然登场时间更早，甚至一度被用来和光芒四射的太阳作比，但实际上只是哈格西可拉的陪衬。下面首先分析两部作品在表现哈格西可拉和阿丝图美洛莎团队核心地位时所采取手法的相似性，再依据现有高度残缺的版本，考察两部作品如何呈现年轻女性歌队生活不同的方面。〔16〕

与阿丝图美洛莎类似，哈格西可拉的领袖地位建立在她出众的容貌和音乐才能之上。黄色的秀发闪耀着“纯金的光芒”（第 54 行），俏脸似带银光（第 55 行），“白皙的脚踝”（第 78 行）。虽然她的歌声不及塞壬动听（第 96—97 行，以示谦虚），但哈格西可拉作为团队领袖所做的贡献得到了充分的肯定，因为少女们的歌声足以媲美“克桑托斯水畔天鹅的鸣声”（第 100—101 行）。

诗人精心刻画了团队的成员对哈格西可拉的爱戴，但从现存的版本看，这种感情似乎不含情欲色彩。女孩们虽然称赞领袖的美貌，但这既没有成为下文的主题，作品也丝毫

〔16〕某一作品中似乎没有体现或者不突出的方面，有可能是残缺部分突出表现的内容。对于领袖的爱戴，对集体强烈的归属感以及对竞争的重视是两首作品共通的元素（详见下文）。

没有提到哈格西可拉的美貌所带来的感官层面的吸引。[17]相反，众人强调的是哈格西可拉为团队注入的活力，如何帮助大家建立信心，最终带领团队走向比赛的胜利。作品中初次登场的哈格西可拉就被比作马群中荣誉等身的赛马，有着“强健而雷鸣般的四蹄”（第46—48行）。这一融合了活力和美感的形象在作品中反复出现。此外，哈格西可拉也被比作
169 领跑的头马（第92行）。诗人还借马群之间针锋相对的较量（第58—59行）以及与战争有关的意象（第60—63行）来描述歌队内部与歌队之间的竞争。少女们在歌颂哈格西可拉的领导力时还将她比喻为领航的舵手以及所有水手必须服从的对象（第94—95行）。

与诗中使用的一系列与体育、军事和航海有关的比喻相对应，歌队成员在表达对哈格西可拉的感情时，着重表现后者提供的指导和信心，而非爱人之间的神魂依恋。这一点与以阿丝图美洛莎为主角的合唱歌不同。倒数第二节（第85—89行）描写了女孩们在节日时向女神许愿的场景。作者笔下的女孩显得有些无助：不仅向女神细数她们为节日所做的准备，承认力有不逮，又自嘲地将自己的歌声与乌啼作比。哈格西可拉站出来缓解了不安情绪，帮助她们坚定了信念：“哈格西可拉给女孩们带来了令人愉悦的平静。”（第90—91行）结合诗中大量使用与竞技和军事有关的意象，

〔17〕事实上，这种可能性似乎被刻意回避了。对于哈格西可拉秀发和脸庞的赞美文中仅用一笔带过。女孩随即向自己发问：“为什么我要用如此直白的语言与你对话？”（第56行）并开始讨论歌队的另一名成员。

“令人愉悦的平静”应指代胜利的喜悦。哈格西可拉在通向胜利的终点等候，被崇拜者们紧紧包围。

在此之前，哈格西可拉就曾以守护神的形象出现在歌词中。第 64 至 76 行中表现歌队成员华丽的装饰和少女的魅力，但她们显然对是否能够击败其他歌队缺乏信心：

> 那许多的紫色不足以保护我，那精美的、纯金打造的蛇形首饰也不行。即使是吕底亚的头巾，黑眼睛少女们的骄傲，仙女一般的阿瑞塔，抑或是西拉吉丝和克莉西赛拉也不能。你也不会去艾尼西姆布洛塔那里说：“希望阿丝塔菲斯是我的，愿菲鲁拉、达马雷塔以及可爱的伊安忒米斯注视着我。”

下面这一句是以上精彩描写的最佳注脚：“不不，是哈格西可拉在守护着我呢。”（第 77 行）

这一句不仅是压力的宣泄，也是感激的祷告。领袖让那些仅凭精美的饰品、美貌、才能无法触及的存在成了现实。如此便不难理解哈格西可拉为何备受爱戴，被看作自信心、安全感和奋斗精神的源泉。这种解读方式的前提如坎贝尔所说，莎草纸本原文记载的是 *tērei*，义为保卫，而非 *teirei*，即消磨或者带来痛苦。坎贝尔指出，除了更符合拼写规范，*tērei* 与反复出现的战争意象在文意上也更加契合。[18] 170

---

〔18〕Campbell（1982：209n77）.

坎贝尔的释文可以更好地解释上文中提到的歌队成员由于缺乏安全感而产生的焦虑。

虽然上述解读存在相当的合理性，但我们仍须探讨原文为“*teirei*”一词的可能性，包括布鲁诺·甄提利（Bruno Gentili）、德尼斯·佩吉（Denys Page）、查尔斯·西格尔（Charles Segal）在内的学者均支持这种说法。西格尔的译文是：“哈格西可拉使我疲惫不堪。”他认为女孩们表达的这种对领袖的感情带有情欲色彩。[19]佩吉将这句译作“我们因哈格西可拉而憔悴”。他认为，这几行并无情欲色彩，而是体现了女孩们对哈格西可拉的深厚感情和倚赖。[20]在这两种解读中，佩吉的说法不仅与坎贝尔将莎草纸本中的关键词释为 *tērei* 的理解相契合，并且可以补充甚至加强这一理解。虽然哈格西可拉在文中以备受爱戴和尊敬的领袖形象出现，但这并不能排除哈格西可拉对歌队成员在情感层面有极大影响的可能性。文中反复表达女孩们对哈格西可拉发自内心的依赖，这种影响正是关键原因之一。残本中没有充分证据可以证明这种情感上的影响带有任何情

---

〔19〕Segal（1989：133-134）. 甄提利（Gentili 1988：73-77）认为诗中提到的“战争”指的是阿吉多和歌队其他成员为赢得哈格西可拉的青睐而展开的竞争。在哈格西可拉满足了阿吉多的欲望之后，“和平”就得到了恢复。我认为此说欠缺说服力。

〔20〕为说明这一点，佩吉（Page 1951：63，91）在文中反复使用了类似的表述：“我们的外貌不够美丽，衣饰不够华美。我们需要哈格西可拉镇场”；“成功的希望都在哈格西可拉身上呐”；“哈格西可拉是我们的感情寄托”。

欲色彩，[21]但对于这种解读，我认为应该持开放态度。因为：第一，现存作品仅为残本；第二，情欲色彩和希腊传统中带有强烈竞争色彩的同性关系之间存在紧密联系。

考虑到来自同一社区的歌队成员常为亲属，伙伴关系对于希腊女性歌队的重要性这个问题就变得更为有趣了。成员之间的亲属关系在卢浮宫本的《少女歌》中有所提示。第52行中初次登场的哈格西可拉被歌队成员称为“我的堂姊妹 / 表姊妹”（*anepsias*）。研究者们不同程度地认为这说明歌队少女之间存在血亲关系。佩吉认为女孩之间一定存在血亲关系，而坎贝尔则较为谨慎，不排除“*anepsias*”仅仅指 *171*
的是同一歌队成员的可能，也就是说（虽然坎贝尔并未明确点出），该词描述的可能是一种拟制血亲关系，用来形容歌队成员之间亲密的关系。[22]

伙伴关系显然是作品歌颂的重点，[23]因为全篇除一次提到“堂姊妹 / 表姊妹”，没有任何关于歌队成员出身同一家族的暗示。即使歌队成员存在血缘关系，但女孩们自始至终都在赞颂哈格西可拉的领导力而没有丝毫提及亲情。如

---

〔21〕我不清楚为什么西格尔（Segal 1989：133）坚持认为第64行以下段落描写的少女魅力带有情欲的色彩。歌颂女性的美丽是少女歌这一体裁中十分常见的主题，因此西格尔的解读成立的前提是作品中有更明确的带有性色彩的描写，如《阿尔克曼第三篇》。

〔22〕Page（1951：67-68）；Campbell（1982：204n52）. 西格尔（Segal 1989：132）认为，该词指代的可能是“一种兼具宗教活动和家庭色彩的关系”。

〔23〕当然，在进行这种歌颂之前，诗人必须先完成召唤神灵和神话叙事这两项基本任务。

此来看，建立在合唱基础上的友谊关系才是相互关系的基石，与可能存在的家庭关系毫无关联。另一个有趣的现象是“*anepsias*”作为一个描述虚拟亲缘关系的术语，在这里被用来描述和“升华”少女之间的友情。有学者指出 *anepsias* 的性质类似于指代斯巴达“团队”（*agelē*）成员的用语。“团队”的成员为男孩和青年男子，他们按照年龄段被分组（1—7 岁，8—14 岁，15—20 岁），然后接受统一训练。[24] 如果少女歌队与“团队”在组织结构和职能方面确实存在相似性，则表示女性合唱表演已完全融入斯巴达城邦的公民生活。表面上看，用描述虚拟亲缘关系的术语来指代歌队成员似乎说明亲属关系是一种比友情更牢固、更重要的人际关系，然而亲属关系在诗中实际上的缺失恰恰说明，使用亲属关系的称呼只是为了使其让位于友谊，将其地位降低为“友情的意象而已”。[25] 本书第一部分论证了，以平等竞争和相互依存为特点的集体是希腊男性社交的理想形式。无论少女歌队和斯巴达“团队”之间有多高的相似性，阿尔克曼创作
172 的少女歌不仅认可而且高度赞扬了这种独立于亲属关系的伙伴关系，参与歌队似乎有助于增进斯巴达年轻女性之间的友谊。这与歌队在年轻希腊男性生活中扮演的角色一样，只不

[24] Calame（2001：214-221）；Perlman（1983：129）. 有关斯巴达的“团队”制度，参见 Scanlon（2002：74-75）。

[25] 我在这里参考了哈尔伯林（Halperin 1990：85）的见解。他注意到古希腊与中东文学中表现的英雄之间的友情存在一个悖论：“虽然一些作品试图将亲属关系和婚姻关系当作体现友谊重要性的特殊场域，但它们同时将友谊设定为人类社交行为的典范。”

过对男性来说，除了歌队还有更多种类的活动有助于他们实现同一目标。[26]

通过歌队建立的年友关系往往延伸到歌队生涯之外，成为长期关系的基础。拜占庭的阿里斯托芬（约公元前257—前180）为欧里庇得斯的《俄瑞斯忒斯》（*Orestes*）题写的引言中曾提到，剧中前来询问埃勒克特拉兄弟病情的歌队成员是她的年友（*helikiotidon*）。当埃勒克特拉看到队友前来时，她说道："她们又来了，那些在悲伤的时刻陪我歌唱的挚友们。"[27]这说明埃勒克特拉的朋友不仅常来探望她，更时刻关心着她的境遇。通过埃勒克特拉对朋友的称谓可以看出她们是歌队的成员——在悲伤的时刻陪我歌唱的挚友们（*thrēnēmasi sunodoi*）。[28]

在世间第一美女海伦的身上，我们可以看到合唱经历对于长期年友关系的重要性。《伊利亚特》第3卷中，海伦抒发了对同帕里斯私奔而引发特洛伊战争的懊悔并回忆起被她抛弃的东西：婚床，亲人，孩子，以及"年友美好的陪伴"（*homēlikiēn erateinēn*，《伊利亚特》第3卷第174—175行）。女性一生中所有重要的社会关系在这里都得到了体现。

---

〔26〕苏维努-因伍德（Sourvinou-Inwood 1995：245-246）比较了古希腊年轻男性和少女在图像学层面的形象差异。相比男性，少女在社会角色方面受到的限制更多。她同时指出，宗教是女性在家庭之外唯一拥有社会属性的场域。

〔27〕《俄瑞斯忒斯》第132—133行。见M. L. West版（1987：61）当中拜占庭的阿里斯托芬的注。

〔28〕在荷马史诗中，葬诗以女性的合唱为伴奏。

作者在这里不仅提到而且热情讴歌了女性之间的伙伴关系（用“美好”来形容），以年友相称更说明兼具合作精神和竞争色彩的歌队生涯是海伦所怀念的伙伴关系的基础。这一观点可以在阿里斯托芬《吕西斯特拉特》的最后一篇合唱歌中
173 找到支持。结尾雅典的女性歌队在向海伦和她的伙伴们献礼时将海伦称作“最纯洁动人的歌队领袖”（第1315行）。[29]在忒奥克里托斯（约公元前300—前260）《田园诗》第18章（“海伦的婚礼之歌”）中，海伦和歌队伙伴之间的领队-追随者关系占据了中心地位。作者一方面采用与阿尔克曼的少女歌类似的手法歌颂了海伦的美貌及其在女红和音乐方面的才能；另一方面，海伦的伙伴自豪地介绍自己：“我们是她的伙伴（*sunomalikes*，即同年），/ 像男性那样为自己抹上橄榄油，在埃夫罗塔斯河畔赛跑，/ 二百四十名少女，一支由女性组成的乐队。/ 没有一人像海伦那样完美无瑕。”（第22—25行）海伦在希腊传统中具有多重形象：有时是不忠的妻子和红颜祸水，有时又是神灵诡计无辜的受害者。值得一提的是，海伦在歌队成员心中始终是忠诚的伙伴和敬爱的领袖，光芒四射。[30]

阿里斯托芬和忒奥克里托斯的作品以及《伊利亚特》中的描写很容易给读者带来这样的印象：将海伦及其伙伴看作希腊女性歌队竞争力和凝聚力的终极代表。然而《奥德

〔29〕这首歌后文还会讨论。

〔30〕休斯（Hughes 2005）对西方传统中海伦形象的多面性进行了研究。

赛》中的一个段落将玩球嬉戏的费埃克斯侍女们比作狩猎中的阿耳忒弥斯与神女：

有如射猎的阿耳忒弥斯在山间游荡，
翻越高峻的透格托斯山和埃律曼托斯山，
猎杀野猪和奔跑迅捷的鹿群享乐趣，
提大盾的宙斯的生活于林野的神女们
和她一起游乐，勒托见了心欢喜。
女神的头部和前额非其他神女可媲美，
很容易辨认，尽管神女们也俊美无比；
这位未婚少女也这样超过众侍女。

（《奥德赛》第 6 卷第 102—109 行）

荷马笔下阿耳忒弥斯的狩猎队伍与费埃克斯公主及其随从的球赛之间存在诸多相似之处。[31]希腊女性歌队在竞争精神和团队关系方面很可能就是以她们供奉的神祇为模仿对象。

女性关系与性别竞争 174

按照婚姻状况，希腊女性歌队中的成员分为两类。[32]歌队经历培养的竞争意识和对家庭之外同性交际的热情从孩提时代一直延续到婚后，成为女性生命的一部分。这两点与女

〔31〕曼德褒姆（Mandelbaum 1990：118）将 *amphipoloisi*（“随从”，第 109 行）译作“伙伴”。

〔32〕Calame（2001：26，30）.

性身体的成熟以及婚后获得的家庭权力相结合，引发了男性的焦虑，并体现在文学作品中。下面三部由阿里斯托芬创作的戏剧作品在主题和情节上或直接或间接地和女性（或以女性为主体的）节日有关。这些作品集中体现了喜剧家对女性的团结精神和集体力量潜在影响力诙谐又不失严肃的思考。

在《吕西斯特拉特》中，女主人公组织的泛希腊世界范围性罢工成功迫使雅典、斯巴达及其同盟退出这场旷日持久的战争。作品本身并没有任何与宗教节日直接相关的情节，然而当吕西斯特拉特发现无人响应号召参加罢工动员会时，她发表的议论透露了重要的信息。她说，要是召集参加女性狂欢节的话，妇女们肯定会踊跃前来（第 1—3 行）。后来，当剧中的地方官带着警察赶到现场抓捕盘踞在卫城上的罢工者时，在场女性引发的骚乱一度令前者误以为这是由女性主导的阿多尼斯节的庆典（第 388—398 行）。[33] 通过描写吕西斯特拉特的失望和地方官的怀疑，作者讽刺了人们认

---

〔33〕男性通常对阿多尼斯节持怀疑态度，参见 Blundell（1995：37-38）。德田（Detienne 1994）提出，古希腊人的观念中，阿多尼斯节和以礼敬得墨忒尔为主旨的节日之间存在根本性差异。阿多尼斯节的主要参与者是歌伎和小妾，因此该节日通常和那些不以繁衍后代为目的的性行为联系在一起。然而，礼敬得墨忒尔的节日面向的是妻子们，歌颂的是以忠贞和生育为理想的婚姻生活。在阿里斯托芬以集体女性活动为背景的想象奇妙的喜剧中，为礼敬得墨忒尔所设立的节日是一个重要的主题，且此类活动既可以是政治性的，也可以是其他性质的。根据我对于这些戏剧作品的解读，可以看到古希腊人观念中有关不同女性的身份存在另一项为人熟知的根本性差异，即未婚女子和已婚妇女之间的区别。有关对德田的上述解读及其对于阿多尼斯节和地母节分属不同类型节日的论断（即女伎 / 妾和妻子之间的对立），参见 Winkler（1990a：197-202 ）。

为女性在食物和性生活方面存在弱点这一刻板偏见。值得注意的是，女性节日或以女性为主体的节日不仅深受女性的欢迎，也是团结女性的最佳途径。古希腊妇女或许只有在节日 175
期间，才能较长时间并且名正言顺地暂时摆脱照顾孩子等家庭事务，与同伴一起参加户外活动。[34]

这一特点也体现在阿里斯托芬另外两部以女性节日为背景的作品中。为期三天的地母节完全由女性参加，礼敬的是谷物和生育女神得墨忒尔。在《地母节妇女》中，剧作家欧里庇得斯在地母节的第二天被判处死刑，其笔下的女性常常以淫妇、窃贼、贪吃者的形象出现，因此成为希腊女性的公敌。[35]剧中的虚拟审判参照公民大会的相关程序表决，通过了对欧里庇得斯的处理意见。在场的妇女再三强调女性集体权益的重要性，甚至大胆地使用了“妇女联邦”这样的说法。[36]《地母节妇女》中的虚拟议会在《公民大会妇女》一剧中变成“现实”：为纪念得墨忒尔而设立的斯基拉节成为妇女们秘密行动的目标，她们乔装打扮成男人潜入公民大会，成功通过了将城邦治权移交给女性的决议。

女性亲密关系和性别竞争是上述三部作品的共同主题，在《地母节妇女》中有清晰的体现。剧中，被认为敌视女性

---

〔34〕Henderson（1996：22）.

〔35〕古希腊的其他宗教仪式通常存在地区差异（如活动时间和具体仪式），但庆祝地母节的形式却大致相同。

〔36〕《地母节妇女》：第 307—308 行（*ton dēmon tōn gunaikōn*），第 334—335 行（*tōi dēmōi tōi tōn gunaikōn*）。亨德逊（Henderson 1996：109）译作“女性主权人民”。

的欧里庇得斯有一位族人，他假扮成女人潜入会场，质疑对欧里庇得斯的判罚。透过族人的视角以及后来他与女性之间的对驳，我们看到男性与女性之间的互相攻讦。然而女性凭借人数优势和自发的团结成为无可争议的胜利者，以缺席审判的欧里庇得斯和同情他的族人为代表的男性则是这场较量中彻头彻尾的输家。族人在身份暴露后被判处极刑，但最终凭借欧里庇得斯的妙计死里逃生。

地母节的仪式和神话以及其他礼敬生育女神得墨忒
176 尔的女性节日体现了古希腊人对妇道和母道内涵的严肃质疑——这看起来是个明显的悖论。在地母节的起源神话中，冥王哈得斯趁珀尔赛福涅同侍女采花之机将其劫走成婚，得墨忒尔上天入地寻找失踪的女儿，[37]遍寻不得，一怒之下将整个大地化作一片荒芜，饥荒随之蔓延，饿殍遍野，直到宙斯出面安排母女团聚。一年中，珀尔赛福涅有三分之二的时间陪伴母亲，其余时间仍然是哈得斯的冥后。在这个故事中，婚姻宛如一场由男性暴力造成的突然事件，不仅对当事人来说如此，得墨忒尔和珀尔赛福涅的女伴们对此也毫无准备。除了表现婚姻带给女性的失落感和焦虑，得墨忒尔的愤怒表现了女性因为生育能力所拥有的强大力量，不管女性在男权社会中显得多么无助，在男性看来这种力量却是女性实施报复和破坏的资本。这个神话故事的结局并不幸福：观众在无法摆脱婚姻枷锁的珀尔赛福涅身上看到的是婚姻的灰暗

---

〔37〕《献给得墨忒尔的荷马颂歌》是和该神话相关最重要的文本。

面，让大地重新焕发生机也更像是得墨忒尔的妥协。

“双生女神”（Twain Goddess）得墨忒尔与珀尔赛福涅的故事并非遥远的神话，而与地母节一类节日的风俗、内涵密切相关。现有的早期材料显示，对神话故事的演绎是这些节日庆典的重要组成部分。[38]可以想象这种兼具公开和神秘色彩的集体女性活动给男性带来的冲击：妇女们聚集在城市中心庆祝地母节，而男性却被严格禁止参加，违反规定者甚至会被处死。在这三天中，女子仿佛在城邦内部短暂地打造了一座城中之城，阿里斯托芬的喜剧通过特殊的方式表达了男性对这种现象的焦虑。欧里庇得斯的族人乔装打扮混进会场试图刺探大会的秘密，但他没多久就暴露了身份并受到严厉对待，男人的任何努力都注定无功而返。男性族人之所以会暴露，不仅仅是因为他敢于触怒参加庆典的同伴，公开抨击女性，更因为他对节日背后的仪式和女性人际关系模式一无所知。自称每年都参加庆祝活动的他却记不清同住伙 177
伴（*suskēnētria*）的名字（第 624 行）。如此看来，节日期间一般有两人同住一间帐篷，同时帐篷也是举行其他活动的地点。双方在地母节期间的冲突说明，人们认为以女性为主体的节日有助于培养女性之间的团结，并成为释放性别竞争压力的平台。

了解地母节可能的举办地（即现实中雅典公民大会举办的地点普尼克斯山）对理解上述作品的含义以及阿里斯托

〔38〕Brumfield（1981：80-81）；Lowe（1998）.

芬其他以女性为主体的作品非常重要。[39]在《吕西斯特拉特》的开篇，全希腊妇女在活动领袖的号召下聚集在一起，商讨如何应对发生在雅典和斯巴达两大联盟之间的伯罗奔尼撒战争。以《地母节妇女》为例，如果雅典人观念中的女性节日是传递消息甚至密谋的场合，政治成为该剧主人公们关注的议题也就不足为奇了。用“议题”进行表述是因为《公民大会妇女》和《吕西斯特拉特》中女主角行事的方方面面，包括仪式、规章制度乃至演说的修辞艺术等，都以男性主导的公民大会为参考。考虑到以下两点，我们有理由认为《公民大会妇女》中女性潜入议会的奇妙情节有其合理性：第一，地母节和雅典公民大会很有可能使用同一场地；第二，类似的女性节日往往具有排他性和神秘性。从这个意义上说，故事中的女性角色不过是回到了每年三天短暂属于她们的场地。

《吕西斯特拉特》中参与性罢工的女性夺取雅典卫城的情节与之相似。其源头不仅有现实中的宗教活动，还包括大众关于女子性格特点和行为的观念。剧中较为年长的女性借祭祀雅典娜的名义占领了城堡（第177—179行），这也是吕西斯特拉特计划中关键的一步。为逼迫男人们停火，她一方面策划了性罢工，另一方面切断了军费来源（雅典的金库就
178 在卫城山上）。宗教赋予希腊妇女的行动自由再次为阿里斯托芬提供了创作灵感，使其编织出女性参政的奇幻情节。

〔39〕有关地母节举办地是否为普尼克斯山的争议，参见 MacDowell（1995: 259-260）。

阿里斯托芬虚构的女性参政行动之所以令人叹为观止，不仅是因为其规模之大，也因为其中所反映的女性团结的程度之强。主人公两次用“团结一致”（*koninēi*）描述罢工行动。第 39—41 行中吕西斯特拉特与最先来到会场的邻居克洛尼克聊天，她说道：“当所有城邦——波奥提亚、伯罗奔尼撒 /——的妇女都团结起来，/ 我们齐心协力，将挽救希腊。”后来，当执政官谴责妇女占领卫城的行为时，吕西斯特拉特回应道：“真正的男子已经没有了”，“我们这才决定把各邦妇女联合起来，共同拯救希腊”（第 524—526 行）。吕西斯特拉特的追随者展现了相同的觉悟与决心。虽然参与罢工的女性都有自己的小心思，大事面前却能做到携手同心：当男人准备烧毁妇女在卫城门前设立的路障时，妇女们带着水罐从拥挤的水源处赶来救援被困的“女同袍”（*taisin emais dēmotisin*，第 321—335 行）。下面这一段右回舞曲（antistrophe）清晰地展现了妇女对联合行动的骄傲和信念：

为朋友我已准备好一切，
她们勇敢善良，豪气如虹
她们美丽淳朴，聪明诚实，
她们是一群崇高的爱国者！

（《吕西斯特拉特》第 543—547 行）

《公民大会妇女》同样重点表现了女性的团结。在珀拉克萨戈拉的教导下，雅典妇女们掌握了公民大会的议会流程并充分意识到行动的重要性。进入会场前的合唱歌就体现了这种自觉的团结性：

> 你们走快点，大家加把劲！
> 179 当心别讲错一个字，千万别露了馅。
> 先领取自己的号牌。
> 然后坐成一排，相互紧挨，
> 以便同我们的姐妹——啊，不！不是姐妹，
> 到那时应该说“兄弟”，——
> 在表决时取得一致意见。
>
> （《公民大会妇女》第 293—299 行）

最后两句不只是对伪装者不小心泄露了真实身份的调侃，还表现了女性如何互相帮助，进一步巩固新身份。雅典妇女早已习惯通过节日活动结交朋友，而此时此刻，她们摇身一变成为男性公民，参与公民大会的磋商和决策。虽然这种角色转换存在一定难度，但两种角色之间的相似性，即对团队意识和同侪竞争的重视，极大地增加了成功的可能性。

《吕西斯特拉特》和《公民大会妇女》中的女性角色充分表现了希腊人的竞争精神。她们在男性面前据理力争，惊恐的男人们不得不出手镇压。能言善辩的她们找出了三条依据来支持自己的行动。第一是责任感。《吕西斯特拉特》当中，当男人试图夺回城堡的控制权并指责女人不应介入战争的讨论时，妇女们表示，“同胞们，为了亲爱的雅典，听我

说几句肺腑之言，/ 我们从小在这块土地上长大，/ 生活富足，自由自在”（第 638—640/1 行）。随后妇女们一一细数了她们在各大公众节日中扮演的角色。由于女性可以合法地在这些兼具宗教和公民性质的节日场合出现，她们能够辩称此时站出来是为了报答城邦带给她们的机遇和荣耀。[40]

第二，阿里斯托芬笔下的女性认为她们这样做是在行使自己的“权利”。珀拉克萨戈拉在公民大会模拟演说中说 180
道：“我和你们有着同等的权利和责任。/ 目睹国势日衰，一蹶难振，/ 我悲凉感慨，五内如焚。”（《公民大会妇女》第 173—175 行）《吕西斯特拉特》详细说明了为什么女性和城邦的命运紧密相连。一位妇女这样说：“我也在为共同的事业贡献力量，最美好、最珍贵的，就是为你们生育儿郎。”（《吕西斯特拉特》第 651 行）此外，吕西斯特拉特解释了为何与男性相比，战争中女性要承担双倍的压力：母亲将儿子送去战死沙场；因为连年的征战，妇女告别了夫妻生活；少女难觅佳偶，无奈孤独终老（《吕西斯特拉特》第 588—597 行）。通过回击男人所谓女子与战争毫无关联的论调，这些叛逆的女性捍卫了自己干预战争的权利。

第三是能力。妇女们认为她们有“能力”参与战争事务，虽然男性常将此看作男性的特权。她们将管理家庭和管理城邦类比。珀拉克萨戈拉在公民大会上提出，应该让女性接

---

〔40〕上文中两次提到了这一段。女队长在面向队友的总结陈词中说道：“我能否为雅典城奉上点善策良方。”（《吕西斯特拉特》第 648 行）

管城邦："毕竟，我们已经任用她们来管理和控制我们的家庭了。"[41]接下来，珀拉克萨戈拉证明了妇女在家庭管理方面的经验使她们比男性更适合担任城邦治理者，且女性在改革方面的态度不像男人那样激进，而是更关心人民的福祉，不仅能更加高效地满足民众的需求，处理经济危机也更有手段。剧中的女性角色使用了一个很长的比喻来阐释这个观点。吕西斯特拉特宣称妇女们可以轻松解决眼下希腊的困境，和解开一团毛线一样简单。首先要像清理羊毛中的污渍和毛刺那样将坏男人从城邦中清除出去，将剩下那些忠于城邦的好男人集中起来并让他们各尽其能，这一步骤就好比将上好的羊毛梳理完毕，然后放入篮子用作纺织的原料（第574—586行）。

女性不仅将城邦的问题归咎于男性，更试图证明她们处理城邦事务的能力超过男性。两性互动在阿里斯托芬的两部作品中占据了大量篇幅，其中不乏超越语言层面直接而剧烈的肢体冲突。

181 《公民大会妇女》当中便可以找到肢体冲突的情节。其中一节描写了珀拉克萨戈拉模拟讲演之后众人的反应。妇女喝彩的同时担心她面对男性的侮辱时能否保持镇定。珀拉克萨戈拉展示了她在每一种情形下所能采取的应对措施，打消了众人的疑虑：用犀利的语言反击语言上的侵犯，对方若使

〔41〕《公民大会妇女》第211—212行。《吕西斯特拉特》第494—495行，当执政官普罗布洛斯质疑女性要求掌管从卫城夺取的钱财时，吕西斯特拉特回应道："理所当然，你何必大惊小怪！家里的钱财不也一直是我们掌管？"

用武力她便以牙还牙。珀拉克萨戈拉坚定的信念感染了在场的妇女，她们向她保证，如果警察要将她驱逐出场，大家会一起保护她（《公民大会妇女》第245—261行）。所幸在公民大会上珀拉克萨戈拉和她的伙伴们无须面对这样的局面。她们的伪装没有被揭穿，前者凭借出色的口才，成功地说服男人在走投无路的情况下尝试一下女性当政。从众人称呼珀拉克萨戈拉为“将军”（*stratēgon*，第246行）这一点，可以看出妇女们真的认为自己在战斗。索墨斯坦（Sommerstein）指出，这可能是阿里斯托芬刻意设计的情节，其目的是“误导观众以为新的女性政权将会像亚马孙女战士一样好斗”。[42]虽然在《公民大会妇女》中最终实现了和平接管，而且男人们能愉快地接受女性的共产主义式统治，但剧中女性的入侵完全有可能发展为一场战争——正如我们在《吕西斯特拉特》中所看到的那样。

在《吕西斯特拉特》中，当男人们抵达卫城试图烧死那些盘踞其上的妇女时，这群围攻者祈祷的内容明确表现了行动的战争色彩：“啊，胜利女神，请你今天降临卫城，/让我们打败这些愚蠢的婆娘，把胜利的丰碑高高建立在她们罪恶的叛逆之上。”（《吕西斯特拉特》第317—318行）双方进行了一场短兵相接的较量。《公民大会妇女》中妇女们预想却未曾发生的一幕在这里真实地上演了。男人们祈祷的对象是胜利女神，而女性则是祈求身为雅典守护神和战争女神的

〔42〕Sommerstein（1998：160n246）.

雅典娜成为她们“并肩作战的伙伴”（*summachon*）。在女神的指引下（雅典娜神庙的所在地正是卫城山），妇女们无惧语言上的挑衅和威胁，先扑灭了男人点燃的大火，然后击退
182 了前来抓捕她们的弓箭手（第350行）。恼怒的执政官命令弓箭手再次列阵冲锋，因为“向女人让步实在是奇耻大辱”（《吕西斯特拉特》第450—451行）。面对孤注一掷的对手，吕西斯特拉特回应道，我们这边也有“四队全副武装的战斗妇女”（*tettares lochoi machimōn gynaikōn exōplismenōn*，《吕西斯特拉特》第453—454行）。在她的指挥下，另一队身负重铠的妇女从卫城内赶来，准备以拖拽、猛击、捶打、谩骂等各种形式进行反击。男人们被击溃了，吕西斯特拉特告知沮丧的执政官，他的错误在于将他们作战的对象想成是一些女奴（《吕西斯特拉特》第459—460行）。

剧中发生在男女之间的武装冲突并非简单的闹剧。第一，这一情节反映了男性对于彪悍的女性团体深深的焦虑。他们后来将对手比作阿尔特米西亚一世——公元前480年希波战争中率舰队支援波斯的哈利卡那索斯女王以及亚马孙一族，即传说中入侵雅典然后败给传奇君主忒修斯的女战士。[43]男领队发出这样的警告：女人一旦获得机会，她们便

〔43〕亚马孙族以战争为业，实行完全的女性自治。族中的男性新生儿会被处死，部分记载提到男孩会被毁伤肢体。男性在亚马孙族的领地中只能从事低等的工作。亚马孙族女人通过和陌生人发生关系来实现种族的延续。杜柏丝（Dubois 1982），莱福科维茨（Lefkowitz 1986，第1章）和泰勒（Taylor 1984）研究了古希腊材料中亚马孙族的形象。有关亚马孙族和雅典之间的战争，参见普鲁塔克，《忒修斯》第27章。

会毫不迟疑地与男人开战，然后凭借决心和技巧取胜（《吕西斯特拉特》第671—681行）。[44]女性的团结让男人们畏惧，于是他们借哈尔摩迪奥斯和阿里斯托革顿的事迹来为自己打气（两人的雕像屹立在雅典的广场上）。男领队不仅引用了第一章提及的称颂这对伴侣英雄事迹的饮酒歌，还模仿阿里斯托革顿雕像的造型，发扬这对模范伴侣和自由斗士的精 183
神，发誓要打败眼前这群女性侵略者（第631—634行）。违反性别规范的严重性似乎可与僭主政体相提并论。哈尔摩迪奥斯和阿里斯托革顿以生命为代价诠释了男性之间同性关系的重要性，这种关系作为维系公民社会的纽带对困境中的雅典男性具有特殊的激励作用。

《吕西斯特拉特》对于性别对抗的描写十分精彩，其背后是互相联系的两个因素：宗教活动赋予女性暂时性的人身自由和权力，以及女性试图改变现实生活中不公平待遇的愿望。吕西斯特拉特抱怨道，过去女性不能质疑丈夫在公民大会上做的决定，她们被要求保持沉默甚至会遭到训斥。吕西斯特拉特告诉执政官她的部队已经夺取了卫城："今天你们若是愿意反过来倾听（*antakroasthai*）我们的优秀建议，如果你们能像我们从前那样闭嘴（*antisiōpan*），那么我们有办

〔44〕欧里庇得斯的悲剧《酒神的伴侣》充分表现了古希腊人对于女性在宗教活动中所展现的集体力量的担忧。该剧中，酒神节时状若疯狂、游荡于山林间的迈那德的狂女（maenads）拒绝遵从国王要求她们解散回家的命令。狂女们消灭了国王派来的军队，最终战胜了国王。作品中大量使用了身体对抗的意象。有关古希腊神话、文学和艺术作品中"狂女"的形象，参见Benson（1995）和Dodds（1951：270-280）。

法让你们重回正道。”（《吕西斯特拉特》第 527—528 行，译文稍有改动）女性认为自己是受害者，被男性剥夺了应有的权利，因此她们不仅要讨回公道，更试图以同样的方式惩罚男性。这种性别对抗比《公民大会妇女》中女性发动的叛乱更温和。《公民大会妇女》中，女性通过选举打入政府机构，然后告知雅典男性他们所拥有的一切权利以及应尽的一切义务都将被剥夺（“剥夺”义务的说法大概是为了让男人们觉得这是个不错的待遇）。今后男人将负责看家，主妇们出席公民大会和法庭（《公民大会妇女》第 458—464 行）。发生在法律层面的一个具体变化是男人被剥夺了大部分的交易权，不得经手任何货品价值超过一美提姆诺斯的交易，颠覆了现实中雅典律法对妇孺交易权的限制（《公民大会妇女》第 1024—1025 行）。女性提出的观点是：“我们并不比男人差，到了我们执政，你们被统治的时候了。”这种不容置疑的态度具有强大的感染力，她们不仅能化用雅典民主制度的理论（雅典的民主制当中，所有男性公民平等，轮流执政）为自己辩解，还证明了女性具备参政所需的品质和能力。

《公民大会妇女》和《吕西斯特拉特》都在一派轻松愉快中结束。《公民大会妇女》中，新成立的女性政权实行共产主义政策并将整个城市变成了宴会厅。宴会由女性主导，
184 向所有男人发出邀请。全篇倒数第二首合唱歌陈列了一份美食清单，起到了烘托节日氛围的作用：

丰盛的美味佳肴在等待着我们——

牡蛎、螃蟹、比目鱼，
奶油、苹果和蜂蜜，
旱芹、黄瓜、野兔、山鹑，
还有乳猪、小牛和松鸡，
蒸、炸、炖、烤、香、甜、酸、辣，
引得人个个垂涎欲滴。
还不快拿起刀叉碗碟！
吃完后别忘了再拿些水果和糕点。

（《公民大会妇女》第 1169—1178 行）

《吕西斯特拉特》的尾声洋溢着欢乐祥和的气氛，以宴饮和歌舞结束。女性通过性罢工成功迫使男性接受停战的请求。当斯巴达和雅典的男人们挺着勃起的阳具，纷纷赶到仍被女人占领的卫城时，吕西斯特拉特帮助双方达成了停火协议。两个城邦的和解不单单是政治和军事意义上的，更重要的是剧中多次发生激烈冲突的男性和女性也实现了和解。吕西斯特拉特和妇女们在卫城为斯巴达人和雅典人准备了宴会，让男人借机带妻子回家。吕西斯特拉特在送别演说中呼吁两性和解："让妻子陪伴丈夫，丈夫也留在妻子身旁。/ 让我们欢乐起舞，为诸神纵情歌唱。/ 今后我们还要小心提防，/ 以免迷失心智，再起祸殃！"（《吕西斯特拉特》第 1275—1278 行）"再起祸殃"（*examartanein*）在这里有两重含义，表面上是指由男性的愚蠢和贪婪引发的战争，但几乎可以肯定的是，也暗示了剧中表现的男女间的对立。丈夫和妻子载歌载舞，直到宴会结束。性别对立引发了女性的反抗，而随着性别对立的消解，妻子们又回归家庭。上文提到女性将家庭管理能力看作重要的政治资本，但我们不得不
185 承认，女性的政治行动最终确认和强化了其原来的性别角色。[45]在短暂地成为政治舞台的主角后，女性重新回到幕后，而先前被打乱的男性 / 政治与女性 / 家庭之间的界限被迅速修正。

从这一点上说，《公民大会妇女》的结尾展现了不同的局面。妇女在取得执政权后开始治理城邦。阿里斯托芬在结尾处描写的节日庆典标志新政权的诞生，而妇女准备宴席的一幕则与传统中女性的家庭角色相符，然而这并不意味着一切就此完满终结。性别关系此后将会怎样发展？如果说受到不公平待遇以及对被排除在政治之外的不满是引发女性反抗的诱因，那么当共产主义式的热情消退之后，男性是否能够接受自身政治权利的丧失？妇女们参加完公民大会和法庭审判回到家中，又将如何与被她们推翻了的丈夫相处？

《吕西斯特拉特》的结尾给人一种未完待续之感。虽然回到家中的妻子希望避免“再起祸殃”（第 1278 行），但在剧中占据大量篇幅的性别对立并没有就此消失。男女在和解之后一起载歌载舞，为剧中女性角色通过性别对抗展现出的好胜心和集体精神添上了浓墨重彩的一笔。正如全剧的最后

〔45〕Konstan（1993）；MacDowell（1995：248）：“实际上本剧中的女性并未获得任何政治上的实权或者开展了政治实践（这与创作时间相隔约二十年的《公民大会妇女》不同）。”有关两剧之间的区别，详见下文。

一首合唱歌表现的那样：

欢快地唱吧，尽情地跳吧，
歌唱我们光荣的斯巴达！
这些歌声和舞蹈，
我们敬献给故乡的神祇。
在那里，斯巴达的年轻姑娘
在涟漪荡漾的欧罗塔斯河上
翩跹起舞。她们飞快地旋转，
抬腿、踏步是那样矫健、整齐。
她们的鬈发飞舞，如同酒神节上的狂女。
把轻巧的手杖向空中抛起。
勒达的女儿在前面导引，
率领着欢乐的歌队前行。
把鲜花紧紧地扎进发辫，
唱吧，跳吧，就像年轻的小鹿， 186
在田野里欢快腾跃！
让掌声跟上合唱的节拍，
为铜顶神庙里战无不胜的女神
放歌喝彩……

（《吕西斯特拉特》第 1302—1321 行）

上述歌颂女性美貌、竞技、自信和友情的作品可与阿尔克曼的少女歌媲美。我们在上自荷马下至希腊化时期的作品中都能找到类似的。以歌颂少女歌队为主题的少女歌表现了女性的好胜心和集体精神——这与以妇女节日活动为背景的剧作中描写的性别对立类似。虽然作品的主题从对少女的爱慕之情转变为对妻子、母亲这两种身份的好奇和疑虑，但两种体裁的相同之处没有发生变化；攻占卫城、发动罢工的女性和那些后来与丈夫载歌载舞、昂扬动人地演唱剧终合唱曲的女子是同一群人。此前攻占卫城的妇女用她们丰富的节日经历回击男性对女性参政的质疑。虽然阿里斯托芬在剧中呈现了一个迷人的结局，但作者并不想让观众认为，剧中上演的公开冲突令战斗中的任何一方发生了根本的转变。我们不禁陷入这样的思考：性别冲突（*agon*）是否彻底解决？我将在第 4 章中通过研究不同年代、地域、文体的材料考察不同背景下的性别对立。下面让我们暂时将目光转向女性在先秦节日中扮演的角色。

中国的公众节日

墨子（约公元前 468—前 378）引用燕、齐、宋、楚等地的节日风俗来说明鬼神信仰是人类的天性，而为满足人类鬼神信仰的需求又出现了专门的祭祀场所。用一
187 句话来概括这些节日活动的情形，即“此男女之所属而观也”。[46]

古代中国的女性广泛参与在公开场合举行的各类集体

[46]《墨子·明鬼》8.4a。

性节日。节日的时间点往往与农业生产周期相对应。仪式的主要目的一般是祈求子孙繁衍和风调雨顺，除此之外其他的生死大事也可以通过与神灵沟通来解决。最常见的集会地点似乎有水岸、树林或有山有水之处。这些节日活动向男女老少开放，但最兴奋的大概要数那些适龄的少男少女。以《郑风·溱洧》为例：

> 溱与洧，方涣涣兮。士与女，方秉蕑兮。女曰："观乎？"士曰："既且。""且往观乎！洧之外，洵訏且乐。"维士与女，伊其相谑，赠之以勺药。[47]
>
> （《诗经注析》第 261 页）

朱熹沿袭韩诗一派的观点，认为该诗描写的是春日的上巳节。郑人来到从境内穿流而过的溱水、洧水之畔举行仪式。其作用有二：一是招抚亡灵，二是在大地回春之际祓除不祥。[48] 即使招魂和驱邪仪式是上巳节的主要目的， 188
两者也绝非节日的全部。河畔游人如织，青年男女两两相会，空气中弥漫着浪漫的气息。诗中的女子热情地邀请男子同行，后者虽刚观光回来，仍欣然接受邀约再往。芍药

〔47〕第二章的二、四两句稍有变化："溱与洧，浏其清矣。士与女，殷其盈矣。"

〔48〕《诗集传》4. 28b-29a。朱熹沿袭了汉代韩诗派学者薛汉的观点。姚际恒和陈启源分别在《诗经通论》（5. 163）和《毛诗稽古编》（5. 26a）中指出了薛汉对于朱熹的影响。

在结尾处被作为定情信物赠送给对方，呼应第四行提到的驱邪用的兰草。这说明节日活动和聚会不仅有宗教层面的意义，还为青年男女提供了交往的机会。人们对郑地节日活动丰富、性观念开放的印象很大程度上源于《溱洧》这类作品。[49]

包括葛兰言（Marcel Granet，1884—1940）、郭沫若（1892—1978）、闻一多（1899—1946）、萧兵在内的学者指出，节日的社交功能并不只是宗教活动的附庸，而是很多以性仪式为中心、庆祝生育为目的的古代节日的核心组成部分，节日活动成为年轻男女约会的契机，并且往往以交欢结束。[50]《鄘风·桑中》一诗似乎就可以被这样解读：

爰采唐矣？沬之乡矣。云谁之思？美孟姜矣。期我乎桑中，要我乎上宫，送我乎淇之上矣。

189 爰采麦矣？沬之北矣。云谁之思？美孟弋矣。期

---

〔49〕我将在下文中分析另外两首出自郑风的作品。以《溱洧》为例，班固称郑地“俗淫”（《汉书》28b.1652）。传统上对于《溱洧》的理解一般分成两派。以朱熹为代表的一方认为作品是郑地“淫奔者”的自我表达。以毛诗郑笺孔疏系统为代表的一方认为这是诗人对于郑地淫俗的批判。柯马丁（2007：136-140）研究了中古早期对于《溱洧》一类诗篇不带教化色彩的解读。

〔50〕参见 Granet（1975：41-46），郭沫若（1931：21），闻一多（1959：97-113），萧兵（1982：145）。郑玄认为：“行夫妇之事，其别，则送女以芍药，结恩情也。”（《毛诗正义》第 346 页）

我乎桑中，要我乎上宫，送我乎淇之上矣。

爰采葑矣？沬之东矣。云谁之思？美孟庸矣。期我乎桑中，要我乎上宫，送我乎淇之上矣。

（《诗经注析》第131—136页）

现代批评家大多认为《桑中》是爱情诗，然而诗人情感倾诉的对象似乎不是某位具体的女子（每一章中提到的女性名字都不同）。作品表达的情感适用于任意包含类似活动的公众节日：成群结队的年轻男女吟咏情歌，挑逗戏谑。[51]诗中反复提及的桑中、上宫、淇水等地名可能暗指节日的地点。[52]孙作云认为，“上宫”指的是桑林之中某座供奉生育女神高禖的庙宇。[53]

很难说古代中国节日期间男女同处的现象一定与所谓祈求生育的仪式有关。但有一点可以确定，以宗教为基础的节日为男女提供了大量共处的机会。《桑中》的背景似乎是某个节日，其庆祝活动和交游往往以男女交欢告终，虽然后者可能并非节日本身宗教意涵的一部分。班固引用《陈

〔51〕葛兰言（Granet 1932：84-86，89）认为《桑中》是农村男女在节日时即兴创作的作品。

〔52〕“桑中”即墨子所谓宋之“桑林”。宋、卫两国同为殷商故地，故两国的风俗多有相似之处［郭沫若（1931：20）；闻一多（1959：97）；萧兵（1982：145）］。

〔53〕孙作云（1996：305）。

风·东门之枌》一诗来表现陈国百姓对祭祀的热情（《汉书》
190 28b.1653）和狂欢的场景。该诗第一章描写了一群在圣林中起舞的年轻男子：

东门之枌，宛丘之栩。[54]子仲之子，婆娑其下。

在下一章中，一群女子登场：

榖旦于差，南方之原。不绩其麻，市也婆娑。

这些女子歌舞于市井，然后赶往圣林。[55]这种聚会和歌舞同时受到男女双方的欢迎（“婆娑”一词同时被用来描绘两者的欢快舞姿）。女子在出发前先放下手中的纺绩这一细节说明，与古希腊节日类似，先秦时期的节日为女性提供了一个暂时脱离家庭生活，参与户外集体活动的机会。作品的最后一幕是男女在圣林幽会。不管双方是否初次邂逅，通过互相打趣，他们向对方表达了好感与爱慕，并索取了信物：

---

〔54〕郑玄仅提到“东门”和“宛丘”是男女聚会之所（《毛诗正义》第376页）。清代学者牟庭（1759—1832）在《诗切》中指出，东门之枌和宛丘之栩指的是圣林，在圣林进行的活动对于男女有着极大吸引力（第1159页）。

〔55〕朱熹认为，女子此后将与男子相会（《诗集传》7.3a）。此说可成立，因为诗歌下一章接着描写的是男女之间的情话。

榖旦于逝，越以鬷迈。视尔如荍，贻我握椒。[56]

（《诗经注析》第 364—367 页）

先秦节日巨大的吸引力可能在很大程度上源于当时开 191
放的性观念，这一点可在“春秋三传”中找到支持。公元前671 年，鲁庄公（公元前 693—前 662 年在位）前往齐国祭拜社神，而社祭即墨子所谓“男女之所属而观”的重要节日之一。[57]“春秋三传”均认为“如齐观社”乃“非礼”“非常”的行为。[58]一般被认为最晚出的《穀梁传》认定，庄公越境观看节日上的女子的行为不妥。[59]惠士奇（1671—1741）和其他许多支持《穀梁传》观点的学者认为，齐国的社祭和其他诸侯国类似的古老节日之间存在紧密联系。惠氏引用《墨子》和《溱洧》论证，鲁庄公参加社祭的关注点不在于祀

〔56〕有关“子仲之子”的性别，学者有不同理解。威利参照毛诗郑笺孔疏系统的阐释（《毛诗正义》第 376 页）译作“儿子”（Waley 1996：108）。参照朱熹《诗集传》7.2a 和王先谦《诗三家义集疏》10.2，高本汉（Karlgren 1950：88）译作“子仲之女”。朱熹对第二句中的“原”字也有不同理解，认为“原”指“原野”而非姓氏。虽然学者在具体文字的解读上有不同意见，大部分学者均认同作品表现了男女自得其乐、互诉衷肠的场景（诗的第三章将这一点表现得很清楚）。

〔57〕周策纵（Chow 1978：32）认为：“毫无疑问，祭祀社神的社祭与某些生产、繁衍有关的信仰之间存在联系。”类似的论述可参见陆威仪（M. E. Lewis 2006b：134-137）以及斯维至（1997：47）。

〔58〕《左传·庄公二十三年》；《公羊传·庄公二十三年》；《穀梁传·庄公二十三年》。

〔59〕虽然汉代治《穀梁传》者声称该书为子夏所传，且实际上也不能排除《穀梁传》起源于先秦时代的可能，但众多学者都怀疑《穀梁传》实际成书时间在西汉早期。

神，而是在场的女子。[60]

如果我们接受传统经学家的观点，那么究竟有什么值得庄公远赴齐国参加社祭？《史记》中的一则记载或可提供参考。故事的主人公——齐威王的客卿淳于髡讲述了有关州
192 闾之会的见闻。其间男女不仅能够一道出游，还能同坐、同嬉、同饮、同游，眉目传情，进行肢体接触，这些都是平日禁止的行为（《史记》126.3199）。虽然淳于髡描写的州闾之会和齐国的社祭之间缺乏直接联系，但前者从侧面揭示了齐地社祭活动开放的性观念。类似活动可能是吸引了鲁庄公远赴齐国观礼。这种态度显然与后世道德家对于为君之道和性别关系的认识相悖。

如《溱洧》《桑中》所示，《诗经》中的女性通常为节日期间两性交往中主动的一方。《溱洧》中的女子成功说服男子同行，可想而知，一旦置身于节日狂欢的人群中，她会如何继续向他施展自己的魅力。从发出邀请，到提出约会地点以及约会后道别，《桑中》一诗中掌握主动权的始终是女方。我们固然可以将女子的表现理解为她对男子追求的回应，但实际上《诗》中不乏反映女性大胆追求心上人的作品。以另一首郑地的作品《郑风·褰裳》为例：

> 子惠思我，褰裳涉溱。子不我思，岂无他人？狂童之狂也且！

---

〔60〕萧兵（1982：146）。

子惠思我，褰裳涉洧。子不我思，岂无他士？狂童之狂也且！

（《诗经注析》第 245—246 页）

诗中提到的“溱洧”即《溱洧》描写的上巳节的地点，
而《褰裳》中的玩笑和《溱洧》一样带有性暗示，说明两首 193
诗的背景可能类似。《褰裳》中女子倾诉的对象并不一定是明确恋爱关系的对象，或许是当日在场的任何一位年轻男子。女子的邀约甚至是一种挑战：如果男子反应不够积极，女子可随时转变心意，向其他更优秀的人选示好。[61]

表现主人公开朗幽默性情的另一例子是《郑风·山有扶苏》：

山有扶苏，隰有荷华。不见子都，乃见狂且。
山有乔松，隰有游龙。不见子充，乃见狡童。

（《诗经注析》第 240—242 页）

对山中草木与水中植物的解读分为两个层次。第一，诗人借此点明节日的地点——山脚或水边。第二，女子借这两种意象指代不同的男性，从而凸显理想伴侣（文中以美男子的泛称子都、子充代指）与眼前的主动示好者（狂且、狡

〔61〕关于类似的解读，参见朱熹《诗集传》4.23a-b，陈子展（1983：265-266），余冠英（1990：88）。

童）之间的差距。[62]女子摆出一副既失望又骄傲的模样，试图摆脱追求者纠缠的一幕不禁令人莞尔。读者无从知晓诗中对话的结局以及女子是否真的对追求者感到失望，但女性的积极参与也许是节日氛围喜气洋洋的重要原因。

有学者曾提出，《山有扶苏》《褰裳》《东门之枌》等作品中男女表达爱慕之情的对话有可能以歌曲的形式进行。葛
194 兰言基于对现代中国部分少数民族传统的考察，认为《诗经》中的一些情诗来源于节日期间的歌唱比赛。[63]无论是《桑中》《山有扶苏》，还是《褰裳》《溱洧》中的女性，在节日上都非常活跃，在各种活动中的表现也丝毫不逊色于男性，男性有时甚至沦为女子调侃的对象。男女之间的“大较量”（great rivalry，葛兰言语）为他们的聚会注入了活力，女性在节日期间的表现也绝非拘束和顺从可以形容。[64]

中国与古希腊节日文学中的女性形象之间有一个非常重要的区别：希腊文学关注女性之间建立在带有竞争色彩的节日活动之中的伙伴关系；无论这种关系带有情欲色彩，还是表现为友情，对节日经历的强调为希腊传统独有。希腊传统中，部分作品以表现女性友情为主，尤其关注个人能力突出的歌队队长如何团结歌队成员，如卢浮宫馆藏的阿尔克曼的《少女歌》。还有作品侧重于表现同性伙伴关系的情欲色

〔62〕朱熹将本诗解读为“淫女戏其所私”之词（《诗集传》4.21b-22a）。

〔63〕Granet（1932：190-206）. 葛兰言（Granet 1932：42-118）认为《东门之枌》明显采用了对唱的形式。

〔64〕Granet（1932：128）.

彩，以及歌队队长如何用个人魅力感染队友，击败对手，如阿尔克曼的另外一篇《少女歌》。但两类作品都高度关注团队成员之间的感情对于增强团队凝聚力的作用。我们常常难以判断这些作品中女性情感关系的性质，以及不同情感之间的细微区别。上述两种情感很可能并存，只不过在不同背景下，某一方面被着重表现。希腊文学歌颂的这种以节日为基础的女性年友关系在先秦文献中毫无踪影。先秦节日中活泼闪光的年轻女性通常以个体身份出现，而非一名具备竞争精神，与其他成员有共同目标和情感经历的团队成员。

另一个不同点是，先秦节日文学对两性互动的描写集中于求爱活动，这种“礼貌竞赛”（contests of courtesy，葛兰言语）与阿里斯托芬笔下那种贯穿古希腊节日的性别对立截然不同。[65]虽然阿里斯托芬笔下的“叛军”辩称女性的团
结精神对男性和整个公民集体的发展来说是有益的，但古希 195
腊文化对团结起来的女性无疑有一种焦虑，将女性的团结精神看作一种威胁。与之对应的是中国古代道德家对性开放的担忧。先秦节日不但缺乏促进女性家庭外交际网络的制度性基础，而且有可能受某种制度化进程的影响，不断地强化父系氏族在礼法层面的核心地位，进而导致传统节日活动逐渐式微。在这一过程中，节日的多元性，活动的丰富性，以及其对民众生活的影响都被削弱了。[66]

---

〔65〕Granet（1932：215）.

〔66〕葛兰言（Granet 1932：237）在其《诗经》研究中提出，随着祖先崇拜的发展，先秦时代的节日被“肢解”并“简化为一系列的仪式”。

根据《周礼》的记载：“中春之月，令会男女，于是时也，奔者不禁”。[67]据称这里描写的是西周早期的情况。《诗经》和《周礼》学者传统上将这段引文中所说的节日看作《诗经》中许多描写男女交欢的作品的背景。在他们看来，上述记载体现了君主对百姓的关怀。按照此种观点，举办节日的目的就是为青年男女提供交际平台，帮助他们迈入婚姻，生儿育女。这种理解背后也许是周代对上古节日的双重“驯服”。一方面，官方明确了自身在节日活动中的利益和角色，将节日活动同民众福祉直接联系起来，逐渐实现了对非官方性质集体活动的掌控，其目的是使节日活动服务婚姻和家庭制度。[68]另一方面，官方试图在国家层面推广那些将父
196 系家族定义为社会的基础、明确女性在家庭范围内地位和权力的宗教活动。这种“开化”运动如何 / 是否影响了上古节日传统的逐渐衰退？虽然材料的缺乏使这类问题的研究变得棘手，但现有的早期材料中有充分证据证明祖先崇拜作为典

〔67〕《周礼》第 733 页。学界在《周礼》的成书年代问题上历来有较大分歧，从西周说到西汉说都有。虽然今本《周礼》出自战国晚期的可能性最大，且现有的版本中糅合了不同年代的史料，但《周礼》仍然保存了大量早期（包括西周）礼制和政治制度方面的内容（参见 Kern 2009b）。此处提到的《周礼》所记录的节日传统的真实性如何，并不影响我对先秦和古希腊文献中表现的女性节日活动所做的对比。卜德（Bodde 1975，第 10 章）和陆威仪（M. E. Lewis 2006b：134-137）通过分析战国和汉代的材料，论证了官府与民间层面都存在着鼓励婚嫁和生育的宗教仪式。

〔68〕根据《周礼》，“地官”中的媒氏确保节日的正常进行，并使男女在节日中的自由结合得到社会的认可。卢云（1990）研究了《仪礼》所记载的西周婚姻礼制从西周早期到春秋晚期逐渐而稳步的推广。

型中国家庭宗教的重要性。[69]

上述官方“驯服”行动的一方面，即通过婚姻来约束男女在节日活动时的自由结合，让我们想到前人的一个观点，即希腊女性歌队通过让所有成员在众目睽睽下表演，对女子婚嫁起到管控作用。[70]但周代官方“驯服”行动的另一方面，即提倡以家庭为中心的宗教思想体系，则是中国传统特有的。

中国的家庭仪式

参加祭祖标志着女性身份的转变。由于祖先崇拜是为了父系宗祧群体的延续和繁荣，未婚女子在祭祖仪式中没有真正的角色，直到婚后成为丈夫家庭的一员，女性才能以管理者和祭祀者的身份正式参加祭祖活动，并且在去世后成为子孙祭祀的对象。[71]注家对《召南·采蘋》一诗的不同解读，197

〔69〕即使是在以宗教多样性著称的楚地，至迟到公元前8世纪至前7世纪，祖先崇拜也已经成为统治阶级的主要宗教形式（Cook 1999）。另一方面，承认祖先崇拜在周代文化圈乃至后世的普遍性并不意味着其他宗教活动的消失（Falkenhausen 2006：28-29，Harper 1994，Poo 1998）。

〔70〕普鲁塔克提出，女子当着潜在婚配对象的面，在公开场合唱歌、跳舞、表演，可以避免诱奸和通奸的发生（Calame 2001：93；Pomeroy 2002：34，41-42）。

〔71〕这里我们假定的是父系父居制婚姻的普遍性。《汉书》中的一则记载说明了特例的存在。齐襄公为了遮掩自己淫乱姑姊妹的行为，令国中民家长女不得出嫁，“为家主祠”（Hinsch 2002：138）。虽然班固有这样的记载，但长女不嫁，为家主祠习俗的重要性仍有待进一步研究。虽然非父系婚姻从先秦时代一直延续到后世，但父系父居制婚姻仍应是长期以来的主流。即使是在齐国，也只是所谓“长女不嫁”，其他女儿（转下页）

有趣地反映出女性一生中在祭祖活动时的地位变化：

于以采蘋？南涧之滨。于以采藻？于彼行潦。
于以盛之？维筐及筥。于以湘之？维锜及釜。
于以奠之？宗室牖下。谁其尸之？有齐季女。[72]

（《诗经注析》第36—38页）

前两章显然描写的是祭祖前的准备工作，但第三章中的“季女”是谁？在仪式中扮演了怎样的角色？举行的是何种仪式？一种观点认为，最后一章描写了女子出嫁前在母家祭祀、祷告先祖的场景。根据《礼记》的记载，出嫁三月之前，女子需要在家中祭祀先祖，作为家庭教育的最后一课。女子需要在出嫁前学习如何依礼祭祖，为出嫁后在夫家主持仪式积累经验。[73]另一种观点认为，作品称赞的是一名尽职
198 履行祭礼义务的贵夫人，而其年纪之轻（所谓“季女”）更激起读者对其德行的赞赏。[74]最后还有一种说法则认为该诗

（接上页）应该还是会嫁入其他家庭。有关周代婚姻礼制在本书研究的时期的逐渐推广，参见卢云（1990）。有关比较研究视域下内部变革和内部差异对于研究的影响，参见我在导论部分的论述。我将在第5章的附录中谈及中国近现代史上婚姻习俗的一些特例，以及如何在主流文化的框架内理解这些特例。

〔72〕“蘋蘩”在后世被用作女性料理夫家祭祀的代名词。

〔73〕《毛诗正义》第286—287页。

〔74〕朱熹《诗集传》1：19a-b。此说成立的难点在于解释为何第三章中主持祭祖的是“季女”而不是“妇”。《诗三家义集疏》（2.13）提出，第三章描写的可能是女子出嫁前在家接受训练的场景。

描写的是人们祭祀女性先祖的场面。“季女”指的是受祭者的孙女，在这里承担“尸”的角色，代表女性先人受祭，正如一般情况下，祭祀时代替男性祖先受祭的“尸”由年轻男子（通常是受祭者之孙）担任。[75]

这里我们要探讨的不是《采蘋》到底该作何解，而是通过上述不同解读揭示女性在祭祖仪式中角色的转变：作为女儿，她们观摩、辅助仪式；[76]作为妻子，她们管理并参与祭祀；身后，她们成为子孙祭拜的对象。由于婚姻是女性正式融入以父系家族为基础的基本社会和礼法单位的标志性事件，下文将重点讨论婚礼相关的仪式如何表现这一转变和融入的过程。[77]

迎亲之前，新郎需要在宗庙祭拜先祖，告知即将到来的婚礼。[78]省去告祖庙而后行的礼制被认为会危及宗祧的延

---

〔75〕王夫之《诗经稗疏》1.8b-9b。王夫之的观点主要基于对“谁其尸之”的不同理解。与其他学者将“尸”作动词解（即主持之意）不同，王夫之将其作名词解，即祭祀时代替死者受祭之人。

〔76〕按照王夫之的观点，未嫁女也有可能担当“尸”的角色。信从王说者不多。考证这一点需要进一步研究先秦时代未婚女子在祭祖仪式中的地位。

〔77〕下文对婚礼的论述主要参考了《诗经》、《左传》、金文文献和《仪礼》的相关章节。

〔78〕在一则西周中晚期的铭文当中（《集成》9697），男子在即将到来的婚礼之前铸造器物献给自己的母亲（参见曹兆兰 2004：171-172）。我们可以推断器物的使用场景是祭祖仪式，其间男子进行上述的禀告仪式。此外，根据《左传·昭公元年》的记载，公元前 541 年春，当时的公子围（即楚灵王，公元前 540—前 529 年在位）前往郑国迎娶大夫公孙端之女。行前，公子围在宗庙向先人祷告。一般认为《召南·鹊巢》是一首描写婚礼的诗，但清代学者方玉润在《诗经原始》（2.94-95）中推测，该诗描写的可能是新郎向先祖祷告的情形。其第一章如下：“维鹊有巢，维鸠居之。之子于归，百两御之。”后两章在文字上稍有不同。

199 续。[79]根据《仪礼》(第972页)，在迎娶新妇之前，新郎的父亲会对他做如下指令：“往迎尔相，承我宗事。勖帅以敬，先妣之嗣。若则有常。”从这一指令可以看出婚姻的意义和祷告先祖的重要性。女方在出阁前可能也会在家中进行类似的告庙礼，向先祖禀报。[80]

迎亲地点一般是女方家族的宗庙。[81]婚礼次日，作为
200 仪式的一部分，新娘依礼拜见舅姑，接受舅姑所赐的酒食，然后为他们侍奉饮食。庙见礼的重要性体现在《仪礼》中对成婚时男方双亲已过世的情况所做的规定。按照规定，在这种情况下，庙见的时间改为婚后三月，新娘在夫家的宗庙向逝去的舅姑进献酒食，仪式的完成标志女子正式成为夫家的一员(《仪礼》第970页)。

---

〔79〕《左传·隐公八年》记载了这样一个违礼行为。公元前715年，郑公子忽赴陈国迎亲，但他“先配而后祖”，没有在迎娶之前向先祖禀报。负责送亲的陈国大夫批评公子忽：“是不为夫妇，诬其祖矣，非礼也，何以能育？”

〔80〕西周县妃簋的铭文记录了一段父女之间的“对话”。父亲一一列举赠送给即将出嫁的女儿的整套青铜器(《集成》4269)。曹兆兰(2004：91)认为这些祭器是为新人婚后使用准备的。女儿感谢父亲的礼物，承诺和丈夫一起永远宝用。铭文以严肃的语调记录下对话的具体时间(月、日、时)，其场景很有可能就是本文讨论的告庙礼。许多学者认为《召南·采蘋》描写的是女子出嫁前的喜悦。方玉润将《采蘋》和《召南·采蘩》两首作品连读。两者的背景都是祭祖仪式，区别在于后者是在夫家，前者是在母家的宗庙(《诗经原始》2.100)。

〔81〕《仪礼》第965—966页。据《左传·昭公元年》的记载(见注〔78〕)，由于担心楚公子围借聘娶之时突然袭击，当时的郑国执政子产要求在郊野而不是在公孙氏的宗庙内迎亲。公子围认为这样的安排是对自己先人的侮辱和欺骗，因为行前已在庄王和共王之庙祭告。直到公子围证明己方未携带兵器前来，郑国才同意其入城，也即允许其按照常规在公孙氏的宗庙内迎亲。

在迎亲次日或三月之后拜谒舅姑标志女性正式加入夫
家的继嗣群，获得参与各种岁时祭祀的资格（《仪礼》第 972
页）。假如新郎是宗子，新娘作为正妻将在未来继任婆婆掌管
家族祭祀的位置（正如前引《仪礼》新郎之父对儿子的指令
所说）。相比丈夫的妾侍和别子的妻妾，嫡长子的正妻在礼法
上享有优先地位。[82] 到了需要她承担起祭祀责任的时候，正
妻不仅负责监督仪式的各个环节，还要和丈夫一道，分别带
领男女族人祭祀。[83] 女性成员之间的等级划分对构建父系氏 201
族和父权制家庭具有重要的作用。[84] 男人需要为妻子发挥表

〔82〕现有大量材料表明，西周和春秋时代贵族实行一夫多偶制（一名正妻，外加多名地位较低的配偶）。西周文献中，大宗的嫡子被称为宗子，但“宗妇”（即宗子正妻）的名称只出现在少数的铭文当中，如年代大约在公元前 500 年左右的《集成》10342 以及年代在春秋早期的《集成》2683（分刻在 16 件器物上）。《仪礼》和《战国策》当中出现的“宗妇”指的是宗族成员的妻子。《仪礼·特牲馈食礼》一章中，负责祭祀的嫡长子正妻被称为主妇（第 1178—1195 页）。不同文献中对嫡长子正妻的称呼仍有待进一步研究，但她们的特殊地位是毋庸置疑的（陈昭容 2003：409；朱凤瀚 2004：314）。很重要的一点是相比别子之妻，宗子之妻去世时丧服的规格要高出一级（《仪礼》第 1114、1118 页）。丧服制度的服丧期限（三年、一年、九月、七月、五月、三月）和丧服材料的粗细（斩衰、齐衰、大功、小功、缌麻），共分为五等，体现了不同家族成员的地位和亲疏远近。服斩衰三年和服缌麻三月反映了这种亲疏关系的两极。宗子之妇去世舅姑为服大功九月；别子之妻去世，则为小功五月。有关丧礼等级制度的研究，详见丁鼎（2003）、丁凌华（2000）、Lai（2003）。

〔83〕《小雅·楚茨》对祭祖仪式进行了大段的描写（见本书第 2 章），其中可看到女子以管理者身份参与祭祀。关于男女在祭祀方面的分工合作，可参看《仪礼·特牲馈食礼》（第 1178—1195 页）。

〔84〕余树声（1993）在分析周代一夫多偶制时指出，妻子之间的等级差异决定了子孙辈的等级差异，以及包括财产和其他特权在内的继承权。有关一夫多偶制对于古代中国两性关系的重大影响，详见本书第 4 章和第 5 章。

率作用，两人共同维持以祖先崇拜为基础的家庭秩序。我们在《仪礼》“往迎尔相，承我宗事。勖帅以敬，先妣之嗣”的记载以及《大雅·思齐》刻画的周文王“惠于宗公”“刑于寡妻”的形象中都能看到这层联系。[85]

女性先祖是祭祖的重要对象。《诗经》中有许多同祭女性先祖与男性先祖的例子，如《周颂·雍》(“既右烈考，亦右文母”)。另一首《周颂·丰年》描写了在丰收季以“祖妣”为对象的祭祀：

> 丰年多黍多稌，亦有高廪，万亿及秭。
> 为酒为醴，烝畀祖妣。
> 202 以洽百礼，降福孔皆。[86]
>
> (《诗经注析》第 960 页)

我们在金文中也能找到男女先祖同祭的例子。祭祀的对象一般是父母，有时则包含男女在内的几代先祖，有些祭器是成套的。[87]对我们来说，更有意思的是那些专为祭祀女性（无一例外都是亡母）准备的祭器。[88]其中几条较长的

---

〔85〕仍以《大雅·思齐》为例（详见本书第 5 章）：“惠于宗公，神罔时怨，神罔时恫。刑于寡妻，至于兄弟，以御于家邦。”

〔86〕本诗中有几句又见于《周颂·载芟》：“为酒为醴，烝畀祖妣，以洽百礼。”

〔87〕纪念父母的有：《集成》2680，2762-2763，2777，2789，2827-2829，4090，4102-4103，4147-4151。同时纪念几代男性和女性祖先的有《集成》271，285，5427。

〔88〕根据曹兆兰（2004：200）的整理，西周金文中有 61 例这种情况，其中 50 件纪念的是母亲，11 件是祖母。

铭文不仅记录了礼器的制作过程，还为我们研究先秦时期的母子关系在宗教、伦理、心理层面的重要性提供了宝贵的资料。当中最有价值的当数西周中期曾参加讨伐淮戎战事的㦺铸造的两件礼器铭文。

第一件是㦺方鼎。开篇部分记录了周天子因为感念㦺过世的父亲，派他率军讨伐淮夷诸部。㦺英勇作战，毫发无伤地班师回朝并受到天子的款待（暗示㦺在战场上取得了胜利）。㦺将一切归功于父母的庇佑。结尾部分点明祭祀对象和使用场景，即作器者的亡母和为她日夜举行的肃穆祭祀（《集成》2824）。此鼎虽是为去世的母亲所制，但器主在铭文中对父母均表示了感谢。另一件表现母子之情的器物是㦺簋。铭文的字里行间流露出儿子对亡母深厚的感情（《集成》4322）：

203

> 唯六月初吉乙酉，在𨷛师（次）。戎伐𣪕，㦺率有嗣、师氏奔追𨟻（攔）戎于𩁹（域）林，博（搏）戎㝬（胡）。朕文母竞敏䆊行，休宕厥心，永袭厥身。卑（俾）克厥啻（敌），获馘（聝）百、执讯二夫，俘戎兵𢇛（盾）、矛、戈、弓、備（箙）、矢、裨胄，凡百又卅又五叙（款），寽（捋）俘人百又十又四人，衣（卒）博（搏）。无眈（尤）于㦺身，乃子㦺拜䭫首，对扬文母福剌（烈），用乍（作）文母日庚宝尊毁，卑（俾）乃子㦺万年，用夙夜尊享于厥文母，其子子孙孙永宝。

值得特别注意的是㝨母亲的形象：她信念坚定，对儿子的关怀无微不至，给战场上的㝨带去勇气和安慰。㝨出于对母亲的依恋、感激与尊敬制作了这件器物。周代贵族和官员在凯旋后为纪念男性祖先所做的祭器中，没有一件铭文流露出类似的个人色彩（见上一章）。虽然在礼法上，男性祖先毫无疑问享有子孙的崇敬，而且他们的身份决定了后辈的地位（如㝨就是蒙父荫入仕）〔89〕，但母子之间的感情常常比较特殊。㝨对母亲发自内心的尊重不仅仅是因为血缘关系，还有生死时刻母亲赋予他的力量和庇佑。

204 纪念女性先祖是祖先崇拜不可或缺的一部分，铭文所反映的祭祀者对母亲的态度相比父亲更加情绪化。〔90〕宗教赋予母亲的角色成为女性力量和生存价值的来源，对于维护家庭秩序有重要的意义，而家庭秩序的基础是男性族人之间的联系。这就意味着如何获得女性的忠诚成为一个必须面对的问题。与此相关发生在商朝晚期至西周时期的一个重大演变是男女先祖同祭的大幅增加（商代更多将男女分开祭祀）。原因之一可能是周人试图强化家庭对女性的控制，通过明确

---

〔89〕陈昭容（2003：403）对鼎和簋这两类各时代最常见器形的铸造者和纪念对象所做的分类统计，反映出不同类型的亲属关系在礼法层面重要性上的差异。纪念父亲的有 483 件，纪念祖父的有 72 件，同时纪念祖父和父亲的有 54 件，纪念母亲的有 29 件，纪念祖母的有 4 件。女性在祭祀方面的地位仍明显低于男性。

〔90〕董慕达（Miranda Brown 2007，第 3 章）的研究指出，东汉精英阶层在母亲去世时表现出的悲痛要比父亲去世时更深，这种现象与父母分工不同有关；跟父亲的形象相关联的一般是责任和对礼教的恪守，而母亲所激发的往往是亲密的个人情感。

女性在族中的地位来巩固父系制度。[91]

在家庭秩序中，妻子与受祭女性先祖分处两端。她们
不仅管理和参与祭祀，而且定制祭器，用于祭祀男女父系先
祖。作器不仅需要消耗大量物力，也是器主身份地位的象
征。[92]女性拥有的祭器一部分来自父母（通常作为嫁妆的一
部分），一部分由丈夫在婚后赠予，它们的共同点在于其用 205
途都是为了祭祀先舅、先姑等夫家一系的先人。[93]

在所有由女性主导铸造的器物中，最有趣的是春秋早期晋侯夫人晋姜所做的晋姜鼎。铭文长达121字，但并没有明确交代器主的身份。开篇以晋姜的口吻写道：“余隹司朕

〔91〕根据曹兆兰对殷商时期金文和甲骨卜辞的研究，111例以母亲和祖母作为唯一的祭祀对象，只有7例是同时纪念父母。相比之下，周代金文材料当中，61例提到母亲和祖母为唯一的祭祀对象，同时祭祀父母的数量为34例（2004：48-49，199-200）。曹兆兰（2004：200）认为这一转变反映出从殷商到周代，女性大大丧失了其宗教独立性。曹氏认为春秋战国延续了这样的趋势，但由于铭文材料的缺乏（主要是青铜文化逐渐衰落导致的铭文数量的减少、内容的格式化以及信息量的下降），其结论存在证据不充分的问题，如只列出6个独立祭祀的例子和16个父母共同祭祀的例子。但是，我下边即将考察的春秋时期的文献，支持了曹氏的结论以及我本人针对西周时期的情况已经做出的一些基本论述。

〔92〕陈昭容（2008，未刊稿）系统分析了周代以女性为制作人和纪念对象的青铜器。女性制作器物献给父系先祖的有如下例子：1）妻子献给先姑的：《集成》2333（西周早期），3621（西周早期），5426（西周早期到中期）；2）妻子纪念夫家其他女性先祖的：2582（西周晚期），2767（西周晚期），4182（西周晚期），10274（春秋时期）。较长的有《集成》5426（50字），该篇以先姑作为唯一的祭祀对象并且交代了作器的原因：庚嬴为感谢周天子的来访和礼物（即“对扬王命”）作此器纪念“文姑”。

〔93〕如《集成》2679（年代在西周晚期或春秋早期），4056（西周晚期），4062（西周晚期），4436（西周晚期），5388（西周早期）。有关研究参考陈昭容（2003：428-430；2008）以及黄铭崇（2004：19）。

先姑君晋邦。余不叚妄宁。”这是说晋姜自接替“先姑”以来一直尽心尽力辅佐丈夫治理国家（《集成》2826）。[94] 从晋姜鼎铭文较长的篇幅以及叙述者命令式的语气来看，父子之间礼法、政治上的传承似乎同样存在于婆媳之间。

文献材料表明，女性和其夫家先祖之间的礼法关系（包括等级制度和责任的继承）也体现在子妇和舅姑的日常交往中，尤其是婆媳关系之中。换言之，祭祀先祖和敬奉舅姑性质相同，构成所谓女性文化传承机制中紧密结合的两部分。孔子的弟子子夏（公元前507—？）引用古人的说法：“‘古之嫁者，不及舅姑，谓之不幸。’夫妇，学于舅姑者
206 也。”[95] 孝道不仅指在祭祀中尽心竭力，还包括奉养和服从舅姑等要求。《左传·襄公二年》的一则记载很好地说明了这一点。

公元前571年，鲁成公（公元前590—前573年在位）的夫人齐姜去世。为报复成公野心勃勃而淫乱的继母，即鲁宣公的夫人穆姜（？—前564），鲁国正卿季文子（？—前568）把穆姜为自己后事准备的物料用于齐姜的丧礼上（“穆姜使择美槚，以自为榇，与颂琴，季文子取以葬”）。“君子”因此批评季文子违礼：“非礼也，礼无所逆，妇，养姑者也。亏姑以成妇，逆莫大焉。”紧接着这些尖锐的话语，“君子”又说：“诗曰：‘为酒为醴，烝畀祖妣，以洽百礼，降福

---

〔94〕有关晋姜鼎铭文，参见曹兆兰（2004：238-241）。

〔95〕《国语·鲁语下》。很明显，子夏所引用的古代权威是从舅姑而非子妇的角度来看问题的。

孔偕。'”上文引用了这些诗句来说明男女先祖同祭的习俗。《左传·襄公二年》当中“姜氏，君之妣也”一句与出自《周颂·丰年》的这一句之间没有任何过渡，说明在评论者看来，穆姜虽然品行不佳，但像所有母亲和女性先祖一样，她理应受到尊重，为了儿媳而挪用婆婆为自己置办的丧葬用具就是亵渎。“妇，养姑者也。”季文子对齐姜丧礼的安排是对长辈严重的违礼。等级制度和责任继承的原则规范的不仅是祭祖仪式本身，还有日常的婆媳关系。两者相辅相成：仪式赋予日常活动神圣性，日常活动则体现仪式的精神。

对祖先崇拜背景下婆媳之间礼法关系的重视，体现了
在弥合女性可能带给父系制度的裂痕方面的尝试。虽然婆媳 207
两代女性都是父系、父居、父权制家庭中的外来者，但丈夫的母亲凭借生儿育女和多年来操持家务证明了自己对家族的忠诚，可以充当子妇在生活和礼教方面的导师。婆媳关系重视礼法层面的等级和传承，是因为维护和谐稳定的家庭秩序很大程度上取决于女性成员之间的合作，而婆媳双方发生冲突常常是因为子妇的表现令人不满意。通过展示上一代女性如何经受住考验，在家族内部实现了等级的提升，祖先崇拜赋予家庭制度以神圣意义，达到巩固其稳定性的目的。

以父系制度为基础的祖先崇拜是否允许女性在婚后继续祭祀娘家的祖先？学界就这一点尚无明确的答案。虽然仪式上较出嫁前有所降等，但女子在婚后仍对娘家亲属负有一

些重要的礼仪方面的义务。这体现在丧服制度中。比如父母去世，出嫁的女儿须服丧一年，未出嫁者和离婚返家者则是三年（《仪礼·丧服》，第 1106 页）。目前为止，我们可以找到三则相关的铭文。

第一则出自西周晚期（《集成》4198），作器者是一位名为蔡姞的已婚女子。根据内容推测，蔡姞替哥哥制作的这件祭器可能被用来祭祀他们的父母。[96]另一篇年代大约在西周中期（《集成》2676）。学者有时引用它来证明出嫁的女子仍祭祀本家祖先。[97]但这篇铭文阙损的情况相当严重，关键词的缺失导致我们难以确定作器者邢姬祭祀对象的身份。最后一则春秋时期的铭文（《集成》4693）记录了一位名为姬寏
208 母的女子作器祭祀本家七代先祖的情况。[98]然而这段令人激动的铭文本身并不足以证明出嫁女子和本家先祖之间的礼法关系得到了延续：第一，铭文没有交代姬寏母的婚姻状况；第二，没有介绍作器的相关背景。但无论姬寏母是否已婚配，这种女性作器纪念七代先祖的行为都是十分特殊的。这背后究竟隐藏着哪些原因？哪些背景可以帮助理解这一特殊现象和以父系制度为基础的祖先崇拜之间的分歧？解答这一问题需要对先秦时代的女性在礼法和家庭方面扮演的角色或

[96] 曹兆兰（2004：203-204）。陈昭容（2008）以及白川静（Shirakawa 2004：284）均注意到了这件铭文的特殊之处。

[97] 罗泰（Falkenhausen 2006：119）提出了这种猜测。

[98] 刘雨（2008）。

姬寏母的个人背景有更全面的了解。[99]

我们可以对《集成》4198进行更深入的讨论。从这则铭文可以看出，出嫁女子不仅要为本家去世的长辈服丧，而且在婚后要和娘家在礼法、情感，似乎还有经济方面维持联系。虽然蔡姞不能直接参与娘家的祭祖活动，也无法得到娘家先祖的保佑，这并不妨碍她通过哥哥为去世的父母制作祭器。考虑到社会对联姻的现实需求，完全切断出嫁女子与母家的联系并不现实也毫无可能。这类铭文极其罕见（截至目前这是仅有的一例），因此我们可以认为，在父系制度下，虽然出嫁女子和母家保持的关系与夫家对她在这方面的期待存在相当的距离，[100]但已婚女性的身份很大程度上的确是由她在父系家庭中的角色决定的。被祭祖制度赋予神圣性的家庭制度对母亲和女性先祖的重视，极大地激励了已婚女性融入夫家的家庭体系。由于这种融入不可能达到天衣无缝的程度，所以许多女性（尤其是尚未成为一家之长的女性）会继续保持与母家的联系，在接受娘家亲属帮助的同时也为他们提供支持。

先秦时代的人们似乎清醒地认识到女性可能会引发父 209
系制度的裂痕。提升女性先祖和长辈在祭祖活动中的地位可

〔99〕刘雨（2008：46）通过对读《集成》4693和姬寏母豆铭文，首次指出《集成》4693祭祀的对象是作器者母家的历代祖考。刘雨和陈昭容（2008）一样注意到《集成》4693的特殊性和它背后仍未得到解答的问题。

〔100〕李惠仪（W.-Y. Li 2007：150-151）讨论了《左传》当中反映这类利益冲突的例子。

被看作控制这种威胁的一种手段，让她们成为父系家庭制度的守护者。我们以《国语》当中与敬姜（即公元前 6 世纪鲁国大夫公父文伯的母亲）有关的两个故事为例。

第一个故事中，公父文伯退朝回家后见到母亲敬姜正在纺织。文伯劝她休息（“以歜之家而主犹绩，惧憾季孙之怒也。其以歜为不能事主乎？”），却受到敬姜严厉的训斥。敬姜认为，纺绩为女子之事，所谓每岁“王后亲织玄紞，公侯之夫人加之以纮、綖，卿之内子为大带，命妇成祭服，列士之妻加之以朝服”(《国语·鲁国下》)。作为鲁国最显赫的家族之一的成员，敬姜本人很可能参加过类似的活动——制作祭服和祭品，这是女子在祭祀中最重要的两项工作。敬姜在最后表达了对文伯的失望：他非但没有勉励母亲努力纺绩，做到“必无废先人”，反而劝她放弃手头的工作。敬姜以祖先崇拜的逻辑来理解男女分工的意义。这种分工是家庭秩序与社会政治秩序的基础，通过宗教实践被不断地圣化。在敬姜看来，作为大夫的文伯没有认识到这一点是失职，因此她担心家族“绝嗣”(《国语·鲁语下》)。

另一则故事讲述了为敬姜先舅季悼子（？—前 530）举行的一次祭礼。首日，当季悼子之孙季康子到访时，敬姜“酢不受”，“彻俎不宴”，拒绝与康子宴饮。翌日，敬姜拒绝在执事者不在场的情况下行祭（“宗不具而不绎”)。这次她虽然出席了仪式后的宴会，却选择提前离场(《国语·鲁语下》)。

“仲尼闻之，以为别于男女之礼也。”孔子以此称赞敬姜守男女之礼，尤其是她在宴饮时不逾礼的做法。我们可以将孔子的评价和其他记载放在一起理解，在这些故事中，敬姜的形象是一位在日常生活中恪守礼教的女性，包括上文 210
“酢不受”的例子。[101]我们可以从同样的角度来理解敬姜为何坚持必须有执事在场主持祭礼。敬姜的坚持体现的不仅是她对所有规范的重视，更直接体现了她对男女大防的担忧。对敬姜来说，没有执事的督导不仅会严重削弱祭祀在圣化性别秩序方面的作用，还有可能导致这类男女混杂的宴饮的性质发生变化。敬姜选择提前离席就是这种担忧最好的证明。《国语》现存最早注本的作者韦昭认为，敬姜规避宴饮、提前离席都是出于对酒后乱性的担忧而特意为之（《国语·鲁语下》）。在敬姜看来，祭礼期间男女同处和协作的出发点是维护家庭秩序，但祭祀之后男女杂处的宴饮却有可能威胁这种秩序，因此她在认真对待祭祖的同时，对宴饮持谨慎的态度。

我们没有理由怀疑，贵族女性敬姜作为真实的历史人物曾活跃在公元前6世纪的鲁国，虽然其圣人形象可能更多的是儒家史观影响下的产物。敬姜恪守礼教的形象反映了公元前4至前5世纪间儒家学者的关怀，他们将这种性别模式看作周代传统社会秩序的重要组成部分，在对其进行理论化

〔101〕敬姜还会在本书第4章中出现。瑞丽对先秦文献里的敬姜进行了研究（Raphals 1998：30-33，92-98；2001；2002a）。

并大力提倡的过程中，积极地将敬姜塑造成模范女性。敬姜的谥号“敬”充分说明了她对礼教的态度，而祭祖是礼教最重要的一个方面。[102]祖先崇拜作为中国家庭与社会政治体制的宗教基础，一方面强化女性对礼制的依附和服从属性，
211 另一方面赋予女性作为礼制守护者相应的地位和权力。[103]相较于诗歌和铭文中歌颂的母亲，敬姜的形象更加高大丰满：她虔诚地参与祭祖，是族中晚辈尊敬的女性长辈。敬姜作为缩影表明，女性这一以祖先崇拜为核心的父系家庭制度的守护者可以实现内部等级提升。

当然，并非所有女性都和敬姜一样是模范母亲和模范妻子。大部分人可能缺乏对夫家的绝对忠诚和献身精神，常常在夫家和娘家之间摇摆挣扎，并因此被看作父系家庭中脆弱的一环。“外来者”引发的焦虑和裂痕可能导致引导女性融入家庭的努力更为执着和系统化。无论先秦时代的公共节日在本书讨论的时间段内是否已进入所谓的衰退期，所有现存材料都表明，祖先崇拜是决定先秦时代男女社会身份最重要的宗教活动；庆祝家庭之外同性交际活动从未成为多彩缤纷的公共节日的特点。

---

〔102〕有关敬姜的记载中历史和史学史之间的关系，参见 Zhou（2003）。我们可以将对敬姜进行理想化改造的作品看作圣传文学。有关早期中国史学史范式的分析，参见 W.-Y. Li（2007）、Pines（2002）、Schaberg（2001）。

〔103〕以考古材料为基础，罗泰（Falkenhausen 2006：357-359）提出，春秋时期丧葬习俗方面的性别差异进一步强化了。

希腊的家庭仪式

比起对节日活动的密切关注，现有古希腊材料中有关女性家庭仪式的内容非常少。尽管如此，我们注意到先秦和古希腊女性在家庭仪式中扮演的角色仍有一些明显的相似之处。

首先，与中国的情况类似，希腊妇女也参与仪式和宴会，甚至担任管理者的角色，但主导者一般仍是父亲和丈夫。例如在《奥德赛》第3章，目睹雅典娜真身现形之后，涅斯托尔在家中为她举行祭祀。在男人们宰杀祭品之前，涅斯托尔的妻子、女儿、儿媳齐声为这神圣场合发出欢呼，她们也参加了祭祀之后的宴会。在欧里庇得斯的悲剧《疯狂的赫拉克勒斯》中（第922—927行），当男主在家中举行祭祀来祓除刚刚发生的一场屠杀所带来的不祥时，妻子和两个孩 212
子在宙斯祭坛旁等待他前来主持仪式。色诺芬的《家政论》当中，女性承担了管理家庭祭祀的任务。第9章（第6—7节）中，雅典绅士的代表伊斯科马刻斯在指导年轻的新婚妻子管理家庭资产时，所列清单上的第一类物品就是祭器。在后文中，祭器和男女的节日礼服被归类为“节日用品”，与“日常用品”区别开来。显然，通常情况下包含庆祝活动在内的家庭祭祀是希腊主妇的重要职责之一。

此外，无论是在先秦还是古希腊，婚姻都会导致女性家庭祭祀活动的中断和转变。先秦时代的女子出嫁后，祭祀的对象从本家的历代祖考变为夫家的先祖，且只有在婚后，女性才正式得到祖先崇拜体系的认可。类似地，古希腊女子在出嫁后也需要适应夫家及当地社区供奉的神祇。从索福克勒斯的一则残本来看，希腊女子常常难以应对这种变化。剧中的女子陷入了对女性命运的沉思：

> 在我看来，凡人所能企及的最甜蜜的生活莫过于女子出嫁前的时光，纯真的天性让她们在平稳和快乐中度过孩童时代。直到长大以后才明白，我们终究会像物品一样被送走，告别先祖，离开父母，或是去到陌生男人的家庭，抑或是流落外邦，有的家庭乏味无趣，有的家庭甚至对你怀有敌意。那最初的一夜之后，我们便再也无法同丈夫分离，从此我们只能一味赞美，不敢稍有微词。[104]

虽然两个社会中的女性在家庭仪式中扮演的角色有各种各样的相似点，包括参加仪式、学习家庭管理、婚后潜在的痛苦的适应期等，但两大传统之间的差异仍不可忽视。首先，对于建构等级化的父系家族体制，古希腊的家庭仪式起到的作用不如先秦那般广泛深入。据研究，就出嫁后的女子是否需要放弃母家信仰而言，古典时期与希腊化时
213 期大相径庭。莎拉·颇梅洛依（Sarah Pomeroy）提出，古典时期的女性虽然可以应邀祭祀丈夫家族的神祇，但她们并非仪式的固定成员，而是永久保留自己在母家祭祀中的

〔104〕索福克勒斯，第 583 号残篇，《忒雷乌斯》。

身份。与此相对。希腊化时期，女子在婚后需要放弃娘家的祭祀，转而供奉夫家的神祇。[105]普鲁塔克的《给新郎新娘的建议》一文也许反映了颇梅洛依所说的希腊化时期对女性的期待：

> 主妇不能有单独的朋友，只能跟丈夫共享。神灵是她们最重要的朋友。[106]因此，已婚女性只应该祭拜、认同丈夫尊奉的神灵。陌生信仰及异域迷信，皆须禁断。没有神灵会享受女人们偷偷地和秘密进行的崇拜。（140c-d）

如果颇梅洛依关于古典时期家庭仪式的观点属实，那么在参加夫家祭祀的同时保留母家的祭祀权可以给出嫁的女子带来更多心理和情感支持，缓解婚姻的阵痛（上文所引索福克勒斯片段中的人物表达了这种痛苦）。但是，从古典时

---

〔105〕Pomeroy（1997：70-71；1999，140c-d）. 米卡尔逊（Mikalson 2005：148）指出，希腊女子本质上是以临时成员的身份参加父亲家中的祭祀。年代大约在公元前385至前363年、由伊塞优斯记录的法庭证词（第八篇演说稿，“基隆的财产案”）中提到一位试图证明自己和去世的外祖父存在血缘关系的男子。男子的依据是外祖父在世时的每次祭祀都有他自己或者他的兄弟在场。男子用来证明自己参与了外祖父家祭祀活动的关键性证据是他和他的兄弟被邀请参加祭祀贮藏之神宙斯（Zeus Ktesios）。贮藏之神宙斯的祭祀以家庭为单位进行，家中的奴隶和无亲属关系的自由人（*eleutherous othneious*）均无权参加。考虑到男子面对的陪审团均由普通公民组成，男子反复强调自己作为外孙参加外祖家祭祀的合理性（*eikos*）某种程度上支持了颇梅洛依的观点。

〔106〕“*Idious ou dei philous ktasthai tēn gunaika, koinois de chrēsthai tois tou andros. Hoi de theoi philoi prōtoi kai megistoi.*”

期到希腊化时期（甚至有可能包括古风时期，尽管这一时期关于女性和家庭仪式的材料不多），希腊传统都与先秦中国的情况有一个非常关键的不同点。

对先秦时期的新娘来说，融入一个不同先祖庇佑之下的新家庭比接受夫家当地宗教习俗更为迫切，而在适应新家
214 庭秩序的过程中，需要同时履行作为合格的新娘和孝顺的子妇两方面的职责。适应新角色的过程起初会比较挣扎，但随着自身的成长（如为人母等），难度会逐渐降低，直到去世后被尊为女性先祖。上文中曾提到，礼法制度通过融合敬祖和孝道两方面的思想，确保婆媳之间以及同辈子妇之间的长幼尊卑。

古希腊传统中，家庭宗教仪式、家庭伦理以及日常家庭事务三者之间的关系没有那么紧密。希腊女性家庭宗教虔诚的主要表现形式是人神关系——无论这个神是母家还是夫家供奉的神祇。用普鲁塔克的话来说，“神灵是她们最重要的朋友”（*philoi prōtoi kai megistoi*）。相应地，家庭宗教活动对希腊女性在家庭、宗族等领域的地位和职责的影响也要小得多。虽然家庭宗教活动也企图强化以男性为中心的家庭模式，即父亲和丈夫主导，女性作为从属，负责仪式的辅助工作，但女性和姻亲之间的关系（无论是妯娌等同辈关系还是婆媳等代际间的姻亲关系）在希腊对于女性宗教虔诚的理解中完全不扮演任何角色。从荷马时代到古风时代再到古典以及希腊化时期，始终如此。虽然普鲁塔克对主妇们偷偷祭祀某些神灵表示担忧，但他并不认为侍奉舅姑与宗教的纯洁性

之间存在任何联系。在中国传统里，家庭祭祀担负着帮助女性融入父系家庭制度的使命，而在整个希腊传统中，两者之间从无如此直接、深入的关系。

这就引出了两大传统在女性家庭仪式方面另一个主要的不同点。在中国，妇女的地位和影响力很大程度上取决于她在家庭宗教仪式中表现的虔诚，而根据希腊文献，女性的社会地位和满足感更多地来自公众节日而非家庭仪式。

对于女神赫斯提亚（Hestia）的崇拜我们知之甚少，这反映了我们对希腊女性家庭仪式的了解现状。赫斯提亚作为家宅和家庭生活的守护神，经常被人们祭拜。[107]根据《献 215
给赫斯提亚的荷马颂歌》(29.5-6)，每次宴饮前后人们都会酹酒而祭。其他祭祀赫斯提亚的特殊场合包括迎亲、纪念新生儿加入家庭（即 Amphidromia，意为围着壁炉“打转”)、新奴隶进门等。[108]虽然赫斯提亚对家庭生活的重要性毋庸置疑，但学界对赫斯提亚信仰的具体形式知之甚少。柔斯（H. J. Rose）指出，古希腊的诸位家庭守护神之中，赫斯提亚的形象是“最模糊不清，也是最缺乏个性”的一位，原因有些自相矛盾：因为赫斯提亚的存在“太过显著”，以至于无人注意她。[109]我不认同柔斯的推测，而认为赫斯提亚

---

〔107〕和古希腊的其他信仰相同，赫斯提亚不仅是家庭信仰，也是城邦信仰。在本书第 1 章，我以议事厅的公共壁炉为例，说明了古希腊城邦对家庭宗教权威的冒用。

〔108〕有关这些仪式，参见 Garland（1990：93-94)，Kamen（2007：89，99-100)，Rose（1957：110-113)。

〔109〕Rose（1957：104）.

模糊的形象与家庭仪式在希腊宗教体系中相对次要的地位有关。无论从希腊社会的背景来看，还是从比较的视角出发，所谓“因为众所周知所以不须赘述”这种逻辑都很难成立。[110]古希腊留下了丰富的有关公共节日的文学艺术作品，这些节日对于希腊世界的所有人来说都是非常熟悉的。同样，先秦时期的人们对日常生活中耳熟能详的家庭仪式进行了详尽的记录，并致力于仪式的系统化。显然，希腊人和中国人都认为，记录常识性知识以及他们最关心也倾注最大激情的活动，是一件很有价值的事情。

小结

先秦和古希腊的宗教对女性的身份和地位施加了关键而不同的影响。希腊女性的最高荣誉来自公共节日活动——那里是她们竞争美貌和音乐才能的舞台。通过竞争和其他相关活动建立起来的友谊对女性的社会地位和情感生活十分重要。先秦时代，祖先崇拜不仅是女性家庭地位和社会地位的
216 宗教基础，也是女性日常道德规范的宗教基础。我们透过希腊节日所看到的女性竞争意识以及家庭之外同性 / 同辈之间密切的伙伴关系，实际上是整个希腊传统的典型特征。对先秦时代的女性来说，她们虔敬地参加祭祖仪式，在父系家庭制度里找到属于自己的位置，为一种等级化的和谐而奋斗，在这一点上她们遵循的准则和理想与男性族人相同。

---

〔110〕Rose（1957：106）.

此外，我们在反映希腊女性节日的作品中看到社会对女性建立家庭以外的关系和团结性的焦虑，在先秦材料中看到的则是对家庭内部女性关系的重视，其目的是维护家庭秩序的和谐稳定。祖先崇拜鼓励的这种和谐的女性家庭关系或许很难实现，但先秦时代似乎没有任何节日或宗教活动有助于女性发展家庭之外的同性友谊，使其足以影响女性在家庭、社会中的身份和地位。这与希腊的情况形成鲜明对比。公共节日是希腊材料关注的重点，希腊人对女性家庭之外的社会关系持矛盾态度，一方面热情讴歌，另一方面对其带来的潜在威胁表示担忧。希腊文献刻画的性别关系也是充满竞争色彩。

本章从宗教角度阐释了先秦和古希腊在亲和与冲突并存的性别关系方面的结构性差异。后两章将通过考察性别关系在其他背景下的表现，扩大材料的范围以及引入女性视角进一步探索两大传统的差异。

第 4 章

桌上与幕后

217 这一章将在两大类以家庭为场所的欢愉场面的语境中考察希腊与中国性别关系的表现，包括妇女以正式成员身份参加的家宴，以及招待男宾而由女人在幕后打理的酒宴。男人和女人在家宴的餐桌上与在安排接待宾客的过程中，将呈现出怎样的互动？男人如何看待共享宴饮欢愉的女性亲属，如何看待为他们和朋友同事准备聚会的女性亲属？本章的考察重点是夫妻之间和母子之间的家庭关系。我们首先对希腊与中国家庭中的这两组关系予以概述，再以欢愉场面为背景进行研究。

希腊

家庭中的性别结构：丈夫 - 妻子

古希腊存在不同形式的家庭。一般而言，希腊家庭中至少有一个儿子会在婚后仍然留在家中，而丧偶独居的父母为了养老通常也会与已婚儿子同住。[1]然而，自荷马开始以至后世，小家庭成为规范模式，希腊人在此框架下构想理想

〔1〕 Gallant（1991，第 2 章）。

的家庭关系，或是对女性行为进行规范。

希腊女性的三位楷模，佩涅洛佩、安德洛玛刻（Andromakhe）和阿尔刻斯狄斯（Alkestis），其声望的基础均为对丈夫的付出，而与对待公婆的态度甚少关联。为佩涅洛佩赢 218
得“齐天名望”的是她为奥德修斯付出的等待——等待奥德修斯从特洛伊战场那延期良久的归来。所有戏剧性的关注点都集中在奥德修斯的宫殿里。佩涅洛佩和她年轻的儿子居住于此，在此抵御着追求者的攻势。与此同时，奥德修斯的父亲雷欧提斯（Laertes），则带着仆从生活在遥远的乡下，很可能还有他的妻子安提刻蕾亚（Antikleia）——在她满怀对儿子的思念死去之前（《奥德赛》第 11 卷第 187—203 行，第 24 卷第 226 行起）。佩涅洛佩肯定不是作为孝顺的儿媳妇而备受仰慕，史诗中不是这样，之后的传统中也不是。即便佩涅洛佩在公婆还居住在奥德修斯的宫殿里时可能是个体贴的儿媳，这也不改变上述事实。出征特洛伊之前，奥德修斯给了佩涅洛佩如下指示：“我离开之后你在家照料好父母双亲，/ 如现在这样，甚至比我在家时更尽心。/ 但当你看到孩子长大成人生髭须，/ 你可离开这个家，择喜爱之人婚嫁。”（《奥德赛》第 18 卷第 267—270 行）虽然这些话说明希腊女人仍然被指望以尊重和关爱来对待公婆，但佩涅洛佩闻名的优秀品质中却没有孝顺这一条，这显示出此种孝道并不是古希腊女性品德中的要素。

特洛伊王子赫克托之妻安德洛玛刻的故事异曲同工。安德洛玛刻与佩涅洛佩不同，佩涅洛佩和年轻的儿子一起居住在奥德修斯的宫殿中，而安德洛玛刻则要与公婆、公婆的其他子女以及这些子女的配偶共同分享宫殿。在这样的起居安排之下，[2]品德优良的女性可能会被期待与公婆维持良好的关系。然而，文学中的安德洛玛刻被描述为赫克托谦逊、温柔、忠诚的妻子，[3]没有任何一处以她作为儿媳或姑嫂的品质为标准来衡量她的德行；甚至，在欧里庇得斯的《特洛伊妇女》中，她与婆婆赫卡贝（Hekabe）在所有被俘的特洛伊女人即将启航去往希腊之前进行最后一次
219 谈话的时候也没有。在这一次谈话中，安德洛玛刻宣告了自己为实现高度完美的为妻之道所做的努力（此刻已是徒劳，因为赫克托死了，而她已被许配为凶手之子的妾室），从中可以清楚看到，孝顺丈夫的双亲并不是她的志向（《特洛伊妇女》第 643 行起）。

同样的情况以更激烈的形式在欧里庇得斯的《阿尔刻斯狄斯》中得到呈现。菲莱（Pherai）国王阿德米托斯（Admetos）和妻子阿尔刻斯狄斯一起居住在宫中，还有两

---

〔2〕坦迪（Tandy 1997：11）评论了赫克托家庭的“东方”性质，很显然是接受了小家庭是希腊规范的说法。汉弗莱（Humphreys 1978：194，200）也相信新居（新婚夫妇自住自宅）小家庭是荷马史诗中的常规。唐兰（Donlan 2007：34）持不同观点，并写道：“在史诗中，家庭生活团体一般是从父居住的联合家庭，最理想的状况是包括男性家长和他的妻子，他们未婚的儿女，以及已婚的儿子们和他们的妻儿——三代人共同居住在同一个住宅群中。”然而，唐兰的核心论点是荷马时代并不存在集体式亲属组织。有关这种集体式亲属组织（用人类学的术语将其定义为宗族或者家系）在已知希腊史中的缺失，请参见本书导论。

〔3〕《伊利亚特》，第 6，22，24 卷；欧里庇得斯，《特洛伊妇女》。

个年幼的孩子以及他年迈的父母。阿尔刻斯狄斯被精心刻画为品行端正的妻子和慈爱的母亲，甚至对仆人来说还是仁善而备受爱戴的女主人（第769—771行），但完全没有提及她跟公婆的关系。国王父亲的登场仅限于与阿德米托斯争吵之时。阿德米托斯憎恶自己的父母，因为他们拒绝替他赴死，而让阿尔刻斯狄斯作此牺牲。至于阿德米托斯的母亲，她除了在缺席的情况下接受儿子的辱骂之外，再没有扮演任何其他角色。[4]在阿德米托斯对父母愤愤不平、各种各样的控诉中，并没有提到阿尔刻斯狄斯是如何善待公婆的，这一事实似乎说明，孝敬公婆在希腊并不是妻子们理应完成的优先事项。最异乎寻常的是，阿德米托斯在对父母的所谓“没胆量”（*apsychia*，第642行）表达嫌恶时宣称：一方面，他不认为自己是父母的亲生儿子；另一方面，他有正当理由认为阿尔刻斯狄斯这个“并非本家的女人”才是他“唯一的父亲和母亲”。[5]当然，阿德米托斯与父母断绝关系、以妻子替代父母的行为肯定不能被视为希腊道德的代表。然而，在其父对阿德米托斯的激烈反驳中（第675—705行），从未责难他对妻子的偏爱胜过父母（父亲反而说阿德米托斯让妻子替他赴死才是懦弱的），这一点显示出配偶在家庭关系中的核心地位是理所当然的。

---

〔4〕阿德米托斯最长的怒斥从第629行持续到第672行。在第736—737行，他又一次宣称再也不与父母同住。

〔5〕《阿尔刻斯狄斯》第646—647行（*gynaik' othneian hēn egō kai mētera/patera t'an endikōs an hēgoimēn monēn*）。

对这三位女性的刻画显现出的模式，在赫西俄德的《工作与时日》以及西方第一部有关家庭管理的著作——色诺芬的《家政论》——对家庭秩序的构想中得到了证实。《家政论》的若干章都在讨论伊斯科马刻斯这位模范绅士如何训练他十几岁的新娘成为家中的女主人，家里包括夫妇俩和他
220 们的仆人。可以想见，在那些新婚夫妇与新郎父母同住的家庭中（这种情况绝不罕见），很可能是由婆婆来向新妇传授家政管理技能。[6]然而，在伊斯科马刻斯对妻子长篇大论的指导中，他从未示意过自己接手了一般应该由婆婆来做的事。与此相反，他表现得好似将十几岁的新娘转化为家中真正的女主人是丈夫作为一家之主所固有的重要职责。就此而言，自公元前 7 世纪彼奥提亚（Boiotia）赫西俄德的世界至公元前 4 世纪的雅典，事情似乎未曾发生变化。赫西俄德的《工作与时日》囊括了对农耕生活各个方面的建议。根据该著作，男人应该在 30 岁左右娶一位妻子回家，新娘应该是个十几岁的处女，这样他才能教给她“良好的习惯”（第 695—699 行）。不论是古典时期最伟大的希腊城市中的模范公民，还是古风时期彼奥提亚粗犷村落中勤劳的农夫，对他

---

〔6〕从伊斯科马刻斯自己选择结婚对象这一点可以看出他的父母已经亡故（《家政论》7.11）。不然，就像在中国一样，希腊的婚姻也是两个家庭的结合，而且会由父母来为子女安排婚事（Oakley and Sinos 1993，Redfield 1995）。由于希腊男人结婚相对较晚（对赫西俄德来说，最佳年龄是“不要比三十小太多，也不要大太多”，而梭伦的建议是在 27 岁到 34 岁之间），所以在男子初婚时，他的父亲就很有可能已经不在了。关于希腊男性女性的初婚年龄，参见 Kamen（2007：97）。

们来说，如下假设似乎都成立：丈夫应负责训练新娘，而父母并不在希腊对理想家庭秩序的构想之内。

由此可见，夫妇的组合是希腊观念中的家庭关系之核心，而指导原则是丈夫领导妻子。虽然在《奥德赛》的描述中，国王阿尔基诺奥斯给了妻子阿瑞塔“无比尊重，/ 超过世上任何一个受敬重的女人，/ 那些受丈夫约束，料理家务的妇女们”（《奥德赛》第 7 卷第 67—68 行），这样的例外仅仅证明了上述原则。要理解这样的例外，我们必须考虑到，阿尔基诺奥斯是阿瑞塔的叔父，而且阿瑞塔作为其父唯一的女儿，对祖父的遗产享有与阿尔基诺奥斯同样份额的继承权。[7]然而，如果在希腊社会中法律与习俗二者都将妻子置
于丈夫的从属地位，便会产生一种极为有趣的悖论。尽管女 221
性在体制中处于从属地位，但希腊对夫妻关系的刻画却处处充斥着竞争与冲突，以下两种模式均有体现，一种是好斗且充满敌意的妻子形象，另一种则是与丈夫势均力敌的竞争对手以及作为伴侣的理想化妻子。

让我们首先考察对这种竞争和冲突最正面的描绘。第一对模范夫妻是奥德修斯和佩涅洛佩。与荷马史诗中的其他妻子相比，比如抛弃了墨涅拉俄斯的海伦和谋害了阿伽门农的克吕泰涅斯特拉，佩涅洛佩忠实地等待着奥德修斯离开 20 年后的归来。以忠诚闻名之外，佩涅洛佩还因用诡计

---

〔7〕 阿瑞塔和阿尔基诺奥斯之间的亲属关系见《奥德赛》第 7 卷第 55—66 行。帕特森（C. B. Patterson 1998：60）指出了这种特殊关系对于家庭财产继承可能产生的影响。

欺骗了追求者们三年之久而广为人知。[8] 夫妻二人在《奥德赛》第 19 卷中第一次同台登场，就被描述为有着势均力敌的智慧。还不知晓奥德修斯的身份时，佩涅洛佩与这位因为特勒马科斯（他知道父亲的计划）的热情好客而留宿她家的乞丐般的陌生人进行了交谈。她对这个陌生人的家庭和身世发起提问，获得的答案均为妥善编织的谎言；这个男人以诡计多端而闻名，且在众多片段中被描述为技艺精湛的故事大王。[9] 当佩涅洛佩倾听丈夫和她面前的这位陌生人之间虚构的邂逅时，她潸然泪下，而奥德修斯则抑制住对她的同情，坐在那里纹丝不动。这对夫妻的交锋在第 23 卷中再度发生，那时奥德修斯已经处置了那些追求者，准备和佩涅洛佩重聚，但是这一次他们的角色反转了。

222 不管乳母和特勒马科斯如何反复指责她顽固不化、心比

〔8〕 在追求者们的压力下，佩涅洛佩成功地拖延了三年，她所使用的方法是在日间为雷欧提斯纺织寿衣而在夜晚将其拆毁。在她将计划付诸实践之前，她首先恳请追求者们允许她完成纺织，她不想因为让富裕的雷欧提斯死后没有一件寿衣而激起这片国土上的女人们的愤怒。追求者们欣然应允了佩涅洛佩的请求（《奥德赛》第 2 卷第 96—103 行）。值得注意的是，佩涅洛佩没有以孝顺的名义申诉，而是强调了如果雷欧提斯死后没有寿衣会引起令人不快的后果，因为如此结局与他的财富不相称。从追求者们发现中计之后的表现可以看出，他们还是认同上述思路的。他们谴责佩涅洛佩的欺骗，后悔不该上当，可是从未暗示过，他们尊重儿媳对公公负有不容亵渎的义务这一原则，而她却无耻地利用了他们。不论如何，对希腊人来说，佩涅洛佩的纺织骗局让他们想到的是她的机智以及对丈夫的忠贞，而不是她作为儿媳的品行。

〔9〕 其中之一是奥德修斯与牧猪奴欧迈奥斯的会见（见本书第 1 章）。另一个例子是他和父亲雷欧提斯的团圆（见下文注〔11〕）。

石头还硬，佩涅洛佩坚持拒绝承认眼前的男人就是她的丈夫，她要求见到“除了我们之外无人知晓”的“暗号”。[10]对此，奥德修斯的反应十分自信，他要特勒马科斯有点耐心，允许母亲测试（*peirazein*）他（《奥德赛》第23卷第113—114行）。然而，这位丈夫，这个最精明的人，会发现妻子的狡黠在他之上。依然拒绝与他相认的佩涅洛佩下令为来客备好床铺，并吩咐乳母抬出新婚时奥德修斯亲自制作的床。对此毫无准备的奥德修斯不禁勃然大怒，在他对佩涅洛佩激烈的指责中泄露了床的秘密：这张床绕着一棵橄榄树的树干打造，不把底座拆毁无法挪动（换言之，这床理应留在原处，除非佩涅洛佩已经不忠，允许某个男人进他们的寝室砍下了树干）。通过故意说谎，佩涅洛佩诱导出了她想要的“暗号”，并迫使他丧失对她说谎时的冷静。经过此番意志力与智力的较量，夫妻俩彼此相认并愉快地团聚了（《奥德赛》第23卷第173—204行）。[11]

任何讨论荷马笔下这对模范夫妇的人都一定会对上文所述这种夫妻间的竞争关系留下印象。[12]他们在交锋中表

[10] 特勒马科斯的批评：《奥德赛》第23卷第97—103行；佩涅洛佩的要求：《奥德赛》第23卷第110行。

[11] 可与此比较的是荷马笔下奥德修斯与父亲雷欧提斯在后者的乡村果园中的重逢。意在测试（*peirēsomai*，《奥德赛》第24卷第216行）雷欧提斯能否认出亲生儿子，奥德修斯隐瞒了真实身份，讲了几个自己的故事，让老人在访客的面前情绪失控。直到那时，奥德修斯才说出了自己的真实身份，拥抱了父亲。奥德修斯骗得了自己的父亲，却骗不了妻子。

[12] 对佩涅洛佩考验奥德修斯并针对这种夫妻关系的竞争性和双向性做出的具体阐释，请参考 Felson（1994，第4章），Winkler（1990a，第5章），以及 Zeitlin（1995）。

现出匹配度和志同道合，正如一位论者所描述的，佩涅洛佩与奥德修斯相认的时刻，就是战斗结束后“相互向对方投降的时刻”。[13]莎拉·波尔马西奇（Sarah Bolmarcich）在她 2001 年的文章中提供了理解这种关系的新见解。在分析 *homophrosyne*（志同道合）这个词——一般被用来描述政治或军事盟友之间的共识——为什么会被用来形容《奥德赛》
223 中的夫妻关系时，波尔马西奇认为奥德修斯和佩涅洛佩被描述为战友和同侪。她指出，在奥德修斯第一次见到佩涅洛佩时就把她比作一位“正直的君王”，而这个词数次被用来形容奥德修斯本人。[14]将佩涅洛佩的形象与《奥德赛》中其他极其负面的妻子群像（以海伦和克吕泰涅斯特拉最为经典）对比，波尔马西奇推断，“佩涅洛佩必须被类比为奥德修斯的男性盟友，才得以成功扮演忠实妻子的角色”。[15]这样的比喻无异于否认了男女之间若是男人像男人、女人像女人的话，双方仍然可以保持很好的关系；“要良好的婚姻得以存在，双方必须表现得他们像是男性的同志一般”。[16]

色诺芬的《家政论》支持这种阐释。当伊斯科马刻斯尝试向他十几岁的新娘解释有序家庭的重要性时，他援引了两个类比：一是合唱队（《家政论》8.3-4），二是军队（《家

〔13〕Felson（1994：55-63，引文见第 63 页）。

〔14〕《奥德赛》第 18 卷第 109—114 行，第 2 卷第 230—234 行，第 5 卷第 8—12 行。Bolmarcich（2001：212）.

〔15〕Bolmarcich（2001：213）.

〔16〕Bolmarcich（2001：213）.

政论》8.4-9)。因为合唱对希腊女性来说是重要的活动(见上一章),所以这位年轻新娘很容易理解第一个类比,而第二个类比则体现了一名优秀雅典公民的战士身份和兴趣。有趣的是,伊斯科马刻斯在第二个类比上花费的篇幅要长得多,而且之后他还会再次以军事术语来定义妻子在家中的管理者角色。一位妻子在检视财产的时候恰如守备部队的指挥官检视他的卫兵,而她在确保万事无恙时就像城邦的议事会在检验骑兵与马匹(《家政论》9.15)。令他的对话者(苏格拉底)颇为惊讶的是,伊斯科马刻斯训练新娘的结果,是她拥有了男性的思维(*andrikēn dianoian*,《家政论》10.1)。确实,在整个说教过程中,看到家庭与政治和军事稳步融合并归入其中,而妻子逐渐成为同事,伊斯科马刻斯对训练的效果也越来越满意。最终,伊斯科马刻斯透露,为了练习公众演讲的技艺,他会在家里和妻子进行开庭演练。作为法官,妻子经常做出对他不利的判决,对他处以惩罚或要求赔偿损失(《家政论》11.23-24)。这样的场景直指雅典公共生活的中心,而妻子在被比作军事指挥官之后,现已成为可以与之相互竞争,也可以在追求荣誉、美善和真理的路上相互合作的公民同伴。

“男人偷不到任何比好妻子更好的东西,/就像没有任何 *224*
东西比坏妻子更可怕”(《工作与时日》第702—703行),赫西俄德在他的训谕诗中如此表达。从荷马和赫西俄德开始,到古典剧作家和哲学家,一连串的希腊作者对待女性的态度都是矛盾的,这矛盾背后的因素可能是强烈的性别对立。在许多希腊丈夫的眼中，最好的妻子近似于一位忠诚的同伴，而坏的妻子则是敌人，会没完没了地投身于战斗，并力图以韧性和狡诈赢过她的配偶。

家庭中的性别结构：母－子

在《赫拉的荣耀：希腊神话与家庭》（*The Glory of Hera: Greek Mythology and the Greek Family*）这部出版于四十多年前、引人思索的精神分析研究著作中，菲利浦·斯雷特（Philip Slater）展示了一幅极其黑暗的希腊家庭母子关系图景。他指出，虽然母亲怀着通过儿子实现自身抱负的愿望来养大儿子，她也会憎恶他，因为孩子看起来愈加有前途的同时，也越来越像她的丈夫，令她时常想起由于对公共生活的投入，丈夫在家庭中是冷漠、压迫别人的成员。母亲会习惯于将对丈夫的懊恼发泄在儿子身上，而儿子一旦长大，就会认识到，在准备加入父亲成为男性公民群体的成员时，他需要克服早年对母亲的依赖并粉碎她的影响。[17]

斯雷特具有争议性的理论正确地指出两种重要的规范希腊家庭关系的外部因素，即家庭外的同性社会关系在定义男性身份中的根本重要性，以及希腊社会中普遍存在的竞争精神。然而，他把这样的互动方式应用于母子关系是有问题的。在我看来，与其说在社会化过程中儿子拒绝了最初强势的母亲，不如说他很小的时候就意识到母亲不是权威人

〔17〕Slater（1968）.

物，他有义务给予她援助与尊重，但是不需要敬仰她。换言之，希腊儿子对母亲的违抗，不像斯雷特记录的那样是因为厌憎母亲令人生畏的权威，而是由于在社会结构中——这一社会结构优先考虑在家庭之外的公共领域内斩获的经验与成就——母亲缺少具有指定性权威的地位。佩涅洛佩与奥德修斯在一起时，看起来身份平等，但是，当特勒马科斯感到该由他担任一家之主之时，就会发现佩涅洛佩对儿子的屈服。
公元前 4 世纪的庭审陈词为衡量当时流行的道德观提供了很 225
好的标准，因为演说者必须说服陪审团。演说者常常通过描述当事人如何尊重并照料监护下的年长母亲来为其人品辩护。母亲不会被刻画成具有权威的角色；相反，演说者会努力让她给人带来这样的印象：无助的年迈妇女，应当得到儿子提供的安全保障。[18]

急需指出的是，这里的问题不是在具体的个别希腊家庭中是否存在强势的母亲，而是母亲权威有无制度基础，换句话说，母亲的权威是否享有合法性，能否在角色众多的等级制度内习以为常地行使。[19] 费埃克斯王后阿瑞塔所享受的来自丈夫（也是她叔父）和孩子们的至高尊重，在地球上所有女人中都是独一无二的，这一点被明确说明（《奥德赛》第 7 卷第 67—68 行）。斯雷特所描绘的希腊母子关系的阴暗

---

〔18〕亨特（Hunter 1989a，1989b）赞成守寡的雅典母亲具有权威的观点，但是她援引为依据的庭审演讲却仅仅显示出儿子一方的尊重和义务。

〔19〕在这一点上，我采用兰菲儿（Lamphere 1974：99）的见解。兰菲儿将韦伯关于权力与权威的定义用于分析家庭内的权力关系。

图景由此应当做出相当大的修正。儿子或许需要在准备进入男性公民集体时弃绝母亲的影响，但是这种摒弃可能并不需要与一位至今为止主导了他的生活，并无谓地试图继续主导的女性进行暴力斗争来实现。或许这正是因为公民的文化传承最重要的发生地是在公共领域内和同侪群体中，而不是在家庭里。在希腊表述中，家庭里的母子冲突远不如夫妻对立那么突出。

与父亲一样，儿子被期望长大成人后在公民群体和同侪中找到自己的主要身份。而且，当儿子结婚时，他的妻子会接管家庭，母亲会失去先前主管夫家以及单身儿子的家庭时拥有的权力。她可以指望从儿子那里得到照看、尊重和依恋，但是她主要是作为一位特殊的贵客而获得这些。新婚夫妇会成为家庭单位的核心，而母亲作为需要且应当得到关爱的家长会退居边缘。

226 不过，相对于上述情况，斯巴达母亲那传奇式的权威似乎是显而易见的例外。普鲁塔克的《斯巴达母亲警句》（*Sayings of Spartan Women*）中留存了很多斯巴达母亲敦促儿子为国而死，如果他做不到就施以惩罚的故事。试以下述三例说明这些英雄母亲故事的基调：

> 一个女人，见到她的儿子走过来，问道："我们的国家胜负如何？"当他说"所有人都死了"，她捡起一块砖瓦，扔向他，杀死了他，说着："那他们是派你回来传这个坏消息的？"

另一个斯巴达女人杀死了她擅离职守的儿子，因为他配不上斯巴达。她宣称："他不是我的后代。"

还有一个，当她的儿子逃离战场来找她时，说："卑鄙的逃亡奴们，你们到了哪里？还是说你们打算从哪里降生的溜回哪里去？"然后她掀起了自己的衣服对着他们露出了自己的身体。

（普鲁塔克，《斯巴达母亲警句》，241.5，241.1，241.4）

值得注意的是，在所有这些故事里，斯巴达母亲在与儿子面对面时，只有事关对国家的义务才如此坚决主张，而不是在关乎儿子对她自己或是家庭的直接义务的情况下。毫无例外，这些斯巴达母亲权威的故事总是聚焦母亲们"全心投入于她们自己不能直接参与的公共军事生活"，[20]针对这一点，可以说母亲们的举止更多的是在以爱国公民的身份宣告国家的最高利益（尽管她们并不是正式公民，因为不被允许参与战斗或者政治协商），而不是在维护自己作为母亲本身的权力。朱迪思·萨金特·默雷（Judith Sargent Murray，1751—1820）很久以前就观察到斯巴达母亲们具有这样的特点："拥有公民的名头，对她们来说，比被称作母亲更具诱惑。"[21]那些屈服于母亲的辱骂和刀刃之下的斯巴达人证实了政治共同体的更高权威，这个共同体

〔20〕C. B. Patterson（1998：78）.

〔21〕引自 Pomeroy（2002：62）。

由全体公民组成，而他们由于在战场上的懦弱表现而没能履行对这个团体的义务。

强势的斯巴达母亲的故事展现了斯巴达公民对国家的责任，与此同时，在家庭环境及非公共事务方面，斯巴达母亲和儿子的关系却几乎没有记载。从这个意义上说，母亲们神话般的特立独行和权威——就像普鲁塔克的《警句》和其
227 他文献证实了希腊世界中斯巴达女人卓越的声望那样——补充并佐证了希腊其他城邦中那些未被歌颂的母亲形象。颇梅洛依猜测，这些斯巴达母亲的故事可能是因为展现了令其他希腊人震惊的态度才得以流传。艾伦·米兰达（Ellen Millender）认为其他希腊人（尤其是雅典人）很乐于将斯巴达的生活方式异域化，还有，相比其他城邦的姐妹们，斯巴达女人看似更自由（或者，从标准的希腊立场来看，可以说是放荡），这为反斯巴达的宣传提供了重要的话题。上述讨论证明，不论对斯巴达母亲形象的塑造充斥着多少夸张、扭曲乃至编造的成分，其仍旧反映出了希腊式的生活方式和见解。[22]

斯巴达母亲的名气主要是以一种不同的激进方式表明了希腊崇尚公共及家庭外的同性社会生活在家庭内产生的影响。当家庭成为男性公民尽忠的次级对象，斯巴达女人受到重视首先是因为其对公民阶层的生物繁衍做出的贡献，以及她们在公共福祉方面扮演的积极角色（上文中讨论的

〔22〕Pomeroy（2002：58）；Millender（1999）.

故事和其他有关她们政治方面影响力的故事都证明了这一点）。[23]斯巴达母亲的高大形象并没有让家庭生活成为斯巴达生活的焦点。斯巴达的公民战士们大部分时间身处军事组织中并投身于国家与彼此，与此同时，他们的妻子和母亲通过与其他女人之间的交往来满足自己对陪伴与情感依赖的需求。[24]

餐桌上

在《奥德赛》第 4 卷中，当特勒马科斯航行到斯巴达寻求奥德修斯的消息时，他见到国王墨涅拉俄斯在为儿子和女儿举办一场双对婚礼。特勒马科斯被认出是特洛伊战争中墨涅拉俄斯的亲密战友奥德修斯的儿子，之后便与国王和他的妻子海伦共进晚餐。回忆起那场伤感的战争和仍在失踪的
奥德修斯时，这三个人一起流了很多眼泪。为了让他们缓解 228
悲伤，海伦在酒里下了一剂奇妙的药：

> 如果有谁喝了她调和的那种酒酿，
> 会一整天地不顺面颊往下滴泪珠，
> 即使他的父亲和母亲同时亡故，
> 即使他的兄弟或儿子在他面前

---

〔23〕关于斯巴达人对女性生殖能力的高度重视，以及为保障健康的母亲培育出强壮的后代而制定的各种教育及优生优育政策，参见 Pomeroy（2002，第 3 章）。关于斯巴达女人在高层政治中的影响力，参见 Powell（1999）。

〔24〕Pomeroy（2002：44）.

被铜器杀死，他亲眼目睹那一场面。

（《奥德赛》第 4 卷第 222—226 行）

如果这样的言辞在婚礼上不合时宜，这药海伦自有她的用处。他们都喝下了药之后，海伦开始叙述特洛伊战争的最后几天中她和奥德修斯的一次相遇。根据海伦的叙述，当奥德修斯假扮成乞丐潜入特洛伊进行侦察，只有她认出了他，对他殷勤款待而且没有将其暴露，因为她渴望回到故国，盼望着希腊军队的胜利（《奥德赛》第 4 卷第 242 行起）。这个说法出自世界上最美丽的女人，是她抛弃丈夫导致了特洛伊战争。海伦这样说代表着她试图改善自己的名声，并向墨涅拉俄斯表达忠心。然而，她说完之后，墨涅拉俄斯的回应却显示出，海伦此时，也就是在这长达十年的冲突的最终篇章里，扮演的角色与她的自述完全不同。据墨涅拉俄斯所说，当希腊勇士们（包括他自己和奥德修斯）藏在特洛伊木马中，海伦知道了他们的计谋，前来寻找，并试图通过模仿他们妻子的声音叫他们的名字将这些勇士诱骗出来。除了奥德修斯之外，所有的人都迫切地想要回应并且现身，多亏了他坚强的意志才抑制住众人，并由此保住了命，带来了特洛伊的陷落（《奥德赛》第 4 卷第 265 行起）。换言之，墨涅拉俄斯的版本跟海伦口中自己的后悔和她对希腊胜利的重要作用正相反，海伦直到战争的尾声仍在力图给自己的国人带来灾祸。

《奥德赛》中不止一则夫妻在客人面前较量的例子。在第 11 卷阿尔基诺奥斯国王的宴会上，阿瑞塔王后鼓动

费埃克斯人送给奥德修斯很多礼物，而且不要急着为他送
行，强调说“他虽是我的客人，你们也分享荣光”(《奥德
赛》第 11 卷第 338 行)。阿瑞塔的要求即刻引起了两人的
回应，一个来自老顾问艾克赫尼厄斯，另一个是阿尔基诺
奥斯自己。艾克赫尼厄斯肯定了王后的判断，但接着清楚
申明，“现在看阿尔基诺奥斯有什么吩咐和要求”(《奥德
赛》第 11 卷第 346 行)。阿尔基诺奥斯的回答也很尖锐。 229
他宣布阿瑞塔的计划得到了自己的认可，与此同时，他巧
妙地提醒大家，**自己已**将明天定为奥德修斯的起程日期并
且已叫人为客人准备了礼物(《奥德赛》第 7 卷第 317—
318 行，第 8 卷第 389—397 行)。阿瑞塔宣称奥德修斯是
她尊贵的客人而其他人只是陪她一起向他示好，为对此做
出直接回应，阿尔基诺奥斯用以下的话结束发言：“送客人
上路人人有责，/ 尤其是我，因为我是此国中的掌权人。”
(《奥德赛》第 11 卷第 352—353 行)换言之，在阿尔基诺
奥斯和他手下的头目们眼中，阿瑞塔热情待客时履行的是
管理职能，[25]但是决策权取决于他且只有他一人，至少名
义上是这样，阿瑞塔当众决断使他们不得不努力重新调整
规约。[26]

---

〔25〕在《奥德赛》第 8 卷第 419—420 行，从费埃克斯人那里收集来的礼物是送到阿瑞塔那里安排和打包的。在《奥德赛》第 13 卷第 66—69 行，当奥德修斯即将登船开始最后的旅程返回伊塔卡岛时，阿瑞塔派来三个女人，把礼物、面包和酒送到了他的船上。

〔26〕有关阿尔基诺奥斯为了从阿瑞塔手中夺回控制权所做出的努力，参见 Martin(1993：236)、Nagler(1993：249)。

同墨涅拉俄斯和海伦当着客人的面讲述彼此的矛盾一样，阿尔基诺奥斯和阿瑞塔这对男女主人之间的较量也并不微妙。这让我们回想起奥德修斯和佩涅洛佩的重聚，他们互相试探、欺骗，还有伊斯科马刻斯为了练习公共演讲而在家里和妻子进行的庭审。这三个正面的妻子形象与海伦之间有很大的差别。海伦在希腊传统中得到的评价十分参差（从红颜祸水到完美新娘），[27]但是几位妻子的共同之处在于，她们和丈夫之间的关系都可以用竞争来定性。

墨涅拉俄斯太过迷恋海伦的美貌以至于在特洛伊战争之后都没有对她施以惩罚，在以温和却讽刺的语气驳斥她的故事时也仍然是那个被爱恋冲昏头脑的丈夫。他的开场白是这样的，“亲爱的夫人，你刚才所言完全正确”，却接着讲出了自己反驳海伦的版本（《奥德赛》第 4 卷第 266 行）。当阿尔基诺奥斯在宴会上重申自己的权威时，他显然也尊重阿瑞塔在家庭中以及在他的民众中享有的极高声望（有时她几乎像是他的协同统治者）。阿尔基诺奥斯说他认同妻子的计划，
230 这个计划和他已经下达的指令一致，以此提醒大家他才是决策者。

当丈夫更强势，或是妻子不像阿瑞塔和海伦那样享有特殊地位时，墨涅拉俄斯和阿尔基诺奥斯表达分歧时使用的策略或许并没有必要。奥林波斯山上，宙斯的宴会厅里发生的一次事件暗示了这个可能。该情节出现在《伊利亚特》第

〔27〕Hughes（2005）.

1卷，赫拉发现宙斯和女神忒提斯，即阿基琉斯的母亲，在神的家庭聚会上进行了一场秘密的谈话。赫拉立刻怀疑忒提斯此来是对宙斯有所祈求（求他给予阿基琉斯尊荣），因此与丈夫争执起来：

> 狡猾的东西，是哪一位神同你商谈？
> 你总是远远地离开我，对你偷偷地
> 考虑的事情下判断。你从来不高高兴兴地
> 把你心里想做的事情老实告诉我。

宙斯立刻回应了对他权威的公然挑衅，诗人记下了众神之父暴躁的回复：

> 赫拉，别想知道我说的每一句话，
> 那会使你难堪，尽管你身为天后。
> 凡是你宜于听见的事情，没有哪位神明
> 或世间凡人会先于你更早地知道；
> 凡是我想躲开众神考虑的事情
> 你便不要详细询问，也不要探听。
>
> （《伊利亚特》第1卷第540—550行）

宙斯最初表达不悦后赫拉不肯让步，继续以她知道的丈夫与忒提斯之间的协议来奚落他，宙斯的回应变得辛辣并以暴力威胁：

好女神，你认为我逃不出你的注意，
可是你不能完全办到，反而使你
离开我的心更远些，那对你更是不利。

如果事情真是那样，那是我所喜欢。
你且安静地坐下来，听听我说些什么，
免得奥林波斯的天神无力阻挡我前来，
当我对你伸出这两只无敌的大手时。

（《伊利亚特》第 1 卷第 561—567 行）

231 赫拉被恰当地称为希腊弃妇的典型。[28]然而，这个描述可能引发的联想——一个孤零零的女人可悲地为丈夫而憔悴——很难用来形容奥林波斯众神之后，这在我们正在讨论的情节中清楚呈现。这仅仅是赫拉与关系疏离的丈夫无数次当众争执或暗中较量中的一次，不论起因是他无数的风流韵事以及由此出生的孩子们，还是她为制订自己的独立计划以及干扰宙斯的图谋和决策所做的努力。宙斯在警觉的妻子视线之外时可能会随心所欲地行事，但是在家里却逃不过她的监控，而家庭晚宴的餐桌就自然而然地沦为夫妻发生冲突的地点。

对在 1968 年写下以赫拉命名的争议之作的斯雷特来说，赫拉与宙斯之间冷漠而充斥着争吵的关系是希腊婚姻的写照。然而，当我们把宙斯－赫拉的关系与那些理想的夫妻

〔28〕Redfield（1995：182）.

关系并置，比如奥德修斯和佩涅洛佩，阿尔基诺奥斯和阿瑞塔，还有伊斯科马刻斯和他的妻子，就可能得出更具说服力的结论：竞争，不论被视为正面的还是负面的，都是希腊关于夫妻关系之构想的重要维度。在正面的刻画中，这样的竞争可以被升华为同伴关系，夫妻关系甚至有可能被完全同化为战友关系，以至于家庭成为公共领域中的军队、议会及法庭的镜面映像。被呈现为负面的时候，同样的竞争就把女人变成了亚马孙战士、杀夫凶手、霸道又爱管闲事的人，而这任何一种对男人来说都意味着不幸。

从以下情节我们得知，那场神之间的争吵发生在宴会桌上：众神都害怕宙斯发脾气，赫菲斯托斯（Hephaistos）站起身来手举酒杯前去安慰他的母亲。为恳求她让步，赫菲斯托斯说道，赫拉与宙斯之间的争斗意味着“我们就不能享受一顿美味的饮食”（《伊利亚特》第 1 卷第 575—576 行）。赫拉接受了她忠诚的儿子的建议，微笑着接过了他手中的酒杯。众神之王与天后之间的紧张局势得以缓解，宴会也得以继续，并持续终日。

在赫菲斯托斯对赫拉的讲话中，他求她屈服于宙斯，“讨父亲高兴，使他不再谴责斥骂，/ 把饮食打乱”（《伊利亚特》第 1 卷第 578—579 行）。心存恐惧的儿子回忆起父母之间的争吵曾毁了以前的宴会，所以此刻非常努力地阻止另一场同样的事 232
端。赫菲斯托斯提醒赫拉先前父母二人对峙、他尝试保护母亲时发生了什么：他被宙斯抓住并从奥林波斯扔了下去，导致他永久地伤残甚至差一点丧命。赫菲斯托斯的努力奉劝成功了，在《伊利亚特》余下的篇章中，众神常常欢宴，而他的恐惧没有应验。事实上，在宙斯与赫拉下一次严重的争吵爆发时，宙斯又以暴力威胁，赫拉认为聪明的做法是立刻顺从。赫拉让众神之父独处，自己加入了正在奥林波斯山上宴饮的众神。被问到为何神情沉重时，天后苦闷地讲述了与宙斯的冲突：

> 我们真愚蠢，糊涂得竟想对抗宙斯，
> 我们还想阻碍他，用言语或武力。
> 他却独踞一处，既不关心我们，
> 也不把我们放心上，因为他无疑认为，
> 在不死的神明中他的权能和力量最高强。
>
> （《伊利亚特》第 15 卷第 104—108 行）

作为夫妻冲突的后果，丈夫继续去做自己的事，而不满的妻子用牢骚塞满了孩子们的耳朵，抱怨他们专制而冷漠的父亲。此处是回顾斯雷特理论的好时机。根据斯雷特的观点，妻子在持续的婚内冲突中一般会处于下风，因此会把对丈夫的不满转而发泄在儿子身上；继而，儿子会反抗母亲的控制，让自己获得自由以加入成年男性的团体。然而，前文对奥林波斯山宴会上发生的冲突的分析，呈现了不同的情境。赫拉和赫菲斯托斯，母亲和儿子，组成了弱者的联盟对抗宙斯——他们的丈夫和父亲；儿子心向母亲，通过前来援助以及奉劝她采用明智的生存策略来保护自己。因为这是一个神的家庭，没有生命周期（这是指，在克罗诺斯推翻了他的父亲尤拉诺斯，宙斯又从父亲克罗诺斯那里夺得王位之后，这个家庭中就再未发生过代际更替了），无法检验是否会出现一个时机让儿子弃绝母亲对他的影响。然而，不管出于什么原因，如果一个像赫菲斯托斯这样的儿子日后排斥母亲，不会是因为他憎恶她的权力与控制。在不断目睹她因为挑战丈夫而受到惩罚和威吓之后，他怎会产生这种想法？这或许是非理想化的希腊妻子形象的悖论：她好斗而强硬，同时却又被迫沉默且无能为力。 233

通过宙斯的宴会厅中发生的事件来理解希腊家庭的娱乐生活是很不尽人意的。但是，由于缺乏有关凡人家庭宴会的更多证据，我们只能认为希腊人把他们自己的经验与感受投射于众神那永无休止的欢庆活动。因此，神的宴会既是众神身份神圣、处境优渥的重要象征，又反映了人间家宴上的种种戏剧场面。当特勒马科斯坐在墨涅拉俄斯的宴会厅中，他对其华丽程度深感惊讶，不禁对旅伴耳语道，宙斯之庭一定就是这样（《奥德赛》第 4 卷第 71—75 行）。或许，奥林波斯山上的场景和特勒马科斯即将目睹的墨涅拉俄斯与海伦之间的景象本就有诸多相似之处。

喜剧作家米南德（Menander，约公元前 342—前 291）给我们留下了关于普通家庭宴会的宝贵描述。其《易怒的家伙》（*The Peevish Fellow*）讲述了一位名叫索斯特托斯（Sostratos）的年轻人克服了心爱的姑娘那愤世嫉俗的父亲的憎恨，想方设法娶到姑娘的故事。故事的背景中，索斯特托斯的母亲为潘神举行了一次祭祀。这部发表于 1959 年的几乎完整的戏剧大大加深了我们对希腊家庭的了解。* 这意味着如今我们可以在家庭欢庆活动中见到的不再只是神、女神（海伦是宙斯的女儿，是半神）和传奇领袖。我们可以看看奥林波斯山上的殿堂、费埃克斯和迈锡尼时代斯巴达的王宫，以及希腊化时期的雅典城郊之间究竟有无关联。

在位于乡野的潘神庙外，家庭成员先后登场。首先出现的是索斯特托斯。他一入场就向自己的朋友凯瑞斯（Khaireas）宣布自己恋爱了，一见钟情地爱上了刚刚在自家附近见到的一个姑娘（第 50 行起）。在剧中，之后的大约 340 行都是在描述索斯特托斯怎样赢得姑娘父亲聂门（Knemon）的欢心。这位父亲最初情绪激烈地拒绝了年轻人对他女儿的求婚。接着厨师到场准备当天的祭品。在这之后 40 行，到了大约剧中的时候，索斯特托斯的母亲和一位未嫁的妹妹出场，还带来一个雇来的女艺人。母亲对家里的两个仆人下达指令后，女伴们就退居后景之中，只留下索斯特托斯在台上继续争取聂门的同意。到了第 760 行左右，聂门终于放弃，同意让儿子高尔吉亚斯
234 （Gorgias）把女儿许配给索斯特托斯（聂门太讨厌人，不愿意亲自安排）。就在这时，索斯特托斯的父亲，富裕的农场主卡里皮迪斯（Kallippides）在迟到许久后登场了，担心自己是否错过了聚会（第 775—776 行）。索斯特托斯告诉卡里皮迪斯他们其实已经用过餐了，但是已为他留了一份（第 780 行）。父

* 米南德的这一剧本一直失传，上世纪 50 年代初才在考古中发现，学者整理后于 1959 年首次面世。

亲进餐时，索斯特托斯与他交谈，不仅轻易地让卡里皮迪斯认可了自己订下的婚事，还说服他把女儿嫁给刚才对付聂门时帮了大忙的高尔吉亚斯。既然两桩婚事都已经订下，当晚就安排了一场聚会来庆祝，全剧以欢庆活动和一场滑稽戏收场。

米南德剧中的宴会是一次家庭活动，它的举办并非为了强化任何具体的家庭秩序或增进家庭成员之间的关系。参与者分别到场，直到最后一幕才共聚一堂，而这时候最初策划的活动早已结束，他们已经开始为庆祝订婚做准备。索斯特托斯的母亲最初登场时有女儿陪伴，她们一定已经一起吃过饭了，但是家里的两个男人似乎把这一顿饭当作快餐，吃完后还要赶去继续做别的事情。索斯特托斯当然完全沉浸在爱情里，并不清楚他是跟母亲和妹妹一起吃的饭，还是像卡里皮迪斯那样，趁着对付难伺候的未来岳父的空隙吃了给自己留的那份。有趣的是，父亲在其他人都吃完饭后才出现，还担心自己错过了整场聚会。

作为一个富裕的农场主，父亲的迟到可能是合情合理的，他也许忙着监督奴隶们在其农场上劳作，或者是去了露天集市做交易，没有时间参加妻子出于宗教虔诚举办的家庭活动。[29]卡里皮迪斯害怕参加庆祝的人不等他就回家了，或许暗示他跟这个活动没什么关系。最终，也是最重要的，父亲迟到是因为他必须腾出地方，以便索斯特

〔29〕色诺芬的《家政论》最为详尽地描述了模范农场主的生活，也同样强调了伊斯科马刻斯把最多的时间花在农场上或是集市上。

托斯占据舞台的中心。母亲出场后全程留在后景中，这似乎没有问题（索斯特托斯从来没有询问过她的意见）；但是如果儿子在追求浪漫时完全忽略他的父亲，观众就会感
235 到难以置信。卡里皮迪斯第一次出场的时机恰巧是索斯特托斯在聂门那里取得成功的时刻，这一巧合有力地证明了上述最后一个论点。我认为可以再进一步推论。卡里皮迪斯的迟到登场，基本上只是为了前来肯定索斯特托斯自主的作为，这是因为该剧关注希腊家庭生命周期中的某个阶段，即家长让位于儿子新结成的婚姻单位。在新喜剧（New Comedy）中浪漫主题的主导地位体现了希腊化时期的社会政治及思想变化，[30]但是夫妻关系，包括其爱情、亲密关系、冲突及疏远等方面，在希腊家庭秩序的观念中一直处于中心地位。[31]让父亲临近剧终时才出场，顺水推舟地批准了儿子其实已经安排好的婚事，米南德这么做只不过是

〔30〕在希腊化时期的诸王国，城邦失去了政治独立性，在此阶段，社会道德观产生了重大的变化；这个状况被归纳为从“政治为主导”转化为“社会为主导”（C. B. Patterson 1998：224-225）。

〔31〕雷德菲尔德（Redfield 1995：159）指出，米南德的《易怒的家伙》在希腊文学传统中并不是“对爱情故事的实验性创作尝试”的代表，而是“这一问题已经成熟的范例”。观察到“似乎这样的故事一直隐性地存在着”，雷德菲尔德指出奥德修斯与费埃克斯公主瑙西卡（Nausikaa）的邂逅被写得很浪漫（《奥德赛》第6—7卷）。事实上，史诗中关于奥德修斯与佩涅洛佩最终重聚之前的那场相遇就带有强烈的浪漫意味，甚至被描述为“丈夫对妻子也是妻子对丈夫的第二次求爱”（Felson 1994：63）。普遍认为，浪漫爱情与婚姻关系开始相结合是在现代西方；哈格斯特鲁姆（Hagstrum 1992）反对这一观点。他认为，西方文学里婚姻中的浪漫爱情，即他所谓的“反传统”，是从荷马史诗对奥德修斯与佩涅洛佩的描述开始的。

以文字形式极端地表达了一个传统悠久的观念。

只有永生的宙斯可以同时是疏远的妻子永远的抱怨对象，以及不会因儿子的婚姻而经历改朝换代的永远强大的父亲。在《易怒的家伙》中，旧家庭秩序不可避免的瓦解以欢庆的家庭为背景被戏剧化，参加宴会的人没有齐聚一堂，儿子积极地追求个人幸福，母亲几乎一直在后景中，而父亲的角色是仪式性的权威。母亲在剧中的形象值得注意。她在索斯特托斯的自主行动以及之后向父亲汇报并寻求认可的过程中没有起到任何作用。当然，这是一部戏剧，即便新喜剧往往因其真实度和对日常生活的关注而受到重视（与此相对，阿里斯托芬式的旧喜剧则以荒诞和政治关怀为特色），阅读时还是应当考虑其所传达的想象力和理想。与其说剧中母亲近乎不存在的状态证明母亲们在孩子的婚姻方面毫无发言权，236
不如把这理解成母亲形象在希腊文学中普遍具有模糊性。

没有女性在剧中担任重要角色，甚至似乎连一句台词都没有。剧中所有的重要行动都由两个家庭的男性完成，上演了索斯特托斯是如何在高尔吉亚斯的帮助下与聂门周旋并在之后得到卡里皮迪斯的同意。女性角色，包括索斯特托斯的母亲和妹妹，高尔吉亚斯的母亲和妹妹，在最后为了庆祝订婚而齐聚一堂，但是即便在那个时候——男人们开着女人嗜酒的陈腐玩笑——我们也只能推测她们应当是在场的。之后在聚会进行中，厨师评论道，女宾们喝酒就像沙滩上的沙子在吸收海水（第 857—860 及 949 行）。在这部家庭剧中，虽然米南德没有让女性演绎她们作为母亲、妻子、姐妹的角色，但他没有放弃以“爱吃的女人”这一模式化形象来描述她们的机会。[32]

虽然米南德的剧作有不同的社会背景和新的关怀，但就我们所关心的议题而言，它仍在延续希腊的传统。第一，家庭宴会没有被刻意用来展现良好的家庭秩序。第二，该剧最关心的仍然是夫妻关系，即希腊家庭构想的中轴。处于聚焦之下的，是最终导致新夫妻单位生成的各种发展，以及作品表现父母－子女关系边缘化开端的戏剧表现方式。最后，按照性别来组织家庭节庆证明了以下观点：不论女人担任何种家庭角色，她们形成了一个具有共同特征的团体，从而将其与男人区分开来。[33]家宴为狂欢者们提供了一个加强他们对性别差异意识的场合，与此同时，又发挥了其所标榜的功能，即增进男性与女性亲属之间的团结。

---

〔32〕在旧喜剧和新喜剧中，女性都有着一些约定俗成的特点，包括贪吃、嗜酒和喜爱性爱（Just 1989，第 8 章；Venit 1998）。

〔33〕将女性视为一个不同的且潜在敌对的物种，这个概念深深地根植于希腊传统中（Lloyd-Jones 1975；Loraux 1993，第 2 章）。早期文学中这一观点最好地表现在两个地方：潘多拉的诞生，作为第一位女性给男性带来了一个普遍的问题（赫西俄德，《神谱》第 570—589 行；《工作与时日》第 60—80 行），以及西蒙奈德斯关于女性的长诗，他痛惜地将女性的存在称作“宙斯降下的最恶疫病”（*Zeus gar megiston tout' epoiēsen kakon*，第 7 号残篇，第 96—97 行，又在第 115 行再次出现）。像佩涅洛佩那样品德优秀的女性，还有西蒙奈德斯诗歌中唯一一位好女人，都被视作她们这个物种中的特例（Lloyd-Jones 1975）。我并不是要控诉希腊传统中臭名昭著的厌女症，此处的观点是为了证明希腊倾向于将女性视为一个单独且不同的族群。在男性主导的前提下，女性被描述为他者，当然更容易背上负面的特点，但是事情并不总是这样，这种思维习惯也经常在戏剧中得到幽默且温和得多的表达。

幕后

男人们在家中庆祝时的夫妇互动生动地表现了希腊的厌
女情结。公元前 7 世纪的萨默斯（Samos）诗人西蒙奈德斯 237
（Semonides）在其女性类型学中向不合作的妻子发起进攻：

> 当男人在家里看起来尤为享受的时候，
> 不管是由于神赐予的宽免还是男人们的善意，
> 她都会挑错并带上战斗的头盔。
> 因为每个有女人在的地方，
> 男人们就连一个陌生人也不能轻易迎入家中。
>
> （西蒙奈德斯 7，第 103—107 行）

上述段落刻画了丈夫和妻子之间的冲突。他们的行为以平行的叙述模式呈现（他做什么，她做什么）。将妻子比作戴着头盔的武士展现了这种互动的敌对性质。男人被刻画为一个合群的人，有时想要满足自己完全合理的拥有普通社交生活的愿望，而妻子则被描述为只有一个目的，即通过大声宣告自己的存在使丈夫和他的朋友们不痛快。考虑到赫拉和宙斯之间的争斗往往以后者威胁使用（有时真的使用）暴力为终结，我们或许应该避免评判谁才是西蒙奈德斯诗歌中的受害者，谁又是施害者，而就事论事地看待这首诗：一个雄辩的男人代表所有弟兄们控告一名女性的恶习。

普鲁塔克记录的两则逸事可以佐证西蒙奈德斯笼统的讽刺中表达的观念。第一个故事与苏格拉底和他的悍妻赞西佩（Xanthippe）有关。在摔跤学校结束锻炼后，苏格拉底带了一个朋友回家吃饭。他们俩吃饭的时候，赞西佩对他们一顿痛骂，最后把桌子都掀翻了。另一个故事是米蒂利尼的僭主兼七位传奇的智者之一——庇塔库斯——受到了他老婆类
238 似的对待。当庇塔库斯和宾客们聚会时，他老婆充满愤怒地进来打翻了饭桌（《关于制怒》461d，471）。

普鲁塔克故事中的男性主人公是希腊世界重量级的智者，这一点为西蒙奈德斯对女性的悲观讽刺增添了一抹哲学色彩。丈夫需要晚餐和聚会来建立社会关系，而妻子就是看不到这每一次每一种场合的重要性，还会毫不犹豫地无端动怒。事实上，普鲁塔克几乎不考虑是什么可能导致了这两位妻子的粗暴行为。在他眼中，赞西佩的爆发只是她丈夫要忍受的无数次坏脾气中的一次，而庇塔库斯的妻子仅仅体现了出身贵族之女行事狂妄自大（《关于制怒》461d，471）。对付如此不讲理的生物只有一个办法——以良好的风度忍受她们。普鲁塔克在讲这两个故事时针对如何处理艰难尴尬的情况给出以上建议。这两位丈夫都以平静和幽默来应对妻子带来的吵闹。在第一个故事中，苏格拉底的客人非常生气，站起身来，准备离开，这时候苏格拉底说："那天在你家，不是有只母鸡飞进来做了一模一样的事吗？可也没有扫了我们的兴啊！"在另一个故事中，庇塔库斯试着安抚客人们，"每个人都有自己的难处。如果谁只有我的麻烦那已经是过得很不错了"。我们不知道在这两次事件中客人们如何看待主人的补救，但是幽默应该起到了不错的效果，既缓解了尴

尬，又有助于他们建立良好的关系。作为男人，他们都要面对同样的问题：“面对老婆，或是母鸡，你能怎么样呢？”

苏格拉底和庇塔库斯的幽默，与西蒙奈德斯的讽刺诗一样，都可以被理解为希腊男人在这个领域为适应妻子而做出的努力。在待客这件事上，妻子的配合不可或缺，她们的抵触会让事情变得不顺利。我们可以想象一下，西蒙奈德斯的诗和普鲁塔克的趣事在男人们的会饮中传播的情景。酒客中有一人的妻子好斗成性，不肯让他享受任何节庆欢乐，于是这个男人向同伴们倾诉自己的苦水。听众里就有和诉苦者一样的丈夫，因此他在自嘲地讲自己的问题时会赢得同情，而不会给自己的公众形象带来恶劣影响。更有甚者，对女性的嘲讽可以被立刻用来愉快地增进男人间的关系。不管一群男人有着怎样不同的背景，他们都要对付难缠的老婆这一点让彼此团结起来。

希腊材料并不是总把女性描写为挑剔又凶恶的女主人，239
同时把她们的男性亲属塑造成只能发发牢骚并在别处消愁的受害者。在《奥德赛》中，佩涅洛佩多次闯入男性欢聚场合；她的行为受到儿子的斥责，而不愧女性楷模之声誉的她每一次都毫无抗议地对他做出了让步。

这样的事情第一次发生是在第1卷，痛饮狂欢的追求者们吃饱喝足之后，准备来点音乐娱乐。艺人费弥奥斯（Phemios）被要求歌唱希腊英雄自特洛伊忧伤的凯旋。佩涅洛佩听到了歌声，从房间里下楼来。荷马仔细地着笔于她的谦逊，描述了她有两位侍女陪伴，而非独自一人（《奥德赛》第1卷第331行)。当戴着面纱、有侍女陪同的佩涅洛佩站在大厅的立柱边，她流着眼泪请求费弥奥斯更换歌曲的主题，因为想到失踪的丈夫使她心碎。她的请求引来了特勒马科斯尖锐的回应。年轻人叫母亲坚定心灵来听歌，因为是宙斯随心所欲的愿望致使男人们辛勤跋涉并蒙受苦难，而奥德修斯并非唯一一个从特洛伊战争返回时消失的希腊人。如果这还算是安慰，那么特勒马科斯的结束语就只能被看作说教了：

> 现在你还是回房去操持自己的事情
> 看守机杼和纺锤，吩咐那些女仆
> 认真把活干，谈话是所有男人们的事情，
> 尤其是我，因为这个家的权力属于我。
>
> (《奥德赛》第1卷第356—359行)

特勒马科斯以空间和工种的性别划分为理由训斥佩涅洛佩。这位母亲即便愕然，也把儿子的教训放在心上，退了回去。很显然，他的批评虽然语气严厉，但有其道理，而作为谦虚的女性，她认为听从是明智的。

第1卷中发生的情况在第21卷中再次上演，与那次著名的射箭比赛有关。我们从第20卷末尾得知，这次比赛是佩涅洛佩听到了追求者和特勒马科斯之间的对话后安排的。她判断特勒马科斯已经到了接管家庭的年纪，为了终止追求者们不懈的纠缠，她应该离开。于是她宣布自己将会嫁给能

够拉开奥德修斯那张大弓并一箭射穿十二把斧头的人。同第1卷一样，她宣布的时候出现在了饭厅前，以头巾覆面，一 240
左一右都各有一个女仆陪伴。

几位追求者，包括领头者之一的欧律马科斯（Eurymakhos），都试着拉弓却失败了。在这个时候，仍在伪装的奥德修斯提出，也给他一个机会试试看。当他的请求引起追求者们愤怒的回应，佩涅洛佩为他说话，理由是给这个陌生人一个机会让大家都高兴，而且即便他幸运地拉开了弓，她也不可能嫁给这个乞丐模样的陌生人。针对她的干预，特勒马科斯首先回复道，他自己才有回应上述争议的权力，而后又说了下面的话：

> 现在你还是回房把自己的事情操持
> 看守机杼和纺锤，吩咐那些女仆们
> 认真把活干，这弓箭是所有男人们的事情，
> 尤其是我，因为这个家的权力属于我。
>
> （《奥德赛》第21卷第350—353行）

一方面强调自己的权威，一方面指出佩涅洛佩适宜的领域，特勒马科斯又一次如此结束了母子间的对峙。曾有人以急躁的青少年心理来解读特勒马科斯屡次尖锐的反驳。[34]这种解读忽略了佩涅洛佩在事件中的作用，是她反复闯入男

〔34〕Stanford（1959，关于前引段落的评注）。

性欢庆空间才引发了跟儿子的直接冲突。似乎除了这样的入侵之外，她没有其他渠道可以表达并实现自己的意图。她的行为允许，或许还迫使特勒马科斯行使男性特权以压倒儿子对母亲应有的尊重。他有广为接受的社会原则作为依靠，而在眼前的情况下，她却无法诉诸任何意识形态使自己凌驾于儿子之上。佩涅洛佩这两次对特勒马科斯的批驳的反应——震惊之后的屈服——只有像她那样的模范女性才能做到。[35]

241 佩涅洛佩区别于那些捣毁男性亲属社交聚会的好斗女人，她能意识到自己的过失，在自己被提醒位置不当时还及时地做出了弥补，而其他妻子并不在乎这些礼节。佩涅洛佩对特勒马科斯轻易的屈从或许和她在希腊人眼中的品德相一致。对他们来说，男孩子长大后将在同伴斗士和公民的陪同下进行战斗与决策，并在家中作为主人行使权威。特勒马科斯在宴会厅中与佩涅洛佩对峙，可以看作有前途的希腊青年为外部世界做好准备的重要契机。[36]我们无从得知佩涅洛佩

〔35〕内格勒（Nagler 1993：249-250）以同样的道理阐释特勒马科斯对佩涅洛佩的两次讲话，以及阿尔基诺奥斯和艾克赫尼厄斯从阿瑞塔那里夺回决定权并还之于国王的努力。内格勒将这些称为“女人的位置”演说，这样的说辞旨在规定男性的特权，其行为范畴包括从待客到话语权再到战斗。

〔36〕这种理解在诺克斯（Knox 1996：52）对特勒马科斯和佩涅洛佩第一次对峙的解读中得到了完美的诠释。“[特勒马科斯]是被女人养大的，欧律克勒娅（Eurykleia，忠实的老乳母）和佩涅洛佩这两个女人，他正常的青少年叛逆会针对他母亲是几乎不可避免的。雅典娜试图激励奥德修斯的儿子‘变得更加勇敢，让他的心中充满勇气’（《奥德赛》第1卷第105行），这一行动的后果首先就是他在巩固自己在家中的主人地位时将母亲强硬斥退。”

对幼年时期的特勒马科斯来说是否具有权威。然而，从《奥德赛》的第1卷开始，母子之间的互动就让我们想起了米南德的《易怒的家伙》中的宴会场景，席间母亲作为边缘人物与儿子的所作所为几乎毫无关系。[37]荷马史诗中反复碰壁的佩涅洛佩和米南德的浪漫喜剧中无声无名的母亲之间，相隔或许并不遥远。

中国

家庭内性别构成：母亲、儿子和儿媳

虽然父亲毫无疑问是中国家庭的至高权威，但孝顺作为周朝家庭与政治意识形态的基础美德，其要求也赋予了母亲在家庭内的极大权力。与希腊母亲相似，中国母亲也可以被视为值得同情的关爱对象，比如在《小雅·祈父》中，士兵抱怨因为战争他们无法供养母亲。然而，两种传统的区别
在于，中国母亲的权威得到频繁的展示，以及孝顺母亲被视 242
为一种道德要求。

在《左传》所记录的第一年中有一个著名的故事，显示了对母亲尽孝承载的道德力量。根据叙述，郑庄公（公元前743—前701年在位）的母亲试图把她偏爱的小儿子立为储君，之后还与小儿子合谋推翻庄公未遂，此后郑庄公便与

〔37〕特勒马科斯没有告知佩涅洛佩就和同龄伙伴一同开启了打听父亲消息的旅途。在他、奥德修斯和仆人们制订计划打垮追求者们的时候，也没有迹象表明他咨询或告知了他的母亲（见本书第1章）。

母亲断绝了母子关系。庄公很快就后悔自己发誓与母亲再不相见，而多亏了一位叫作颍考叔的官员才与母亲体面地和好。历史学家称颍考叔“纯孝也”，并赞美他“爱其母，施及庄公”(《左传·隐公元年》)。似乎，在作为公共道德代言人的史家颍考叔眼中，以及不那么明显地，在庄公自己眼中，孝顺是根本的道德与社会政治原则，即便父母有错也不能背弃。

与希腊母亲相比，各类文本叙述中的中国母亲所行使的权力令人印象深刻。早期的中国文本中有大量的母亲形象是在对儿子进行说教、提出要求，或者接受儿子的赡养并得到他们的尊重。鲁国的敬姜是一位与众不同的中国母亲，原因在于记载中她对儿子进行指点的频率和严格程度非常高。事实上，在早期有关女性的记载中，我们可能对敬姜的生活了解得最多。[38]重要的是，记录中敬姜对儿子的说教几乎都发生在儿子已经成为鲁国高官之后。在一个故事中，她向儿子提了一些有关治理之术的建议。在另一个故事中，当儿子劝她不要再纺织的时候，她责骂了他，因为在儿子眼中这个活不适合她这样地位的贵妇来做，而在她看来这是重要的女性工作。在第三个故事中，她听说儿子在家中待客不周后，五天不许儿子回家。[39]

---

〔38〕瑞丽（Raphals 1998：92）提供了一个关于敬姜的早期文献的表格。

〔39〕第一个故事记录在《列女传》中（1.6b-8b）。这部公元前1世纪的女性说教故事集所收人物从中国历史之初开始。第二个故事（本书第3章中讨论过）和第三个（之后会有分析）载于《国语》。

简言之，中国文献中的母子关系是被孝这一原则所规范的关键家庭关系，极其看重儿子的服从、感激和责任，而母亲，尤其是有成年儿子的寡母，通常表现为强势的形象。 243
在这两点上——母亲在家庭机制中被赋予的权威位置以及母亲行使权威收获的正面评价——中国母亲在家庭秩序中的地位都比希腊母亲更显著、更重要。

以上陈述当然不说明希腊社会不要求儿子尊重并援助父母。反面例证非常明确且充分。比如，赫西俄德认为，从腐朽的铁器时代开始（之前是黄金时代、白银时代等），人们才不尊敬他们年迈的父母并拒绝回报父母当初对自己的抚养。而且，在古典时期雅典的一些公职面试中，候选者们会被问及是否对父母赡养不周。[40]仅就比较而言，中国和希腊两个社会的一个重大差别似乎在于存在不同的价值等级，即一个男人身负的不同角色如何被安排和看待。在中国，一个男人为人子的身份是公共身份的基石且先于公共身份。而在希腊，一位好公民、成功的农场主或合格的公职人员也应当是一个尽责的儿子。第 2 章已就先秦和古希腊家庭与家庭外领域之间的相对价值等级做过论述。此处，我将试着比较中国母亲被赋予的地位和斯巴达母亲那传奇般的权威以进一步阐释二者的相对关系。

表面上看，在普鲁塔克的故事中（前文已做讨论），斯

---

〔40〕《工作与时日》第 185—189 行；《回忆苏格拉底》（*Memorabilia*）II. ii. 13；Morrow（1960：216）；C. B. Patterson（1998：78）。

巴达母亲当众羞辱甚至杀死她们懦弱的儿子时表现出的决断和无情，当然使其毫不逊色于中国母亲的权威。然而，二者之间存在重要的差异。故事中描述的斯巴达母亲行使权力的时刻总是关乎儿子对国家的责任，从来都不是因为儿子对母亲的义务和服从。对比之下，中国儿子的孝顺总是以家庭为背景，而且重点在母亲身上。儿子履行身为人子的各种义务被认为是其作为社会成员的其他义务的基础。斯巴达母亲的权威主要反映了斯巴达国家对其公民之忠诚的至高要求。中
244 国母亲则因母亲的名义而有权获得儿子的爱与服从。好儿子以虔诚侍奉母亲，表孝心的行为包括把美味带给她，自己挨饿却把食物留给她，即便她伤害自己也原谅她，听她的指点，服从她的各种要求（下文将讨论更多这方面的例证）。在各方各面，中国母亲经常被显示为在父系宗法家庭秩序的构建中扮演了重要角色，而这种家庭秩序是中国社会政治模式的基础。

在中国家庭秩序下，不仅儿子，儿子的妻子（及其他配偶）也理应服从母亲的权威。[41]理论上，妻子对公婆的义务次于她对丈夫的义务。然而，鉴于丈夫身负的至关紧要的孝义，如果父母－子女的纽带被尊为最根本的家庭关系，也会期待将她渐渐纳入同一条权威与义务链条。最理想的情况下，婆婆会对媳妇很慈爱，媳妇会对婆婆很顺从，即“姑

〔41〕一夫多妻制和中国的夫妻互动将在下一部分中讨论，但是为了探讨婆婆与儿媳之间的等级关系，所有的儿媳妇都可以笼统地看作同一个类别。

慈妇听”。[42]然而在现实中，加之于儿媳身上的要求一定比婆婆所面临的繁重得多，而婆婆权力的行使也可能会难以避免地带来两个女人之间的敌意与冲突；这两个女人或许原本是陌生人，现在却紧挨着居住，还会有意无意地争夺同一个男人的忠心（这个男人就是年长女人的儿子，年轻女人的丈夫）。或许正是因为这两个女人之间的关系如此重要而又具有自带的不稳定性，文献中才会煞费苦心地进行论述，试图以婆婆的权威和媳妇的孝顺为基础建立婆媳之间的纽带。

为了使婆婆相对于儿媳的权威合理化，文献着重强调了母亲自己已经通过了为人儿媳那艰辛却光荣的考验，才挣得了现在的地位。关于儿媳和婆婆这两个角色之间的连贯性，最著名的历史例证就是文王之后太姒。《大雅·思齐》 245
歌颂了周的兴起，从部落变成统治华夏的国家，以赞美三位开国君主的王后为开篇，即太任、太姜和太姒。太任以举止庄严闻名，太姜明德，而太姒则学于婆婆和太婆婆并延续了她们的好名声（第1—6行）。[43]在重要层面而言，文王那有德行的妻子太姒在中国历史上取得显赫地位的原因在于她成功地扮演了其他两个角色：在年轻时当好了儿媳妇，在适当的时候当好了母亲（和婆婆）。[44]

---

〔42〕这是根据《左传·昭公二十六年》中申明的道德准则。

〔43〕“思齐大任，文王之母。思媚周姜，京室之妇。大姒嗣徽音，则百斯男。”（《诗经注析》第773页）

〔44〕关于周朝王后的背景和历史的铭文证据，参看陈昭容（2007）、谢乃和（2008）。

太姒的经历所体现的儿媳与婆婆之间角色的延续，在敬姜身上也可见。敬姜在文献中被普遍描述为严厉且有尊严的女性家长（见本书第 3 章），她为自己曾经是个孝顺的儿媳而自豪，并且常常向过世的公婆表示敬意。执政超过 20 年（公元前 491—前 468 年）的鲁国大夫季康子是敬姜的侄孙，文献中有他常常聆听她道德指点的记录。[45] 与季康子会面时，季康子要求敬姜传授一些教诲。最终敬姜把过世的婆婆说过的一句话告诉了他，即君子可以通过勤奋努力使家族显赫。子夏（生于公元前 507 年）——孔子的得意门生之一——听说了这次交谈，他赞扬敬姜是实行妻子应当向公婆学习这一古训的楷模（《国语·鲁语下》）。

敬姜引用婆婆的话展现了这样的准则：好的儿媳妇应该认同丈夫的家庭，通过培养与他父母，尤其是负责教导并归化新人的母亲之间的精神效忠来实现这种身份认同。[46] 为了表达对敬姜的赞许，子夏引用了一个未注明来源的说法：如果女人嫁入夫家的时候公婆就已经过世了，这对女人来说
246 是不幸的，因为这样她就没有机会向他们学习了。[47] 希腊家庭秩序下，婆婆属于边缘人物，丈夫负责教诲妻子；而在理想的中国家庭构想中，母亲担当支柱，她权威的力量以及道

〔45〕Raphals（2001）.

〔46〕有一次敬姜引用了过世的公公的话来管教儿子，下文会讨论此例。

〔47〕“商闻之曰：‘古之嫁者，不及舅姑，谓之不幸。’夫妇，学于舅姑者也。”（《国语·鲁语下》）约翰逊（Johnson 1983：21））在讨论 20 世纪中国的传统农民家庭时，提到母亲们的梦想常常是得到听话、勤恳的儿媳妇，而年轻女子的梦想则是嫁给没有母亲的男人。

德的影响力应当能将年轻的妻子纳入麾下，为了家庭繁荣这一共同目标而奋斗。[48]聪明善辩而具有权威的母亲和婆婆因为给儿子提供良好的教养而受到表彰，也因为她们对家庭的管理无可指摘。那些到达这个位置的女人从无力的新娘变为年轻的母亲，并逐渐转移到了舞台的中心。[49]

家庭内性别构成：夫－妻

在很多层面上，中国家庭中的夫妻关系比希腊家庭要复杂。首先，中国夫妻关系往往被视为大家庭中的人际关系网络中的一环，尤其附属于父母－子女关系。其次，普遍存在的一夫多偶制使中国婚姻在实际意义上更为“拥挤”。

《礼记》教导男人要完全听从父母的好恶，从而喜爱或离弃妻子，不能考虑自己的情感（《礼记·内则》，第1463页）。父母对儿媳的地位有着绝对控制权——在本文研究的时期并没有证据证明这一观点。然而，正如前文所说，以下

---

〔48〕在希腊家庭中也有婆媳之间的紧张感，在泰伦斯（Terrence，约公元前195—前159）的罗马喜剧《婆婆》中可以见到。这部喜剧由泰伦斯改编自希腊戏剧家阿波罗多罗斯（Apollodorus，公元前300—前260）的作品。在泰伦斯剧作结尾处，母亲提出搬离儿子家来杜绝未来与媳妇的分歧。父亲提出而母亲也同意，她到了这样一个年龄，年轻的女人会觉得她很烦人，她最好是离开，这样就没有任何人可以怪罪她了（IV. ii, iii）。看起来，在希腊家庭中两个女人之间的矛盾被视为是个人的，而且相对而言是个小问题，并不需要寻求系统的解决方法。从来都未有任何努力来让婆婆拥有凌驾于儿媳之上的巨大权威。

〔49〕对《左传》和《国语》故事中智慧与权威并具的母亲的讨论，参见Raphals（1998，第2章）。

这一点却是事实：妻子，由于从属于丈夫，又因为加之于丈
247 夫的孝义至高之说，所以应当认同丈夫的义务与情感，以顺从和敬爱的态度服从丈夫父母的权威。为了配合以公婆的权威和媳妇的听从为基础建立和谐的关系，礼节性的距离被制定为管理夫妻关系的首要原则。表达孝顺的情感被支持与鼓励，而当众表达夫妻之间的亲密则被质疑和禁止。模范女性敬姜因纪念公婆而获得赞扬，除此之外还因为她以适度的方式对死去的丈夫表达哀思。仅在白天时间（工作时间而且有公众监督）为他哭泣，而在夜间停止（休息、独处的时间），敬姜极力营造了这样的印象：她对丈夫的感情完全符合礼仪规范，不可能被指责为不适当的亲密。[50]

《左传》中记录了一对公元前 7 世纪的晋国夫妻，他们的故事作为最早的文本体现了夫妻之间应当以礼相待的理想情况。冀缺是显赫家族的后代，由于父亲在政治上的倒台而变得拮据。冀缺在自己在田里劳作，妻子给他送午饭。有一天，晋国大夫出使途经此处，见到冀缺的妻子来到田间给丈夫送饭。观察到这对夫妻如何“相待如宾”之后，大夫把冀缺带了回去，并劝说晋国执政者在朝廷上以高职委任他。据这位目睹了冀缺夫妇相互敬重的大夫所说，这样的敬意使他

〔50〕这段叙事仅仅在《礼记》和《列女传》中出现，两者都是汉代对早期资料的编纂。《列女传》中所有其他有关敬姜的故事都与《国语》版本的文本及意识形态高度吻合，从这一点看来，这种论调反映的是更早期的道德准则（至少是最初编写的年代，即公元前 4 世纪，如果不是故事背景中写的公元前 6 世纪的话）。这个故事阐明的观点，将在下面的例子中得到证实。

相信冀缺是个品德高尚的人，会成为治理人民的好手。[51]这
位大夫根据田间所见得出的判断，说明中国人认为以礼相待
在夫妻关系中是理想状态，而且公共道德和家庭行为之间有 248
着密切联系（不论是父母与子女之间还是夫妻之间），而后
者即使不是前者的保障，也是前者的基础（这个概念与希腊
对品德的排序大相径庭）。

保持仪式性的距离跟理想的为妻之道的另一方面并不矛盾，即妻子应该支持丈夫并成为他的得力助手。比如，周朝早期的三位王后，尤其是文王的妻子太姒，都因她们对国家崛起的贡献而受到高度赞扬。除此之外，在《左传》中，晋贵族伯宗之妻就因为告诫丈夫不要在朝廷上言所欲言得到了正面的描写。在另外一个事例中，曹贵族僖负羁的妻子收获赞誉，因为她帮助丈夫赢得了一位流亡公子的感激，而这位公子有朝一日将成为强大的诸侯领袖。[52]

目前讨论过的夫妻互动都是一位丈夫和**一位**妻子之间的。然而，我们已经多次提到过，事实上先秦的统治者们和高阶层的贵族普遍实行多偶制，一名男子通常有一位正妻和多个处于次等地位的配偶。将这种情况与希腊的小妾制比较会有所助益。希腊的上等阶层及富人，在法定妻子（*gynaikes*）之外通常都有稳定程度不一的性伴侣，被称作

〔51〕《左传·僖公三十三年》。

〔52〕这两位女性的故事将在下文中分析。之后，这两位和中国历史上多位帮助丈夫决策或改正错误的妻子一起，在编纂于公元前1世纪的《列女传》中获得了一席之地（参见 Raphals 1998）。

pallakai（一般翻译成小妾）。

中国式的多偶制下，男子会同时或先后迎娶多个地位有所区分的女性。新娘之间的地位差异，尤其是正妻和次等配偶之间的区别会规定所生子女的地位差别，并且因而保证宗法所规定的政治、经济、礼仪上的特权。[53]在中国精英家庭中同时存在多位被正式迎娶的配偶，这可以通过家庭的两种需要来理解：一个是获得子嗣，另一个是与外界联盟。与中国推行的复杂而充分制度化的多偶制相比，希腊的小妾制
249 没有那么明确的定义。希腊男子不会在迎娶唯一“合法妻子”的同时纳多个小妾。[54]希腊的小妾一般来自外国并且身份是奴隶，偶尔来自贫穷的公民家庭。这样的小妾一般不通过婚姻被迎娶（妻子则不一样），她的地位完全取决于自己与男人的个人关系。她一般被安排在外宅居住（虽然有时候也会被带回男人家中）。娶小妾的明确或者说主要目的并不是生育合法的子嗣。[55]早期史诗曾表述，好的婚姻是由一个丈夫和**一个**妻子组成的。在《伊利亚特》（第 9 卷第 450 行）中，阿基琉斯的师傅菲尼克斯（Phoenix）憎恶自己的父亲，因为父亲养了一个情人，而这是对母亲的“不尊重”

〔53〕曹玮（2000），曹兆兰（2004：150-176），崔明德（2004），贾俊侠（2002），佘树声（1993），Thatcher（1991）。

〔54〕希腊将合法妻子区分于另外两种性伴侣，妓女（*hetairai*）和小妾（*pallakai*）（Just 1989：50-66）。

〔55〕在庭审证词中，一位发言人定义了三种性伴侣的不同功能，“我们有妓女来获得愉悦，小妾来照看日常的身体需求，而妻子来为我们生育合法的子女并充当家庭的忠实卫士”（Demosthenes 59.122）。

（*atimazeske*）。而在《奥德赛》（第1卷第433行）中，奥德修斯的父亲雷欧提斯据说曾因为考虑到妻子的感受而克制住自己，没跟女奴睡觉。对夫妻之间一对一的关系如此珍惜，这与希腊家庭中二人夫妻单位的中心地位相一致，而中国的多偶制则完全代表了父系家庭的利益。

实行多偶制，夫妻关系从属于父母－子女关系，女性生命周期从妻子延续到母亲，不鼓励当众表示夫妻间的亲密，认同夫妻间的合作，上述种种都有助于解释为什么相对而言传统中国社会公开的性别冲突程度较低。[56] 前面几章已讨论过中国社会的家庭、宗教及政治关系之间的独特互动模 250
式，我们在此还可补充几点看法。

首先，一条明确的"向上的社会流动"道路，即从妻子到母亲，为所有对生活抱有希望的女人提供了前途和激励；而婚姻中理想的仪式性和谐，限制了对婚姻生活之亲密与爱意的表达，但同时可能也起到了缓和性别冲突的作用。其次，由于公婆，尤其是婆婆，对妻子在家庭中的地位（从地位到情感上的幸福）起着重要的决定作用，这两个女人的

---

〔56〕吉索（Guisso 1981：60）简单地讨论了这一点。有一条很重要的差别必须说清楚：一种冲突是男性和女性分别作为两个特征和利益都不同的永久的性别部落之间的对立（这是希腊传统的特点），另一种冲突起因于男人和女人之间的具体争端，以牵涉个体家庭中的亲属关系者尤多。第二种冲突当然对各个历史时期的中国人来说都很熟悉，但是这样的冲突倾向于被理解为具体家庭中的问题，归咎于具体的个人的失败，应该通过教育和规范来改正。在中国传统中所没有的是希腊式的两性战争（讨论见下文及结论部分）。

关系很容易成为严重的紧张感的来源。最后，由于一夫多偶制的实行，妻妾间争夺丈夫喜爱的争斗构成了另外一种削弱性别间冲突的机制，令中国家庭中的女人互相较量。在此，一个有趣的现象值得指出：在同一桩多偶制婚姻内，正房新娘和其他配偶往往是不同母亲所生的姐妹、姑表姐妹或者父系的其他女性亲属。这种做法的逻辑似乎是，互为亲戚的女性（即便她们不一定认识）更可能认可彼此的利益，因此与她们结婚会避免因强烈的嫉妒而破坏家庭的和谐。〔57〕然而，这种逻辑本身不仅说明人们担心家庭中妻子们之间的紧张关系不可避免，而且暗示了备受珍惜的家庭和谐理想背后那令人清醒的现实。

简言之，家庭中女性之间的实际和潜在竞争——婆媳之间或妻子之间（不管这些妻子嫁给了同一个兄弟或不同的兄弟，也不管她们是否有血缘关系）——往往是中国家庭不和最重要的来源。婆婆的权威本身就是引起不平的重要潜在因素，但在假设中却是用来控制紧张关系的。对两性争斗的担忧在希腊文献中占主导地位，而女人之间公然或含蓄的冲突则更有可能为理想的中国家庭秩序制造隐患。

餐桌上

比起希腊人，中国人似乎更致力于通过举办家庭欢庆

〔57〕贾俊侠（2002：89），引用了何休（129-182）。葛兰言（Granet 1932：203-204）也同意该逻辑。

活动来展示良好的家庭秩序。这种强烈愿望最明确地体现在 251
祭祖宴会中（见本书第 2、3 章），但是同样的关怀也常见于描述其他共享食物的场合的文献中。接下来的讨论展示了餐桌之上家庭成员的不同组合：母子，夫妻，婆媳。

用餐背景对于表现对母亲的孝顺具有特殊的重要性，这一点在《左传》一则有关郑庄公的故事中有所体现。故事中的郑庄公听从颍考叔的建议，修补了和母亲之间的裂痕，尽管母亲曾经反复地伤害他（前文已经讨论）。颍考叔向郑庄公进献了礼物，因此获得了郑庄公的宴请和向郑庄公进谏的机会。当郑庄公看到颍考叔留下一些肉没有动，问他原因，颍考叔说："小人有母，皆尝小人之食矣，未尝君之羹，请以遗之。"（《左传・隐公元年》）这些话引得郑庄公说出自己的哀伤与后悔，因为他已经发誓不再见自己的母亲，因此没有了可以尽孝之人。

此处我们不讨论颍考叔如何设了妙计来帮助郑庄公恢复和母亲的关系而且不必破坏自己的誓言。我们的关注点在于颍考叔是怎样打动郑庄公并使他讨论起孝义来的。当颍考叔和一邦之主共同进餐时，还能够想到自己的母亲并给她留一些美食，这为颍考叔赢得了郑庄公的羡慕和史家的盛赞（颍考叔被称作"纯孝"并被视为忠于君主的臣子）。与君主共同进餐的机会本应关乎公共荣誉和成功，与家庭美德毫无关系，然而在这个故事中，宫宴几乎成为我们可以想象的家宴的陪衬，这家宴是孝顺的儿子归家后为母亲准备的。根据颍考叔在《左传》中其他场合的现身（隐公十一年），可以清楚地看出他是一位战场上的勇士，他总是欣喜面对体能考验并且表现出色，但这些都只让他在这部历史著作开头的形象更为令人惊异。颍考叔帮助郑庄公与母亲和好时表现出的努力与机敏，还有他因此获得的朝廷地位和与主上的亲密关系都暗示了“家庭事务”对公元前8世纪的中国贵族具有多
252 么深刻的重要性。作为一个儿子，颍考叔让自己表现得非常想要博取母亲的欢心，以至于在郑庄公招待他的时候都想着要为母亲留一些食物。作为一位忠臣，颍考叔显然相信，让郑庄公和母亲恢复和谐幸福的关系也属于对主上的服务，并不亚于在战场上为他英勇战斗。[58]

如本书第3章所述，中国男人应该为妻子树立施行孝道的榜样。儿子的妻子在分享食物方面展现的孝道，体现在婚礼后第二天新妇和公婆共同参加的宴会的礼仪上（《仪礼》，第967—968页）。**通过助手**从公婆那里接受作为礼物的饮食后，新妇需要**亲自**在餐桌上服侍公婆。公婆吃完后，新妇为他们呈上漱口的酒水，并准备把他们剩下的食物都吃掉。婆婆会准许她吃掉，公公则推辞说他吃剩的不干净，她也会听他的话，转而吃一些别的东西。第一次家宴上由新娘和公婆共同参与的每项活动，都是为了体现公婆的权威和优

〔58〕在另外一个背景为公元前607年的《左传》故事中（宣公二年），有一位勇士名叫灵辄，已经三天没有进食，他从晋大夫赵盾那里得到食物，但是只吃了一半。被问到他为什么把另一半食物留了起来时，灵辄回答他希望把食物带回家给母亲。赵盾被灵辄的孝顺感动，为他另外准备了一篮食物带回家。

先性，新妇的服从和卑下，以及新妇与婆婆之间既亲密又上下分明的特殊关系。我们会好奇，这第一次家宴所反映的精神是否会继续主宰今后儿媳与公婆一起出席的所有家宴，但除了与祭祖仪式有关的家宴外，我们的证据不允许对这个问题做出回答。我们只知道，新娘在第一次家宴上对公婆的行为，其背后的原则和考量与无数的祭祖活动相同，都是为了建立并巩固妻子和公婆之间的等级制度。

在中国有关家宴的描述中，婚姻关系很少被当作歌颂对象。在祭祖宴会和其他家庭节庆的描述中，夫妻两人总是 253
融入和谐、等级分明的父系家庭秩序的大背景中。比如，本书第 2 章讨论了《小雅·常棣》中劝诫兄弟团结的主题，也描写了兄弟的妻子儿女参加宴会的情形。他们的快乐表明了兄弟之间的和谐。诗人耐心地劝导不要产生内部矛盾，最终以呼吁核心家庭与大家庭的共同利益结尾：

傧尔笾豆，饮酒之饫。兄弟既具，和乐且孺。

妻子好合，如鼓瑟琴。兄弟既翕，和乐且湛。

宜尔室家，乐尔妻帑。是究是图，亶其然乎？

（《诗经注析》第 451—453 页）

一般来说，在描绘家庭欢庆的中国文献中，夫妻关系会隐入大家庭的网络。《郑风·女曰鸡鸣》或许是例外：

女曰："鸡鸣。"士曰："昧旦。""子兴视夜，明星有烂。""将翱将翔，弋凫与雁。"

"弋言加之，与子宜之。宜言饮酒，与子偕老。"琴瑟在御，莫不静好。

254 "知子之来之，杂佩以赠之。知子之顺之，杂佩以问之。知子之好之，杂佩以报之。"

（《诗经注析》第 235—238 页）

在中国早期文献中，这首诗歌罕见地在展示夫妻和谐的**同时还展现了**夫妻间的亲密。我们看到一对勤劳的夫妇，他们显然明白各自对家庭负有的责任。天尚未破晓，丈夫和妻子就起床开始了他们的一天。丈夫出去打猎，而妻子烹饪他带回来的猎物。一天结束之后，他们以小型的宴会来庆祝。二人准备了食物与酒水还有音乐来庆祝他们的相伴并记录他们"与子偕老"的誓言（第二章）。诗歌以丈夫对妻子示爱、表达尊重并赠送玉佩作为珍爱的信物收尾（第三章）。

前文已经论述，和谐与秩序在古代中国被视为管理所有家庭关系的至高理想，而建立充满敬意的夫妻关系意味着每一位配偶都要清楚认识自己在家庭中的位置。虽然《女曰鸡鸣》歌颂了建立在互相认可和劳动分工基础上的和谐婚姻，但它之所以突出是因为其表达了婚姻生活中往往貌似被压制的爱意和亲密。即便没有爱意和亲密也能实现夫妻和谐,《女曰鸡鸣》似乎展示了一种不仅仅因为没有争执，而是因为爱意与亲密而充满活力的婚姻。

这一部分将在中国与希腊之间做两点比较。第一，中国人致力于以家庭欢庆背景下展现的和谐的、等级制的家庭秩序为核心主题，而希腊的作者们不是这样。对中国人来说，对母亲表达孝顺之情会使宴会成为最发人深思的场景，而希腊描述的家庭庆典中母亲很少成为焦点或获得服务和尊敬。在米南德的《易怒的家伙》中，希腊父母必须把舞台让给新婚夫妇，而在剧中母亲恰如其分地是一个没有台词的角色。至于通过节庆场合来再现夫妻关系以及妻子与公婆之间 255
的关系，希腊的作者们要么完全没有兴趣，要么兴致盎然地描述双方的对抗。

两种传统之间的第二点对比在于，中国文献以人物的家庭身份，比如母亲、妻子和儿媳，来描绘女性欢宴者，而希腊对家庭宴会的再现更关注女性传统的性别属性，而不是她们在家庭中的角色。因此索斯特托斯和卡里皮迪斯可以在米南德的剧作中一起嘲笑同一个无名的女性角色。虽然她是年轻人的母亲，是年长者的妻子，但对那两个男人来说，她首先是一个女人，因而可以被假想为具备女性拥有的一切性别特征。在中国传统中，母亲的高地位和女人作为母亲、妻子及儿媳的内在延续性，阻止了“女性是与男性对立的种族”这一观点的发展。对比之下，希腊传统中缺少同样的家庭机制，因此相应地产生了这样的意识：女性性别是一个独立存在的概念，不管一位具体的个体女性在个体男性生活中扮演何种具体角色。

幕后

笔者关于《女曰鸡鸣》最后一章的解读（见前文）将其视作诗歌中戏剧化的夫妻交流的一部分，也就是说，认为其是男人对他顺从又勤劳的妻子表示感谢的演说。这样的解读把对婚姻和谐的欢乐庆祝置于核心，与认为妻子是中间和最后一章中的叙述者那种颇具影响力的经典阐释不同。在那种解读下，这位好妻子不仅周到地服务丈夫，为他提供食物、酒水和音乐（第二章），还急切地向丈夫的朋友示好（第三章）。这种经典传统似乎是威利译本中第三段的基础：

> 如果我知道谁要来看你，
> 我有许多种的佩石可以赠给他们。
> 如果我知道谁跟随着你，
> 我有许多种的佩石可以呈给他们。
> 如果我知道谁爱着你，
> 我有许多种的佩石可以报答他们。

（Waley 1996：69）

根据朱熹对分配给妻子的这段言辞的阐释，她不仅毫
256 不吝惜地为丈夫提供家庭的舒适，还积极地辅助他建立社会关系网，并提出为他带回家的客人们准备礼物。[59]王质（1137—1189）做了进一步分析，他把这位妻子描述得非常

〔59〕朱熹，《诗集传》4.20b-21a。

殷勤，丈夫的好朋友来了，她很高兴有机会在待客时观察他的宾客。[60]虽然我不认同对这几行的传统解读，因为我认为在诗中这样的切换太过突兀了——从描写令人愉悦的夫妻聚会，转向妻子表示希望帮助丈夫款待宾客——但我清楚意识到中国传统中女人在男性宴乐的幕后担任了重要角色。朱熹、王质，还有其他的评论者把《女曰鸡鸣》的最后一章解读为夫妻共同款待宾客，他们的理解建立在由来已久的传统之上，在这样的传统下，故事中的妻子和母亲在男人聚会时从事幕后工作。这些故事能否在解读《女曰鸡鸣》时被纳入考虑范围姑且不论，让我们现在转向中国早期记录中关于在男性宴乐幕后工作的女性，看看她们各不相同的有趣个性。

第一则故事来自《国语》，有关晋国贵族孙伯宗（卒于公元前 576 年）的妻子。有一天伯宗下朝回家，十分愉快。妻子问其何故，他说是因为同事们极力赞扬了他。妻子听完之后并不同意他的观点，于是伯宗提出邀请同事们来家中宴饮，这样她便可以听到他们的对话。聚会之后，妻子告诉他，她预感到宾客们对他怀有恶意。她建议丈夫将儿子送走，伯宗听从了她的建议。之后，他果然沦为政治斗争的受害者，但是他的儿子得以幸免，并成为楚国的高官（《国语・晋语 5》）。

---

〔60〕王质，《诗总闻》4.74-75。还有其他评论者认为《女曰鸡鸣》的最后一段描述了宾客娱乐时的夫妻和谐，包括芮城（刘毓庆，贾培俊，张儒 2001：833-834），姚际恒（《诗经通论》5.151），以及方玉润（《诗经原始》5.211）。

在这个故事中，男人们的宴乐活动为夫妻密切合作提供了场合。从另一处记载我们得知，这位妻子经常因为伯宗的急躁个性而批评他（《左传·成公十五年》）。但是这一次她基于在幕后对宴会的观察而提出的建议，可见是非常关键
257 的。如果伯宗没有把儿子送走，家族的血脉就会被斩断。

在第二个故事中，另一个重要的家庭决定似乎是在类似情况下做出的。公元前637年，公子重耳作为宫廷斗争的受害者逃离晋国，抵达曹国。曹共公（？—前618）听说重耳的肋骨长得很奇特，企图在客人沐浴时从帘后偷窥以亲眼一见。如此粗鲁的行为严重违反了礼仪。有趣的是，史家假借一位女子之口道出了批评。这位女子就是曹大夫僖负羁之妻。僖夫人对她的丈夫说了下面一席话：

> 吾观晋公子之从者，皆足以相国。若以相，夫子必反其国。反其国，必得志于诸侯。得志于诸侯而诛无礼，曹其首也。子盍蚤自贰焉。
>
> （《左传·僖公二十三年》;《国语·晋语4》）

僖负羁听从了妻子的建议，并与公子重耳结交。此次行事在五年后有了回报，那时公子重耳成为晋国的统治者，领军伐曹并俘虏了曹公。重耳记得僖负羁在困难时期对他的帮助，下令保护僖家的家族与房舍（《左传·僖公二十八年》）。与上一个故事一样，妻子的好建议做出了重要贡献。然而，记录中没有说明僖夫人为何对流亡者做出如此高的评

价。我倾向于认为，她所使用的表达——“吾观”——就是其字面意思。也就是说，僖夫人极有可能像上一个故事中的伯宗之妻那样，有机会在家中的聚会上偷听。[61]

伯宗之妻和僖负羁之妻的逸事表现了同样的夫妻互动
模式。也许是丈夫提出让妻子偷听客人，也可能是她自己要 258
求，但是夫妻间的互动都以许可和合作为特点。此外，故事中的男人都很欣赏女人的智慧，并受益于她的忠诚和对其事务的上心。

在另外一个故事中，我们见识到男性宴会幕后一位母亲的充分权力。这位母亲不是别人，正是敬姜，一位以为儿子提供道德指导而闻名的寡母。场景是文伯在儿子家中宴请他的堂亲南宫敬叔。南宫敬叔来自另一个显赫的鲁国贵族家庭。大夫露睹父受邀为上宾。上鳖这道菜的时候，露睹父得到了一只小鳖，他大为光火。宾客邀请彼此品尝这道菜，露睹父拒绝并离开了宴会，走之前说等鳖长大了他再来吃。敬姜获悉了这件事——我们不知道她如何得知此事，但一定是她自己看见，或听家里的仆人报告的——她非常生气，并叫来了文伯。她训斥道：“吾闻之先子曰：‘祭养尸，飨养上宾。’鳖于何有？而使夫人怒也！”责骂之后，她把文伯赶

〔61〕在很长时间之后，出自公元5世纪的《世说新语》的一个故事可以佐证我的理解（余嘉锡 1993：679）。韩夫人是士大夫山涛（205—283）的妻子。山涛的朋友当中包括著名的畸人阮籍（210—263）和嵇康（223—262）。韩夫人援引僖负羁妻子的先例，要丈夫邀请那两个来家做客的人留下享用宴席，而她自己从墙上的一个洞中观察晚餐的情况。之后，她和丈夫讨论了她的观察，点评并比较了这三个朋友的性格。

出家中。五天之后，一位大夫来调停，才允许他回家（《国语·鲁语下》）。

敬姜施诸文伯的严厉惩罚展现了她对儿子的权威。先前故事中的两位妻子——孙夫人和僖夫人——都在判断和建议中展现了智慧和自信，她们的行为显然明白自己是在帮助丈夫，并且指望夫君会听从和支持。敬姜作为母亲所处的位置不同，因为儿子在欢庆活动上的过错而责备并驱逐了他。这并不是母亲对顺从的儿子施以不通情理的愤怒和虐待的案例。毫无例外，敬姜在诸多早期记载中都被描述为道德楷模。

宴会上的失误会为家庭带来耻辱，而被得罪的宾客可能成为潜在的敌人，敬姜是以采取了极端的行动，从而挽回文伯在欢庆活动上的疏忽造成的损失。处罚之严厉使公众得以知晓，而大夫的干涉表明大众认可并肯定这家人的真诚。敬姜的行为代表了家庭的利益，并且归根结底是为父权代
259 言，这从她援引过世公公的话以提醒文伯对家族传承的责任
便可以看出。换句话说，敬姜行使母亲权威的出发点，与那些在丈夫聚会的幕后行动以维护家族利益的妻子一致。敬姜也曾经是一位妻子，那些妻子会像敬姜一样最终变成女性家长以及家庭秩序的卫士。到时，除了根据在男人们宴会上的观察提出建议之外，她们还可以发号施令、施加惩罚。

“食鳖事件”导致敬姜干涉儿子主办的宴会，《奥德赛》中佩涅洛佩第三次也是最后一次出现在狂欢的追求者面前（她的前两次现身已经讨论过了），若将两者相比会得到有趣的发现。在第 18 卷中，乔装打扮的奥德修斯和四处行乞的

伊罗斯（Iros）一对一的较量让追求者们看得饶有兴致，在此之后，佩涅洛佩决定告诫特勒马科斯与追求者们交往的危害。她再一次戴好面纱，由两位女仆陪同，站在餐厅立柱边说了下面这段话：

> 特勒马科斯，你的心智、思想不坚定。
> 你往日虽然年幼，心灵却远为聪颖。
> 现在你身材魁梧，已达成人年龄，
> 任何外邦人看见你的身材和容貌，
> 都会认为你是名门望族的苗裔。
> 可是你的心智和思想与天性不相称，
> 刚才厅堂上竟然发生了那样的事情，
> 你竟让一个外乡人如此遭受欺凌！
> 怎么能像现在这样，让一位外邦来客
> 屈辱地坐在我们家，遭受无情的辱骂！
> 这是你的耻辱，在人民中失去威望。
>
> （《奥德赛》第18卷第215—225行）

此处的情况与食鳖事件十分相似。在这两个例子中，母亲都知道了宴会厅中发生的事，并且因儿子的作为而不安，进而责备儿子。不过，两位母亲之间的行事差异也很明显。首先，佩涅洛佩为达目的来到宴会厅，而敬姜让儿子到她那里去。其次，敬姜以祖宗的名义训斥儿子，而佩涅洛佩责怪特勒马科斯是因为担心他本人的名声受到损害。

260 中国母亲被允许且被鼓励行使高于儿子的权威，因为她是家庭利益的代表，在维护父系父权家庭秩序的任务中扮演重要角色。家庭空间内为她保留了使用权力的恰当位置。敬姜见到文伯的不当行为后，没有去找他而是召他来见她，其高于文伯的权威毋庸置疑。佩涅洛佩的地位则相当不同。

与其他荷马史诗世界中的贵妇一样，佩涅洛佩作为家中的女主人，监管范围包括款待到访宾客。[62]然而，特勒马科斯毫不犹豫地批评了母亲的管理准则和能力。在向乳母问询陌生人（乔装的奥德修斯）是否被妥善照看之时，他使用了如下言辞："亲爱的奶妈，你们殷勤地用卧室床和饮食 / 招待了家里的客人，还是撇下他未照应？ / 我母亲虽然明慧，但往往处事任性，/ 她有时会突然殷勤招待某个来客，/ 纵然他卑贱，有时又无礼地赶走贵宾。"(《奥德赛》第 20 卷第 129—133 行）此外，敬姜在行使高于儿子的权威时代表了家族与家庭的利益，而佩涅洛佩却必须在劝导特勒马科斯时诉诸他自己的利益。相对于中国母亲所掌握的定义明确的系统性权威，佩涅洛佩似乎十分不确定自己对儿子的个人影响力，她的儿子自信已经独立，做好了在家中主张自己权威、并向外面的世界进军的准备。

当然，不是所有的中国女人在男性亲属举办社交活动时采取的行动都"恰到好处"。两则被视为"失败"的案例有助于我们理解那些对幕后女子的正面描述。这两个例子来

[62] Pedrick（1988）.

自《左传》，都涉及某位公侯的母亲。

在第一则记录中，齐顷公（公元前598—前582年在位）的母亲在帘后观看儿子与来访的晋国外交使臣会谈。这位使臣是一位瘸腿的大夫，名叫郤克。这位夫人看到郤克一瘸一拐地走上听政大堂的台阶，觉得非常有趣，大笑起来。郤克当众受到极大的羞辱，发誓报仇。三年后他实践了诺言。公元前589年，齐国在与晋国交战之后败北，郤克要求
把老夫人交到晋国做人质。多亏了齐顷公以孝义之名恳求， 261
她才免于遭受人身报复。[63]

第二则记录与穆姜（卒于公元前564年），即鲁成公（公元前590—前573年在位）的继母有关，她也是《左传》中最多彩的女性形象之一。事情发生在鲁成公宴请正卿季文子的时候。季文子刚刚代表鲁国公室出使探望了成公之妹（穆姜之女）回来。成公之妹不久前嫁给了宋共公，季文子按照当时婚姻礼仪的要求前往宋国进行探望。宴会正在进行时，穆姜从厢房中走了出来，向季文子问候，并赋诗一首表示感谢。在这出颇为刻意的表演之后她才离开（《左传·成公九年》）。

以上两则叙事之间最显著的差异在于两位夫人行为的后果。在其中一个故事里，隐身幕后的夫人的大笑引发了复

〔63〕《左传·宣公十七年》;《左传·成公二年》。齐顷公引用了《诗经》中的两句，“孝子不匮，永锡尔类”（《大雅·既醉》，在本书第2章讨论过），意在指出：作为诸侯国领袖的晋国，如果让另一个国家违背孝道交出君主母亲作为人质，这样的做法是不道德的。

仇之战，因为她当众羞辱了强国高官。在另一个故事里，高雅的贵妇出人意料地出现在宴会上，看似没有带来负面后果。然而，两次事件的相同之处在于夫人们行为的本质，以及社会对这种行为的看法。在外交场合于幕后大笑，或是在公侯宴请正卿时出场，两位夫人都违背了女性行为规范，即在全员男性的社交场合，女性不得露面或发言。毫无疑问，史家们对有失检点、导致战争的齐国夫人相当不以为然。此外，穆姜在史料中一贯被描绘为胆大妄为且淫乱的女性，她的野心不受闺房所限，说明她出现在儿子的宴会上机智地做戏，完全符合其一向不规范的行为模式。〔64〕

262 这两位公侯夫人的行为将她们与敬姜及其他的中国女性区分开，后者努力保护以男性为中心的家族利益，而又坚守自己的指定位置，即幕后。对比之下，这两位夫人不仅因为在男性宾客面前显示自己的存在而僭越了物理上的性别界限，而且她们不考虑儿子的利益，只顾自身的愉悦，追求自己的目标。上述两条理由导致这两位夫人受到负面评价。其中一条理由（即女性不应涉足男性宴会）也可以用来解释佩涅洛佩和特勒马科斯之间的冲突，而我们推定另一条理由（即僭越的女性忽视并伤害男性亲属的利益）不适用于佩涅洛佩，或

〔64〕我在别处提议过，通过对《诗经》章节的选择引用，穆姜可能是在和成公朝中第一权臣调情（Zhou 2003）。以审慎出名的季文子没有给予穆姜她所期望的回应，后来二人之间似乎发展出了敌意。穆姜确实找了个情人，叔孙侨如（生于公元前616年），一位出身和政治影响力都与季文子比肩的朝臣。我们将在第5章谈及中国早期诗歌中女性的声音时讨论穆姜所赋的《邶风·绿衣》。

许正是这一点使这位品德高尚的希腊王后免受更多指责。

也可以将特勒马科斯对佩涅洛佩出现在公共场合的反应与中国公侯对母亲行为的反应进行比较。佩涅洛佩受到了儿子的公然批评，而她认为屈服是明智的。对比之下，没有记录表明两位中国夫人受到了任何来自儿子的批评。事实上，齐顷公在母亲引发的战争中英勇战斗，并在齐国战败后雄辩且成功地抵制了晋国让他交出母亲做人质的要求（《左传·成公十六年》）。鲁成公显然一贯忍耐母亲的大胆行为，在其现身宴会后还继续屈服于她的操纵（不过，她之后与情人同谋推翻鲁成公的行为终于过头了）。[65]中国儿子如果拥有一位敬姜那样正直、忠诚、严守礼仪、时刻关心他并在幕后保护他利益的母亲，那么他会认为自己是有福之人，但是如果他的母亲与理想背道而驰，人们也仍然会认为他应当接受自己的角色。相对于希腊母亲，中国母亲被赋予了更高的系统性权威和自由，而中国儿子在幼年时就已经学会，并被告诫要牢记终生服从母亲是他的义务。这种美德显然是特勒马科斯或任何其他一心追求优秀与成功的希腊有志青年所不了解的。

小结 263

中国对家宴的描写强调参与者之间的和谐与秩序，包括老少之间，男女之间，以及女性之间。人们热切地庆贺孝义，母亲以其在儿子和儿媳面前享有的荣誉和权威而著称，

〔65〕这件事发生之后，成公把穆姜移居到了另外的宫中（《左传·襄公九年》）。

而夫妻和谐只有在夫妻是主要人物的罕见情况下才成为主题。希腊文献呈现不同的图景。家宴一般不被描述为良好家庭生活的核心象征。丈夫与妻子作为主要的庆祝者出现，在欢宴的同时投身于对抗与冲突，而宴会在增进父母与成年子女的关系方面并没有发挥特殊作用。此外，宴会成为将贪吃与嗜酒等性别成见加诸女性的重要场景。

对男性在家中聚会的描绘展示出两种不同模式的性别互动。在中国文本中，妻子或母亲根据其行为是否符合父系家庭的利益而受到赞扬与批评。母亲在幕后享有的权威及行事自由（不管她品德优秀与否）值得注意，擅长管理的妻子们受到的赞许也是如此。另一方面，希腊文本的引人注目之处在于其中大量的抱怨，以及控诉那些拒绝配合丈夫招待宾客的坏脾气的妻子。与这些找丈夫麻烦的善战妻子相比，宴会上被儿子抢白的母亲则显得很无助。

在评估这些对比时，我们面临价值与事实的问题。中国人之所以用这样的方式再现他们的家宴，是因为忧心任何违反家庭等级制度及界限的行为会导致的不和谐——不论是代际的，不同性别之间的，还是家庭的女性之间的——还因为他们认为家庭节庆活动是促进理想家庭秩序的重要场合。出于同样的原因，希腊的再现方式与之相反，因为他们不太专注于规范家庭关系（在欢庆场合或其他场合都如此），还因为在希腊人的理解中和谐不一定与冲突和对抗不相容。

然而，价值并不仅仅与虚构的再现和想象有关。考虑到父系家庭在社会政治秩序中的核心地位，就可以理解为什么中国人执迷于在欢庆背景下强化家庭秩序。希腊作者们表现了对性别对抗的深深忧虑，也有其合理的原因。但是，与中国作者不同，希腊对良好家庭秩序的看法几乎从不考虑家庭中女性之间的关系。而且，鉴于荷马在希腊的地位是受人尊重的教育家，我们必须认真对待他对佩涅洛佩的塑造——荷马笔下的佩涅洛佩在智慧上与丈夫分庭抗礼，却是畏缩、无助的母亲，还应该思考这样的刻画是如何根植于希腊家庭生活的规范、理想与现实。最后，贪吃嗜酒的女性形象在希腊广为流传，而中国却没有这样的形象，这一对比虽然不能可靠地揭示女性在中国与希腊社会中的实际表现，却切实点明了在这两个社会中女性是如何被看待的。在希腊，“女人”是两大人类种族之一，具有一系列共同特点，而且女人和男人各自在不同的公民场合获得了公开的集体代表（见本书导论和第3章）。在中国，女人在家庭以及亲属关系网络中总是被看作个体成员，拥有具体的、变化的角色，而她们在家庭之外也未以女性身份得到任何公开的集体代表。

第三部分

女性经验与男性想象

第 5 章

女性以何为歌

在疲于劳作和孤独，抑或是享受悠闲与陪伴的时刻， 267
古代中国与希腊的女性都会唱起歌来。本章探讨在这两种场合下女性歌唱的主题。如下所述，希腊女性在歌中往往会歌颂友情，有时也会涉及母女之情。而据信为中国女性所作的诗歌则大多是关于丈夫、公婆和父母的。

在由男性创造并主导的意识形态和社会制度中，女性往往作为客体出现。讨论女性的声音能够使我们更深刻地理解她们的情感。这是理解希腊与中国社会中两性关系的一个重要方面。然而，在回到女性视角之前，必须首先厘清研究资料的特性。其中最重要的是，我们手中的“女性声音”有多少真实性可言。

对希腊女性诗人的作品来说，“真实性”是个相对简单的问题。从公元前 6、7 世纪之交的“燃情”萨福，到公元前 3、4 世纪的埃里纳（Erinna）、阿尼特（Anyte）和诺西斯（Nossis），希腊的女诗人为我们留下了一部分诗歌，而她们历史上的真实存在，以及在文学上享有的盛誉，在希腊古典时代与希腊化时代的早期资料中得到证实。希腊人已经接受了这个事实：有些女性拥有杰出的诗歌天赋，并且能够创作出值得传播和赞赏的作品——萨福在古代的盛名就是最好的例证。

与之相反，我们缺乏可靠的证据证实《诗经》中那些长期以来被认为是女性作品的诗歌是否归属于某个女性作者。

268 《诗经》中的作品基本上是主题与呼声都难以确定的匿名诗作，这在《国风》里尤为明显。爱与欲是《国风》的主要题材之一，大部分被传统观点认为是女性作品的诗歌都来自这个部分。[1]归根结底，争论《诗经》中绝大多数诗歌的作者和其性别毫无意义。因此，试图以中国早期诗歌辨别女性主观体验的这种做法，从根本上就问题重重。

以《诗经》中的女性声音解读周代女子的经历与情感是富有挑战的尝试。我希望比较学视角能够对此有所助益。在中国与希腊的诗歌中，女性作者或叙述者所表达出的价值观念与感情暗合了我们此前在男性材料中发现的性别与交际模式，这种一致性意味着在这两种传统中，女性作者和叙述者所表达的价值观念，与男性对女性的认知和期待之间存在不同程度的割裂。中国与希腊的女性都生活在以男性为中心的家庭中。但是家庭生活在中国诗歌中是女性叙述者的中心主题，在希腊的女性诗歌中却沦为女性友谊和母女之情的陪衬。我们应该如何理解这种不同？

对于以男性为主导的社会规范，希腊女性在诗歌中表

〔1〕《诗经》的另外三个部分主要是宗庙祭祀场合的颂歌和男性贵族宫廷宴享时的乐歌，作品主题与作者性别上的模糊性相对来说不成问题。

达了她们的抗拒。那么，上述不同是否“证实”了希腊女性
诗歌对女性主体性的表达？我们是否应该怀疑《诗经》中的
女性声音实为男子作的闺音？如此一来，我们应该将另一个
事实也纳入考量：与男性作者一致，希腊的女性作者们热情
赞颂友谊，正符合男性作者对她们的预期。如果希腊女性的
价值观确与男性相仿，那么早期中国诗歌中，女性叙述者关
于亲属关系中心地位的阐述是否也是真实的？考虑到中国早
期诗歌普遍存在匿名现象，谨慎的研究者不会将之作为女性
经验的“真实”表达。尽管如此，在研究女性主体性、男性 269
的主流价值观与男性对女性的想象之间的奇妙关系时，对比
中国与希腊的诗歌传统将令人受益匪浅。在男性主宰的古
代社会中，如果女性对现实生活的定义和解读很难为人所
知，[2]那么男性是否为了满足其他男性受众的消费需求，为
他们提供娱乐和指导，才创作这些描绘女性和两性关系的作
品？我们从中了解到的更多的是关于男性的信息吗？[3]如
果我们能够以这一语境下的古代中国和希腊为例，展现出两
性话语在不同文化中存在不同的适应与抵抗关系，又将带来
怎样的启发？本章的最后两个小节将会讨论这些问题。

〔2〕 基于这点，温克勒（Winkler 1990a，第7章）指出“在顺从的公开表象之下，（希腊的）女性拥有她们自己的生活。相较于希腊的男性，希腊女性很可能对异性有更全面的了解”。

〔3〕 关于女性刻画男性时的“镜像”效果，参见 Winkler（1990a）和 Zeitlin（1996）。

希腊：作为女儿与伙伴

在现存的诗歌中，希腊女性诗人从未留下任何关于丈夫的蛛丝马迹。而与杳无踪迹的丈夫相比，母女之情和家庭外的女性情谊在希腊女诗人的作品中得到了突出的表达。如下所述，这种情感蕴含在各色主题和语境之中，如哀悼、分离、回忆；典型的女性工作如纺织，或是通常为拜祭女神而发起的女性集体活动。

作为女儿

我家有娇女，
好似黄金花。
亲爱的克莱伊丝——
什么都不能换走你——
哪怕给我整个利第亚……

（田晓菲译，第 178 页）

这段诗节选自萨福残本 132。历史上的萨福是否真有个叫克莱伊丝（Kleis）的女儿已经无从知晓，因为所有关于她们俩血缘关系的推断，似乎都是基于萨福自己的散碎遗诗。很明显，重要的是这位伟大的女诗人歌颂的是一位母亲对女
270 儿的爱与自豪。她将克莱伊丝比作金色的花朵，珍惜她更甚于珍惜富饶之国利第亚（Lydia），或是一切其他在散佚的部分中可能提及的有吸引力的东西。另外两则残本 98a 与 98b

出现在同一片莎草纸上，它们的对话部分展现了母女的亲密联系。其中，保存更完整的残本98a这样写道：

□我的母亲

常说：当她年轻时
那是多么了不起的
装饰

如果有一根
紫色的缎带
把头发扎起来——

但是这个女孩子
她的发辫是比松明火把
　　　　更金黄——

只消一只新鲜的花冠
和一根多彩的发带——
近日来自

萨第斯
　　　　□众多的城市

（田晓菲译，第129页）

残本 98b 中仅有一个完整的句子："但是为你，克莱伊丝，我没有备下 / 一根多彩的——哪里才能得到它？——缎带。"（田晓菲译，第 130 页）在余下可以辨认的部分中，满怀歉意的母亲向克莱伊丝解释，自己不能买下那条她渴望的发带，因为她们正在背井离乡的逃亡路上。[4] 虽然无法断定萨福与克莱伊丝之间的确切关系，但是 98a 和 98b 这两段残诗以小女孩索求发带的对话为中心，因此认为它们都是写给克莱伊丝的也不无道理。从两段残诗中，我们得以窥见母女之间日常教育的掠影。值得注意的是，为了说服女儿放弃发带，萨福残本 98a 当中的叙述者回忆起当年自己的母亲是如何在发饰问题上教育她的，从而建立起与克莱伊丝之间的情感纽带。这种母亲和女儿之间日常的亲密互动，可能广泛地作为日常消遣和非正式教育在希腊女性中代代相传。

271 萨福 102 描绘了一个女孩正向母亲透露重要秘密的场景。也许是在她们一起织布的时候，女孩吐露了心声：

> 亲爱的母亲啊，我哪里还有心织布！
> 腰肢纤细的阿佛洛狄忒
> 　　让我心中充满

---

〔4〕坎贝尔的译本中写道："但是……米蒂利尼……有装饰过的……（这座城中有？）克里那克斯之子流放的纪念碑；（我们当中的？）这些人……可怕地渐渐憔悴……"根据《帕洛斯记事表》（the Parian Marble）的记录，萨福被流放一事发生在莱斯沃斯岛的政治动乱时期。

对那个少年的爱慕。

（田晓菲译，第133页，略有改动）

如果说，这个为情所困的女孩子自然而然地选择了在一同织布时向母亲和盘托出自己的秘密，[5]那么她用“亲爱的”（*glukēa*）来形容这位知己般的母亲十分惹人注目了。爱而不得的愁苦淹没了这个女孩，而“亲爱的母亲”（*glukēa mater*）则代表着她急切需要，却又别无他处可寻的慰藉与安心。

另一位女诗人诺西斯的警句（epigram）中，也提到了纺织活动在建立亲密母女情谊的过程中所起的重要作用。诺西斯来自位于意大利南部的希腊殖民地洛克里（Lokri），活跃于公元前3世纪。在洛克里北部拉柯尼亚（Lakinian）岬上著名的赫拉神庙中，人们为女神赫拉祭献长袍，而诺西斯在献礼上创作了这首献词：

尊贵的赫拉！时常从天而降

身披乳香，检视这圣殿芬芳的女神啊！

请收下这亚麻的长袍，它是克里欧卡的女儿希奥菲利斯，

同她高贵的女儿诺西斯一起为你编织的。[6]

---

〔5〕鲍拉（Bowra 1961：134）认为萨福102是“一首织布歌（*achanson de toile*），就像是女孩们踩着织布机，叹惋她们的爱情时所唱的歌”。

〔6〕《希腊诗集》（*AP* 6.265）。关于这首诗的讨论参见Skinner（1987）和Snyder（1989：79）。

诗人在献词中提到克里欧卡（Kleokha）、希奥菲利斯（Theophilis）和诺西斯三代女性，让人联想到萨福残本 98a 中的诗句，其中提及母亲把自己从上一辈那里得来的装饰头发的经验传授给了女儿。[7] 在诺西斯的诗中，母女两人一起为女神纺织长袍，或许还一同拿着它到赫拉神庙朝圣。她们在织布机旁共度的时间因此被赋予了更深刻的情感意义。囿于家中，面对日复一日的繁重家务，希腊的母亲与女儿在彼
272 此身上寻求慰藉。她们的谈笑声与歌声飞扬，盖过了“悠扬的机杼声”[8]。诺西斯和母亲献给赫拉的长袍为这样的情感纽带增添了神圣的色彩。这纽带不可或缺，它支撑着希腊女性的生活，亦是她们诗中的重要主题。[9]

即使在死后，母女情谊似乎仍然保有特殊地位。这体现于实际生活中墓碑上的铭文，以及文学作品中为尚未婚

---

〔7〕一些学者（如 Redfield 2003：265n47 和 Snyder 1989：79）认为诺西斯沿母系亲缘追溯自己的出身，意味着洛克里岛或许实行过母系制度，也就是传承母亲和外祖母姓氏的制度。然而，正如斯金那（Skinner：1987）和施奈德（Snyder：1989）所论证和指出的那样，希腊的女性或许经常性地使用母姓称呼彼此，因此诺西斯的诗中展现出的并非是洛克里岛的特殊风俗，而是一种“女性独有的讲话特征”。

〔8〕“悠扬的机杼声”是希腊文学中常见的一个比喻。相关例子可以参见欧里庇得斯的《伊菲革涅亚在陶里克人中》第 222 行，《希腊诗集》6.47，6.160，6.174，6.288。这个比喻很有可能来自于女性一边纺织一边唱歌的习惯。在希腊，纺织与歌唱之间的联系十分密切。《奥德赛》中甚至描写了卡吕普索（Kalypso）和基耳凯（Kirke）两位女神一边织布一边唱歌的情景（参见《奥德赛》第 5 卷第 61—62 行，第 10 卷第 221—222 行、第 254—255 行）。

〔9〕斯金那（Skinner：1991）指出，在这首诗中，诺西斯致敬了她的母亲，认为她是自己在创作上最早的导师。

嫁的早逝少女所作的警句。[10]特戈亚的阿尼特活跃于公元前3世纪，除了萨福，她是希腊女性诗人中现存作品最多的一位。她的两篇警句展现了一位母亲哀悼早逝女儿的场景：

在女儿的墓前，时常地，
克莱娜嚎啕着，唤她短命的孩子
唤回菲莱妮斯的魂魄，这个孩子在婚礼前
就已渡过黯淡的冥河。

（《希腊诗集》7.486）

为你，本该准备的是新娘的闺房，庄严的婚礼
你的母亲却立起这大理石的墓碑。
像你一样窈窕美丽的姑娘啊，
瑟西斯；虽然你已不在人世，我却还能向你诉说。

（《希腊诗集》7.649）

有学者提出，这两篇警句对实体坟墓的关注，表明它们确实是为镌刻在墓碑上而作的，而非文学作品。[11]无论这一观点是否成立，母亲是这两篇警句中的核心角色，这与真正为夭折少女所作的墓志铭中母亲的重要性相符。正如伊娃·司蒂尔（Eva Stehle）在研究中所发现的，在公元

[10] 警句最初是刻在墓碑石上的铭文，后来演变成一种文学体裁。

[11] 这一观点是由施奈德（Snyder 1989：68-69）提出的。她假设，作为文学作品的警句更倾向于关注逝者与生者之间的感情而非坟墓。

前 6 至前 4 世纪的墓志铭中，相较于父亲，母亲更常作为女儿的哀悼者，即使是在提及许多家庭成员的情况下，母
273 亲也往往居于首位。[12]阿尼特的两篇警句，其一点明了瑟西斯（Thersis）的母亲正是为女儿在坟前塑像的人；其二则描绘了克莱娜（Kleina）在每次祭拜女儿菲莱妮斯（Philainis）的墓时，都会陷入无休止的哀痛。两个片段都以女儿早逝带给母亲的哀痛作为中心感情，但描写瑟西斯与母亲的警句以一种更为触人心弦的互动方式刻画了母女之间的感情。如果说菲莱妮斯只能沉默地接受母亲反复的哀悼，瑟西斯的形象却以雕像的方式得以存续。雕像的存在营造出瑟西斯“尽管已经不在人世，却仍然能听到这些话”的幻觉，从而维持着母女之间的情感互动。较之克莱娜在菲莱妮斯墓前的时时恸哭，瑟西斯的母亲将女儿具象化，如此便能够继续问候并且与之交谈。这不仅是母女之间深切感情的证明，更展现出想要让瑟西斯继续存在的强烈渴望。女儿是母亲在家中可以与之交谈、表达私密情感，并且传递自己知识和智慧的对象，[13]这一点正是培养母女

[12] Stehle（2001：181-183）.

[13] 希腊的传统习俗中认同女性在表达强烈情感上的天赋，并将在葬礼上表达哀痛的主要角色委派给了她们（Alexiou 1974；Seaford 1994：74-92）。无论是否纯粹为了表现文学技巧而作，墓志铭和警句都倾向于刻画过度悲伤的女性形象。当然，希腊的女性也会哀悼除女儿之外的其他亲属，但这里所强调的是母女纽带在实际的墓志铭和文学的警句中都格外显著。关于文化上对于母亲应该将知识和美德传授给女儿的预期，参见 Stehle（2001，尤其是第 192 页）。

情谊不可或缺的基石。

作为伙伴：萨福

通常来说，被誉为“第十位缪斯女神”的萨福所创作的绝大多数歌诗都面向女性受众。无论是研究萨福作品的主题，还是阐释其内容，分辨这些女性的身份成为这类文学批评的起点。萨福莫非是个“淑女学堂”的校长，为适婚少女提供指导？还是一个像阿尔克曼一样创作少女合唱歌的诗人？又或者是某个女性宗教组织的领导？还是像她的男性同胞——诗人阿尔凯乌斯一样创作酒歌？[14]在我看来，每一种主要的解读都抓住了萨福诗歌的某个特别之处，但仅凭其中某一个标签，我们绝对无法就“谁是萨福”这个问题给出一个最终的答案。在我对萨福作品的解读中，由年轻女性组成的歌 274
队为迎接各种各样的节日接受训练，而在活动过程中产生的友谊与竞争构成了萨福歌诗的背景和主题。这些活动可能同时具备宗教、教学、欢聚甚至情色的多种维度，但重要的是，萨福最优秀的诗歌毫无疑问描写的是一群或多群视彼此为伙伴，并通过宗教仪式、节庆和歌曲建立了彼此间感情的女性。这些诗是为她们而创作的。正如萨福 160 中所宣称的那样：“为了我的女伴们，此刻 / 我将唱出优美的歌。”（*tade nun etairais tais emais terpnai kalōs aeisō*，田晓菲译，第 202 页）

〔14〕在格林（Greene 1996）的合集中可以找到当代学术界对萨福社交圈的主要观点范例。也可以参考 Stehle（1997，第 6 章）和 Williamson（1995）。

接下来，我们将读到萨福的诗篇，探究友谊与竞争如何成为其关注的焦点。[15]讨论主要集中在三个方面：源自友谊的愉悦，对背叛的谴责，以及在婚姻带来的痛苦中挣扎。

萨福 2 中就有欢庆友谊之乐的句子。诗中描写了一场在阿佛洛狄忒——她是最常出现在萨福诗歌中的神祇——的庇护下举办的愉快集会：

□□□

……来，就这样，向我，从克里特
到这神圣庙宇，此处有你
优雅的甘棠林
　　　和乳香流溢的祭坛；

此处甘棠荫里，
冷泉潺湲
四下里蔷薇覆盖，
自银光沙沙颤抖的枝叶
　　　泻落酣眠；

---

〔15〕10 世纪的《苏达辞书》(test. 2) 将萨福的伙伴归类为学生、朋友或亲密伴侣 (*hetairai kai philai*)。因为现存的诗歌不足以让我们准确区分学生与朋友，并且，考虑到学生很有可能会成为老师一生的朋友，我提倡以“伙伴”和“朋友”作为统称。后文将会进一步讨论萨福圈子中同性情欲这个复杂问题。

此处亦有草地，马群游息，
春花开遍，蜜风
轻轻吹拂

□□□

此处，你啊开普瑞思，优雅地
举起金海，把琼浆玉露，与
　　　我们的嘉年华会
混合在一起——
　　　　　　倾倒下来。

（田晓菲译，第 51 页）

与其说这是一首在正式典礼上为致敬阿佛洛狄忒而表 275
演的赞美诗，倒不如说它是祭祀结束后，女人们聚在一起着手准备宴席时演奏的祝酒歌。焚香的意象营造出舒缓的气氛；穿过甘棠树枝丫的潺潺冷泉，以及自沙沙树叶落下的睡意，都暗示着庄严的部分已经结束，现在是属于信徒们的时刻。尽管如此，女神还没有离开她的侍从。遍地的春花映出她明艳的姿容，游戏的马群带来与爱神相衬的暧昧氛围。〔16〕在诗的最后一节，诗人邀请女神加入这凡人的庆会。诗人对女神请求时十分亲昵，可见宴会上洋溢着友好轻快的氛围。

〔16〕参见 Segal（1965），动物在鲜花遍布的草地上吃草是一种充满情欲的意象。

萨福的许多歌诗片段证明，共同敌人的出现可以定义友谊。在这些诗中，叙述者对她的敌人极尽讥讽之能事，并对曾经的同伴抛下自己转投敌人的做法表示失望。例如，残本 57 中写道：

难道那么一个小小村姑，
穿着乡下的衣裳，真能够引起你的宠爱？
她甚至不知道该怎么样儿
提起长袍、露出脚踝。

（田晓菲译，第 107 页）

萨福在残本 71 中记录了另一场背叛，她回忆起她们曾一同度过的美好时光：

□□□你啊米卡
□□□但是我不许你
□□□你选择了潘色利兹的爱
□□□转恶
□□□一些甜美的歌
□□□蜜的声音
□□□轻风穿透了
□□□湿于露水

（田晓菲译，第 113 页）

当圈子里的一员米卡（Mika）抛弃老友，加入了城里另一个颇具影响力的女性社交圈后，这首歌诗很有可能在她们的聚会上表演过。[17] 在表达了愤怒与失望后，萨福详细 276
地描述了她们在欢聚活动中共同经历的种种过往。怀旧不仅是对不忠成员更强烈的谴责，也是对剩余成员发出的热切呼吁，希望她们继续在一起。一场背叛就这样转变成了一种宣扬忠诚、加深友谊的手段。[18]

零星发生的背叛遭到正义感的强烈反击，甚至有可能让朋友之间的关系更加紧密。然而，婚姻加之于这个社交圈的压力更为棘手，因为婚姻是无可避免的。萨福在许多重要的片段中展现了女性对这一挑战的应对。残本 94 正是其中之一：

> 我真希望自己不如是死了罢！
>
> 虽然如此，她在离开我时
> 确是啼哭着的；且曾对我说：
> “萨福，萨福，我们的命运太坏，
> 离开你不是我的本心。”

---

〔17〕在萨福生活的年代，暴君庇塔库斯统治着米蒂利尼，他是阿尔凯乌斯的主要敌人。庇塔库斯的妻子来自潘色利兹家族。

〔18〕萨福 49 和 131 应当也与成员的背叛有关。残本 49：“我爱上了你，阿狄司，很久以前……那时你还只是一个丑巴巴的小女孩子。”残本 131：“可是（？），阿狄司，你厌弃对我的关怀 / 为了追逐安德洛美达，你转身离开。”

我答说："好好地去罢，别忘了我。
你知道我们是怎样宠爱你的。
如果你忘却了，就让我来提醒你
我们一起消磨过的美好光阴——

在我的身边，你也曾戴过
蔷薇和紫罗兰的花冠——

你也曾在柔嫩的颈上
套上鲜花编就的花环；

你也曾用昂贵的香膏——
那是女王才配使的——
滋润你的肌肤，

你也曾在松软的床褥上，
让你温柔的欲望得到餍足……

277 没有一次乐舞，不是我们一起参加的；
没有哪个地方，不是我们一起去过的——
无论是祭坛，是神殿，
还是密林……"

（田晓菲译，第121—122页，略有改动）

残本 94 中，“萨福”只是第二章中使用的称呼，有可能是诗人本人或是她的角色，而与“萨福”对话的人普遍被认为是一名将要离开原本的圈子，步入婚姻的女性。[19]通过诗中对第一人称复数的应用，（例如“我们是怎样宠爱你的”“我们一起去过的”）以及中间提到的花冠和花环来推测，[20]这首诗有可能创作于准新娘的送别宴上。支离破碎的最后一章中，神殿、密林和乐舞应该是对合唱活动的描述。也有观点认为，致诗对象是个即将离开合唱队、步入婚姻殿堂的女孩。[21]在与准新娘的最后一次聚会上，众人热泪盈眶，对她的未来充满担忧。但是，作为这群人中显而易见的中心人物，萨福却试图让她回忆起她们一同走过的美好时光，从而给予她面对新生活的力量。[22]随着叙述者的吟唱，我们能够想象，包括那个女孩在内的听众都沉浸在歌唱与欢乐中，十分快活，仿佛在为她们的回忆添砖加瓦，而这份回忆已经得到了她们当中最有才华之人的礼赞。回忆是最后一场集会的主旋律，注定要在这名即将远行的女孩心中占据特殊的位置，让她在他乡陌生的家中得到一丝抚慰。

还有更多的片段讲述了女性如何承受失去伙伴的事实。例如，在萨福 22 可辨读的部分中，叙述者试图帮助一位年

---

〔19〕Burnett（1979：25）；Snyder（1989：25-26）.

〔20〕Lardinois（2011：83）；Rauk（1989）. 阿尔凯乌斯、阿那克瑞翁和忒奥格尼斯的诗中也有类似的关于欢庆活动的道具的描写。

〔21〕Kamen（2007：95）.

〔22〕后文很快就会分析女孩在床褥上满足欲望这一耐人寻味的描述。

轻的女性：

　　□□我命你，阿班西丝，歌唱
龚伊拉，拿起
你的竖琴，当——如今，又一次——渴望
环绕你的心，

你呵，美人！当你看到她的长裙
因而兴奋；而我欢庆。

278 也许阿班西丝（Abanthis）和龚伊拉（Gongyla）是亲密的朋友，然而其中一个最近嫁了人。漫长甚至永久的别离，让另一个人陷入苦苦的思念。描述龚伊拉所见和回忆中阿班西丝的情感状况时，诗中非常明确地使用了充满情色意味的词语：此前，看到龚伊拉的长裙会让阿班西丝感到兴奋，如今当龚伊拉不在身边的时候，“渴望”（*pothos*）再次“环绕”（*amphipotatai*）了她。残本 94 当中，准新娘曾经与她的伙伴一起，在“松软的床褥上”满足了一种“欲望”（*pothon*）。对这种渴望的指代过于神秘和模糊，以至于不含情色意味的解读认为它指代的是高强度的舞蹈导致的对休憩的渴望。[23] 然而，对女性同性情欲的颂扬毋庸置疑地存在

〔23〕这是著名的德国古典学者维拉莫维茨（Ulrich von Wilamowitz-Moellendorff，1848—1931）的解读（Snyder 1989：25）。

于萨福 22 对阿班西丝和龚伊拉之间的感情的描述中。描述女性之间的感情时，萨福 22 与萨福 94 都提到了热情奔放的肢体接触，除此之外，二者还不约而同地将它们放到集体环境中考量。萨福 94 中，回忆里的圣殿和舞蹈见证了那名即将离开的年轻女孩与伙伴共度的快乐时光。而在萨福 22 中，叙述者劝说阿班西丝拿起竖琴，歌唱龚伊拉。或许这首诗只与她们二人有关，但在场的所有女性都是听众。这首诗唤起她们对过往的回忆，也让她们更加珍惜仍能享受的乐事。由此，歌唱与陪伴的力量渐渐抚平了悲伤，某一个人的离去反而为余下的人提供了黏合剂。因此，这个群体的领袖，即诗中的叙述者才会简明扼要地宣布“而我欢庆”。相较于分辨萨福圈子的集体活动中是否存在性行为，更重要的或许是，对这个群体来说，女性之间的情谊和异性的情欲都由相同的语言孕育而生，它无比强烈，甚至跨越了距离，在回忆中经久不散。〔24〕

萨福 96 很好地展现了友谊与记忆在这个群体中的动态变化：

□萨第斯

〔24〕在对萨福 22 的分析中，威尔逊（L. H. Wilson 1996：54-55）讨论了萨福社交圈中个人联系之脆弱，与以集体回忆和庆祝活动维系的整个社群的稳定性之间的反差。温克勒（Winkler 1990：180-187）认为不应否定“萨福作品中情感上的女同性恋情（lesbianism）”也有显著的生理上的表现。参见我接下来关于萨福诗歌中纠缠的友情与同性情欲的讨论。

她的思绪常飘来这里

279 □
你好似女神
她最爱你的歌诗

但现在她是
在利第亚的女子当中
最耀眼，就好像有时

在落日时分，蔷薇指的月亮
压倒了所有星辰，照耀盐海，也照耀
花深似海的平原：

露水优美地倾泻，
蔷薇怒放，柔弱的
细叶芹和开花的苜蓿。

而她徘徊踯躅，不断想念着
温柔的阿狄司；因为你的缘故
她的心被渴望燃烧……

但是去那里
□很多的

言谈□

我们不易
　　与女神媲美
□□□

　　□欲望
　　　和□阿佛洛狄忒
□玉液琼浆从金杯
倾倒
□她的双手；劝导

□□□□□□

□进入格瑞岑[25]
　　□爱人

□□□我将来到
欲望的迷宫

（田晓菲译，第125—126页）

---

〔25〕坎贝尔注："可能是指位于优卑亚岛（Euboia）的格瑞岑（Geraistos）的波塞冬神庙。"

这首诗的语境与萨福22相仿，尽管这首诗中出现了一个新的女性角色——阿狄司（Atthis），她已婚的好朋友如今住在利第亚。阿狄司可能在一次女性聚会上唱出了她的思念，而萨福紧接着创作了这篇宽慰与劝解的杰作。整首诗分为三个部分。在第一个部分中，叙述者诉说了这位离开的女子对阿狄司的特殊关照，向阿狄司保证她的感情得到了回应，纾解了阿狄司的情绪，并且夸赞阿狄司的美貌与音乐天赋，暗示这是她们友谊的基础，同时也有可能是在赞美阿狄司方才表演的歌舞。

第二个部分是这一片段的主体。叙述者描述了阿狄司
280 的朋友——如今住在他乡的那位女性，赞颂她在新环境中的出挑，以此进一步安慰阿狄司，让她充满自豪。错综复杂的比喻包含了一系列声色兼备的感官描写，让阿狄司仿佛看到她曾经的伙伴正生活在光彩夺目而又宁静祥和的美好氛围之中。而描写这名女子徘徊踯躅，思念着阿狄司，则让阿狄司再次确认她们之间的情谊是相互的。[26]

最后一个部分的文本大量缺漏，很难对其进行任何可靠的解读。但有可能叙述者在这个部分中开始对她的听众讲道理，以期让她树立更积极的态度。诗中提到阿佛洛狄忒倾倒花蜜，这可能与此前她们参加的某一场由劝导女神主持的活动有关。爱与规劝是将人类团结在一起的至上力量。[27]

---

〔26〕关于针对这一隐喻的研究，参见 McEvilley（1973）。

〔27〕关于阿佛洛狄忒与劝导女神（Persuasion）的职责，参见 van Bremen（2003：325）。

如果从前它们就能以诸多团体活动使女性之间的关系变得密切，那么如今它们将发挥更强大的魔力，通过分享和延续回忆，帮助分开的伙伴维系她们之间的纽带。

虽然萨福22、94和96都歌咏了女性对彼此的爱，颂扬其跨越时间和空间甚至抵御婚姻的必然性力量，但是它们都不曾明确地描述与异性之爱和家庭生活相斥的女性关系。不过残本16似乎谈到了这点。残本16的前三章读来像是以海伦——这个与特洛伊王子帕里斯相恋并且私奔的女子——为典型所创作的热情洋溢的异性恋颂歌：

有人说，一队骑士——
又有人说，一支骁勇的步兵团——
更有人说，海上的战舰——
　　是这片黑色大地上最美的景观；

可是我啊，我说他们都不对：
最美的
应该是一个人的心爱——
　　无论那是谁。

这个很容易明白，
只要你想一想海伦——
那位世上无双的美人——
　　她抛弃了高贵的夫君，

不考虑她的孩子、
她的年迈双亲，
随情郎登上
　　　　驶往特洛伊的航船——

然而（爱情）将她引上歧途……

然而，引用海伦的例子并非为了颂扬异性恋，而是为
281 了支持叙述者在第一章中提出的观点：“这片黑色大地上最美的景观”是“一个人的心爱，无论那是谁”。对于海伦而言，这个人恰好是帕里斯，所以她完全有理由不顾丈夫、子女与父母，和她爱的这个男人私奔。海伦遵从内心、身随心至的勇气引起了叙述者的敬佩，但是这个传奇的案例并没有唤起诗人对白马王子的渴望，反而让她流露出对一个年轻女子的向往：

　　□□□因此
　　□□□轻柔地
□□□令我想起阿那托利亚——
现在她和我　　　天各一方。
我多想见她一面，在我眼里，
　　她行路的姿态，
　　和她脸庞的妩媚光辉，
胜过利第亚最壮丽的战车和骁骑。

□□□不可能发生

□□□祈祷分享

□□□□

□□□□

面向□□□

□□□

□□□

□□□

出其不意。

（田晓菲译，第 60—61 页，稍有改动）

就像出现在萨福 22、94 和 96 中的女子，萨福 16 中的阿那托利亚（Anaktoria）或许也是一位新晋的年轻新娘，而她从前的伙伴在聚会上忆起了她。同样的，在这些歌诗当中，叙述者都使用了细致的感官描写来表达她对这位缺席的女性的思念之情。战车与步兵首尾呼应，衬托出阿那托利亚优美的步态与明丽的面容，并且表明，对叙述者而言，阿那托利亚与伙伴之间的情谊正是世界上最美丽的事物。此时，我们不禁再度回味起叙述者的自陈：海伦在爱情的驱使下所做出的不顾一切的行为让她想起了阿那托利亚。既然这首诗把海伦作为正面案例，是否暗示叙述者认为家庭之外的女性情谊是爱的另一种表现形式，同样值得人们热切的追求？那么，随之而来的任何对社会规定的妇女职责的蔑视——在海伦的例子中，表现为丈夫、子女和父母——在这种追求中都可以被理解甚至被宽恕吗？尽管有过分解读的嫌疑，但这样的暗示十分诱人。无论如何，女性情谊的力量所表现出的非凡自信在这首诗中得到了赞扬。萨福的残诗反复地歌颂女性之间爱的能力，认为它可以跨越时空的阻碍，直到残本 16 提出“一个人的所爱”是最美丽的事物，才赋予其至高无上的地位。

282 萨福之所以有自信下此定论，因为她与其诗中的常客女神阿佛洛狄忒有一种特殊的关系。在手稿中唯一完整的歌诗萨福 1 中，可以看出爱与劝导在萨福的社交圈占据了中心地位。全诗由萨福向爱神所做的祈祷组成：

不朽的、心意斑斓的阿佛洛狄忒，
宙斯的女儿，你扭曲了一干竖琴——
我祈求你，不要用强劲的疼痛，
　　女神啊，粉碎我的心；

请你降临我，正如
曾经一度
你听到我来自远方的呼唤，
　　遂离开了你父亲的金屋，

乘坐群鸟所驾的金根车
来到我的身边——那是从黑色丘陇上
飞起的瓦雀，在半空中

呼啦啦地拍打着它们的翅膀——

而你啊，福佑的女神，
你不朽的容颜带着微笑，
问我是什么样的烦恼，如今又一次
困扰你，为什么你如今又一次呼唤我的名，

你痴狂的心，到底最想要什么？
我该（如今，又一次！）去劝导什么人
接受你的爱情？什么人，
萨福啊，给了你这样的苦痛？

如果现在逃避，很快她将追逐；
如果现在拒绝，很快她将施予；
如果现在没有爱，爱很快就会流溢——
哪怕是违反着她自己的心意。

降临我，爱的女神：解除
这份强劲的重负；成就我全心
所渴望的成就；你
且来做我的同谋！

（田晓菲译，第47页。）

萨福在诗的第五章第二十行中已经自报家门，而她请求阿佛洛狄忒前去游说，希望她接受自己爱意（*philotata*；*philei*；*philēsei*）的那个人究竟是谁？也许她是萨福曾经的朋友，与我们之前讨论过的残本 57 和 71 当中的情形一样，由于她不明智地投靠了萨福的对手，令萨福感到十分失望与焦灼。尽管承受着第五小节中所形容的那般“苦痛”，萨福

283 仍然希望这个女孩能够回来。这也许不单单是出于她对这个离开的女孩的感情，也是为了在竞争对手面前维持萨福的小圈子的声望与团结。阿佛洛狄忒向萨福做出了响亮的保证：逃避的人将会回头追逐；即便违背心意，变心的人也将很快坠入爱河。这种修辞与男同性恋之间求爱所使用的辞藻存在惊人的相似之处。[28]成年的男性“情人”（lover）在追求他的“爱人”（beloved）时，为了得到男孩的同情与好感，会告诉他，男孩自己在日后的某一天也会成为追求别人的一方。与之相仿，萨福也期望用同样的论证说服这个女孩。她祈求阿佛洛狄忒在这个过程中做她的“同谋”，这个请求以及回荡于整首诗中伊利亚特式的回声都暗示着，爱情之于萨福就如同性情谊之于古希腊的男性歌颂者；它是一场战争，给卷入其中的人带来恐惧、挫折，造成破坏，但也同时伴着欢喜、刺激与满足。[29]此外，在这场战争中，参与者们更多

〔28〕第 1 章中讨论过男同性恋求爱时使用的“逃离－追逐”的修辞手段。萨福原诗的第六小节原文如下：“*kai gar ai pheugei tacheōs diōxei/ai de dōra mē deket' alla dōsei/ai de mē philei tacheōs philēsei/kōuk etheloisa.*”

〔29〕黎斯曼（Rissman 1983）在名为《爱情战争：萨福诗歌中的荷马典故》（*Love as War*：*Homeric Allusion in the Poetry of Sappho*）一书中探索了萨福诗歌中情色与战争的相互关联。吉尔可梅利［卡尔逊］（转下页）

地通过艺术和劝服来交锋，而不是礼物；他们的战斗既是为了公开的荣耀，亦是为了个人心理上的满足。而女性婚嫁的必然性以及婚姻对女性友谊所造成的严重阻挠，意味着这场战争对女性而言更加令人挫败，也更具毁灭性，因此，相较于男性，她们必须以更饱满的热情和奉献精神投入这场战争中去。

马克西穆斯（Maximus of Tyre，约125—185）是一位饱读希腊文学的罗马诡辩家。他假定萨福与苏格拉底的社交圈之间存在一种明确的结构上的对应关系。萨福与苏格拉底都带领麾下的一群门生与其他的社交团体作对。“阿尔西比亚德斯（Alkibiades）、卡尔米德斯（Kharmides）和斐德罗（Phaidros）之于苏格拉底，就如同吉瑞诺（Gyrinna）、阿狄司（Atthis）和阿那托利亚（Anaktoria）之于萨福；而苏格拉底的斗争对象普罗狄克斯（Prodicos）、高尔吉亚斯（Gorgias）、色拉叙马霍斯（Thrasymakhos）与普罗泰戈拉（Protagoras），也就是萨福的戈尔果（Gorgo）与安德罗米达（Andromeda）。”〔30〕萨福所赞颂的女性情谊与阿尔凯乌

（接上页）（Giacomelli［Carson］1980）和麦力（Marry 1979）通过比较与男性同性恋模式的相似之处，分析了希腊女同性恋的结构。窦佛（Dover 1978：177）认为萨福1中关于逃离与追逐的比喻与这一比喻在男性诗歌中的用法不同。他提出，萨福在诗中自报家门，因此“并非是为了想象中的场景或虚构的人物而创作的”；阿佛洛狄忒承诺这个女孩很快会转而追求萨福，并且赠予礼物，意味着这种情欲成了相互的。彼冰和科恩（Bing and Cohen 1991：72n3）发表了性质相同的评论。我认为吉尔可梅利［卡尔逊］，麦力和黎斯曼的观点更具有说服力。

〔30〕引自 Maximos of Tyre 的 test. 20（收录于洛布丛书）。

284 斯、忒奥格尼斯以及苏格拉底所描绘的男性友情与爱情的交际网之间的确存在着不容忽视的相似之处。萨福是女人，但她是个来自希腊的女人。正如忒奥格尼斯同时使用表达爱情（*erōs*）和友谊（*philos*，*philotēta*，*hetairos* 等）的词语来描述他与男性爱人之间的感情，萨福的歌诗中对这两种感情的追寻也一样盘根错节、密不可分。阿佛洛狄忒就是她的守护女神，在其庇佑下友情（*philotata*）与情欲（*pothon*）这两种情愫在萨福的圈子中渐渐滋长；正如忒奥格尼斯向他的爱人基尔努斯承诺了永恒，萨福也预言说她与她的伙伴们将会被永远铭记，因为她们都是缪斯女神的信徒。[31] 正如阿尔凯乌斯不断地劝导朋友与同道者，将他们召集到自己身边，萨福也会在她和同伴被迫面对悲伤、背叛与分离的时候找到歌唱的理由；正如苏格拉底公开表明，他一生中都在与自己承诺要教导的年轻男性坠入爱河，萨福在她的朋友圈子中是一位热情的求爱者、劝导者，也是这些女性的领导者，不过面对她们的对手时，她也是一个尖刻的诋毁者。总而言之，就像阿尔凯乌斯、忒奥格尼斯、苏格拉底以及其他男性诗人和

---

〔31〕萨福 55 中，叙述者严厉地批评了一个不曾从缪斯那里得到任何礼物的人（这人也可能是敌人）："死去的时候，你将躺在那里，无人 / 记得，也无人渴望——因为你不曾分享 / 匹瑞亚的蔷薇，即使在冥府 / 你也寂寞无闻，在暗淡的影子当中 / 摸索行路——轻飘飘地，被一口气吹熄。"接着，在残本 147 当中，叙述者宣布她与她的伙伴将取得不朽的声望："自会有人记得我——/ 我说——/ 即使在 / 另一个时代。"这两个片段或许为另一个公元 2 世纪的说法提供了论证基础："我想你一定听说过，萨福也向那些以幸运而著称的女人吹嘘，说缪斯女神真正地赐福于她，使她惹人妒忌。她即便是死了，也不会被人遗忘。"（残本 193，洛布丛书）

会饮爱好者一样，萨福享受追求卓越的竞争，并且致力于追寻和纪念她“苦甜参半”的友谊。[32]

伙伴：从萨福到埃里纳 285

之前讨论诺西斯那篇描绘了她和母亲一同纺织长袍并且敬献给赫拉女神的警句时，我曾提到，她在敬献长袍的典礼上提及家中三代女性长辈的名字，让人联想到萨福 98a 中，母亲通过回忆自己的母亲与她的对话，来与女儿讨论发饰的情节。无论这两个例子是否真的存在相似之处，诺西斯都是西方文学史上第一位公开承认自己模仿了萨福的女性诗人。[33]诺西斯在一篇警句中做出了这个令她骄傲的声明：

---

〔32〕根据坎贝尔（Campbell 1983：18）的观点，萨福 130 中首次表达了爱情兼有苦涩和甜美的想法，叙述者在诗中坦承“融化四肢的厄洛斯（如今，又一次！）搅动我——/ 甜苦的东西（*glukupikron*），不受控制，悄然来临”。在莎草纸上，这首诗紧接着残本 131 出现。而在残本 131 中，叙述者向阿狄司——或许她与残本 96 中的女子是同一个人？——诉说，控诉她为了另一个女人背弃了诗人。这或许表明这些片段属于同一首诗，而萨福用“苦甜参半”这个词刻画的则是女性之间的爱。在男性诗人当中，忒奥格尼斯同样用甜苦交加来形容成年男性与少年之间的爱：“苦涩（*pikros*）而又甜美（*glukus*），醉人而又冷酷 / 基尔努斯，这就是尚未餍足的，对少年人的爱意 / 你若得到，它是甘甜 / 求而不得，它是至苦。”（第1353—1356 行）H. Parker（1993，2005）和 Yatromanolakis（2007）提醒我们应当认识到萨福与男性诗人们在社交环境与同性情谊上的相似之处。

〔33〕在这几个世纪中，萨福和她的圈子似乎为希腊人设想中女性歌诗的社交背景提供了一个重要的范例。例如，公元前 5 世纪雅典陶器上绘制的图案中大量描绘了只有女性出席，并且以音乐表演和诗歌朗诵为主要活动的聚会场景，人们普遍认为这是以萨福和她的女性圈子为蓝本而创作的（参见 Bernard 1985：48 与 Williams 1993：100）。亚特罗马诺拉基斯（Yatromanolakis 2007：143-160）持不同意见。

陌生人，如果你将要驶向米蒂利尼，那优美的舞蹈之城

燃烧着萨福，她是美惠三女神的菁华

请告诉她，洛克里的土地为缪斯女神养育了她的珍爱

这个能与她媲美的人，她的名字是诺西斯。去吧！[34]

另一篇警句也使人联想到萨福。诺西斯盛赞了阿佛洛狄忒（开普瑞思，Kypris），认为她是自己艺术创作的守护神：

“再没什么能比爱情更甜美；所有令人愉悦的物事

都及不上它，即便是我从口中吐出的蜜糖。”

诺西斯如是说道。若是这里有谁不曾被开普瑞思吻过，

她不会知道玫瑰是怎样的芬芳。[35]

考虑到萨福与她的女性伙伴们在同性情谊方面的赫赫声名，以及诺西斯在创作时对前辈萨福的有意模仿，这名生

〔34〕《希腊诗集》7.718。有观点认为，这首警句曾被用作诺西斯诗集的后记（Snyder 1989：79）。

〔35〕《希腊诗集》5.170。开篇即为引人注目的宣言：*Hadion ouden erōtos*（再没什么能比爱情更甜美）。从这首诗提纲挈领的特质来看，它也许曾被用作诺西斯诗集的前言（Gutzwiller 1997：213；Skinner 1989）。

活在公元前 4 世纪的女诗人在宣称“爱”是她最喜欢的话题之时，是否意指女性之间的爱？

这个问题很难回答。诺西斯现存有九篇诗歌，其中六篇或描写了女性人物，或记录了她们写给阿佛洛狄忒的献词。凯瑟琳·嘎茨薇乐（Kathryn Gutzwiller）认为，与萨福的歌诗类似，诺西斯的肖像诗与献词诗赞颂了女性的性感美，并且着重强调了“因这些女性的在场而引发 286
的性兴奋”。[36] 这一解读惹人浮想联翩，但却存在一个问题，即这三首献词，尤其是那首提到一个名为颇丽阿绮丝（Polyarkhis）的女子“用她绰约多姿的身体”赚得了巨额财富，并且将这笔钱献祭给阿佛洛狄忒的诗，很有可能是为妓女而创作的——她们以爱神为守护女神。[37] 如果不能获知这些出现在献词中的女性的身份，从而推测诺西斯创作诗歌的社会背景就显得无凭无据。然而，这三首肖像诗赞颂了女性的温柔、欢欣、端庄、智慧，描绘了母女之间的相像，基于这点，我们仍然可以认为诺西斯构建了一个女性世界，并且将之看作属于她的“萨福圈”。[38] 这种解读引人入胜，但它的弱点在于，对肖像的描述通常是静态的，很难推断是否存

---

〔36〕嘎茨薇乐（Gutzwiller 1997：215，216）。

〔37〕施奈德（ Snyder 1989：80）认为颇丽阿绮丝肯定是妓女，并且推测另外两篇献词也同样是为妓女创作的。嘎茨薇乐（Gutzwiller 1997）在讨论这三首诗中令人联想到萨福诗歌的情色元素时，并未将诗中女性角色的身份问题纳入讨论。

〔38〕嘎茨薇乐（Gutzwiller 1997：216-219；提到诺西斯自己的“萨福圈”的部分在第 203 页）。

在这样一个成员共同参与集体活动、分享情感和记忆的社交圈子。

如果说，除去她自陈的来自萨福的灵感，诺西斯并未给我们留下足够的证据去追溯其诗歌创作的渊源，那么活跃于公元前350年左右的埃里纳显然延续了萨福诗中颂扬女性情谊的传统。她来自一个叫作蒂洛斯（Telos）的小岛，据说她不曾结婚，在19岁时就早早离世。虽然如此，作为一名诗人，她仍然享有非凡的赞誉。[39]在埃里纳所作的四首诗中，其中之一是一首题像诗，另有两首警句和一首用史诗格律创作的三百行诗，与她童年时代的好朋友鲍西丝（Baukis）有关，而鲍西丝在婚后不久就去世了。诗中鲍西丝好朋友的名字正是埃里纳。警句之一清晰地展现了鲍西丝与埃里纳之间的关系。全诗以死去的鲍西丝的口吻向她自己坟墓上的陈设发表演说。鲍西丝委托它们告知过路的人，她是何人，自何处来。而在诗的最后两行，鲍西丝要求它们昭告天下，是她的朋友（*synetairis*）埃里纳将这些诗句镌刻在她的墓碑之
287 上。[40]这种高潮式的揭露无疑表明了二人在鲍西丝的一生中所保持的特殊关系。然而，在奠定埃里纳诗名的长诗《纺锤》之中，[41]我们才真正洞悉了鲍西丝之死在“埃里纳”身

---

〔39〕关于埃里纳鲜为人知的生平以及她在文学上得到的不计其数的嘉奖，参见Gutzwiller（1997：203-204，210）与Snyder（1989：86-90）。

〔40〕《希腊诗集》7.710。揭露埃里纳与鲍西丝的关系的诗句是：“*kai hotti moi ha synetairis/ērinn’ en tumbōi gramm’ echaraxe tode*.”另一篇警句（*AP* 7.712）则以鲍西丝墓碑的口吻，诉说了新娘在婚礼后不久就与世长辞。

〔41〕因为创作了这首诗（《希腊诗集》9.190），她被誉为“堪比荷马”。

上造成的深远影响。《纺锤》中零散的片段如下：

1-14 一个女孩儿的……少女［或玩偶］……乌龟……
乌龟……波浪
15 从雪白的马儿
16 我大声叫喊……乌龟
17 宏伟中庭的花园……
18 不幸的鲍西丝，我哭喊出这份悲痛……
19 这些游戏在我的心中
20 仍然鲜活。但它们已成灰烬了。
21 关于玩偶……在卧室中……
22 少女［或玩偶］……一次是在拂晓时分
23 母亲……对那些纺羊毛的工人
24 ……撒些盐
25 小小的……茉门带来了恐惧。
26 ……她用四足漫步
27 伪装着她的外表，从一样东西变化成另一样
28 可是到了床上的时候……，你就把什么都忘了
29 那些天真无邪的回忆……就听到你的母亲，
30 亲爱的鲍西丝。遗忘……阿佛洛狄忒。
31 因此你，啜泣着……但我留下的其他事情；
32 因为我的脚被禁止……从这间房子，
33 我亦无法瞻仰尸体，或是哀悼

34 披头散发地……羞愧

35 泪流满面……

36-54 十九……埃里纳……纺锤……羞愧……
少女的歌……看……头发……亲爱的鲍西丝……
火焰……婚姻之神……婚姻之神……唉！
不幸的鲍西丝……[42]

《纺锤》的前27行诗主要描述了童年时代的游戏和玩具，暗示鲍西丝与“埃里纳”的友情始于年幼。叙述者形容关于这些游戏的记忆“仍然鲜活”，既强调了鲍西丝的人生之短暂，又突出了鲍西丝的死亡让“埃里纳”陷入毫无准备的状态。诗中提到少女的歌、纺织羊毛以及纺锤，或许
288 指的是两个女孩一同成长时参与过的集体活动，[43]例如合唱队与纺织工作。完整的诗中也许包含更多关于纺织活动的描述，甚至可能为这些活动赋予了某些象征意义。或许正因如此，这首诗通常被叫作《纺锤》。如果她们曾经一同在由年轻女性组成的歌队中唱过歌，或是在织布时合唱，如今“埃里纳”痛失了自己的亲密好友，却连她的葬礼都无法参

〔42〕全文参见West（1977）。英文译文引自Jane McIntosh Snyder（1989：93）。嘎茨薇乐（Gutzwiller 1997：205-206）在书中也提供了这个片段的完整译文。

〔43〕司蒂尔（Stehle 2001：184）讨论了一篇公元前4世纪希俄斯（Khios）地区的墓志铭，其中称赞女性死者曾经用双手从事“灵巧的劳作”，这显然指的是纺织劳动。

加，[44]只能通过歌唱来舒缓自己的悲伤。

诗中第32—35行写到“埃里纳”被禁止参加鲍西丝的葬礼。人们提出了各种各样的理论——当然都是猜想——来解释个中原因：有可能是因为法律禁止育龄女性出席葬礼；又或者是因为“埃里纳”是一名女祭司，因此不能瞻仰尸体；再或者，可能因为她不是死者的家属；或是她病得很重，以至于无法离开居所；也有可能是她的母亲不希望她再与鲍西丝有关联，因为后者在婚后的行为过于大胆奔放。[45]无论她缺席葬礼的原因是什么，这首诗都证实了“埃里纳”对朋友的爱，同时也展现了在希腊社会中诗歌对于维系和确认女性之间的友谊所起的作用。古代资料表明，埃里

〔44〕嘎茨薇乐（Gutzwiller 1997：210）与司蒂尔（Stehle 2001：197）都想象了这样的场景：埃里纳无法参加鲍西丝的葬礼，只能待在家中纺织。

〔45〕这些猜测分别来自West（1997：108-109），Bowra（1936：334），Skinner（1982：268-269），Rauk（1989：102-107），Stehle（2001：191-196）。在对比了埃里纳的诗句（“可是到了床上的时候……，你就把什么都忘了/那些天真无邪的回忆……就听到你的母亲，/亲爱的鲍西丝”）与一首企图解释《纺锤》创作背景的无名警句（“出于对母亲的惧怕，她专注于手中的纺锤/在织布机上辛勤地工作，她站着，像缪斯的仆从。”《希腊诗集》9.190）之后，司蒂尔提出，鲍西丝过去曾经听从母亲的教诲，勤做家务，谦逊自持，然而在爱神阿佛洛狄忒的影响下，她结婚后可能变得“在身体上过于招摇，放纵，而又自大”。司蒂尔（Stehle 2001：197）将第42行中的“*aidōs*”（羞耻、谦虚）一词解读为一种暗示，认为它表达了“埃里纳”对母亲的敬重与对逝去朋友的爱之间的冲突。嘎茨薇乐（Gutzwiller 1997：209-210）认为*aidōs*一词道出了“埃里纳”作为少女所受到的限制，尽管嘎茨薇乐同时强调，这是由男性主导的社会施加于她的限制。

纳创作《纺锤》时年方十九，正是她离世时的年纪。[46]这可能只是个巧合，埃里纳的死亡与这位名叫鲍西丝的童年伙伴的不幸之间没有任何关联。也有可能是后世的评论者捏造
289 了这个巧合，编造出年轻少女在完成了自己最杰出的作品之后溘然长逝的煽情故事，以此博得同情。也许，朋友的离世对这位年轻希腊女性的深刻影响让人读来更为动容。正如许多研究指出的那样，埃里纳写给鲍西丝的哀悼诗呼应了萨福94和萨福96。这两首诗饱含悲伤，因为女性朋友即将因为婚嫁而离开她们，在古代希腊，这对女性来说与死亡无异。[47]不管是死亡还是婚姻，二者都意味着亲密朋友的痛苦分别，而女性的应对方式则是不断地尝试通过保留她们之间的共同回忆，或是在诗歌中纪念自己的伙伴来向曾经的友谊致敬。

司蒂尔指出，公元前5、6世纪时，有零星的案例讲述女性在墓志铭中悼念另一个与自己没有血缘关系的女子。而在公元前4世纪时，这种现象似乎就不复存在了。[48]但是，埃里纳关于鲍西丝的诗句表明，赞颂女性友谊的深厚传统超

---

〔46〕《希腊诗集》9.190，7.11，《苏达辞书》。“十九”一词出现在埃里纳诗中最后一个能够辨识的部分当中。

〔47〕关于古代希腊婚姻和死亡在概念上与仪式上的相似性，参见Lardinois（2001：82）。指出了《纺锤》与萨福94和萨福96之间的相似性的有Gutzwiller（1997：207）、Rauk（1989）和Skinner（1982：269n13）。此外，斯金那还指出《纺锤》中使用了埃俄利亚方言（Aeolic dialect），是在有意模仿萨福。

〔48〕Stehle（2001：183-185）.

越了时间、空间、体裁，在希腊女性中保留了下来。写下《纺锤》以及那首警句——其中，已逝的鲍西丝宣称石碑上的诗句是她的朋友埃里纳所创作的——的诗人，也极有可能会写出这篇公元前 5 世纪晚期由雅典女性尤图拉（Euthylla）创作的墓志铭：

> 为了忠诚而又甜美的友谊，
> 你的伙伴尤图拉在你的坟墓上立起这块石碑，
> 比奥提。她在哭泣，
> 想起你枯萎的青春，她总是热泪盈眶。[49]

从萨福到尤图拉，再到埃里纳，友谊始终是希腊女性记忆与歌诗中最重要的主题。

中国：丈夫、姻亲与双亲

刘向的《列女传》收录了一系列大多来自春秋战国时
期的女性的传记故事。这些女性或源于神话传说，或存在于
真实历史。在《列女传》中，刘向认为《诗经》当中有九首 290
诗的作者都是以各种美德而著称的女性。[50] 表 5.1 中列出了
她们的故事。

---

〔49〕Stehle（2001：182）.

〔50〕《列女传》列举《诗经》中九首诗的女性作者：卫姑定姜、齐女傅母、周南之妻、许穆夫人、召南申女、卫宣夫人、蔡人之妻、黎庄夫人、息君夫人。

表 5.1　刘向《列女传》中的女性《诗经》作者

人物	名下诗作	创作目的	传记故事在《列女传》中所处的章节
卫姑定姜	《邶风·燕燕》	表达与守寡的儿媳之间的情谊，以及送她回娘家时的感伤	1
齐女傅母	《卫风·硕人》	告诫庄姜要守贞、遵礼	1
周南之妻	《周南·汝坟》	鼓励远离家乡的丈夫勤于王事，以获供养双亲之资	2
许穆夫人	《鄘风·载驰》	表达了外敌入侵、母国颠覆之时未能挽救局面的懊恨	3
召南申女	《召南·行露》	许婚之后，拒绝嫁给未能齐备礼数的未婚夫	4
卫宣夫人	《邶风·柏舟》	表达了对过世丈夫的忠贞	4
蔡人之妻	《周南·芣苢》	拒绝抛弃身患恶疾的丈夫	4
黎庄夫人	《邶风·式微》	表达了对不爱她的丈夫的忠贞不贰	4
息君夫人	《王风·大车》	当故国破败，她被掳入胜利者的宫殿后，表达了宁死也要保持对丈夫忠贞的决心	4

表 5.2 《列女传》中女性所作诗歌的人物关系分布

人物关系	诗歌数量
夫妻（一例为女子与她的未婚夫）	6
儿媳、丈夫与公婆	1
婆媳	1
出嫁女与娘家	1

从表格中可以看出，有四名故事中的女性都是在逆境下，通过作诗向丈夫表达她们的忠贞不渝。另外两则故事（“齐女傅母”与“召南申女”）同样也与妻子的贞洁以及婚姻关系中“礼”的重要性有关。余下的三个故事中，“周南之妻”展现了一个把公婆的利益放在首位的孝顺儿媳；“卫姑定姜”描绘了一位慈爱的婆婆，因为守寡的儿媳将要离开而感到悲伤；最后，“许穆夫人”的故事则表现了一名已婚女性对危难当头的故国心怀关切与挂念。表 5.2 展现了这些被刘向认定为出自女性之手的诗歌所涉及的人物关系的分布。 291

刘向将这些诗歌都归属到女性笔下，并未完全得到当时或是后世评论家的认可。同时，自汉代至今，研究《诗经》的专家们也提出，还有很多其他的诗歌同样是女性的作品。[51] 事实上，由于创作这些匿名诗歌的语言在文法上

［51］有不少例子表现了刘向（通常认为他继承的是鲁诗传统）与其他经学家在作者归属上的共识与分歧。活跃于公元前 150 年左右的韩婴是韩诗的传授者，他与刘向在《行露》的创作背景上持相同观点，但他并未提出该诗作者是召南申人之女（《韩诗外传笺疏》1.5）。在《汝坟》与《载驰》的作者归属上，许多注家都与刘向持相同看法。而《燕燕》的情况就比较有趣了。刘向将之解读为婆婆正在送别自己孀居的儿媳，认为该诗是婆婆所作。但毛诗却认为这首诗出自卫庄姜，据称这是她在庄公妾室之子离世后，送妾归于故国时所作的诗（《毛诗正义》第 298 页）。

宇文所安（Owen 2006，第 5 章）提出，汉代是文学作品中个体的“作者”概念开始确立的时期。正是在这样的环境下，以公元前 2 世纪的毛诗为代表，《诗经》开始被放在历史叙事的语境下进行解读。因为郑玄的阐扬，自公元 3 世纪以来，毛诗超越了齐、鲁、韩三家《诗》成为主流。关于刘向属于鲁诗一派的观点，参见林耀潾（转下页）

292 并没有任何性别标识，而且那些一直以来被认为是女性作品的诗歌又大多与错综复杂的爱欲有关，所以，无论是在诗歌主题的解读方面，还是在其作者的性别问题上，不同的读者会持有不同的观点也不足为奇。因此，毫无疑问，没有人能够保证这几首诗确由女性创作。然而，根据诗中涉及的人物关系的不同，对这些被刘向归属于女性作者的诗歌进行分类是很有意义的。传统评论系于女性名下的所有诗歌中，没有一首提到母女之情或是女性之间的友谊。作为替代，丈夫、公婆与父母（以及其他娘家亲属）在那些以女性口吻创作的诗歌中成为情绪的中心，无论诗中的女子是因分离而苦痛，还是为家庭的幸福忧心，抑或是在表达参与庆典的喜悦。尽管不同的注家在鉴别具体的人物关系时可能存在分歧，但就人物关系的范围而言，刘向的理解与其他传统注疏一致。

由于任何讨论都无法确定《诗经》中的哪一篇真正出自女性之手，将所有曾被认为是女性作品的诗歌都纳入讨论毫无意义。后文仅会讨论那些在传统注解中有强力证据支持，或是被公认为女性作品的诗歌，目的是证实上述关于这些作品中的人际关系范围的说法，并针对女性的主体性与男性想象之间的关系对中国和希腊进行对比研究。

（接上页）（1996：115-129）。关于汉代的三家《诗》，参见林耀潾（1996）与赵茂林（2006）。关于鲁诗在六朝时期（约公元3至6世纪）的遗存，参见 Kern（2007）。陈桐生（2004，第4章）研究了韩诗与先秦《诗》学的关系，后者留存于《孔子诗论》的残篇之中。

丈夫

在《诗经》的不少篇章中，女性叙述者的丈夫都会因为战争、仕宦或是其他事务不得不远走他乡。《卫风 · 伯兮》正是以这一主题闻名的诗篇之一。诗中写道：

伯兮朅兮，邦之桀兮。伯也执殳，为王前驱。 293

自伯之东，首如飞蓬。岂无膏沐？谁适为容！

其雨其雨，杲杲出日。愿言思伯，甘心首疾！

焉得谖草，[52]言树之背？愿言思伯，使我心痗！

（《诗经注析》第185—189页）

孤独的妻子思念着离家的丈夫，她们茕茕孑立，形容憔悴，体味着自己备受煎熬的内心。讲述同样主题的诗歌在《诗经》中还有很多，例如《王风 · 君子于役》：

君子于役，不知其期。曷至哉？鸡栖于埘，日之夕矣，羊牛下来。君子于役，如之何勿思！

君子于役，不日不月，曷其有佸？鸡栖于桀，日

〔52〕据信，这种植物可以使人忘却忧愁。

294 之夕矣，羊牛下括。君子于役，苟无饥渴？

（《诗经注析》第197—199页）

眼看天色将晚，诗中的女子思念起了她的丈夫。不同于在窝中栖息的家禽，亦不同于成群结队归家的牛羊，她的丈夫依然不知归期。[53]她的思绪在眼前的景色（第4—6行及第12—14行），内心的感情（第1—3行及第7—11行），以及对丈夫衣食生活的担忧（第15—16行）之间来回跳动。《诗经》的有些篇章表达了极为强烈的思念之情，例如《伯兮》，以及接下来很快将要讨论的另一首诗。与它们不同，《君子于役》或许更好地展现了丈夫不在时女性是如何度过日常生活的。就像王质所设想的那样，这名女子住在城郊，是一个农夫的妻子。暮色苍茫，正是最易涌起感伤的时分，她在牛栏、羊圈、鸡舍中忙前忙后，确保牲畜们都已回家。就在此刻，她对丈夫的思念之情油然而生。[54]

相较于《君子于役》，在《小雅·白华》中我们可以看到，女主人公表达出了更为强烈的对缺席丈夫的思念。朱熹认为，这首诗是西周亡国之君周幽王（公元前781—前771年在位）的王后创作的。[55]周幽王宠爱妃子褒姒，为她不

〔53〕朱熹（《诗集传》4：3b-4a）。其他认为这首诗表达了女性对缺席的丈夫的思念之情的古代批评家包括姚际恒（《诗经通论》5.134）、方玉润（《诗经原始》5.192-193）以及王先谦（《诗三家义集疏》4.3-4）。

〔54〕王质，《诗总闻》4.64。

〔55〕朱熹，《诗集传》15.6a。

惜废掉正室申后，改立褒姒为后，据说这正是西周覆灭的原因。[56] 诗歌开篇，同丈夫分居的妻子——无论她是否为王后[57]——就与象征着爱慕与亲密的自然意象之间形成了鲜明的对比：

白华菅兮，白茅束兮。之子之远，俾我独兮。 295

英英白云，露彼菅茅。天步艰难，之子不犹。

尽管遭遇丈夫的离弃，诗中的女子仍然不由自主地全心全意挂念着他。他是她热望的对象，亦是她诗歌的主题，正如她在后两章中坦承的：

滮池北流，浸彼稻田。啸歌伤怀，念彼硕人。

樵彼桑薪，卬烘于煁。维彼硕人，实劳我心。

看到稻田得到了池水的灌溉，女子不由思及得不到丈

---

〔56〕《毛诗》中已经将这首诗的创作背景与周幽王不负责任的行为联系到了一起，尽管《毛诗》认为是“周人”作此诗以抨击那位擅宠的妃子（《毛诗正义》第496页）。

〔57〕此处与朱熹、姚际恒（《诗经通论》12.368）和方玉润（《诗经原始》12.465）一致，将这首诗系于幽王王后名下。屈万里（1953：200）与王静芝（1968：494）不赞同这一作者归属，并且将这首诗解读为一位不知名的女性被抛弃后的悲叹。

夫关注的自己，因而顾影自怜；桑树原本是质量很好的木材，却被砍作薪柴，用以烧火，此处以桑树被大材小用比喻她的失宠。[58]正如下一章中所展示的，她的丈夫正在家中举办欢庆活动，或许身旁有新欢作陪。将女子忧郁的诗歌与隔墙的宴乐同置，只会让诗显得更加哀婉动人。传入叙述者耳中的欢快乐声令她痛苦地想到，自己是多么的孤独与格格不
296 入，但是在她满溢着悲伤的诗中，她的渴盼要比不满和反抗的情绪来得更加浓烈：

鼓钟于宫，声闻于外。念子懆懆，视我迈迈。

有鹙在梁，有鹤在林。维彼硕人，实劳我心。

显然，直到这一章结束，女子仍在不知疲倦地表达着她的悲伤与渴望，然而抗议的情绪也渐渐浮现。下一章以象征婚姻忠贞不渝的鸳鸯反衬不忠的丈夫，直到此时仍未对丈夫表达过哪怕一丁点儿反对意见的叙述者，也终于开始谴责丈夫的用情不专：

---

〔58〕关于灌溉稻田与误用桑枝的象征意义，此处采用的解释由郑玄（《毛诗正义》第 496 页）首次提出，之后得到了后世许多注家的赞同。郑玄将“硕人”理解为是诗中女子对女性情敌，即取代王后，得到了周幽王宠爱的那名妃子的指代。朱熹（《诗集传》15.6b-7a）则认为这个词指代的是周幽王。这两种解读在古代与现代的注家中都分别有大量的支持者。我在对这一行诗的解读中延续了朱熹的观点，认为这个词表现了女性叙述者对自己丈夫的愤恨，而不是郑玄理解的对女性情敌的不满。

鸳鸯在梁，戢其左翼。之子无良，二三其德。

在这首抒发离弃之苦的诗中，“之子无良”或许是最引人注目的一句。这句谴责因其简洁直白而更加有力。然而，反抗的腔调并没有持续太久。女主人公很快遏制住自己即将爆发的失望情绪，找回了此前六章中她所使用的语气。事实上，她的情绪可能跌入了新的低谷。在诗歌的末尾，她以贬抑的口吻将自己比作一块踏脚石：

有扁斯石，履之卑兮。之子之远，俾我疷兮。

（《诗经注析》第 729—734 页）

即便卑微如踏脚石，也能引起女主人公的艳羡，因为踏 297
脚石尚且能被她的丈夫踩踏，而她却得不到任何来自丈夫的关爱。[59] 值得注意的是，这一章，也即全诗的结尾两句“之子之远，俾我疷兮”，大致重复了首章的末尾两句，即“之子之远，俾我独兮”。这一前后呼应的诗歌结构清楚地表明，之前几行女子面对不忠的丈夫所迸发出的愤怒宛如一道闪光，

〔59〕我赞同胡承珙（1776—1832）（《毛诗后笺》22.36-37）与马瑞辰（《毛诗传笺通释》23.784）对踏脚石含义的解读。诗中对比了男主人公对待女主人公的方式与自然意象（如捆成一束的茅草，得到滋润的稻田以及鸳鸯），遵循这样的解读方式，踏脚石就补齐了这一系列对比的最后一环。郑玄认为，王后和君王一样，在礼制上也享有踩着踏脚石登上马车的特权。孔颖达之后补充，王后看到踏脚石会感到悲伤，因为它让她想起了自己失宠的境遇（《毛诗正义》第 497 页）。

转瞬即逝。叙述者重新对疏远的丈夫表达了渴望之情，进一步证实这一基调和主题致使这个被抛弃的女人发出悲叹。倒数第二章中仅有的两行反抗被夹在反复诉说的忠贞与悲伤之中，显得十分微弱。而这恰恰说明，与末章开头提到的踏脚石相比，诗中的女子坠入了更深切的无助与自怜之中。[60]

丈夫与公婆

通常认为，《周南·汝坟》表达了一名女性在丈夫外出时的心情。在表达对丈夫的思念时，她提到了自己的公婆。该诗的全文如下：

遵彼汝坟，伐其条枚。未见君子，惄如调饥。

遵彼汝坟，伐其条肄。既见君子，不我遐弃。

298 鲂鱼赪尾，王室如毁。虽则如毁，父母孔迩。

（《诗经注析》第25—27页）

刘向认为，这首诗的作者是一名正在远离家乡的地方供职的官员的妻子。在《列女传》的故事“周南之妻”中，刘向构想了这首诗的创作情境。在刘向的叙述里，这位妻子

---

〔60〕其他被广泛解读为妻子思念丈夫的《诗经》篇目包括《召南·草虫》《召南·殷其雷》《邶风·雄雉》《小雅·采绿》。

曾经向一位女性邻居转述自己在丈夫离家前向他说过的话：尽管统治者为政暴虐，一个父母尚在的男子也应该为国家做事，而且应该毫无过失地履行自己的职责。只有这样，他才能够供养父母，并且让他们免于担忧。刘向在叙述中引用了这首诗的最后一章，并且认为，正是在与邻居对话的这段时间中，这位妻子创作了《汝坟》。[61]在刘向设想的情境中，最后一章应该作如下解读：王室宫殿上燃起的熊熊火焰，就像是鲂鱼红色的尾巴，象征着国家已经岌岌可危。即便意识到国家正处于危难，诗中的男子也别无他选。父母的幸福常挂于怀（“父母孔迩”），[62]为了父母，他只能投身仕途。

在刘向的解读中，《汝坟》是在教导男性：为了父母，
需要在自己的人生选择上做出一些妥协。更明确地说，当他 299
需要在“为不那么理想的统治者工作”与“不能供养年迈的父母的生活”之间做出选择时，他必须妥协。这一观点得到汉代其他《诗经》解说传统的认可。例如，讨论君子在投身

---

〔61〕《列女传》中，共有九篇故事与那些据传是《诗经》作者的女性有关。其中有一篇，刘向并没有引用他系于这位女性名下的诗。而有七篇故事中，他都引用了女主人公作品中的一章或是两到四行。在余下的一篇故事中，他引用了两章。

〔62〕这是郑玄对于最后一章的理解（《毛诗正义》第283页）。马瑞辰则认为，孔子曾说，一个人应当从《诗》中学会履行两种职责，即“迩之事父，远之事君”（《论语》17.9），“父母孔迩”正是其中之一（《毛诗传笺通释》2.68）。根据王先谦的观点，《鲁诗》，也就是刘向所推崇的《诗》学传统，与郑玄对《汝坟》最后一章的解读一致。不过《鲁诗》采用了另一种说理方式：“因为父亲与母亲在一个暴虐的国家中不能远行，因此身为子女必须兢兢业业地为国家效力，以防自己陷入困境，让父母担忧。”（《诗三家义集疏》1.41）

道德修养还是出仕以供养父母之间应该如何抉择时，《韩诗外传》引用了《汝坟》的最后两行作为总结。[63]郑玄对《汝坟》的注解也提出了相同的观点。[64]《汝坟》以诗歌的形式推广道德教化，提出履行尽孝的义务应该比实现个人追求更具优先权，[65]而刘向的解读中最重要的一点，或许是他将讲述这一道理的经典诗篇系于一位女性名下。刘向的阐述让这条熟悉的教导更加有力也更能令人信服，因为妻子或许原本会干扰丈夫，使他不能履行赡养父母的责任，但这里她却被表现为一个帮助丈夫尽责的角色。

尽管后世的注家摒弃了刘向巧妙设计的叙事结构和人物角色，仍有人认为《汝坟》是女性的作品。朱熹认为，创作这首诗的是一名因为丈夫从远行中归来而感到欢欣的女性。他解释道，诗的第一章记录了叙述者的回忆，她想起在丈夫离家的时间里，自己是如何思念着他。朱熹的解读暗示这首诗是在夫妻二人团聚后互相交流时创作出来的。[66]在马瑞辰对《汝坟》的阐释中，朱熹所暗示的创作情境被表达得更清楚。根据马瑞辰的观点，在诗的第一章中，叙述者回

〔63〕《韩诗外传》1.57。东汉时期，有一位穷困潦倒的学者名叫周磐，是《韩诗》的拥护者。据说他在《汝坟》的激励下，选择出仕以赡养母亲（《诗三家义集疏》1.38）。

〔64〕参见注〔62〕。

〔65〕秦大伦（Chin 2006）提出，《毛诗》的一项关键创新就是引入了女性的道德主体。《列女传》中的作者归属与叙事框架表明，《鲁诗》也同样投入到了通过《诗经》这一几个世纪以来的著名教化工具来塑造女性道德规范的工作中。

〔66〕朱熹，《诗集传》1.13b-14b。

忆起自己在丈夫离开的那段时间里是怎样的心情；在第二章
中，她表达了丈夫的归来带给她的喜悦；而在最后一章中，
女子从这个欢欣的时刻中清醒，又开始担忧丈夫将会再次踏
上旅程。[67]马瑞辰的解读为这首诗中的感情和事件赋予了戏 300
剧性，同时，对我们来说，最后一章也因而变得格外有趣。按照马瑞辰的逻辑，最后一章可以被合理地解释为叙述者的努力尝试，她试图猜出丈夫的想法，并且恳求他：你难道没有意识到国家正处于危难之中吗？你又能为它做什么呢？与其囿于徒劳无功的工作，日复一日地在外奔波，待在家里专心照看父母难道不是更好吗？这才是你力所能及并且应该做到的事情啊！[68]

让我们回想一下刘向对《汝坟》的解读。在最后一章中，他设想中的女性作者对丈夫进行完全相反的劝说：她督促自己的丈夫努力为暴虐的统治阶层工作，如此才可能拥有足够的资财来供养父母。先不论刘向和马瑞辰在这首诗的创作情境，以及他们赋予这位假定的女性作者的说理目的这两个问题上的分歧，可以肯定的是，两位读者从这首诗中推断出了相似的家庭关系结构，即男性的父母处于夫妻双方之间；正如《诗经》中保证父母的安乐往往是男

〔67〕马瑞辰，《毛诗传笺通释》2.68。

〔68〕程俊英、蒋见元（《诗经注析》第 27 页）与张学波（1976：14）同意马瑞辰的解读，并且明确地将最后一章解释为女主人公努力说服她的丈夫不要再次离开他的父母。

性叙述者的当务之急，[69]同样，它也是已婚女性道德范畴内首要考虑的事务，并且当女性试图向丈夫提出自己的观点时，这是她们拥有的最具说服力的论据。在刘向的描述中，妻子以此劝诫自己的丈夫继续任职；而在马瑞辰的阐释中，妻子试图用这个理由把丈夫留在家中。在两种解读中，妻子自己的想法和感受最终都让位于公婆的利益。或许，无论丈夫选择留在家中还是外出工作，妻子实际上更关心这会给自己带来什么物质上或情感上的好处。但从她的利益出发，最令人信服的论证并不是一味倾泻自己的感受与想法，而是以公婆的名义求恳。[70]

301 **“远父母兄弟”**

在夫家，女性或许会感到自己身为妻子与儿媳的压力过重，以至于孤独与消沉勾起了她对娘家的怀念。然而，有时因为距离过于遥远，或是因为婚后女子理应首先向夫家效忠，妻子们时常不能与娘家亲属取得联系。这导致在那些表达女性对血亲思念的诗歌中，孤独与失落的感情往

---

〔69〕男性，尤其是远行在外的那些男性，会在诗中表达自己对年迈而又缺乏保障的父母的忧虑。例如：《魏风·陟岵》《唐风·鸨羽》《小雅·四牡》《小雅·祈父》《小雅·北山》。

〔70〕马瑞辰（《毛诗传笺通释》2.68）评论道，诗中的女性举止“得体”，因为她表现出了对公婆的关切，而不是担心她的丈夫会再度丢下她离开。现代的学者，包括程俊英、蒋见元（《诗经注析》第25—27页），屈万里（1953：8）和张学波（1976：14），都从《汝坟》中读出了相同的三角关系。

往格外强烈。不过，这些诗歌并没有特别强调母女之间的感情。〔71〕从比较研究的角度来说，早期中国显著缺乏赞颂女性友谊的诗歌。从各方面来看，女性之间的友谊不仅完全无法与女性对夫家的应尽义务相匹敌，而且思想观念与传统习俗允许娘家人给予出嫁女一定的支持，这种支持也难以通过女性之间的友谊共享。在接下来要讨论的这首诗中，女性叙述者看似有人陪伴，但是她发现自己很难把心情分享给朋友，最终还是远离了她们，转而与自己的内心对话。这首《邶风·泉水》以卫国女子的口吻描述了她远嫁他国的情形：

毖彼泉水，亦流于淇。有怀于卫，靡日不思。娈彼诸姬，聊与之谋。

出宿于泲，饮饯于祢。女子有行，远父母兄弟，问我诸姑，遂及伯姊。

出宿于干，饮饯于言。载脂载辖，还车言迈。遄臻于卫，不瑕有害？

我思肥泉，兹之永叹。思须与漕，我心悠悠。驾 302

〔71〕正如牟正蕴（Mou 2004：167n60）提到的，现存的中国早期文本中对母女关系的描述是非常少见的。

言出游，以写我忧。

（《诗经注析》第 106—109 页）

尽管注家们对诗中描写的思想过程有不同的理解，但他们普遍认为《泉水》表达了一位已婚女子对其故国卫国的思念之情。该诗的开头似乎说的是叙述者为浓重的乡思所苦，因而寻求一群女伴的陪同，也就是第五行中提到的“娈彼诸姬”。当她们聚在一起为自己找乐子的时候，叙述者创作了这首诗。相应地，诗中两次提到了宴会。

第一场是她即将远嫁前的送别宴。与之相连的是她最后一次作为女儿被亲族簇拥着的记忆（第二章）。值得注意的是她特别提到了姑母和姐姐们。作为其他家庭中的母亲和妻子，她们或许无法亲自到场为她送行。显然，在人生的紧要关头，这位准新娘对女性亲属感到格外亲切，毕竟她们可能在其早期成长过程中扮演了重要的角色。然而重要的是，即将到来的婚姻要把这个女孩从她的“父母兄弟”身边带走，而她在诗的第 9—10 行“女子有行，远父母兄弟”明确地表达了婚姻的定义。[72] 母女之情并未得到特别的关注，母亲与父亲和兄弟共同代表着她即将离开的这个家。

第二场是幻想中的一场宴会。在叙述者的脑海中，这

〔72〕这两行诗“女子有行 / 远父母兄弟”在《鄘风·蝃蝀》和《卫风·竹竿》中再次出现，出于押韵的考虑，有时也写作“远兄弟父母”。显然，父母与兄弟常常用来代表女性的娘家。

场宴会应该是在生养她的故土上举行的。不过这只是一个前奏，接下来才是她期盼已久的家人团聚（第三章）。给车上油、插紧轴键、准备马车时的兴高采烈充分体现出她归宁前的兴奋。这愉快的幻想令读者也为之鼓舞。直到这一章的最后一行，叙述者犹豫不决地提出“这样想想应该不会有任何不好的地方吧？（不瑕有害）”，表明她其实早就心知肚明，实现自己梦想的路途上困难重重。这时我们才真正理解了第 303
五至六行中她所说的“聊与之谋”的含义。[73]

许多注家都提出，陪伴着叙述者的“娈彼诸姬”有可能指代这场婚姻中与她共事一夫的其他女性。[74]这首诗本身不包含任何能够证实这一观点的证据，也没有证据能够排除叙述者与她们之间有其他的关系，也或许她们只是单纯的邻居或朋友。然而，无论叙述者和女伴们究竟是什么关系，诗中都明确地表明，她们的出现并没有让叙述者从灰暗的情绪中走出来。最终，叙述者感到孤立无援，只能依靠自己来应

---

〔73〕对于这两场宴会的时间、地点和作用，注家各有不同的见解。我的解读与朱熹（《诗集传》2.20a-22a）和程俊英、蒋见元（《诗经注析》第106—109页）一致。毛亨、郑玄与孔颖达一系将这两场宴会与叙述者想象中未能成行的归宁之旅联系在一起（《毛诗正义》第309页）。而陈奂（1786—1863）赞同朱熹的部分观点，认为第一场宴会是新娘临行之前在她的故乡卫国举办的，但是陈奂认为第二场宴会是一场送别宴，是为护送她出嫁的人举办的：他们完成了任务，就要回到卫国去了（《诗毛氏传疏》3.113-114）。除去这些差异，注家们普遍赞成该诗反映了一名已婚女子思念故国却又不得归宁的忧思。

〔74〕朱熹，《诗集传》2.20b；姚际恒，《诗经通论》3.89-90；陈奂，《诗毛氏传疏》3.113；曹兆兰（2004：237）；程俊英、蒋见元，《诗经注析》第107页。

对失落和渴盼。因此，她在最后一章直抒胸臆，表达了自己对故国的强烈思念。她此刻似乎暂时忽略了伙伴们，自顾自地沉浸在个人的感受中。正如最后两句诗所说，她决定独自一人驾车出游，因为与女伴们的商讨并没有为她的悲伤带来丝毫慰藉。

事实上，尽管诗中清楚地表明了伙伴的存在，一个年轻妻子努力适应自己婚后生活的画面感更强，她在同伴那里并未得到多少抚慰，因而只能思念遥不可及的血亲。要说明诗中孤独与陪伴之间的微妙矛盾，最好的例证就是相较于另外两场宴饮，叙述者如今身处的交际场景不免黯然失色。虽然其中的一场盛宴发生在过去，而另一场仅存在于想象之中，但是它们看上去更加鲜活，仿佛就在眼前。无论她的女伴们是谁，也无论她们为何走到了一起，叙述者都将一首关于已婚女子孤独与乡愁的诗歌呈现给了我们。此外，诗中没有任何对女性友谊的赞颂，假如叙述者正身处朋友的陪伴之中，这一点就更加值得关注了。

304 **溯源中国女性诗歌的匿名传统**

《诗经》中唯一一首基于外部证据，被认为是历史上一位著名女性的作品的诗是《载驰》。根据《左传·闵公二年》的记载，出身卫国、后来嫁给许穆公的许穆夫人，于公元前 660 年赋《载驰》一诗（“许穆夫人赋载驰”），当时卫国遭到游牧民族狄人的侵略，许穆夫人同母异父的兄弟卫懿公战死。此处的“赋”既可以理解为“创作”，也可以理解为“吟诵”。[75]尽管以毛亨和刘向为首的汉代学者一致认为《左传》记载了许穆夫人是《载驰》的作者，[76]但是原文仅有简短的陈述，上下文的缺失以及动词“赋”的多义，让我们很难断定许穆夫人是真的创作了这首诗，还是仅仅吟诵了它。

如果我们跟随古今注家将《载驰》系于许穆夫人的名下，认为这是她目睹故土为狄人所侵，自己却无力施以援手而发出的悲叹，一个孤独的女性形象就随之浮现。在诗的第二至第四章中，叙述者表达了她对丈夫许穆公和许国大臣的不满，因为在祖国遭到打击之时，她试图提供援助，却遭到了他们的阻挠。失意的女主人公把自己封闭起来。她的思绪在山野间游荡，只有在这些地方，她才能逃离孤立无援的环境，为她悲伤的心灵寻得一丝安慰：“我行其野，/ 芃芃其麦。/ 控于大邦，/ 谁因谁极？”诗中并没有说明叙述者此刻有无同伴，但是她孤独无助的感受使我们想到《泉水》，其女主人公尽管拥有女性同伴，却仍然呈现为一个孤独的形象。此处亦然，在女性挣扎于婚姻生活之时，女性之间的情谊并未被当

〔75〕关于《左传》中“赋”的两种含义，参见杨伯峻《春秋左传注》第 31 页和第 1548 页。以“赋”表达原创的例子包括：《左传》隐公三年，闵公二年，文公六年以及定公四年。

〔76〕毛亨在为《载驰》所作的序言中同时使用了“赋”与“作”（意味着创作）两个词；刘向只是简单地陈述了许穆夫人创作（“作”）了《载驰》（《毛诗正义》第 320 页；《列女传》3.2b-3a）。孔颖达（《毛诗正义》第 320 页）详尽地阐述了毛诗序中“赋”和“作”的不同措辞在语义上是相同的。

作婚姻关系的强力替代品。

305 许穆夫人与《载驰》之间的具体联系大约是无法确定的：她是这首诗的作者吗？抑或她只是遵循春秋时期贵族的习俗，在某个交际场合上朗诵了这首诗？关于女性参与“赋诗”（吟诵《诗》中篇章）的高雅艺术活动，有两条确凿的证据。两条记录中的主角都是生活在公元前6世纪的贵族女性，而她们分别吟诵了《绿衣》中不同的两章。关于这两条记载的讨论或许有助于阐明在中国先秦时期广泛的匿名文学传统中，女性借由诗歌发出的声音。

其中一条记录的主人公是穆姜，她是已故的鲁宣公的夫人，一个被描绘为野心勃勃而又淫乱放荡的孀妇。鲁国的正卿季文子刚刚完成外交使命回到鲁国，穆姜的儿子鲁成公设宴招待。穆姜打断宴会向客人们致词，并在离开前为季文子吟诵了《绿衣》的最后一章。在第4章我们曾讨论过这个故事。记载中另一位吟诵了《诗经》的女子是敬姜，她是女性的楷模，因一丝不苟地遵守礼制而闻名。为了安排儿子的婚事，敬姜宴请了族内礼乐方面的专家，将此事委托于他。席上，敬姜向他朗诵了《绿衣》的第三章（《国语·鲁语下》）。

毛亨以及包括朱熹、姚际恒与方玉润在内的一众注家都认为《绿衣》是庄姜的作品。[77]庄姜是卫庄公（公元前

---

〔77〕《毛诗正义》第297页，《诗集传》2.4b-5a，《诗经原始》3.123，《诗经通论》3.70。

758—前735年在位）的夫人，素有德行，据信该诗是她在不敌庄公次妃，失去丈夫宠爱之后所作。诗中写道：

> 绿兮衣兮，绿衣黄里。心之忧矣，曷维其已！
>
> 绿兮衣兮，绿衣黄裳。心之忧矣，曷维其亡！
>
> 绿兮丝兮，女所治兮。我思古人，俾无訧兮。
>
> 絺兮绤兮，凄其以风。我思古人，实获我心。 306
>
> （《诗经注析》第66—67页）

在传统批评为《绿衣》所确立的主要叙事框架中，前两章表达了被抛弃的庄公夫人失去宠爱后的苦涩心情（“心之忧矣，曷维其已”；“心之忧矣，曷维其亡”）。而在接下来的两章，她在追思“古人”的过程中得到了抚慰与克服悲痛的力量。那么在这个语境下，“古人”指的是谁？朱熹勉强赞同毛亨认为庄姜是《绿衣》作者的观点，[78]同时，朱熹将“古人”解读为经受过相似不幸命运的女性。他认为，第

〔78〕朱熹，《诗集传》2.4b。与朱熹一样，王质认为诗中并没有迹象表明其作者是庄姜，因此对毛诗明确地判定《绿衣》为庄姜的作品持怀疑态度，但他同时认为这首诗毋庸置疑是女性的悲叹。他推测这名女性一定是一个聪慧、体贴、博古通今的人。她反复地与“古人”对话，是因为她明白发生在过去的事情将会在当下重演（《诗总闻》2.25）。

三章中女主人公想到的是那些与她经历类似，但却顺利渡过难关的前辈，并试图以此来鼓励自己。而最后一章中，他认为，女主人公说的是“古人”预见了她的遭遇，并为她提供了所需的智慧。只有这样的女性“古人”才能完全理解女性诗作者所遭受的不平（“我思古人，实获我心”），她向她们求助，以获得克服困难、坚守德行的力量（“我思古人，俾无訧兮”）。

穆姜与敬姜这两名已知仅有的参与了赋诗活动的女性，都不约而同地选择了《绿衣》来表达她们的期望，并达成其实用目的，这其中或许有一些特殊的意义。[79]也许她们的选择暗含对这首诗是女性作品的一致赞同。遵循赋诗的惯例，两位女性都将《绿衣》从原本的语境（无论是何种语境）中
307 剥离出来，用以表达她们各自的意图，然而在她们身处的时代，对原作者性别与身份的普遍认知很可能是她们选择这首诗的重要因素。

诚然，以上的解读大多都是推测。首先，两位女性选择了同一首诗很可能只是一个巧合。其次，在赋诗传统中，某首诗的作者性别或是诗中叙述者的性别都不会妨碍另一性别的吟诵者表演这首诗。《左传》中有两条堪称最佳例证的

[79] 我在别处曾提出，穆姜与敬姜在《绿衣》中选取的两个不同章节符合她们各自的实际目的和道德状况（Zhou 2003）。穆姜选择的是以热切的渴望为特点的一章，并且依据赋诗的惯例，这一章容易得到有关情色的解读。而敬姜选择的这一章则表现出对品德端正和礼仪“无咎”的关切，以此向熟知礼仪的专家传达了她的意图。

记载（《左传·文公十四年》;《左传·襄公十九年》)。它们都记录了一名使臣在外交场合上吟诵《载驰》的第四章，以表达向更强大的邦国求助的愿望。换言之，如果许穆夫人真的是《载驰》的作者，这就是一个男性吟诵女性诗歌的例子；如果许穆夫人仅仅只是吟诵了《载驰》，那么这两条记载就表明女性也可以吟诵男性创作的诗歌。无论许穆夫人究竟是不是《载驰》的作者，外交使臣应用《载驰》的行为都说明，穆姜与敬姜对《绿衣》的吟诵并不能有力地证明，在公元前6世纪的中国女性文学表达传统中存在女性有意识的身份认同。

为了进一步解读证据，探究女性在古代中国文学创作中的角色，而不是强行得出任何最终的结论，笔者大胆假设早期中国的女性创作者们对她们的前辈怀有特殊的亲切感。班婕妤（卒于公元前6年）在她创作的赋中使用了《绿衣》的典故，这一点或许略微增强了这一推测的可信度。班婕妤是汉代宫中的嫔妃，出身于显赫的书香门第，官宦世家。她知书达礼，因此在很长时间内都受到汉成帝（公元前37—前7年在位）的宠爱。然而，在汉成帝迷恋上后宫中的一对美貌姐妹之后，班婕妤的命运改变了。当时的史料将这对姐妹描绘为善妒、狡诈、残忍的人。侥幸从两姐妹的阴谋算计下逃脱之后，班婕妤担心最坏的情况发生，于是求得准许，离开皇帝去侍奉太后。自我放逐期间，班婕妤写下《自悼赋》，讲述了她曾经的愿景与如今的不幸。这篇赋的主体部分描述了一个被抛弃女子的孤独与

308 消沉，令人难忘，[80]但最后一部分似乎描写了诗人正努力扮演着一个善于交际的角色：

顾左右兮和颜，
酌羽觞兮销忧。
惟人生兮一世，
忽一过兮若浮。
已独享兮高明，
处生民兮极休。
勉虞精兮极乐，
与福禄兮无期。
绿衣兮白华，
自古兮有之。

一幅图景跃然纸上：一个孤独的饮者身处于欢聚的伙伴们中间，然而心理和感情却与这场欢宴相距甚远。这幅画面让人想起我们对《泉水》的叙述者的分析。不同的是，诗中那位孤独的女子在伙伴中找不到乡愁的慰藉，班婕妤却唱出了一个弃妇压抑自己对旧爱的回忆，以豁达的态度在新生活中寻求慰藉的不懈努力。尽管很难说明穆姜与敬姜对《绿衣》的应用是

[80] 这篇赋中有一段这样描写道："潜玄宫兮幽以清，应门闭兮禁闼扃。华殿尘兮玉阶落，中庭萋兮绿草生。广室阴兮帷幄暗，房栊虚兮风泠泠。感帷裳兮发红罗，纷綷縩兮纨素声。神眇眇兮密靓处，君不御兮谁为荣？俯视兮丹墀，思君兮履綦。仰视兮云屋，双涕兮横流。"

否符合主流经学对这首诗的解读，但是班婕妤引《绿衣》的典
故显然表明她认同这种理解。几个世纪以前，庄姜因为一名僭
越的妃子而失去了丈夫的宠爱，她在《绿衣》中表达了自己的
伤悲，并且从能够理解她的“古人”身上得到了宽慰。如今班
婕妤也遭离弃，她将自我表达诉诸诗歌。就像庄姜希冀于“古
人”的帮助，班婕妤以同样的方式向《绿衣》的作者致敬，感
恩这首诗中蕴含的智慧。她还致敬了周幽王的王后——历史 309
上另一个借诗歌表达自己的感伤与失意的弃妇，据传是《白
华》的作者。[81]援引《绿衣》与《白华》两首诗之后，班婕
妤结束了她富有诗意的哀叹：“绿衣兮白华，自古兮有之。”
尽管《绿衣》与《白华》的作者不详，以至很难找到“真正
的”迹象证明其中存在女性的主体意识，然而很重要的一点
是，班婕妤是中国历史上第一位生平与作品的真实性都得到
充分证实的女诗人，她也将这两首诗看作女性前辈对自己的
不幸与情感的表达。《绿衣》与《白华》中的叙述者为《自悼
赋》的作者同时提供了诗歌上的灵感以及心灵上的慰藉。[82]

在研究一些创作于公元前1世纪至3世纪之间的匿名

---

〔81〕不难看出，班婕妤在赋中响应了《白华》中使用的诗歌技巧与其中蕴含的感情。两篇作品都描写了一个被抛弃的痛苦的女子，渴望着那个与孤苦伶仃的她共处一室，但却遥不可及的爱人。

〔82〕王质赞赏了被推定为《绿衣》作者的女性，因为她富有智慧，并且对过去与现在的相关性有着老到的洞见。作为总结，王质引用了班婕妤赋中援引《绿衣》与《白华》典故的句子（《诗总闻》2.25）。在我看来，王质暗示班婕妤对这两首诗的应用与《绿衣》中的女子利用“古人”的智慧之间有异曲同工之妙。

诗歌是如何在接下来的几个世纪中确认其作者时，宇文所安（Stephen Owen）指出，寻找那些谈论自己的作者是判断作者归属的基础。他总结道，在这样的归属中，“一首诗的起源远不及它的历史命运有趣”。[83] 借用他的见解，我认为，如果试图确定《诗经》中的任意一篇诗歌是否由女性创作基本是徒劳无功的，那么重要的是要知道，这个选集中包含了很多反映真实女性经验和观点的诗歌，而且这些诗篇将为后来用诗歌表达自我的中国女性提供权威的正当理由和文学典故。[84]

310 事实上，当帝制时期的中国文人试图追溯《诗经》来促进女性的诗歌创作并证明其合理性的时候，他们会反复提起庄姜。[85] 对于帝制中国两千年来的作者与读者而言，庄姜并不是我们通常理解的“诗中的角色”，而是一个真实的女性，她讲述着自己的遭际，并且为其他不得不应对类似处境的女性提供了令人宽慰的历史榜样。我只是想说明，这种理解与体会的方式存在于中国女性诗歌传统形成过程的核心，可能早在诗歌还是以表演用的乐曲的形式存在时，人们就已经开始使用它了。[86] 一首从最初就被认为是女性

---

〔83〕Owen（2006：224）.

〔84〕正如眼下的讨论所示，在中国早期的文学与美学传统中，作者归属这个总体问题以及女性主体性这个特别问题是非常棘手的。

〔85〕关于这一合法化的策略，参见 K. S. Chang（1997），Chang and Saussy（1999：3）以及 Xu（2006）。

〔86〕柯马丁（Kern 2005）主张，在公元前 4 纪末以前，甚至是公元前 2 纪以前，并不存在一个大致上统一的《诗经》写本。这一观点暗示着，在此之前，这些经典诗歌主要都以口头表演的形式传播。

作品的诗歌，或者一首在其传播过程中被系于女性名下的诗歌，它在不同场合，面向不同的听众被重新表演的时候，可能会拥有不同的意味。然而在这种不确定性中，那些被认为决定了诗歌归属于女性作者的因素，从语气、主题到外部环境，往往都与女性保持着特定的关联，并且塑造了此后女性对于自身经历的表达。正如我试图说明的那样，这或许就是庄姜、穆姜、敬姜以及班婕妤创作与运用《绿衣》背后的故事。

女性经验与男性想象

上一个部分的解读不能也不应排除一种可能性，即《诗经》中的女性声音，或者至少其中一部分有可能是男性的伪作。我充分认可这种可能性，并且打算探究以下两个棘手的问题：在古希腊与古代中国这样由男性主导的社会中，通过揭露“真正的”女性主体性以颠覆主流文化，来确立女性亚文化甚至反主流文化（以下简称“反文化”）的可能性有多大？以及，对女性主体性的表达在多大程度上受到男性主导的价值观的塑造，甚至依靠主流文化的接纳才得以存续？

对于这些问题，我有一个简短的答案。一方面，在古 311
希腊或古代中国这样的社会中，被男性主导的价值观塑造与被主流文化接纳对于女性亚文化的形成与存续至关重要，我们不太可能发现某种反女性文化信奉截然不同的价值观。萨福得到梭伦和柏拉图这样的希腊先贤的欣赏，并不是因为她歌颂了禁忌的主题，或者赞同了颠覆性的思想和行为。[87]她结了婚，组建了家庭，创作过婚歌，[88]然而就像其他那些作品尚存的希腊女性文学家一样，她也毫无疑问地将家庭外的同性情谊作为自己歌诗的中心。萨福和其他的希腊女性诗人这样做，遵循了相同的文化规范，她们与男性诗人信奉同样的社会价值。她们赞颂母女之间的纽带，但与男性模式之间只存在部分差异，从父系社会的角度来说，鉴于母亲和女儿最终归属于不同的父系家族，母女关系代表着一种离心力，但性别是诗人们始终拥有的共同点。地母节的创世神话与得墨忒尔和珀尔塞福涅的凄美故事有关（见第3章），只有女性能够参加的这个节日展现了古希腊是如何将母女关系归类为女性的同性友好关系，并且公开认可这一行为的。出于同样的原因，中国的诗人无论男女，都侧重描写围绕亲属关系而生发的感情，不同之处在于，男性歌颂孝敬以及父系亲族的团结统一，而女性除了专注于自己的丈夫和公婆之外，还会表达自己对娘家亲属的感情。同样地，这只是女性创作与男性模式之间的表面分歧，因为对丈夫和娘家的情感都源于婚后生活压在女性身上的重担，这可能也说明了父系家庭在

---

〔87〕关于萨福的诗歌在男性会饮中的表演，参见 Nagy（2004：33n23）。亚特罗马诺拉基斯（Yatromanolakis 2007）认为，希腊的男性贵族可能把萨福诗歌中描述的感情等同于他们自己的同性恋爱经历。戴维森（Davidson 2007：406）也指出萨福的诗歌符合男性同性恋的模式。见前注〔32〕。

〔88〕例如萨福残本 44 与 110-117A。关于萨福创作的婚歌的讨论，参见 Snyder（1989：31-33）。根据《苏达辞书》，萨福的丈夫名叫克尔库洛斯（Kerkylos），是一名富商。

中国女性的情感世界中处于指定的中心位置。希腊与中国的女性通过诗歌流露出来的人际间的关切与情感，大体上也符合男性的诗歌传统。

然而，另一方面，对女性经验的表达并没有完全融入 312
男性价值观的范式。融合程度取决于女性在整个父系家庭结构中处于什么位置，承担什么样的职责。在中国，父系家庭为女性安排了明确的角色，并且清晰地规划了通向权力的途径。在成功将女性之间的友谊边缘化的同时，也为女性与亲属之间的感情留出了空间。不过，婚姻与家庭对中国女性来说或许太过重要，以至于并没有太多空间留给她们表达其他的关切。在这种情况下，对女性经验的表达往往与男性预期中女性的需求和情感相一致。希腊传统中不存在这种一致性。佩涅洛佩向不在场的丈夫剖白了自己无尽的悲伤，这很容易使人联想到《诗经》中妻子的感伤，[89]然而这在希腊女

[89] 例如，可以比较《伯兮》的第二章（自伯之东，首如飞蓬。岂无膏沐？谁适为容？）与面对女管家让她梳洗沐浴，以免显得她总是在哀悼的请求时，佩涅洛佩的回复：“欧律诺墨，你这是关心我，但请别要我 / 去做这些事情，前去沐浴抹油膏。/ 掌管奥林波斯的神明们早已毁掉 / 我的容颜，自从他乘坐空心船离去。”（《奥德赛》第 18 卷第 178—181 行）同样，在《奥德赛》第 19 卷第 124—126 行，在她第一次与伪装中的奥德修斯会面时，佩涅洛佩说道：“外乡人，不死的众神明已使我的容貌 / 和体态失去光彩，自从阿尔戈斯人 / 远征伊利昂，我的丈夫奥德修斯同出征。”而在克雷顿（Clayton 2004）女性主义的解读中，佩涅洛佩看似好像一个吟游诗人的形象，并且表达着完全不同的话语。克雷顿并没有强调佩涅洛佩对奥德修斯的忠贞，而是强调了佩涅洛佩的智慧，这体现在她不断地为雷欧提斯纺织裹尸布又不断拆掉的把戏上，这个把戏成功地欺骗了她的求婚者长达三年。

性诗人的歌诗中却得不到应和。希腊女性支持母女情谊，并且在朋友间追求优胜与亲密感，在热烈赞颂同性友爱经历这方面，她们与男性不相上下。针对这种模仿行为，男性群体的态度十分矛盾。

希腊男性承认并且接受的是，希腊女性像他们一样享受友谊与竞争。公共场所，尤其是那些与节日相关的场所，对女性关系网的形成很有帮助，而如果没有男性的支持，它们可能就无法存在或是顺利运转。从承担女性亲属们参与节日活动开销的经济责任，到为女性合唱队创作歌曲、提供培训，希腊男性在塑造女性主体性上起到了至关重要的作用。而这种主体性正是从同一片滋养了男性公民的广阔社会环境中生
313 长出来的。从这种意义上讲，自阿尔克曼的少女歌与阿里斯托芬喜剧的合唱曲中浮现出的女性形象，与我们从女性诗人的作品中直接感知到的女性形象在很大程度上是一致的。在这两种材料中熠熠生辉的女主角都是拥护女性情谊的年轻女子。

然而，希腊女性与男性分享同样的以竞争和友谊为导向的社会价值观，这不可避免地与男性对女性最基本的期望相抵触，即女性应该生活在家庭内部，并且为满足父系家庭的需求而奉献自我。正如我们所见，在现存的希腊女性诗歌中，回应这些期望的只有彻底的沉默。有趣的是，与希腊女性诗歌中丈夫的缺席相对应，希腊男性对于女性如何思念丈夫的讲述并没有表现出太大的兴趣。面对追求家庭外感情的

女性，[90]希腊男性定期地发泄他们的焦虑，与此同时，他们偶尔也借助忠诚的佩涅洛佩的形象，[91]模仿思恋丈夫的妻子的口吻。

简言之，尽管无法根据中国或希腊的女性诗歌演绎出女性的反文化，但是可以确定两种形成和表达女性主体性的方式与主流男性的期望和想象有关。在希腊，培养一种重视竞争与家庭外同性情谊的女性文化，与将女性限制在家庭与家务事之间存在天然的矛盾。因此，男性的期望往往与对女

---

〔90〕针对女性与她们的朋友之间的感情，男性的猜疑与焦虑在古希腊的文本中得到丰富的体现。例如，在阿里斯托芬的《地母节妇女》(第795—796行)中，一名女性讲述了这样的情节：在宗教节日期间的通宵派对后，如果妻子们留宿在别人家中，丈夫们担心她们离开家后会打算做什么不好的事情，就会倾巢而出寻找他们的妻子。忒奥克里托斯在《牧歌》第15首中写道，为了把妻子与她的邻居和亲密朋友分开，一名男子搬家去了很远的地方，但是他的努力并没有完全成功，因为这位朋友仍然常来拜访他的妻子，并且邀请她与自己一同参加节日的庆祝活动。从公元前7世纪西蒙奈德斯的讽刺作品，到公元前5世纪的雅典戏剧，文本中还可以找到更多描述了这些男性情感的明确的负面案例。西蒙奈德斯在他的讽刺诗中夸赞了“起源自蜜蜂的女人”，认为只有她们为女性挽回了一些尊严，因为她们并不乐于“坐在女人们中间讲有关爱欲的故事”(7.90-91)。在由欧里庇得斯创作的戏剧《希波吕托斯》中，同名男主角希波吕托斯谴责了爱说闲话的妻子们，并且建议女人跟不会讲话的野兽住在一起，这样她们就没有人能够交谈了(第645行起)。在讨论埃里纳为鲍西丝而悲痛的时候，嘎茨薇乐(Gutzwiller 1997：208)注意到希腊社会因为担心破坏家庭和社会秩序，而倾向于在公开言论中压制女性对另一位女性的情感表达，即便女性在人生的初期建立起来的关系“可能构成了她们所了解的最强烈的情感纽带”。

〔91〕提及佩涅洛佩的忠贞的例子包括：《忒奥格尼斯诗集》第1126—1128行，欧里庇得斯的《俄瑞斯忒斯》第588—590行，以及阿里斯托芬的《地母节妇女》第547—548行。

314 性经验的独立表达不相符，然而讽刺的是，这种矛盾正是由于允许女性在非常有限的场所（大多与宗教活动有关）中分享男性的价值观，但是却剥夺她们与男性在同一个领域使用同样的方式去实现这些价值的机会。在希腊，女性经验与男性想象之间存在矛盾关系，与之相反，中国的材料似乎在更大程度上体现了两者的一致性，相应地，也就更难发现对女性经验的描述有何差异。

小结

在古代中国与古希腊，对女性，尤其是年轻的新娘来说，婚姻是一个巨大的挑战，而在这两种文化传统中，诗歌都承载着女性与婚姻这一挑战的斗争。然而，她们借由诗歌发出的却是不同的声音。与她们的男同胞一样，希腊女性在自己的歌诗中斗志昂扬，同时也更加珍视那些一同分享自己经历的同性情谊。[92]同样，中国的诗歌当中男性与女性的声音互相唱和，都将家庭关系放在了首位。而以女性口吻创作的诗歌中全然没有友情的出现，表明在中国女性的生活中，家庭外的同性情谊处于更次要的位置。[93]而在据信是由中国

---

〔92〕尽管对同性恋关系持维多利亚时代的古板态度，马如（Marrou 1956: 60）恰切地发现了萨福圈子中的友情与希腊男同性恋感情之间的联系：“希腊的女同性恋们沉迷其中的离经叛道的感情，是女性对男性之间激情的爱的回应。”

〔93〕这里，我们回想到《诗经》与中国古代节日有关的篇章中对男女对话的描述（参见第 3 章）。正如当时我们所指出的，女性友谊从来不是这些诗歌的主题，相反，诗中展现了年轻的女子在求爱的追逐中生机勃勃。

女性所创作的诗歌中，试图分辨“真正的女性主体性”在何处结束，“虚假意识”又从何处开始是徒劳无功的。

尽管我要再次强调，试图证实《诗经》中存在女性作品是无益的，并且很有可能，被认为是女性作品的那些诗歌中至少有一部分是男性创作的；[94]然而我并不认为在中国传
统中，男性占据了如此强大的主导地位，以至于女性的声音 315
被完全剥夺，甚至《诗经》中那些所谓的女性声音也仅仅是男性创作的对男性视角的附和。如果说希腊女性诗人用不同的形式表达了男性同行认可的那种价值观，我们就有充分的

〔94〕研究后世中国文学的学者会意识到，区分真正因丈夫的疏远而感到焦虑的女性的声音，与假装是这样一名女性的男性模仿者的声音有多么困难（例子参见 Rouzer 2001，第 4 章）。有许多原因都可以导致男性以女性的口吻写作，而不仅仅是出于窥阴癖的兴趣，或是应某个为自己的痛苦寻求诗化表达的弃妇之托（例如《长门赋》的创作逸事；关于这篇赋与班婕妤《自悼赋》的相仿，参见 Knechtges 1981：59）。自屈原（约公元前 340—前 278）这个忠诚然而不得赏识、最终自沉的楚国大臣所作的楚辞开始，一种古老的诗歌传统逐渐形成。其中，男性文人假借弃妇的口吻抒发自己的失意与疏远感，尤其是与官场浮沉相关的情绪。出于比较研究的考虑，这里作两点说明。

首先，与中国男性不同，希腊的男子看上去对模仿弃妇情态一事兴趣寥寥。也许是他们感到忠贞的妻子因丈夫而憔悴的幻想并不能反映真实生活中妻子们的行为或言语，并且，希腊女性诗人现存的作品中也没有“可怜的弃妇”这一形象。“男子作闺音”在后来的中国文学传统中如此流行，一部分源于这样一种在真实的女性作品中被确证过的观点，即模仿女性的男子可以成功地捕捉到现实中被抛弃的女子的真实体验。其次，中国文人在使用女性的口吻时会拥有更大的创作自由，这可能与中国没有男女之间针锋相对，甚至是潜在的竞争对象这种概念有关。这一点在第 4 章中就有所涉及，在结论中也会重提。简而言之，尽管《诗经》中的一部分女性声音极有可能是经由男性表达出来的，但我认为这些女性声音也不太可能仅仅是对男性立场的附和。

理由怀疑，即便能够准确地寻回中国女性“真实”的声音，它也会与中国男性诗人的风格有更多相似之处，而不是更贴近古希腊的诗歌，无论该作品是否出自女性。换言之，在抱着应有的谨慎态度的同时，我认为《诗经》中的女性声音的确为我们提供了宝贵机会，使我们得以窥见中国古代女性的体验。我还认为，可以依据两个社会中女性被纳入父系家庭秩序的不同程度，来理解希腊女性诗人与中国诗歌中的女性叙述者所表现出的不同感情与关注点。

中国女性被更加彻底地纳入家庭之中，母女关系与家庭外的同性关系都不那么重要，女性体会到的情感压力更大，但却往往会以符合父系家庭价值观的方式去寻求纾解与补偿。不管怎样，她们都会更多地依靠自己的丈夫与夫家亲属，并且在孤立感带来的没顶的压力之下，试图向自己的母
316 家求助。换言之，中国早期诗歌中的女性声音表现了她们努力适应婚后生活的全部职责与压力，并在其中找到自己的位置。这样的诗歌或许有助于宣泄情绪，但它并不旨在从其他的社会关系中寻找发泄的方式。

在古希腊，父系家庭制对女性的掌控没有那么牢固。这是希腊女性诗歌重点表现母女关系和女性友情的基础。相比中国诗歌传统中对渴望和失意的宣泄，希腊的诗歌则在甜蜜的母女关系与苦乐交加的友谊上倾注了更多的关注。如果这些诗歌也同样反映了希腊女性释放情绪的需求，那么不同于中国传统的是，这一点并不是通过宣泄情绪来实现的。中国传统中通过适当表达某些特定情绪以得到纾解，但是在希

腊，他们通过寻找替代品来达到这一目的。因此，希腊女性的诗歌更适合从抵抗的角度而非顺从的角度去阅读，更容易让我们深入发掘女性的主观体验，从而剥开被约翰·温克勒（John Winkler）称为“男性虚张声势与发号施令的话语”。[95]

附录：江永地区的女性情谊

在讨论阿尔克曼和萨福诗歌中的同性恋关系时，布鲁诺·甄提利提出，古代的莱斯沃斯和斯巴达地区与现代中国南方的女性团体之间存在相似之处。在中国的这些团体中，尽管女性可以离开自己的团体与男子结婚，但她们是“被认可的女同性恋”，并且拥有自己的仪式和守护神。[96]

甄提利顺带指出的这种相似性很具启发性。我将以附录的形式讨论这个问题，并希望阐明以下两个问题：与父系家庭相关的宗教和道德价值观在周代广为传播，在这一“文明化进程”中，是否存在为阻碍女性培养家庭外的同性友好关系而投入的巨大努力？以及，中国早期诗歌中男性想象与
女性经验之间的显著契合，是压抑女性表达不同声音的结果 317
吗？此简要探究将把我们带到湖南省江永县的一些偏远村落，这里有据可查的女同性恋行为与甄提利及其信息来源所

〔95〕Winkler（1990a：207）. 肯定这种解读的适合并不意味着我们应当过分强调希腊女性文学声音中“反抗”与“破坏性”的特点。正如本章当中反复指出的那样，希腊女性诗人的作品是在社会许可的场所中创作并且传播的。

〔96〕Gentili（1988：77）.

提到过的十分相似。江永之所以特别适合这种探索性与对比性的调查研究，是因为二十多年以前在这里发现了“女书”。这是一种神秘的写作系统，可能自19世纪以来只有江永地区的女性使用它。[97]

在使用女书写作的民歌中，两个常见的主题反映了江永当地社会中未婚少女之间享有正式的、仪式化的友谊：赞颂家庭外的女性情谊，以及因为婚姻中断了少女们的联系，所以生发的对婚姻的愤恨。刺绣和缝纫经常为这样的情绪表达提供语境和修辞。例如，一首歌的片段描写了两个好朋友一同完成的一幅刺绣作品：

绣对金鸡楼上坐
绣对百鸟诣天飞
绣对黄龙去出洞
黄龙出洞海下穿
绣对鲤鱼海腹住
两位双双步不离

---

〔97〕女书在1982年被首次发现后，很快就吸引了学界大量的关注。这种文字的起源尚不明晰，但时间上来说应当始于19世纪。女书逐渐不再流行是在1949年中华人民共和国成立之后，尤其是“文化大革命”（1966—1976）期间。20世纪80年代，当学者们涌向江永地区研究其书写系统和与之相关的文化时，只有一小部分女书的使用者还在世。参见Chiang（1995），F.-W. Liu（2004a，2004b），Silber（1994）以及Idema and Grant（2004：831-832）在参考文献部分列出的其他研究。在文字以外，刘斐玟（F.-W. Liu 2004a）也研究了当地女性被称作“女歌”的歌唱传统，其主题和语言与女书是一致的。

好恩不拆义
长行久不休[98]

这个段落中显著的示爱之语，让人联想到萨福那些歌颂身边女性的亲密关系的诗歌。同样地，在以女书书写的歌中，我们反复听到关于婚姻损害了友谊的悲叹，就像萨福的诗句中女性伙伴之间痛苦的告别。[99]这两类女性之歌在主题 318
和修辞上的相似性，可能是由于在古希腊以及现代中国偏远的多民族农村地区，父系家庭制度对女性的控制较为宽松。在使用这种女书的地区，还有一种常见的被称为“不落夫家”的婚俗，即婚礼结束几天后，新娘就会回到娘家，她的丈夫可以前往探望，但是在他们的第一个孩子出生之前，新娘都不会长住在丈夫家中。[100]通常来说，正式迁入夫家使得女性很难维持少女时期的友谊，这大概也代表着女性完全融入夫家的开端，但是，只要地理距离允许，有些女性仍然试图以女书写下的讯息与彼此保持联系。[101]因此，尽管最终还是遵循了中国主流的父系意识形态和实践，在 20 世纪中叶

〔98〕Idema and Grant（2004：546）. 中文配套电子出版物网站：《彤管：中华帝国的女性书写》（http://digital.wustl.edu/cgi/t/text/text-idx?c=red;cc=red;rgn=div1;view=text;idno=wen0536.0545.012;node=wen0536.0545.012%3A1）。

〔99〕参见 Idema and Grant（2004：548-550），F.-W. Liu（2004a：268-276），以及 Silber（1994：66-67）中的例子。

〔100〕在南部省份如福建和广东（Silber 1994：48；Stockard 1989）也有“不落夫家”的婚俗（F.-W. Liu 2004a：262）。

〔101〕F.-W. Liu（2004a：268-276）.

以前，位于中国文化边陲的农村地区江永仍然在当地为女性之间的同性友好情谊留下了更多的空间，并且以独特的文学形式，为女性追寻家庭外社交的情感与圈子留下了见证。

在中国南部腹地的几个村落中，女书作为一种赞颂家庭外女性情谊的形式而存在。这一发现提醒我们，随着父系家庭以中国的方式逐渐将女性成员成功地吸纳进来，中国诗歌传统中体现出的男性想象与女性经验高度一致的情况是有可能实现的。[102]只可惜，我们或许永远无法通过探究已知
319 的中国传统起源来了解这一过程。所有现存的文本与考古资料都显示，早在中华文明的第一个灿烂时期，父系家庭系统中就已经存在着一整套从制度和意识形态上安排女性职责的机制。

在《诗经》的编纂过程中，父系家庭与亲属关系在女性经验的诗化表达中的地位被抬高的同时，任何对女性友谊的赞颂是否被隐瞒，或被排除在外了？[103]如果说《诗经》

---

〔102〕刘斐玟（F.-W. Liu 2004a：280）对比了用女书写作的诗歌与中国帝制晚期（约 1400—1900 年）身处文化中心的才女们所创作的诗歌。江永地区的男性无论是农民还是精英阶层，对于家庭中的女性使用女书的行为通常都持漠不关心或是怀疑的态度，而女性诗歌在中国文化中心地带的繁荣发展则依赖于男性慷慨的支持，同时，这些女性作品的风格与思想感情表现出显著的与男性诗歌作品的类似性。

〔103〕杜百胜（Dobson 1969：65）认为《诗经》中国风部分的诗歌绝大部分是由女性创作的，因此阐述了这些诗歌语言上的同质性：“它们的创作者是宫廷中的女子，尽管她们四散在不同的地区，但是显然在诗歌创作上使用了共同的语言，遵循了共同的传统，就像她们作为贵族女性阶层，拥有同样的血脉和习俗。”

中对家庭关系的注重确是周代文化氛围下所有地区贵族文化的特质，那么，周代贵族文化持续向其他地区传播，是否会导致家庭外的社交关系被不断地边缘化或压制，即便这些社交关系在当地女性的生活与诗歌表达中扮演着重要的角色？答案或许是肯定的，但可获取的证据不足以支撑这个答案。[104]在现代湖南一个偏远的多民族地区发现的女书文化，不能代表中国女性生活的实际情况，虽然在男性和女性的文本中都是关于其理想的记录。如果说现实总是存在很多不同的层级和方面，由阶层、时间、空间以及其他要素决定，那么自周代开始，这套在之后多个世纪中不断翻新的制度与意识形态或许一直在减少中国家庭情况与性别关系的多样性。中国诗歌中关于女性主体性的“真实”表达这一问题，在中国进入现代社会以前一直都非常棘手。

最后，无论女书文化是否，或者说在一定程度上，代表了一个女性情感与纽带的平行世界——这个世界在作为中国主流文化的父系家庭价值观面前不断撤退——我们可以确定的是，在那个平行世界中，并没有萨福和其他希腊女性诗人所处的古希腊那样的社会政治语境。不管江永地区与古希腊的女性诗歌之间存在多少令人惊叹的相似之处，但我们了解到，江永女孩之间的友谊一般都是在家庭环境下，或是做 320
针线和刺绣活儿的时候培养出来的。与古希腊的情况不同，

〔104〕正如韩献博（Hinsch 2005：80）所述，“关于古代女同性恋的确凿信息几乎是不存在的”。

没有证据表明参与公共的集体活动能够为江永地区女性友谊的发展提供稳定的制度基础。[105]我们也同样了解到，江永地区的女性使用女书并没有得到男性的支持。[106]对于身处同侪竞争中的希腊男性和女性而言，公众的认可以及家庭外的情感纽带构成了界定个人价值与身份的背景，然而无论是在中国的主流传统中，还是逐渐被卷入周代有意识的“文明化进程”中的地区和社会里，这样的情况都不存在。

---

〔105〕 F.-W. Liu（2004a：252）.

〔106〕 F.-W. Liu（2004a：280）.

结　论

公元前 10—前 4 世纪的中国人和希腊人在不同的体制 321
中追求着社会团结的目标。在希腊，对这一目标的追逐发生在他们的音乐和体育竞赛上，发生在男人和男孩们社交的会饮中，以及锻炼身体的体育馆中，也发生在按性别和年龄组织的各色集体活动中——希腊的男男女女，包括男孩和女孩都参与其中，他们为了个人的优异成绩而竞争，同时也培养了彼此之间的友谊、同龄伙伴的感情，以及公民之间的情谊。在中国，代表社交理想的活动发生在祭祖、家宴以及乡饮酒等场合，而将这些场合统一起来的则是从亲族组织衍生出来的区分和等级原则。

考察古代中国与古希腊在追求社交方面不同的制度基础，让人想到学界长期以来的一个主张——近来罗界（Geoffrey Lloyd）与席文（Nathan Sivin）在比较科学领域细化了这一观点——即古代中国是以权威、顺从与互相依赖为导向的社会，而古希腊却以竞争、对抗以及自治为目标。[1]

---

〔1〕 G. Lloyd（1996，2002，2004）；Lloyd and Sivin（2002）. 中国哲学中“和谐”的概念在学界引起了广泛的讨论，这些讨论常常从比较研究的角度出发（例如 Bodde 1953；C. Li 2006，2008；Liu and Allinson 1988）。

以往的研究聚焦于王廷、法庭、学院和公民集会，而我引入了一个新的重要社交领域，并且研究了家庭内外的规则与运作是如何相互关联而又彼此影响的。尽管这种规模的比较研究难免会因过于宽泛而遭到批评，但通过勾勒亲情与友情这
322 两个主要类别下各种人际关系子类别的细节，以及分析在这两个古代社会中，这些人际关系如何构成不同的复杂精妙的模式，我试图使这项比较研究更加丰满。正如本书所示，古代中国与古希腊资料中的人际关系画卷随着人们一系列亲密关系与矛盾冲突的发生徐徐展开，主人公们拥有不同的身份，身处不同的情境，怀揣不同的目标。这两大传统中产生的亲密与冲突关系有几个突出的特点：

1. 古希腊社会中，家庭之外的同性友好关系对于身份塑造、情感支撑以及价值取向至关重要，而中国传统则将父系家庭与亲族关系放在首位。

2. 希腊材料展现了女性同性友好关系的重要意义，其中女性好友之间的感情最为重要，而母女情谊也不容忽视。此外同样值得注意的是其对普遍存在的性竞争的描述，其中既有正面的评价，也不乏负面的批评。相比之下，中国材料中性方面的冲突处于次要地位，如何管理家庭内部的妻妾关系和婆媳关系才是人们最关心的问题；至于女性的同性社交关系，无论是母女情谊还是女性好友之间的友情，其重要性都是微不足道的。

3. 在中国传统中，强调母子情谊与强调婆媳之间的尊卑和传承关系齐头并进。与之相对，在希腊的传统中，母子

关系的重要性略逊一筹，而鲜有人关心如何确保儿媳对其公婆的忠诚与顺从。

人类学家路易丝·兰菲儿（Louise Lamphere）在《家庭团体中女性的策略、合作与冲突》（Strategies，Cooperation and Conflict among Women in Domestic Groups）一文中提出了颇有见地的理论，[2]将她的理论同以上这些发现进行对比十分有趣。兰菲儿的研究范围涵盖现代工业化国家和非洲的原始群落，作为研究的一部分，她比较了女性在两种家庭——父居父系大家庭与现代小农经济下的核心家庭——内外的人际关系，分别以传统中国与现代希腊作为主要案例。她的观点分为两个层次。一方面，大家庭中女性之间 323
的关系以竞争和冲突而非合作为主要特征，因为在那种权力结构下，“不同女性的利益永远不会重合”。与之不同的是，核心家庭中的妻子无须与家庭团体中的其他女性竞争，因为她能够对家庭事务产生直接的影响。另一方面，女性在家庭结构中的地位与她们在家庭外的人际关系之间存在着密切联系。为了合作与结盟，身处大家庭中的女性通常会向“家庭之外关系不那么紧密的人”寻求帮助。根据以上兰菲儿对大家庭的论述，从逻辑上可以得出一个推论，即相比之下，核心家庭中的女性更不可能在大家庭之外寻求女性盟友，因为她们较少被卷入内部斗争中，但兰菲儿

〔2〕 Lamphere（1974）. 这篇文章如今收录在兰菲儿与罗萨尔多（Rosaldo and Lamphere 1974）合编的经典选集《女性、文化、社会》（*Woman*，*Culture*，*and Society*）中。

并没有直接提出这一主张。[3]

兰菲儿应用于传统中国与现代希腊的“大家庭”与“核心家庭”这两个术语，应理解为两种理想中的家庭类型，在综合了人口实情与标准概念后被提出。以此为前提，我们可以用本文这两个符合其分类的古代案例去测试这一理论。[4]测试结果呈现出了一种相当不同的女性在家庭内外的人际关系模式。如前所示，在中国，家庭内部潜在的同性冲突的确备受关注，而根据现存所有古代中国与古希腊的资料，中国女性对家庭外交际的追求远不及希腊女性那么强烈。在中国古代社会中，面对家庭之外的制度与意识形态，以及家庭内部的两性关系时，父系家庭拥有优越的地位，这使得中国女性在处理家庭内部女性间的紧张关系时，无法高度依赖家庭外的同性社交网络向外寻求同盟与合作。相比之
324 下，对古代希腊而言，家庭内部女性间的矛盾是一个相对次要的问题，在他们的概念中，夫妻关系才是家庭秩序的中心。竞争是描绘希腊婚姻关系的要素，而家庭外的友谊则在希腊女性的生活中占据不同寻常的地位。古代希腊女性与父

〔3〕 Lamphere（1974：104-106）.

〔4〕 科恩（Cohen 1991）大力论证了所谓的现代地中海模式可以用来理解古代的希腊家庭。20 世纪关于中国家庭的许多研究，尤其是在中国广袤的农村地区的研究，都展现了中国家庭自传统（先秦时期至 1911 年）至现代的延续性（例如 Johnson 1983；Wolf 1972）。然而我对兰菲儿的理论的应用并非基于中国与希腊从古至今存在着某种延续性的假设，而是基于一个事实，即她在比较中构建的两种家庭结构的模型，大致上与古代中国和希腊家庭秩序的结构相当。

系家庭之间更为松散的联系，以及家庭与亲族关系网之外相对丰富的其他社交渠道，都让她们能够更自由地拥抱家庭外的同性友好关系，从中追求合作和联盟，她们也格外热衷经营这些关系。

为了促进女性社会关系在各个方面（如家庭内、外以及内外之间）、不同社会以及不同历史时期的比较研究，[5]本考察指出，两性关系背后的基本准则与其他社会关系和活动领域的准则之间存在着重要的联系。在现存资料中我们看到，古希腊的性竞争得到了广泛的、高强度的描述，可见竞争与平等作为希腊社会组织的主要原则，具有至关重要的作用。一方面，希腊的女性在竞争激烈的公共社交活动中拥有一席之地。另一方面，尽管家庭领域似乎应该是男性主导、女性服从的局面，但这样的规则与普遍的竞争和平等的理念背道而驰，于是相应地，家庭成为两性间实施并检验竞争和平等这一公共价值观的场所。如果说古希腊家庭见证了这一公共价值观如何扩展到家庭领域，那么在古代中国，以辈分、性别和年龄为基础的等级制度作为父系家庭赖以运转的准则，则被延伸至治理社会和政体的领域。

希腊对和谐与团结的追求建立在平等与竞争的基础之上，这导致希腊社会充满活力的同时分裂性也较强。造成这种情况的重要根源之一，在于整个社会名义上是平等的，但

---

〔5〕 对本研究的理论框架设定起到了重要作用的两本选集是 Collier and Yanagisako（1987）和 Rosaldo and Lamphere（1974）。

325 是一方面，它强调“成就来自竞争”的原则，另一方面，女性在公共竞争中遭到了严重的权利剥夺和边缘化，仅在宗教领域存在重大例外。[6]关于性竞争的概念，以及将女性看作一个不同的性别群体，认为其利益是独立甚至对立的这一概念贯穿了各个时代不同种类的希腊史料，而纯粹的女性活动，尤其是宗教性的活动和仪式则为建立牢固的家庭外女性纽带提供了制度化的框架，这种女性间的联系可能会与以男性为主导的家庭的利益相冲突。无论是在男性的想象中，还是在女性自己的文学作品中，当女人们在仅限女性参与的活动中聚到一起，她们获得了发声表达的机会；拥有了相互的友爱与忠诚，使她们能够相互欣赏，并且从彼此身上汲取力量；同时也得到了追求自身目的与利益的能力。女性作品首要关注的是同性间的友好关系，对此，希腊的男性作者们既表现出赞赏，也有一些焦虑。这让我们看到了希腊传统中两性关系的有趣互动。

在古希腊的观念中，全体男性和全体女性基于性别差异构成了两个潜在的对立族群，超越了每个人在家庭与亲族关系中扮演的角色。一系列原因可以解释缘何这一观念在古代中国没有兴起：首先，在古代中国，父系家庭被界定为每个人生存的基点，家庭外的同性关系在两性的生活中被赋予

〔6〕正如学者已经多次指出的那样，希腊城邦被高度赞扬的平等建立在对所谓“外团体”的压迫之上。这些人在特权化的公共领域内仅有有限的权利和活动空间，甚至没有（参见 Arthur 1984；O. Patterson 1991，第 7 章；Roberts 1994，第 12 章；Vidal-Naquet 1986，第三部分）。

了次要的地位，只是女性的情况更为严重。其次，除性别之外，辈分与年龄也是决定家庭状况的重要因素，这样一来，男性的权力常被削弱，而身为母亲的动力则促使女性融入根本上以男性为中心的家庭秩序中。[7]再次，在古代中国，长幼有序、尊卑有别是支配所有社会关系的根本原则，性别差异的意义不如在希腊那样重大。在希腊，性别差异之所以至关重要，是因为一个人对另一个人的服从以及男女之间的差异，决定一个人能否拥有自由，以及是否能作为一个完整的
人而存在。[8]最后，女性的个人利益高度分化，其中以婆媳、 326
妯娌以及多个妻妾之间的情况为甚，加之她们在关系紧密的大家庭和亲族中不断演进的不同身份，同性之间的竞争很容易成为最常见也是最恶性的家庭矛盾。与此同时，这种利益上的区别迫使女性互相竞争以争夺丈夫的宠爱，她们也会在自己和儿子的关系上倾注大量精力，这也强化了她们对父系家庭的忠诚。[9]

所有上述因素结合在一起，导致这样一个常见的概念

---

〔7〕 在解释传统中国的女性为何能够接受强加于她们身上的从属地位时，吉索（Guisso 1981：60）提出遵守“长幼有序”这一更高的原则应该是最重要的原因。

〔8〕 在希腊的相关论述中，身为女性与身为奴隶或是以其他方式被剥夺了自治权的人在概念上是相通的（Davidson 2007：45-46；Just 1989：172-177；O. Patterson 1991：109-120；Vidal-Naquet 1986：205-223）。亚里士多德关于女性是残缺不全的男人的观念，参见 P. Allen（1985：97-100），Elshtain（1993：41-46），以及 Okin（1979：81-84）。

〔9〕 武尔芙（Wolf 1972）在关于 20 世纪台湾的传统家庭的研究中很好地诠释了这一机制。

在中国传统中并未出现，即对男性而言，女性是一个独立的，并且可能是对立的种群。相反，它们创造出了一个高低有序而又互相依赖的、超越性别界限的人际关系网络。[10]这里得出的结论与其他学者在研究后世中国的哲学和医学思想以及训导性的话语时所提出的观点一致，这些学者一般还会强调阴阳观念的独特性。例如，在关于晚期帝制中国的生物学与性别界限的研究中，费侠莉（Charlotte Furth）注意到“从阴与阳的角度来说，在男性和女性的问题上没有什么是一成不变的”，以及与之相对的是，“儒家围绕严格区分尊卑的家庭角色建构了性别”。[11]白露（Tani Barlow）也得出结论，提出前现代的中国人认为“女人”在家庭关系之外不具有本质意义的身份，她评论道：“所谓的‘性别’是由阴与阳分化出的状态：它不是指解剖学上的‘两性’，而是大量亲缘的、结合起来的、不对等的二元体，其中的每一个都标示着差异，并且定位着差异。”[12]瑞丽（Lisa Raphals）与李
327 罗森（Li-hsiang Lisa Rosenlee）都强调阴阳观念当中互补、互动以及和谐的内涵，并且由此得出了类似的观点。[13]

我将性别关系放置于具体制度之下，以及人们表达情

---

〔10〕这并不是为了淡化中国性别冲突的存在，只是指出作为两个性别群体，男性和女性之间的永恒斗争这一概念是希腊传统中特有的。第 4 章（注〔56〕）谈到了这一类性别对抗与中国人熟悉的那种发生在家庭之间，以及持有特定的、不断演化的亲属身份的男女之间冲突的区别。

〔11〕Furth（1988：1，3）.

〔12〕Barlow（1994：259）.

〔13〕Raphals（1998，第 7 章）；Rosenlee（2006，第 3 章）。

感、建立关系、形成观念的社交语境之中，而不是以抽象概念作为研究基础，从一个概念（阴阳）阐述到另一个概念（性别特质与性别关系）。这一研究方法有两点优势：第一，它让我们能够更好地理解为什么中国人没有“天生对立的性别特质”这种观念。第二，如果从纯粹的概念角度着手，就面临着诸多难题，如不得不解释为何阴阳观念似乎意味着对性别和谐与灵活的认识，但在前现代的中国社会实际中，性别又围绕着严格区分尊卑的家庭角色而建构。例如费侠莉注意到关于阴阳的自然哲学“似乎能更宽容地看待性行为和性别角色差异”，但现实社会中这种可能性并未得到实现。[14]而从社会制度与社交情境着手研究，我们则得以在情境中理解两性互动关系中具体的冲突与亲和，因而更好地掌握哲学概念与社会系统和行为之间缺失的联系。

如果家族内部男性之间的竞争能够与被高度重视的父系亲族的内部团结（相比于外人而言）和睦共存，即使过分强调强制性的团结统一或许会加剧内部竞争，类似情况也可能出现在女性身上。考虑到家庭中为妻为母的众女性之间往往存在不同的利益，她们甚至比男性更难达成家庭团结的理想，而这就为有力地控制女性间的冲突、努力建立女性之间的等级制度，以及促使她们作为一个集体向连接着祖先与后代的父系传承效忠这些行为提供了更重要的依据。同样，古希腊社会中公共领域所享有的优先地位或许直接加剧了希腊

〔14〕Furth（1988：1，3）.

两性关系的冲突，然而希腊的男女都热情地接受了家庭外的纽带与活动，同时也允许在家庭中对夫妻之间的竞争关系做充分的表达——这种应对方式或许是最自然的希腊式解决办法。竞争作为一种希腊式的激情不仅仅存在于公共领域，也不仅仅与男性相关。

328 中国女性与男性亲属一同祭祀祖先，希腊女性与社区中的女性伙伴一起参与公共节日和其他的仪式活动，这两幅图景分别勾勒出在中国与希腊这两个古老传统中，人际交往与性别关系的两种典型模式。中国社会中男性和女性都生活在“祖荫之下”，[15]而众神面前的激烈角逐则集中体现了希腊男女追求最高形式的团结的背景。中国家庭对父系亲族团结的追求却自相矛盾地导致了家庭关系的紧张和冲突，这造成了中国女性作为一个性别集体的内部分裂，同时也使她们与父系家庭体制更紧密地联结在了一起，因为除此之外她们几乎别无选择。希腊的情况与之相反，女性与她们的同性好友关系密切，而她们与男性亲属共同流淌着好战的血液，这被她们带回到家庭中，最终呈现为广泛存在于希腊婚姻关系中的性竞争。虽然这种竞争收获的评价毁誉参半，但是它证明了父系家庭制度对希腊男性和女性的控制都不太牢固，也证明了较之血缘纽带，希腊社会更重视公共领域中的体验和人际关系。

---

〔15〕《祖荫下》（*Under the Ancestors' Shadow*）是人类学家许烺光（Francis Hsu）于 1948 年出版的一部关于中国文化的知名著作。

波伏娃在《第二性》中有一段著名的论述，讨论为何历史上女性始终在从属的地位上饱受磨折，却无法摆脱她们的主人：

> 这是因为她们没有具体的方法汇聚成一个整体，这个整体只可能在对抗中自我确立。她们没有过去、历史、适合她们的宗教；她们不像无产者那样在劳动和利益上是一致的；她们甚至不混杂居住，而混杂居住使美国的黑人、犹太人区的犹太人、圣但尼或者雷诺汽车厂的工人结成一个团体。她们分散地生活在男人中间，通过居所、工作、经济利益、社会条件和某些男人——父亲或丈夫——联结起来，比和其他女人联结得更紧密。〔16〕

这些源自一个极富活力的头脑的洞见，敏锐地指出了女性弱势地位的历史渊源，以及现代女性主义的革命道路。〔17〕毫无疑问，古代中国与希腊的女性也是波伏娃所描绘的这幅

〔16〕de Beauvoir（1993：xlviii）. 郑克鲁译，上海译文出版社，2011，第12页。

〔17〕众所周知，“女性主义”一词极难定义。对我而言，女性主义作为一种社会理念，大致上由三个核心要素组成，包括：（1）女性作为一个性别群体，遭到了男性不平等、不公正的对待；（2）这种不平等违背了自然权利的原则，必须得到纠正，就像近来男性打破社会阶层的藩篱所争取到的那些权利一样；（3）女性必须建立起一种姐妹情谊，从而一致努力，改变她们由历史和社会所决定的从属地位。关于这一简要定义，我参考了Cott（1987：4-5）与Lerner（1993：274）。

329 历史图景中的一部分。然而，她们之间也存在重要差别。相较于中国女性，希腊女性拥有更多“具体的方法”能汇聚成一个“在对抗中自我确立”的整体。参加集体活动的时候，她们可以被看作短暂并且“混杂地”聚集在一起，尽管每一次聚会之后回到家中，她们又会继续自己日常的生活直到下一次活动，但是女性内部的团结友爱就在这个过程中逐渐形成，并且得到了赞颂，从而成为希腊女性生活中十分重要的一部分，并对她们成为男人眼中拥有令人生畏的力量的独立种群做出了重要贡献。相比之下，波伏娃注意到的女性在历史上缺乏组织性与集体意识的现象更符合中国古代女性的状况。不管是在现实中还是在想象中，中国古代的女性都很少作为一个与男性敌对的集体而存在。通过母亲与妻子的身份，她们与儿子和丈夫的权益紧密地捆绑在一起，并依靠他们在规定的范围内运用自己的权威与影响力。她们与其他女性之间的联系过于淡薄，很难将姐妹情作为获取支持和力量的来源。

前人曾提出，在古希腊这第一个现代社会，“女性问题的轮廓就已经显露出来”。[18] 我也认为，本研究中所展示出的两种不同的维持与表现性别关系的模式，对我们理解现代中国与西方走向女性主义的不同道路具有重要意涵。这一观点并非试图赋予“起源”决定性的作用，也并不认为我们能够以任何方式忽视这两大文明中的其他传统，或是忽视古代

〔18〕Redfield（2003：12）. 关于其他认为希腊的文明遗产影响了现代女性主义理念与运动的学者和女性活动家的例子，参见 Cheliga（1896）与 O. Patterson（1991，第 7 章）。

中国与古希腊走到现代时期所经过的数千年——这漫长的时间见证了无数观念与制度上的创新与变革，而这些都极大地改变了中国和西方的性别关系。如果我们认为先秦与古希腊的性别关系模式和中国与西方后来在这个方面的发展之间存在着某种关联，那么这种想法应该引导我们去找出那些持续存在了几千年的要素，并且让我们更好地意识到，我们仍然在努力解决古代中国人和希腊人在构建社会领域，处理家庭 330
与性别关系，以及分辨社会价值与目标的轻重缓急时所面临的那些问题。如果说其中有何区别，或许就是我们所处的世界更加复杂，这些问题也因而变得更加艰巨。在当下，关于全球融合的探讨如火如荼，针对文明的罅隙和碰撞的焦虑也同时产生。我们试图去更好地理解，在这些与人类的社交本性密切相关的复杂问题中，我们从何处走来，又是如何到达现在的位置。[19]此刻重新审视古典文明留下的遗产，可能比以往任何时候都更紧迫。对那些因古代自身魅力而对它产生兴趣的读者，以及那些更愿意思考文明遗产的读者，当他们跟随我笔下的古代中国人与希腊人走向庆典、祭坛、宴席时，希望这项研究能够带给他们些许收获。

---

〔19〕针对关于现代性模式的讨论，即是否仅存在一种现代性模式（即西方模式），还是基于不同历史遗留导致的不同文化经验，存在着多种多样的现代性模式，爱森斯塔提名性别作为关注这一问题的人所面对的“最重要的新兴问题”之一（Eisenstadt 2000：25）。从古典自由主义、马克思主义、女性主义、结构功能主义、新保守主义到后现代主义，现代家庭的地位与作用已经成为秉持各种哲学信仰与社会理念的理论家们论争的焦点话题（Berger 2002，第 2 章）。

参考书目

学刊名称缩写

AJP	*American Journal of Philology*
CA	*Classical Antiquity*
CLEAR	*Chinese Literature: Essays, Articles, and Reviews*
CP	*Classical Philology*
CQ	*Classical Quarterly*
CW	*Classical World*
EC	*Early China*
EMC	*Échos du Monde Classique/Classical Views*
G & H	*Gender and History*
G & R	*Greece and Rome*
GRBS	*Greek, Roman, and Byzantine Studies*
HJAS	*Harvard Journal of Asiatic Studies*
JAOS	*Journal of the American Oriental Society*
JAS	*Journal of Asian Studies*
JCP	*Journal of Chinese Philosophy*
JESHO	*Journal of the Economic and Social History of the Orient*
JHS	*Journal of Hellenic Studies*
NN	*Nan Nü: Men, Women, and Gender in China*
TAPA	*Transactions of the American Philological Association*
TP	*T'oung Pao*

中文原始文献

《十三经注疏·周易》，北京：中华书局，1980。

《十三经注疏·尚书》，北京：中华书局，1980。

《十三经注疏·毛诗》，北京：中华书局，1980。

《十三经注疏·周礼》，北京：中华书局，1980。

《十三经注疏·仪礼》，北京：中华书局，1980。

《十三经注疏·礼记》，北京：中华书局，1980。

《十三经注疏·公羊传》，北京：中华书局，1980。

《十三经注疏·穀梁传》，北京：中华书局，1980。

《十三经注疏·论语》，北京：中华书局，1980。

班固，《汉书》，北京：中华书局，1962。

程俊英、蒋见元，《诗经注析》，北京：中华书局，1991。

《国语》，上海：上海古籍出版社，1988。

黄怀信注，《逸周书校补注译》，西安：西北大学出版社，1996。

刘向，《列女传》，四部备要本，上海：中华书局，1936。

《墨子》，四部丛刊本，上海：商务印书馆，1929。

屈守元注，《韩诗外传笺疏》，成都：巴蜀书社，1996。

司马迁，《史记》，北京：中华书局，1959。

杨伯峻注，《春秋左传注》，北京：中华书局，1990。

张亚初编，《殷周金文集成引得》，北京：中华书局，2001。

希腊原始文献

（除另外注明，所有文本都来自哈佛大学出版社的洛布丛书）

Alkaios. 1994. In *Greek Lyric*, Vol. 1. Tr. David A. Campbell.

Alkman. 1988. In *Greek Lyric*, Vol. 2. Tr. David A. Campbell.

Aristophanes. 1990. *Lysistrata*. Tr. and commentary by Alan H. Sommerstein. Warminster: Aris & Philips.

——. 1994. *Women at the Thesmophoria* (*Thesmophoriazusae*). Tr. and commentary by Alan H. Sommerstein. Warminster: Aris & Philips.

——. 1998. *Assemblywomen* (*Ecclesiazusae*). Tr. and commentary by Alan H.

Sommerstein. Warminster: Aris & Philips.

Aristotle. 1994. *Nikomakkean Ethics*. Tr. H. Rachham.

Arkhilokhos. 1999. In *Greek Iambic Poetry*. Tr. Douglas E. Gerber.

Athenaios. 1993. *Deipnosophists*. Tr. C. B. Gulick.

Attic Skolia. 1993. In *Greek Lyric*. Vol. 5. Tr. David A. Campbell.

Bakkhylides. 1993. In *Greek Lyric*. Vol. 4. Tr. David A. Campbell.

Erinna. 1977. *The Distaff*. In M. L. West, "Erinna." *Zeitschrift für Papyrologie und Epigraphik* 25: 95-119.

Euripides. 1988. *The Bakkhai*. Tr. A. S. Way.

——. 1988. *Elektra*. Tr. A. S. Way.

——. 1988. *Iphigenia in Tauris*. Tr. A. S. Way.

——. 1994. *Alkestis*. Tr. David Kovacs.

——. 1999. *Trojan Women*. Tr. A. D. Godley.

The Greek Anthology (Palatine Anthology). 1918. Tr. W. R. Paton.

Herodotus. 1963. *The Histories*. Tr. A. D. Godley.

Hesiod. 1995. *Theogony*. Tr. Hugh G. Evelyn-White.

——. 1995. *Works and Days*. Tr. Hugh G. Evelyn-White.

Homer. 1967. *Odyssey*. Tr. Richmond Lattimore. New York: Harper & Row.

——. 1990. *Iliad*. Tr. Robert Fagles. Introduction and notes by Bernard Knox. New York: Penguin Books.

Homeric Hymns. 2001. Tr. Michael Crudden. New York: Oxford University Press.

Isaios. 1927. *Orations*. Tr. E. S. Forster.

Menander. 1997. *The Peevish Man* (*Dyskolos*). Tr. W. G. Arnott.

Nossis. 1980. In *The Greek Anthology*. Tr. W. R. Paton.

Pindar. 2002. *Olympian Odes*, *Pythian Odes*, *Nemean Odes*, *Isthmian Odes*. Tr. William H. Race.

Plato. 1925. *Symposium*. Tr. W. R. M. Lamb.

——. 1999. *Apology*. Tr. Harold North Fowler.

——. 1999. *Laws*. Tr. G. G. Bury.

Plutarch. 1931. *Sayings of the Spartan Women* (*Moralia* 240c-242d). Tr. Frank Cole Babbitt.

——. 1939. *On the Control of Anger* (*Moralia* 452e-464d). Tr. W. C. Helmbold.

——. 1982. *Theseos* (*Lives*, Vol. 1). Tr. Bernadotte Perrin.

——. 1993. *Table-Talk* (*Moralia* 612c-748d). Tr. Edwin L. Minar, F. H. Sandbach, and W. C. Helmbold.

——. 1999. *Advice to the Bride and Groom* (*Moralia* 138a-146a). Translation, commentary, interpretive essays, and bibliography, ed. Sarah B. Pomeroy. Oxford: Oxford University Press.

Sappho. 1994. *Greek Lyric*, Vol. 1. Tr. David A. Campbell.

Semonides. 1999. In *Greek Iambic Poetry*. Tr. Douglas E. Gerber.

Theognis. 1982. *Theognidea*. In *Greek Elegy and Iambus*, Vol. 1. Tr. J. M. Edmonds.

Theokritos. 1982. *Idylls*. Tr. Thelma Sargent. New York: W. W. Norton & Co.

Thucydides. 1972. *The History of the Peloponnesian War*. Tr. Rex Warner, with an introduction and notes by M. I. Finley. New York: Penguin Books.

Xenophon. 1992. *Memorabilia*. Tr. E. C. Marchent.

——. 1992. *Oikonomikos*. Tr. O. J. Todd.

——. 1992. *Symposium*. Tr. E. C. Marchent.

希腊文献中译本

（未列出中译本的希腊文献中译文则为译者从英文转译）

阿里斯托芬,《吕西斯特拉特》，张竹明译，收入《古希腊悲剧喜剧全集》卷 7,《阿里斯托芬喜剧　下》，南京：译林出版社，2007。

——,《公民大会妇女》，张竹明译，收入《古希腊悲剧喜剧全集》卷 7,《阿里斯托芬喜剧　下》，南京：译林出版社，2007。

柏拉图,《苏格拉底的申辩篇》，王太庆译，收入《柏拉图对话集》，北京：商务印书馆，2004。

荷马,《伊利亚特》，罗念生、王焕生译，北京：人民文学出版社，2003。

——,《奥德赛》，王焕生译，北京：人民文学出版社，2003。

赫西俄德,《工作与时日　神谱》，张竹明、蒋平译，北京：商务印书馆，1996。

欧里庇得斯，《伊菲革涅亚在陶里克人中》，张竹明译，收入《古希腊悲剧喜剧全集》卷 3，《欧里庇得斯悲剧　上》，南京：译林出版社，2007。
萨福，《萨福：一个欧美文学传统的生成》，田晓菲编译，北京：生活·读书·新知三联书店，2003。
色诺芬，《会饮》，沈默译，北京：华夏出版社，2005。

其他合集、译本、注释本

陈奂，《诗毛氏传疏》，台北：学生书局，1974。
陈启源，《毛诗稽古编》，台北：台湾商务印书馆，1983。
陈子展，《诗经直解》，上海：复旦大学出版社，1983。
崔述，《读风偶识》，丛书集成初编本，长沙：商务印书馆，1939。
戴震，《戴氏诗经考》，《戴震全集》第 4 卷，北京：清华大学出版社，1991。
方玉润，《诗经原始》，北京：中华书局，1986。
高亨，《诗经今注》，《高亨著作集林》第 3 卷，北京：清华大学出版社，2004。
胡承珙，《毛诗后笺》，续修四库全书本，上海：上海古籍出版社，2002。
林义光，《诗经通解》，上海：西泠书店，1930。
刘毓庆、贾培俊、张儒，《诗经百家别解考》，太原：山西古籍出版社，2001。
马持盈，《诗经今注今译》，台北：台湾商务印书馆，1984。
马瑞辰，《毛诗传笺通释》，北京：中华书局，1989。
彭林，《仪礼全译》，贵阳：贵州人民出版社，1997。
屈万里，《诗经释义》，台北：中华文化出版事业委员会，1952-1953。
唐莫尧，《诗经新注全译》，成都：巴蜀书社，2004。
王夫之，《诗经稗疏》，台北：台湾商务印书馆，1983。
王静芝，《诗经通释》，新北：辅仁大学文学院，1968。
王守民，《诗经二雅选评》，西安：陕西师范大学出版社，1989。
王先谦，《诗三家义集疏》，续修四库全书本，上海：上海古籍出版社，2002。
王质，《诗总闻》，丛书集成初编本，上海：商务印书馆，1939。

杨天宇,《仪礼译注》, 上海：上海古籍出版社，2004。
姚际恒,《诗经通论》,《姚际恒著作集》第1卷，台北：“中央研究院”中国文哲研究所，1994。
余冠英,《诗经选》, 北京：人民文学出版社，1956。
余嘉锡,《世说新语笺疏》, 上海：上海古籍出版社，1993。
张学波,《诗经篇旨通考》, 台北：广东出版社，1976。
朱熹,《诗集传》, 北京：文学古籍刊行社，1955。
Campbell, David A. 1982. *Greek Lyric Poetry*. Bristol: Bristol Classical Press.
Gomme, A. W., and F. H. Sandbach. 1973. *Menander: A Commentary*. London: Oxford University Press.
Henderson, Jeffrey. 1987. *Aristophanes' Lysistrata*. Oxford: Clarendon Press.
——. 1996. *Three Plays by Aristophanes: Staging Women*. New York: Routledge.
Karlgren, Bernhard. 1950. *The Book of Odes: Chinese Text, Transcription and Translation*. Stockholm: The Museum of Far Eastern Antiquities.
Lattimore, Richmond. 1960. *Greek Lyrics*. Chicago: University of Chicago Press.
Mandelbaum, Allen. 1990. *Odyssey*. New York: Bantam Books.
Page, Denys L. 1951. *Alcman: The Partheneion*. Oxford: Clarendon Press.
Russo, Joseph, Manuel Fernández-Galiano, and Alfred Heubeck. 1992. *A Commentary on Homer's Odyssey*. Oxford: Clarendon Press.
Stanford, W. B. 1959. *The Odyssey of Homer*. London: St. Martins Press.
Waley, Arthur. Tr. 1996. *The Book of Songs*. Edited with additional translations by Joseph R. Allen. New York: Grove Press.
West, M. L. 1987. *Orestes*. Warminster: Aris & Philips.

中国希腊比较研究

（只限专著，文章列入其他研究文献）

陈芳,《中国先秦与古希腊艺术之比较研究》, 台北：五南图书，2001。
李志强,《先秦和古希腊语言观研究》, 北京：学苑出版社，2008。
刘成林,《祭坛与竞技场：艺术王国里的华夏与古希腊》, 北京：社会科学文献出版社，2001。

王大庆，《本与末：古代中国与古代希腊经济思想比较研究》，北京：商务印书馆，2006。

Beecroft, Alexander. 2010. *Authorship and Cultural Identity in Early Greece and China*. Cambridge: Cambridge University Press.

Jullien, François. 1995. *Le détour et l'accès: stratégies du sens en Chine, en Grèce*. Paris: Grasset. English Translation, *Detour and Access: Strategies of Meaning in China and Greece*. Tr. Sophie Hawkes. New York: Zone Books, 2000.

Kim, Hyun Jin. 2009. *Ethnicity and Foreigners in Ancient Greece and China*. London: Duckworth.

Kuriyama, Shigehisa. 1999. *The Expressiveness of the Body and the Divergence of Greek and Chinese Medicine*. New York: Zone Books.

Lloyd, Geoffrey. 1996. *Adversaries and Authorities: Investigations into Ancient Greek and Chinese Science*. New York: Cambridge University Press.

——. 2002. *The Ambitions of Curiosity: Understanding the World in Ancient Greece and China*. New York: Cambridge University Press.

——. 2004. *Ancient Worlds, Modern Reflections: Philosophical Perspectives on Greek and Chinese Science and Culture*. Oxford: Oxford University Press.

——. 2005. *The Delusions of Invulnerability: Wisdom and Morality in Ancient Greece, China and Today*. London: Duckworth.

Lloyd, Geoffrey, and Nathan Sivin. 2002. *The Way and the Word: Science and Medicine in Early China and Greece*. New Haven, CT.: Yale University Press.

Lu, Xing. 1998. *Rhetoric in Ancient China, Fifth to Third Century, B. C. E.: A Comparison with Classical Greek Rhetoric*. Columbia: University of South Carolina Press.

Raphals, Lisa. 1992. *Knowing Words: Wisdom and Cunning in the Classical Traditions of China and Greece*. Ithaca, NY: Cornell University Press.

Reding, Jean-Paul. 1985. *Les fondemonts philosophiques de la rhétorique chez les sophistes grecs et chez les sophistes chinois*. Berne: Peter Lang.

——. 2004. *Comparative Essays in Early Greek and Chinese Rational Thinking*. Aldershot, Hants, England: Ashgate.

Shankman, Steven, and Stephen Durrant. 2000. *The Siren and the Sage: Knowledge and Wisdom in Ancient Greece and China*. London: Cassell.

——. eds. 2002. *Early China/Ancient Greece: Thinking Through Comparisons*. Albany: State University of New York Press.

Yu, Jiyuan. 2007. *The Ethics of Confucius and Aristotle: Mirrors of Virtue*. New York: Routledge.

其他研究文献

曹玮,《散伯车父器与西周婚姻制度》,《文物》, 2000 年第 3 期，第 63—65，74 页。

曹兆兰,《金文与殷周女性文化》, 北京：北京大学出版社，2004。

常玉芝,《商代周祭制度》, 北京：中国社会科学出版社，1987。

陈来,《古代宗教与伦理：儒家思想的根源》, 北京：生活·读书·新知三联书店，1996。

——,《古代思想文化的世界：春秋时代的宗教伦理与社会思想》, 台北：允晨文化事业股份有限公司，2006。

陈桐生,《孔子诗论研究》, 北京：中华书局，2004。

陈昭容,《周代妇女在祭祀中的地位》,《清华学报》, 2003 年第 31 卷第 4 期，第 395—440 页。

——,《从青铜器铭文看两周王室婚姻关系》,《古文字与古代史》第 1 卷，台北："中央研究院"历史语言研究所，2007，第 253—292 页。

——,《两周青铜器的女性接受者与女性制作者》, 纽约：哥伦比亚大学"早期中国"讨论班论文，2008 年 3 月 8 日。

崔明德,《先秦政治婚姻史》, 济南：山东大学出版社，2004。

戴维,《诗经研究史》, 长沙：湖南教育出版社，2001。

丁鼎,《仪礼丧服考论》, 北京：社会科学文献出版社，2003。

丁凌华,《中国丧服制度史》, 上海：上海人民出版社，2000。

杜正胜,《周代城邦》, 台北：联经出版公司，1979。

冯友兰,《原忠孝》,《中国哲学的精神》, 北京：国际文化出版公司，

1998，第 68—79 页。最初发表于 1931 年。
高兵，《从金文看西周的媵婚制度》，《海南师范学院学报》（社科版），2006 年第 5 期，第 121—124 页。
顾德融、朱顺龙，《春秋史》，上海：上海人民出版社，2003。
郭沫若，《释祖妣》，《甲骨文字研究》，上海：大东书局，1931。
郭齐勇编，《儒家伦理争鸣集：以“亲亲互隐”为中心》，武汉：武汉大学出版社，2004。
黄铭崇，《殷周金文中的亲属称谓“姑”及其相关问题》，台北：“中央研究院”历史语言研究所集刊，2004 年第 75 卷第 1 期，第 1—98 页。
姬秀珠，《仪礼饮食礼器研究》，台北：里仁书局，2005。
贾俊侠，《春秋时期的媵制及其盛行原因》，《江南大学学报》（人文版），2002 年第 1 卷第 1 期，第 49—51，86 页。
翦伯赞，《先秦史》，北京：北京大学出版社，1988。
康德文，《论春秋战国时期孝观念的变迁》，《社会科学战线》，1997 年第 4 期，第 103—109 页。
雷海宗，《中国文化与中国的兵》，长沙：商务印书馆，1940。
李衡眉，《先秦史论集》，济南：齐鲁书社，1999。
李向平，《王权与神权》，沈阳：辽宁教育出版社，1991。
梁漱溟，《中国文化要义》，上海：上海世纪集团出版公司，2003。初版于 1949。
林素英，《丧服制度的文化意义：以〈仪礼·丧服〉为讨论中心》，台北：文津出版社，2000。
——，《从郭店简探究其伦常观念：以服丧思想为讨论基点》，台北：万卷楼图书股份有限公司，2003。
林耀潾，《西汉三家诗学研究》，台北：文津出版社，1996。
刘雨，《两周曹国铜器考》，《中原文物》2008 年第 2 期，第 42—46 页。
刘正，《金文庙制研究》，北京：中国社会科学出版社，2004。
卢云，《先秦两汉时期婚姻礼制的地域扩展与阶层传播》，《历史地理》，1990 年第 8 期，第 113—132 页。
陆侃如、冯沅君，《中国诗史》，天津：百花文艺出版社，1999。
吕文郁，《春秋战国文化志》，上海：上海人民出版社，1998。

——,《周代的采邑制度》(增订版),北京:社会科学文献出版社,2006。
钱杭,《周代宗法制度史研究》,上海:学林出版社,1991。
钱宗范,《周代宗法制度研究》,桂林:广西师范大学出版社,1989。
秦照芬,《商周时期的祖先崇拜》,台北:兰台出版社,2003。
佘树声,《宗法农奴制度下的周代婚姻文化》,《人文杂志》,1993 年第 2 期,第 80—87,95 页。
沈文倬,《宗周礼乐文明考论》(增订版),杭州:浙江大学出版社,2006。
斯维至,《中国古代社会文化论稿》,台北:允晨文化事业股份有限公司,1997。
孙作云,《诗经与周代社会研究》,北京:中华书局,1966。
童书业,《春秋左传研究》,上海:上海人民出版社,1980。
王贵民,《西周文化》,齐文心、王贵民编:《商西周文化志》第二部分,上海:上海人民出版社,1998。
王晖,《商周文化比较研究》,北京:人民出版社,2000。
王利华,《周秦社会变迁与"友"的衍化》,《江西社会科学》,2004 年第 10 期,第 48—53 页。
王书奴,《中国娼妓史》,上海:生活书店,1935。
闻一多,《神话与诗》,北京:中华书局,1959。
萧兵,《〈左传〉"观社"析疑》,《中国史研究》,1982 年第 4 期,第 145—147 页。
——,《楚辞的文化破译》,湖北:湖北人民出版社,1990。
谢乃和,《金文中所见西周王后事迹考》,《华夏考古》,2008 年第 3 期,第 142—152 页。
许倬云,《西周史》(修订版),北京:生活·读书·新知三联书店,2001。
阎步克,《乐师与史官:传统政治文化与政治制度论集》,北京:生活·读书·新知三联书店,2001。
杨宽,《战国史》,上海:上海人民出版社,1998。
——,《西周史》,上海:上海人民出版社,1999。
杨任之,《诗经探源》,青岛:青岛出版社,2001。
杨师群,《东周秦汉社会转型研究》,上海:上海古籍出版社,2003。
查昌国,《西周孝有抑制父的作用》,《西周史论文集》第 2 卷第 1050—

1062 页，西安：陕西人民教育出版社，1993。
——，《友与两周君臣关系的演变》，《历史研究》，1998 年第 5 期，第 94—109 页。
张继军，《先秦》，张锡勤、柴文华编：《中国伦理道德变迁史稿》第 1 卷，第 9—166 页，北京：人民出版社，2008。
张西堂，《诗经六论》，上海：商务印书馆，1957。
赵鼎新，《东周战争与儒法国家的形成》，上海：华东师范大学出版社，2006。
赵茂林，《两汉三家诗研究》，成都：巴蜀书社，2006。
赵沛霖，《现代学术文化思潮与诗经研究：二十世纪诗经研究史》，北京：学苑出版社，2006。
郑志敏，《细说唐妓》，台北：文津出版社，1997。
周继仁，《论中国古代表演艺术的商品化问题》，《中国史研究》，1993 年第 15 卷第 4 期，第 44—57 页。
周延良，《诗经学案与儒家伦理思想研究》，北京：学苑出版社，2005。
朱凤瀚，《商周家族形态研究》（修订版），天津：天津古籍出版社，2004。
朱孟庭，《诗经与音乐》，台北：文津出版社，2005。
邹昌林，《中国礼文化》，北京：社会科学文献出版社，2000。
池田末利，《中國古代宗教史研究：制度と思想》. 東京：东海大学出版会，1981。
貝塚茂樹，《中國の古代國家》，《貝塚茂樹著作集》第 1 卷，東京：中央公論社，1976。
小南一郎，《射の儀禮化をめぐって：その二つの段階》，《中國古代禮制研究》. 京都：京都大学人文科学研究所，1995，第 47—116 页。
白川静，《金文通釋》，神户：白鶴美术馆，1962—1984。收入《金文文献集成》第 45 卷，香港：明石文化国际出版有限公司，2004。

Adkins, A. W. H. 1960. *Merit and Responsibility: A Study in Greek Values*. Oxford: Clarendon Press.
Ainian, Alexander Mazarakis. 1997. *From Rulers' Dwellings to Temples: Architecture, Religion and Society in Early Iron Age Greece (1100-700 B. C.).*

Jonsered: Paul Åströms förlag.

Alexiou, Margaret. 1974. *The Ritual Lament in Greek Tradition*. Cambridge: Cambridge University Press.

Allan, Graham A. 1979. *A Sociology of Friendship and Kinship*. London: George Allen & Unwin.

——. 1996. *Kinship and Friendship in Modern Britain*. Oxford: Oxford University Press.

Allen, Joseph R. 1996. "Postface: A Literary History of the *Shi jing*." In *The Book of Songs*, tr. Arthur Waley. Edited with additional translations by Joseph R. Allen. New York: Grove Press, pp. 336-383.

Allen, Prudence. 1985. *The Concept of Woman: The Aristotelian Revolution, 750 B. C. -A. D. 1250*. Grand Rapids, MI: Eerdmans Publishing Co.

Anderson, Warren D. 1966. *Ethos and Education in Greek Music*. Cambridge, MA: Harvard University Press.

——. 1994. *Music and Musicians in Ancient Greece*. Ithaca, NY: Cornell University Press.

Antonaccio, Carla Maria. 1995. *An Archaeology of Ancestors: Tomb Cult and Hero Cult in Early Greece*. Lanham, MD: Rowman & Littlefield.

Arnason, Johann. 2005. "The Axial Age and Its Interpreters: Reopening a Debate." In *Axial Civilizations and World History*, ed., Johann Arnason, S. N. Eisenstadt, and Björn Wittrock. Leiden: Brill, pp. 19-49.

Arthur, Marilyn B. 1984. "Early Greece: The Origins of the Western Attitude Toward Women." In *Women in the Ancient World: The Arethusa Papers*, eds. John Peradotto and J. P. Sullivan. Albany: State University of New York Press, pp. 7-58.

Barlow, Tani. 1994. "Theorizing Women: *Funü, Guojia, Jiating*." In *Body, Subject and Power in China*, eds. Angela Zito and Tani E. Barlow. Chicago: University of Chicago Press, pp. 253-289.

Barringer, Judith M. 2001. *The Hunt in Ancient Greece*. Baltimore: Johns Hopkins University Press.

Beauvoir, Simone de. 1993. *The Second Sex*. Tr. and ed. H. M. Parshley. With an introduction by Margaret Crosland. Everyman's Library. French original first published in 1949.

Benson, Carol. 1995. "Mythical Women as Images of Apprehension." In Reeder, *Pandora*, pp. 373-419.

Bérard, C., et al., eds. 1989. *City of Images: Iconography and Society in Ancient Greece*. Tr. D. Lyons. Princeton, NJ: Princeton University Press.

Berger, Brigitte. 2002. *The Family in the Modern Age: More Than a Lifestyle Choice*. New Brunswick, NJ: Transaction Publishers.

Bernard, P. 1985. "Les rhytons de Nisa. I. Poétesses grecques." *Journal des Savants* (Janvier-Septembre): 25-118.

Beye, Charles Rowan. 1993. *Ancient Epic Poetry: Homer, Apollonius, Virgil*. Ithaca: Cornell University Press.

Billeter, Jean-François. 2006. *Contre François Jullien*. Paris: Allia.

Bilsky, Lester James. 1975. *The State Religion of Ancient China*. 2 vols. Taipei: Orient Cultural Service.

Bing, Peter, and Rip Cohen. 1991. *Games of Venus: An Anthology of Greek and Roman Erotic Verse from Sappho to Ovid*. New York: Routledge.

Blakeley, Barry B. 1977. "Functional Disparities in the Socio-political Traditions of Spring and Autumn China." *JESHO* 20. 2: 208-241.

Blok, Josine H. 2002. "Virtual Voices: Toward a Choreography of Women's Speech in Classical Athens." In *Making Silence Speak: Women's Voices in Greek Literature and Society*, eds. André Lardinois and Laura McClure. Princeton: Princeton University Press, pp. 95-116.

Blundell, Sue. 1995. *Women in Ancient Greece*. Cambridge, MA: Harvard University Press.

Blundell, Sue, and Margaret Williamson, eds. 1998. *The Sacred and the Feminine in Ancient Greece*. London: Routledge.

Bodde, Derk. 1953. "Harmony and Conflict in Chinese Philosophy." In *Studies in Chinese Philosophy*, ed. Arthur F. Wright. Chicago: University of Chicago Press, pp. 19-80.

——. 1975. *Festivals in Classical China: New Year and Other Annual Observances During the Han Dynasty, 206 B. C. -A. D. 220*. Princeton, NJ:

Princeton University Press.

Bolmarcich, Sarah. 2001. "*Homophrosyne* in the Odyssey." *CP* 96: 205-213.

Bossler, Beverly. 2000. "A Daughter is a Daughter All Her Life: Affinal Relations and Women's Networks in Song and Late Imperial China." *Late Imperial China* 21. 1: 77-106.

Bourriot, Felix. 1976. *Recherches sur la nature du genos: Étude d'histoire sociale athénienne périodes archaïque et classique*. Paris: H. Champion.

Bowie, Ewen. 1986. "Early Greek Elegy, Symposium and Public Festival." *JHS* 106: 13-35.

——. 1990. "*Miles Ludens*? The Problem of Martial Exhortation in Early Greek Elegy." In Murray, *Sympotica*, pp. 211-229.

Bowra, C. M. 1936. "Erinna's Lament for Baucis." In *Greek Poetry and Life*. Oxford: Oxford University Press, pp. 325-342.

Bremmer, Jan. 1987. "The Old Women of Ancient Greece." In *Sexual Asymmetry: Studies in Ancient Society*, eds. Josine Blok and Peter Mason. Amsterdam: J. C. Gieben Publisher, pp. 191-215.

——. 1990. "Adolescents, *Symposion*, and Pederasty." In Murray, *Sympotica*, pp. 135-148.

Brown, Ben. 2003. "Homer, Funeral Contests and the Origins of the Greek City." In Philips and Pritchard, *Sport and Festival in the Ancient Greek World*, pp. 123-162.

Brown, Miranda. 2003. "Sons and Mothers in Warring States and Han China, 453 BCE-220 CE." *NN* 5. 2: 137-169.

——. 2007. *The Politics of Mourning in Early China*. Albany: State University of New York Press.

Brumfield, Allaire Chandor. 1981. *The Attic Festivals of Demeter and Their Relation to the Agricultural Year*. New York: Arno Press.

Buffière, Felix. 1980. *Eros adolescent: La pédérastie dans la Grèce antique*. Paris: Belles Lettres.

Burkert, Walter. 1985. *Greek Religion*. Tr. John Raffan. Cambridge, MA: Harvard University Press.

——. 1991. "Oriental Symposia: Contrasts and Parallels." In W. J. Slater ed., *Dining in a Classical Context*, pp. 7-24.

——. 1995. "Greek *Poleis* and Civic Cults: Some Further Thoughts." In *Studies in the Ancient Greek Polis*, eds. Mogens Herman Hansen and Kurt Raaflaub. Stuttgart: Steiner, pp. 201-210.

Burnett, Anne Pippin. 1979. "Desire and Memory (Sappho Frag. 94)." *CP* 74: 16-27.

——. 1989. "Performing Pindar's Odes." *CP* 84: 283-293.

——. 2005. *Pindar's Songs for the Young Athletes of Aigina*. New York: Oxford University Press.

Burton, Joan. 1998. "Women's Commensality in the Ancient Greek World." *G & R* 45. 2: 143-165.

Buxton, Richard, ed. 2000. *Oxford Readings in Greek Religion*. Oxford: Oxford University Press.

Calame, Claude. 2001. *Choruses of Young Women in Ancient Greece: Their Morphology, Religious Role, and Social Function*. Tr. Derek Collins and Janice Orion. Lanham, MD: Rowman & Littlefield.

Cambiano, Giuseppe. 1995. "Becoming an Adult." In Vernant ed., *The Greeks*, pp. 86-119.

Cameron, Averil, and Amélie Kuhrt, eds. 1983. *Images of Women in Antiquity*. Detroit: Wayne State University Press.

Camp, J. M. 1986. *The Athenian Agora: Excavations in the Heart of Classical Athens*. London: Thomas & Hudson.

Campbell, David A. 1983. *The Golden Lyre: The Themes of the Greek Lyric Poets*. London: Duckworth.

——. 1989. "Monody." In *The Cambridge History of Classical Literature*, eds. P. E. Easterling and B. M. W. Knox, Vol. 1, pt. 1, *Early Greek Poetry*. Cambridge: Cambridge University Press, pp. 161-180.

Canfora, Luciano. 1995. "The Citizen." In Vernant ed., *The Greeks*, pp. 120-152.

Cantarella, Eva. 1987. *Pandora's Daughters: The Role and Status of Women in Greek and Roman Antiquity*. Tr. M. B. Fant. Baltimore: Johns Hopkins University Press.

——. 2002. *Bisexuality in the Ancient World.* 2nd ed. Tr. Cormac Ó Cuilleanáin. New Haven, CT: Yale University Press.

Carey, Christopher. 1991. "The Victory Ode in Performance: The Case for the Chorus." *CP* 86: 192-200.

Cartledge, Paul. 1977. "Hoplites and Heroes." *JHS* 97: 11-23.

——. 1981. "Spartan Wives: Liberation or License?" *CQ* 31: 84-105.

——. 1985. "The Greek Religious Festivals." In Easterling and Muir, *Greek Religion and Society*, pp. 98-127.

——. 2001. *Spartan Reflections*. Berkeley: University of California Press.

Chang, Kang-i Sun. 1997. "Ming and Qing Anthologies of Women's Poetry and Their Selection Strategies." In *Writing Women in Late Imperial China*, eds. Ellen Widmer and Kang-i Sun Chang. Stanford, CA: Stanford University Press, pp. 147-170.

Chang, Kang-i Sun, and Haun Saussy, eds. 1999. *Women Writers of Traditional China: An Anthology of Poetry and Criticism*. Stanford, CA: Stanford University Press.

Chang, Kwang-chih. 1976. *Early Chinese Civilization: Anthropological Perspectives*. Cambridge, MA: Harvard University Press.

——. 1983. *Art, Myth, and Ritual: The Path to Political Authority in Ancient China*. Cambridge, MA: Harvard University Press.

Cheliga, Marya. 1896. "L'Evolution du féminisme." *La Revue Encyclopédique* 6 (Nov. 28): 910-913.

Cheng, Anne. 1993. "Ch'un ch'iu, Kung Yang, Ku liang and Tso Chuan." In Loewe, *Early Chinese Texts*, pp. 67-76.

Chiang, William W. 1995. *"We Two Know the Script; We Have Become Good Friends": Linguistic and Social Aspects of the Women's Script Literacy in Southern Hunan, China*. Lanham, MD: University Press of America.

Chin, Tamara. 2006. "Orienting Mimesis: Marriage and the *Book of Songs*." *Representations* 94. 1: 53-79.

Chow, Tse-tsung. 1978. "The Childbirth Myth and Ancient Chinese Medicine: A Study of Aspects of the *Wu* Tradition." In *Ancient China: Studies in Early Chinese Civilization*, eds. David T. Roy and Tsuen-hsuin Tsien. Hong Kong: Chinese University Press, pp. 43-90.

Chun, Allen J. 1990. "Conceptions of Kinship and Kingship in Classical Chou China." *TP* 76: 16-48.

Clayton, Barbara. 2004. *A Penelopean Poetics: Reweaving the Feminine in Homer's Odyssey*. Lanham, MD: Lexington Books.

Cobb-Stevens, Veda, Thomas Figueira, and Gregory Nagy. 1985. "Introduction." In Figueira and Nagy, *Theognis of Megara: Poetry and the Polis*, pp. 1-22.

Cohen, David. 1991. *Law, Sexuality and Society: The Enforcement of Morals in Classical Athens*. Cambridge: Cambridge University Press.

Cole, Susan G. 1981. "Could Greek Women Read and Write?" In Foley, *Reflections of Women in Antiquity*, pp. 219-245.

Collier, Jane Fishburne, and Sylvia Junko Yanagisako, eds. 1987. *Gender and Kinship: Essays toward a Unified Analysis*. Stanford, CA: Stanford University Press.

Collins, Derek. 2004. *Master of the Game: Competition and Performance in Greek Poetry*. Cambridge, MA: Harvard University Press.

Comaroff, John L. 1987. "Sui genderis: Feminism, Kinship Theory, and Structural 'Domains'. " In Collier and Yanagisako, *Gender and Kinship*, pp. 53-85.

Cook, Constance. 1999. "The Ideology of the Chu Ruling Class: Ritual Rhetoric and Bronze Inscriptions." In Cook and Major, *Defining Chu*, pp. 67-76.

Cook, Constance, and John S. Major, eds. 1999. *Defining Chu: Image and Reality in Ancient China*. Honolulu: University of Hawaii Press.

Cott, Nancy F. 1987. *The Grounding of Modern Feminism*. New Haven, CT: Yale University Press.

Creel, Herlee G. 1970. *The Origins of Statecraft in China*. Vol. 1, *The Western*

Zhou Empire. Chicago: University of Chicago Press.

Crotty, Kevin. 1982. *Song and Action: The Victory Odes of Pindar*. Baltimore: Johns Hopkins University Press.

Dalby, Andrew. 1996. *Siren Feasts: A History of Food and Gastronomy in Greece*. London: Routledge.

Davidson, James. 1997. *Courtesans and Fishcakes: The Consuming Passions of Classical Athens*. London: HarperCollins.

——. 2007. *The Greeks and Greek Love: A Radical Reappraisal of Homosexuality in Ancient Greece*. London: Weidenfeld & Nicolson.

Davies, Malcolm. 1989. *The Greek Epic Cycle*. London: Bristol Classical Press.

De Polignac, François. 1995. *Cults, Territory, and the Origins of the Greek City-State*. Tr. Janet Lloyd. Chicago: University of Chicago Press. French original published in 1984.

Dentzer, J. -M. 1982. *Le motif du banquet couché dans le Proche-Orient et le monde grec du VIIe au IVe siècle avant J. -C*. Rome: École française de Rome.

Detienne, Marcel. 1970. "The Violence of Wellborn Ladies: Women in the Thesmophoria." In *The Cuisine of Sacrifice among the Greeks*, eds. M. Detienne and J. P. Vernant. Chicago: University of Chicago Press. French original 1979.

——. 1994. *The Gardens of Adonis: Spices in Greek Mythology*. Tr. Janet Lloyd. Princeton, NJ: Princeton University Press.

Detienne, Marcel, and J. P. Vernant. 1978. *Cunning Intelligence in Greek Culture and Society*. Tr. Janet Lloyd. Atlantic Highlands, NJ: Humanities Press.

Dickie, M. 1984. "*Hêsychia* and *Hybris* in Pindar." In *Greek Poetry and Philosophy: Studies in Honour of Leonard Woodbury*, ed. Douglas E. Gerber. Chico, CA: Scholars Press.

Dillon, Matthew. 2002. *Girls and Women in Classical Greek Religion*. London: Routledge.

Dobson, W. A. C. H. 1968. *The Language of the Book of Songs*. Toronto:

University of Toronto Press.

——. 1969. "The Problems of the *Book of Songs* in the Light of Recent Linguistic Research." In *American Oriental Society, Middle West Branch, Semi-Centennial Volume: A Collection of Original Essays*, ed. Denis Sinor. Bloomington: Indiana University Press, pp. 41-58.

Dodd, David B., and Christopher A. Faraone, eds. 2003. *Initiation in Ancient Greek Rituals and Narratives*. London: Routledge.

Donlan, Walter. 1985. "*Pistos philos hetairos*." In Figueira and Nagy, *Theognis of Megara*, pp. 223-244.

——. 2007. "Kin-Groups in the Homeric Epics." *Classical World* 101. 1: 29-39.

Dougherty, Carol, and Leslie Kurke, eds. 2003. *The Cultures within Ancient Greek Culture: Contact, Conflict, Collaboration*. Cambridge: Cambridge University Press.

Dover, K. J. 1972. *Aristophanic Comedy*. Berkeley: University of California Press.

——. 1974. *Greek Popular Morality in the Time of Plato and Aristotle*. Oxford: Blackwell.

——. 1978. *Greek Homosexuality*. New York: Vintage Books.

DuBois, Page. 1982. *Centaurs and Amazons: Women and the Pre-history of the Great Chain of Being*. Ann Arbor: University of Michigan Press.

Dupont, Florence. 1999. *The Invention of Literature: From Greek Intoxication to the Latin Book*. Tr. Janet Lloyd. Baltimore: Johns Hopkins University. French original published in 1994.

Durkheim, Émile. 1976. *The Elementary Forms of the Religious Life*. London: Allen and Unwin.

Easterling, P. E., and J. V. Muir, eds. 1985. *Greek Religion and Society*. Cambridge: Cambridge University Press.

Ehrenberg, Victor. 1951. *The People of Aristophanes*. Oxford: Blackwell.

——. 1969. *The Greek State*. 2nd ed. London: Mathven.

Eisenstadt, S. N. 2000. "Multiple Modernities." *Daedalus* 129. 1: 1-29.

Elshtain, Jean Bethke, ed. 1982. *The Family in Political Thought*. Brighton, Sussex: Harvester Press.

——. ed. 1993. *Public Man, Private Woman: Women in Social and Political Thought*. 2nd ed. Princeton, NJ: Princeton University Press.

Falkenhausen, Lothar von. 1993. *Suspended Music: Chime-bells in the Culture of Bronze Age China*. Berkeley: University of California Press.

——. 1995. "Reflections on the Political Role of Spirit Mediums in Early China: The *Wu* Officials in the *Zhou Li*." *EC* 20: 279-300.

——. 1996. "The Concept of *Wen* in the Ancient Chinese Ancestral Cult." *CLEAR* 18: 1-22.

——. 1999. "The Waning of the Bronze Age: Material Culture and Social Developments, 770-481 B. C." In *The Cambridge History of Ancient China: From the Origins of Civilization to 221 B. C.*, eds. Michael Loewe and Edward L. Shaughnessy. Cambridge: Cambridge University Press, ch. 7.

——. 2006. *Chinese Society in the Age of Confucius (1000-250 BC): The Archaeological Evidence*. Los Angeles: Cotsen Institute of Archaeology.

Fantham, Elaine, H. Foley, N. Kampen, S. Pomeroy, and H. A. Shapiro. 1994. *Women in the Classical World: Image and Text*. New York: Oxford University Press.

Faraone, Christopher. 2003. "Playing the Bear and the Fawn for Artemis: Female Initiation of Substitute Sacrifice?" In Dodd and Faraone, *Initiation in Ancient Greek Rituals and Narratives*, pp. 43-68.

Faraone, Christopher, and Laura McLure, eds. 2006. *Prostitutes and Courtesans in the Ancient World*. Madison: University of Wisconsin Press.

Felson, Nancy. 1994. *Regarding Penelope: From Character to Poetics*. Princeton, NJ: Princeton University Press.

Ferrari, Gloria. 2003. "What Kind of Rite of Passage Was the Ancient Greek Wedding?" In Dodd and Faraone eds., *Initiation in Ancient Greek Rituals and Narratives*, pp. 27-42.

Figueira, T. J., and Gregory Nagy, eds. 1985. *Theognis of Megara: Poetry and the Polis*. Baltimore: Johns Hopkins University Press.

Fine, John V. A. 1983. *The Ancient Greeks: A Critical History*. Cambridge, MA: Belknap Press of Harvard University Press.

Finley, M. I. 1956. *The World of Odysseus*. London: Penguin Books.

——. 1977. *The Ancient Greeks*. New York: Penguin Books.

——. ed. 1984. *The Legacy of Greece: A New Appraisal*. Oxford: Oxford University Press.

Fogel, Joshua A., and Peter G. Zarrow, eds. 1997. *Imagining the People: Chinese Intellectuals and the Concept of Citizenship, 1890-1920*. Armonk, NY: M. E. Sharpe.

Folch, Marcus. 2006. "Genre, Gender, and Performance in Plato's *Laws*." Ph. D. diss., Stanford University.

Foley, Helene P., ed. 1981. *Reflections of Women in Antiquity*. New York: Gordon & Breach Science Publishers.

——. 1982. "The 'Female Intruder' Reconsidered: Women in Aristophanes' *Lysistrata* and *Ecclesiazusae*." *CQ* 77: 1-21.

Foucault, Michel. 1985. *The History of Sexuality*. Vol. 2, *The Use of Pleasure*. Tr. Robert Hurley. New York: Vintage Books.

——. 1986. *The History of Sexuality*. Vol. 3, *The Care of the Self*. Tr. Robert Hurley. New York: Vintage Books.

Freeman, Charles. 1999. *The Greek Achievement: The Foundation of the Western World*. London: Penguin Books.

Furth, Charlotte. 1988. "Androgynous Males and Deficient Females: Biology and Gender Boundaries in Sixteenth- and Seventeenth-Century China." *Late Imperial China* 9. 2: 1-31.

Fustel de Coulanges, Numa Denis. 1980. *The Ancient City: A Study on the Religion, Laws and Institutions of Greece and Rome*. With a new foreword by Arnold Momigliano and S. C. Humphreys. Baltimore: Johns Hopkins University Press.

Gallant, T. W. 1991. *Risk and Survival in Ancient Greece: Reconstructing the Rural Domestic Economy*. Stanford, CA: Stanford University Press.

Garlan, Yvon. 1995. "War and Peace." In Vernant, *The Greeks*, pp. 53-85.

Garland, Robert. 1990. *The Greek Way of Life: From Conception to Old Age*. Ithaca, NY: Cornell University Press.

Gassmann, Robert H. 2000. "Understanding Ancient Chinese Society: Approaches to *Ren* and *Min*." *JAOS* 120. 3: 348-359.

Gauthier, Phillipe. 1985. *Les cités grecques et leurs bienfaiteurs, IVe-Ier siècle avant J. -C.*. Athènes: École française d'Athènes.

Gentili, Bruno. 1988. *Poetry and Its Public in Ancient Greece: From Homer to the Fifth Century*. Tr. with an introduction by A. Thomas Cole. Baltimore: Johns Hopkins University Press.

Gernet, Jacques. 1995. *Buddhism in Chinese Society: An Economic History from the Fifth to the Tenth Centuries*. New York: Columbia University Press. French original published in 1956.

Gernet, Louis. 1981. *The Anthropology of the Greeks*. Tr. John Hamilton and Blaise Nagy. Baltimore: Johns Hopkins University Press.

Giacomelli [Carson], Anne. 1980. "The Justice of Aphrodite in Sappho Fr. 1." *TAPA* 110: 135-142.

Glosser, Susan L. 2003. *Chinese Visions of Family and State, 1915-1953*. Berkeley: University of California Press.

Golden, Mark. 1990. *Children and Childhood in Classical Athens*. Baltimore: Johns Hopkins University Press.

——. 1998. *Sport and Society in Ancient Greece*. Cambridge: Cambridge University Press.

Goldhill, Simon. 1990. "The Great Dionysia and Civic Ideology." In Winkler and Zeitlin, *Nothing to Do with Dionysos?* pp. 97-129.

——. 1994. "Representing Democracy: Women at the Great Dionysia." In *Ritual, Finance, Politics: Athenian Democratic Accounts Presented to David Lewis*, eds. Robin Osborne and Simon Hornblower. Oxford: Oxford University Press, pp. 347-370.

Goody, Jack. 1962. *Death, Property and the Ancestors: A Study of the Mortuary Customs of the LoDagaa of West Africa*. Stanford, CA: Stanford University Press.

——. 1990. *The Oriental, the Ancient, and the Primitive: Systems of Marriage and the Family in the Pre-industrial Societies of Eurasia*. Cambridge: Cambridge University *Press*.

Graf, Fritz. 2003. "Initiation: A Concept with a Troubled History." In Dodd and Faraone, *Initiation in Ancient Greek Rituals and Narratives*, pp. 3-24.

Granet, Marcel. 1932. *Festivals and Songs of Ancient China*. London: George Routledge & Sons.

——. 1975. *The Religion of the Chinese People*. Tr., ed., and with an introduction by Maurice Freedman. Oxford: Basil Blackwell.

Greene, Ellen, ed. 1996. *Reading Sappho: Contemporary Approaches*. Berkeley: University of California Press.

——, ed. 2005. *Women Poets in Ancient Greece and Rome*. Norman: University of Oklahoma Press.

Groningen, B. A. van. 1960. *Pindare au banquet: Les fragments des scolies edités avec un commentaire critique et explicatif*. Leiden: E. J. Brill.

Guisso, Richard W. 1981. "Thunder over the Lake: The Five Classics and the Perception of Woman in Early China." In *Women in China: Current Directions in Historical Scholarship*, ed. Richard Guisso. Youngstown, NY: Philo Press, pp. 47-61.

Gutzwiller, Kathryn. 1997. "Genre Development and Gendered Voices in Erinna and Nossis." In *Dwelling in Possibility: Women Poets and Critics on Poetry*, eds. Yopie Prins and Maeera Shreiber. Ithaca, NY: Cornell University Press, pp. 202-222.

Hadas, Moses. 1959. *Hellenistic Culture: Fusion and Diffusion*. New York: Columbia University Press.

Hagstrum, Jean H. 1992. *Esteem Enlivened by Desire: The Couple from Homer to Shakespeare*. Chicago: University of Chicago Press.

Hall, David L., and Roger T. Ames. 1987. *Thinking Through Confucius*. Albany: State University of New York Press.

——. 1998. *Thinking from the Han: Self, Truth, and Transcendence in Chinese and Western Culture*. Albany: State University of New York Press.

——. 1999. *The Democracy of the Dead: Dewey, Confucius, and the Hope for Democracy in China*. Chicago: Open Court.

Hall, Jonathan M. 2007. "Polis, Community, and Ethnic Identity." In *The Cambridge Companion to Archaic Greece*, ed. H. A. Shapiro. Cambridge: Cambridge University Press, pp. 40-60.

Halperin, David. 1990. *One Hundred Years of Homosexuality*. New York: Routledge.

Hamilton, Edith. 1943. *The Greek Way*. New York: W. W. Norton & Co.

Hansen, Mogens Herman. 1998. *Polis and City-State: An Ancient Concept and Its Modern Equivalent*. Copenhagen: Royal Danish Academy of Sciences and Letters.

——. 2006. *Polis: An Introduction to the Ancient Greek City-State*. New York: Oxford University Press.

Hansen, Mogens Herman, and Thomas Heine Nielsen. 2004. *An Inventory of Archaic and Classical Poleis*. Oxford: Oxford University Press.

Hanson, Victor. 1989. *The Western Way of War: Infantry Battle in Classical Greece*. New York: Knopf.

Harper, Donald. 1994. "Resurrection in Warring States Popular Religion." *Taoist Resources* 5. 2: 13-28.

Harris, H. A. 1976. *Sport in Greece and Rome*. Ithaca, NY: Cornell University Press.

Hartsock, Nancy. 1983. *Money, Sex and Power: Toward a Feminist Historical Materialism*. New York: Longman.

Havelock, Eric Alfred. 1963. *Preface to Plato*. Cambridge, MA: Belknap Press, Harvard University Press.

Heath, Malcolm, and Mary Lefkowitz. 1991. "Epinician Performance: A Response to Burnett and Carey." *CP* 86: 173-191.

Helly, Dorothy O., and Susan M. Reverby, eds. 1992. *Gendered Domains: Rethinking Public and Private in Women's History*. Ithaca, NY: Cornell University Press.

Herman, Gabriel. 1987. *Ritualised Friendship and the Greek City*. Cambridge:

Cambridge University Press.

Hinsch, Bret. 1990. *Passions of the Cut Sleeve: The Male Homosexual Tradition in China*. Berkeley: University of California Press.

——. 2002. *Women in Early Imperial China*. Lanham, MD: Rowman & Littlefield.

——. 2003. "The Origins of Separation of the Sexes in China." *JAOS* 123. 3: 595-616.

——. 2005. "Van Gulik's *Sexual Life in Ancient China* and the Matter of Homosexuality." *NN* 7. 1: 79-91.

Hodkinson, Stephen. 1999. "An Agonistic Culture? Athletic Competition in Archaic and Classical Spartan Society." In *Sparta: New Perspectives*, eds. Stephen Hodkinson and Anton Powell. London: Duckworth, with the Classical Press of Wales, pp. 147-187.

Holzman, Donald. 1998. "The Place of Filial Piety in Ancient China." *JAOS* 118. 2: 1-15.

Hornblower, Simon. 1991. *The Greek World, 479-323 BC*. London: Routledge.

Hsu, Cho-yun. 1965. *Ancient China in Transition: An Analysis of Social Mobility, 722-222 BC*. Stanford, CA: Stanford University Press.

—— 2005. "Rethinking the Axial Age—The Case of Chinese Culture." In *Axial Civilization and World History*, ed. Johann Arnason, S. N. Eisenstadt, and Björn Wittrock. Leiden: Brill, pp. 451-467.

Hsu, Francis L. K. 1948. *Under the Ancestors' Shadow: Chinese Culture and Personality*. New York: Columbia University Press.

Hubbard, Thomas K., ed. 2003. *Homosexuality in Greece and Rome: A Sourcebook of Basic Documents*. Berkeley: University of California Press.

Hughes, Bettany. 2005. *Helen of Troy: Goddess, Princess, Whore*. New York: Knopf.

Humphreys, S. C. 1978. *Anthropology and the Greeks*. London: Routledge & Kegan Paul.

——. 1980. "Foreword." In Fustel de Coulanges, *The Ancient City*, pp. xv-xxiii.

——. 1983. *The Family, Women and Death: Comparative Studies*. London: Routledge & Kegan Paul.

Hunter, Virginia. 1989a. "The Athenian Widow and Her Kin." *Journal of Family History* 14. 4: 291-311.

——. 1989b. "Women's Authority in Classical Athens: The Example of Kleobule and Her Son (Dem. 27-29)." *EMC* 33, n. s. 8: 39-48.

Idema, Wilt, and Beata Grant, eds. 2004. *The Red Brush: Writing Women of Imperial China*. Cambridge, MA: Cambridge University Press.

Jameson, Michael H. 1990. "Private Space and the Greek City." In Murray and Price, *The Greek City from Homer to Alexander*, pp. 171-195.

——. 1998. "Religion in the Athenian Democracy." In *Democracy 2005? Questions and Challenges*, eds. Ian Morris and Kurt Raaflaub. Dubuque, Iowa: Kendall/Hunt Publishing Co., pp. 171-195.

Jia, Jinhua. 2001. "An Interpretation of '*Shi* keyi qun.'" *TP* 87: 1-13.

Johnson, Kay Ann. 1983. *Women, the Family and Peasant Revolution in China*. Chicago: University of Chicago Press.

Jones, A. H. M. 1940. *The Greek City: From Alexander to Justinian*. Oxford: Clarendon Press.

Judd, Ellen. 1989. "Niangjia: Chinese Women and Their Natal Families." *JAS* 48. 3: 525-544.

Just, Roger. 1989. *Women in Athenian Law and Life*. London: Routledge.

Kamen, Deborah. 2007. "The Life Cycle in Archaic Greece." In *The Cambridge Companion to Archaic Greece*, ed. H. A. Shapiro. Cambridge: Cambridge Uiveristy Press, pp. 85-107.

Keesing, Roger M. 1976. *Cultural Anthropology: A Contemporary Perspective*. New York: Holt, Rinehart & Winston.

Keightley, David N. 1978. "The Religious Commitment: Shang Theology and the Genesis of Chinese Political Culture." *History of Religions* 17: 211-225.

——. 1993. "Clean Hands and Shining Helmets: Heroic Action in Early Chinese and Greek Culture." In *Religion and the Authority of the Past*, ed. Tobin Siebers. Ann Arbor: University of Michigan Press, pp. 13-51.

——. 1998. "Shamanism, Death, and the Ancestors: Religious Mediation in Neolithic and Shang China, ca. 5000-1000 B. C." *Asiatische Studien* 52: 763-828.

——. 2000. *Ancestral Landscape: Time, Space, and Community in Late Shang China, ca. 1200-1045 B. C.* Berkeley: Center for Chinese Studies.

Kern, Martin. 2000. "*Shi Jing* Songs as Performance Texts: A Case Study of 'Chu Ci' (The Thorny Caltrop)." *EC* 25: 49-112.

——. 2005. "The Odes in Excavated Manuscripts." In *Text and Ritual in Early China*, ed. Martin Kern. Seattle: University of Washington Press, pp. 149-193.

——. 2007. "Beyond the Mao Odes: *Shijing* Reception in Early Medieval China." *JAOS* 127. 2: 131-142.

——. 2009a. "Bronze Inscriptions, the *Shangshu*, and the *Shijing*: The Evolution of the Ancestral Sacrifice during the Western Zhou." In *Early Chinese Religion*. Pt. 1, *Shang through Han (1250 BC to 220 AD)*, eds. John Lagerwey and Marc Kalinowski. Leiden: E. J. Brill, pp. 143-200.

——. 2009b. "Offices of Writing and Reading in the *Rituals of Zhou*." In *Statecraft and Classical Learning: The Rituals of Zhou in East Asian History*, eds. Benjamin Elman and Martin Kern. Leiden: Brill, pp. 65-93.

Keuls, Eva. 1985. *The Reign of the Phallus: Sexual Politics in Ancient Athens*. New York: Harper & Row.

Knapp, Keith. 1995. "The *Ru* Reinterpretation of *Xiao*." *EC* 20: 195-222.

Knechtges, David R. 1981. "Ssu-ma Hsiang-ju's 'Tall Gate Palace Rhapsody." *HJAS* 41. 1: 47-64.

——. 1993. "The Poetry of an Imperial Concubine: The Favorite Beauty Ban." *Oriens Extremus* 36. 2: 127-144.

——. tr. 1999. "Rhapsody of Self-commiseration." In Chang and Saussy, *Women Writers of Traditional China*, pp. 17-21.

Knox, B. M. W. 1989. "Theognis." In *The Cambridge History of Classical Literature*, eds. Easterling and Knox. Vol. 1, pt. 1, *Early Greek Poetry*. Cambridge: Cambridge University Press, pp. 95-105.

——. 1996. "Introduction." In *Odyssey*, tr. Robert Fagles. New York: Viking, pp. 3-64.

Konstan, David. 1993. "Aristophanes' *Lysistrata*: Women and the Body Politic." In Sommerstein et al., *Tragedy, Comedy and the Polis*, pp. 431-444.

——. 1997. *Friendship in the Classical World*. Cambridge: Cambridge University Press.

Kowalzig, Barbara. 2004. "Changing Choral Worlds: Song-Dance and Society in Athens and Beyond." In Murray and Wilson, *Music and the Muses*, pp. 39-65.

Kraemer, Ross S. 1979. "Ecstasy and Possession: The Attraction of Women to the Cult of Dionysus." *Harvard Theological Review* 72. 1-2: 55-80.

Krentz, Peter. 2007. "Warfare and Hoplites." In *The Cambridge Companion to Archaic Greece*, ed. H. A. Shapiro. Cambridge: Cambridge University Press, pp. 61-84.

Kurke, Leslie. 1991. *The Traffic in Praise: Pindar and the Poetics of Social Economy*. Ithaca, NY: Cornell University Press.

——. 1997. "Inventing the Hetaira: Sex, Politics, and Discursive Conflict in Archaic Greece." *CA* 16. 1: 106-150.

——. 2000. "The Strangeness of 'Song Culture.'" In Taplin, *Literature in the Greek and Roman Worlds*, pp. 40-69.

Lambert, S. D. 1993. *The Phratries of Attica*. Ann Arbor: University of Michigan Press.

Lamphere, Louise. 1974. "Strategies, Cooperation and Conflict among Women in Domestic Groups." In *Woman, Culture and Society*, eds. Michelle Zimbalist Rosaldo and Louise Lamphere. Stanford, CA: Stanford University Press, pp. 97-112.

Landes, Joan B. 1982. "Hegel's Conception of the Family." In Elshtain, *The Family in Political Thought*, pp. 125-144.

Lardinois, André. 2001. "Keening Sappho: Female Speech Genres in Sappho's Poetry." In *Making Silence Speak*, eds. Lardinois and McClure. Princeton, NJ: Princeton University Press, pp. 75-92.

Lardinois, André, and Laura McClure, eds. 2001. *Making Silence Speak:*

Women's Voices in Greek Literature and Society. Princeton, NJ: Princeton University Press.

Larmour, David H. J. 2005. "Corinna's Poetic Metis and the Epinikian Tradition." In Greene, *Women Poets in Ancient Greece and Rome*, pp. 25-58.

Larson, Jennifer. 1995. *Greek Heroine Cults*. Madison: University of Wisconsin Press.

Lawton, Thomas, ed. 1991. *New Perspectives on Chu Culture during the Eastern Zhou Period*. Washington, DC: Arthur M. Sackler Gallery, Smithsonian Institution.

Lefkowitz, Mary. 1976. *The Victory Ode: An Introduction*. Park Ridge, NJ: Noyes Press.

——. 1981. *The Lives of Greek Poets*. Baltimore: Johns Hopkins University Press.

——. 1986. *Women in Greek Myth*. Baltimore: Johns Hopkins University Press.

——. 1996. "Women in the Panathenaic and Other Festivals." In *Worshipping Athena: Panathanaia and Parthenon*, ed. Jennifer Neils. Madison: University of Wisconsin Press, pp. 78-91.

——. 2003. *Greek Gods, Human Lives: What We Can Learn from Myths*. New Haven, CT: Yale Univeristy Press.

Lefkowitz, Mary, and Maureen B. Fant, eds. 2005. *Women's Life in Greece and Rome: A Source Book in Translation*. 3rd ed. Baltimore: Johns Hopkins University Press.

Lerner, Gerda. 1993. *The Creation of Feminist Consciousness: From the Middle Ages to Eighteen-seventy*. Oxford: Oxford University Press.

Levine, D. 1985. "Symposium and the Polis." In Figueira and Nagy, *Theognis of Megara*, pp. 176-196.

Lewis, John. 1985. "Eros and Polis in Theognis Book II." In Figueira and Nagy, *Theognis of Megara*, pp. 197-222.

Lewis, Mark Edward. 1990. *Sanctioned Violence in Early China*. Albany: State University of New York Press.

——. 1997. "Ritual Origins of the Warring States." *Bulletin de L'École*

Française d'Extrême-Orient 84: 73-98.

——. 1999. *Writing and Authority in Early China*. Albany: State University of New York Press.

——. 2006a. *The Construction of Space in Early China*. Albany: State University of New York Press.

——. 2006b. *The Flood Myths of Early China*. Albany: State University of New York Press.

Lewis, Sian. 2002. *The Athenian Woman: An Iconographic Handbook*. London: Routledge.

Li, Chenyang. 2006. "The Confucian Ideal of Harmony." *Philosophy East and West* 56. 4: 583-603.

——. 2008. "The Ideal of Harmony in Ancient Chinese and Greek Philosophy." *Dao: A Journal of Comparative Philosophy* 7. 1: 81-98.

Li, Feng. 2001-2002. "'Offices' in Bronze Inscriptions and Western Zhou Government Administration." *EC* 26/27: 1-72.

——. 2006. *Landscape and Power in Early China: The Crisis and Fall of the Western Zhou, 1045-771 BC*. Cambridge: Cambridge University Press.

——. 2008. *Bureaucracy and the State in Early China: Governing the Western Zhou*. Cambridge: Cambridge University Press.

——. Forthcoming. "Literacy and the Social Contexts of Writing in the Western Zhou." In *Writing and Literacy in Early China*, eds. Feng Li and David Branner. Seattle: University of Washington Press.

Li, Wai-yee. 2007. *The Readability of the Past in Early Chinese Historiography*. Cambridge, MA: Harvard University Press.

Lipking, Lawrence. 1988. *Abandoned Women and Poetic Tradition*. Chicago: University of Chicago Press.

Lissarrague, François. 1989. "The World of the Warrior." In Bérard et al., *City of Images*, pp. 38-51.

——. 1990. *The Aesthetics of the Greek Banquet*. Tr. Andrew Szegedy-Maszak. Princeton, NJ: Princeton University Press.

Liu, Fei-wen. 2001. "The Confrontation between Fidelity and Fertility: *Nüshu*,

Nüge, and Peasant Women's Conception of Widowhood in Jiangyong County, Hunan Province, China." *JAS* 60. 4: 1051-1084.

——. 2004a. "Literacy, Gender, and Class: *Nüshu* and Sisterhood Communities in Southern Rural Hunan [Female-Specific Written Script]." *NN* 6. 2: 241-282.

——. 2004b. "From Being to Becoming: *Nüshu* and Sentiments in a Chinese Rural Community [Jiangyong County, Hunan Province]." *American Ethnologist* 31. 3: 422-439.

Liu, Qingping. 2003. "Filiality versus Sociality and Individuality: On Confucianism as Consanguinitism." *Philosophy East and West* 53. 2: 234-250.

Liu, Shu-hsien, and Robert E. Allinson, eds. 1988. *Harmony and Strife: Contemporary Perspectives, East and West*. Hong Kong: Chinese University Press.

Liu, Zehua, and Jianqing Liu. 1997. "Civic Associations, Political Parties, and the Cultivation of Citizenship Consciousness in Modern China." In Fogel and Zarrow, *Imagining the People*, pp. 39-60.

Lloyd, Alan B., ed. 1996. *Battle in Antiquity*. London: Duckworth.

Lloyd-Jones, H., ed. 1975. *Females of the Species: Semonides on Women*. London: Duckworth.

Loewe, Michael., ed. 1993. *Early Chinese Texts: A Bibliographical Guide*. Berkeley, CA: Society for the Study of Early China.

Loraux, Nicole. 1993. *The Children of Athena*. Tr. Caroline Levine. Princeton, NJ: Princeton University Press. French original published 1984.

——. 2002. *The Divided City: On Memory and Forgetting in Ancient Athens*. Tr. Corinne Pache with Jeff Fort. New York: Zone Books.

Lowe, N. J. 1998. "Thesmophoria and Haloa: Myth, Physics and Mysteries." In Blundell and Williamson, *The Sacred and the Feminine in Ancient Greece*, pp. 149-173.

Ludwig, Paul W. 2002. *Eros and Polis: Desire and Community in Greek Political Theory*. Cambridge: Cambridge University Press.

MacDowell, Douglas M. 1995. *Aristophanes and Athens: An Introduction to the Plays*. Oxford: Oxford University Press.

Maine, Henry. 1861. *Ancient Law: Its Connection with the Early History of Society and Its Relation to Modern Ideas*. London: J. Murray.

Major, John S. 1999. "Characteristics of Late Chu Religion." In *Defining Chu: Image and Reality in Ancient China*, eds. Constance A. Cook and John S. Major. Honolulu: University of Hawaii Press.

Mann, Susan. 2000. "The Male Bond in Chinese History and Culture." *American Historical Review* 105. 5: 1600-1614.

Marrou, H. I. 1956. *A History of Education in Antiquity*. Tr. George Lamb. New York: Sheed & Ward.

Marry, John D. 1979. "Sappho and the Heroic Ideal." *Arethusa* 12. 1: 71-92.

Martin, Richard P. 1993. "Telemachus and the Last Hero Song." *Colby Quarterly* 29. 3: 222-240.

Maspero, Henri. 1978. *China in Antiquity*. Tr. Frank A. Kierman, Jr. Amherst: University of Massachusetts Press.

Mattos, Gilbert L. 1988. *The Stone Drums of Ch'in*. Nettetal, Germany: Steyler Verl.

Maurizio, Lisa. 1998. "The Panathanaic Procession: Athens' Participatory Democracy on Display." In *Democracy, Empire, and the Arts in Fifth-Century Athens*, eds. Deborah Boedeker and Kurt Raaflaub. Cambridge, MA: Cambridge University Press, pp. 297-317.

McEvilley, Thomas. 1973. "Sapphic Imagery and Frag. 96." *Hermes* 101: 257-278.

Mikalson, Jon D. 2004. "Histories: Greece." In *Religions of the Ancient World: A Guide*, ed. Sarah Iles Johnston. Cambridge, MA: The Belknap Press of Harvard University Press, pp. 210-219.

——. 2005. *Ancient Greek Religion*. Malden, MA: Blackwell Publishing.

Millender, Ellen G. 1999. "Athenian Ideology and the Empowered Spartan Female." In *Sparta: New Perspectives*, eds. S. Hodkinson and A. Powell. London: Duckworth, pp. 355-391.

Miller, Stephen G. 1978. *The Prytaneion: Its Function and Architectural Form*. Berkeley: University of California Press.

Mills, Patricia Jagentowicz. 1996. "Hegel's *Antigone*." In *Feminist Interpretations of G. W. F. Hegel*, ed. Patricia Jagentowicz Mills. University Park: Pennsylvania State University Press.

Mitchell, Stephen. 1996. "Hoplite Warfare in Ancient Greece." In Lloyd, *Battle in Antiquity*, pp. 87-106.

Monoson, Susan Sara. 1994. "Citizen as *Erastes*: Erotic Imagery and the Idea of Reciprocity in the Periclean Funeral Oration." *Political Theory* 22. 2: 253-276.

——. 2000. *Plato's Democratic Entanglements: Athenian Politics and the Practice of Philosophy*. Princeton, NJ: Princeton University Press.

Morris, Ian. 1986. "The Use and Abuse of Homer." *CA* 5: 81-138.

——. 1987. *Burial and Ancient Society: The Rise of the Greek City State*. Cambridge: Cambridge University Press.

——. 1991. "The Archaeology of Ancestors: The Saxe/Goldstein Hypothesis Revisited." *Cambridge Archaeological Journal* 1. 2: 147-169.

——. 1992. *Death-Ritual and Social Structure in Classical Antiquity*. Cambridge: Cambridge University Press.

Morrow, Glenn. 1960. *Plato's Cretan City: A Historical Interpretation of the Laws*. Princeton, NJ: Princeton University Press.

Mossé, Claude. 1984. *La Grèce archaïque d'Homère à Eschyle: VIIIe-VIe siècles av. J. -C.* Paris: Seuil.

Most, Glenn. 1995. "Reflecting Sappho." *Bulletin of the Institute of Classical Studies* 40, n. s. 2: 15-38.

Mou, Sherry J. 2004. *Gentlemen's Prescriptions for Women's Lives: A Thousand Years of Biographies of Chinese Women*. Armonk, NY: M. E. Sharpe.

Murray, Oswyn. 1980. *Early Greece*. Stanford, CA: Stanford University Press.

——. 1982. "*Symposion* and *Mannerbund*." In *Concilium Eirene XVI/I*, eds. P. Oliva and A. Frolikóvá. Kabinet pro studia recká, rímská a latinská CSAV, pp. 47-52.

——. 1983a. "The Greek *Symposion* in History." In *Tria Corda: Scritti in onore di Arnaldo Momigliano*, ed. E. Gabba. Como: Edizioni New Press, pp. 257-272.

——. 1983b. "The *Symposion* as Social Organisation." In *The Greek Renaissance of the Eighth Century B. C.: Tradition and Innovation*, eds. R. Hägg and N. Marinatos. Stockholm: Svenska Institut i Athen, pp. 195-199.

——. 1986. "Life and Society in Classical Greece." In *The Oxford History of the Classical World*, eds. John Boardman, Jasper Griffin, and Oswyn Murray. Oxford: Oxford University Press, pp. 204-233.

——. 1990. "The Affairs of the Mysteries: Democracy and the Drinking Group." In Murray, *Sympotica*, pp. 149-161.

——. 1991. "War and the Symposium." In William J. Slater, ed., *Dining in a Classical Context*. Ann Arbor: University of Michigan Press, pp. 83-103.

——. 1995. "Forms of Sociality." In Vernant ed., *The Greeks*, pp. 218-253.

——. 2000. "Feasting and Alcohol in Ancient Societies." In *Studies in Chinese and Western Classical Civilizations: Essays in Honour of Prof. Lin Zhi-chun on his 90th Birthday*. Tianjin: Nankai daxue chubanshe, pp. 350-364.

Murray, Oswyn, ed. 1990. *Sympotica: A Symposium on the Symposion*. Oxford: Clarendon Press.

Murray, Oswyn, and Simon Price, eds. 1990. *The Greek City from Homer to Alexander*. Oxford: Clarendon Press.

Murray, Penelope, and Peter Wilson, eds. 2004. *Music and the Muses: The Culture of 'Mousikē' in the Classical Athenian City*. Oxford: Oxford University Press.

Murrin, Michael. 1994. *History and Warfare in Renaissance Epic*. Chicago: University of Chicago Press.

Nagler, Michael N. 1993. "Penelope's Male Hand: Gender and Violence in the *Odyssey*." *Colby Quarterly* 29. 3: 241-257.

Nagy, Gregory. 1979. *The Best of the Achaeans: Concepts of the Hero in Archaic Greek Poetry*. Baltimore: Johns Hopkins University Press.

——. 1990. *Pindar's Homer: The Lyric Possession of an Epic Past*. Baltimore:

Johns Hopkins University Press.

——. 1996. *Poetry as Performance: Homer and Beyond*. Cambridge: Cambridge University Press.

——. 2004. "Transmission of Archaic Greek Sympotic Songs: From Lesbos to Alexandria." *Critical Inquiry* 31: 26-48.

Neils, Jennifer, ed. 1996. *Worshipping Athena: Panathenaia and Parthenon*. Madison: University of Wisconsin Press.

Nevett, Lisa C. 1999. *House and Society in the Ancient Greek World*. Cambridge: Cambridge University Press.

Nicholson, Nigel. 2003. "Aristocratic Victory Memorials and the Absent Charioteer." In *The Cultures within Ancient Greek Culture*, eds. Dougherty and Kurke. Cambridge: Cambridge University Press, pp. 101-128.

——. 2005. *Aristocracy and Athletics in Archaic and Classical Greece*. New York: Cambridge University Press.

Nixon, L. F. 1995. "The Cults of Demeter and Kore." In *Women in Antiquity: New Assessments*, eds. R. Hawley and B. Levick. London: Routledge, pp. 75-96.

Nylan, Michael. 2000. "Golden Spindles and Axes: Elite Women in the Achaemenid and Han Empires." In *The Sage and the Second Sex: Confucianism, Ethics, and Gender*, ed. Chenyang Li. Chicago: Open Court, pp. 199-222.

——. 2001. *The Five "Confucian" Classics*. New Haven, CT: Yale University Press.

Oakley, John H., and Rebecca H. Sinos. 1993. *The Wedding in Ancient Athens*. Madison: University of Wisconsin Pres.

Ober, Josiah. 1989. *Mass and Elite in Democratic Athens: Rhetoric, Ideology, and the Power of the People*. Princeton, NJ: Princeton University Press.

Ogden, Daniel. 1996. "Homosexuality and Warfare in Ancient Greece." In Lloyd, *Battle in Antiquity*, pp. 107-168.

Okin, Susan Moller. 1979. *Women in Western Political Thought*. Princeton, NJ: Princeton University Press.

——. 1989. *Justice, Gender, and the Family*. New York: Basic Books.

Osborne, Robin. 1993. "Competitive Festivals and the Polis: A Context for Dramatic Festivals at Athens." In Sommerstein et al., *Tragedy, Comedy and the Polis*, pp. 21-37.

——. 1997. "Law, the Democratic Citizen and the Representation of Women in Classical Athens." *Past and Present* 155: 3-33.

——. 2000. "Women and Sacrifice in Classical Greece." In Buxton, *Oxford Readings in Greek Religion*, pp. 294-313.

Owen, Stephen. 2006. *The Making of Early Chinese Classical Poetry*. Cambridge, MA: Harvard University Press.

Paik, Wooyeal, and Daniel A. Bell. 2004. "Citizenship and State-Sponsored Physical Education: Ancient Greece and Ancient China." *Review of Politics* 66. 1: 7-34.

Parke, H. W. 1977. *Festivals of the Athenians*. Ithaca, NY: Cornell University Press.

Parker, Holt. 1993. "Sappho Schoolmistress." *TAPA* 123: 309-351.

——. 2005. "Sappho's Public World." In Greene, *Women Poets in Ancient Greece and Rome*, pp. 3-24.

Parker, Robert. 1986. "Greek Religion." In *The Oxford History of the Classical World*, eds. Boardman, Griffin, and Murray. Oxford: Oxford University Press, pp. 254-274.

——. 1996. *Athenian Religion: A History*. Oxford: Oxford University Press.

Pateman, Carol. 1988. *The Sexual Contract*. Stanford, CA: Stanford University Press.

Patterson, Cynthia B. 1998. *The Family in Greek History*. Cambridge, MA: Harvard University Press.

Patterson, Orlando. 1991. *Freedom*. Vol. 1, *Freedom in the Making of Western Culture*. New York: Basic Books.

Pedrick, Victoria. 1988. "The Hospitality of Noble Women in the *Odyssey*." *Helios* 15. 2: 85-102.

Pelling, Christopher. 2000. *Literary Texts and the Greek Historian*. London:

Routledge.

Percy, William Armstrong III. 1996. *Pederasty and Pedagogy in Archaic Greece*. Urbana: University of Illinois Press.

——. 2005. "Reconsiderations about Greek Homosexualities." *Journal of Homosexuality* 49. 3/4: 13-61.

Perlman, Paula. 1983. "Plato's *Laws* 833C-834D and the Bears of Brauron." *GRBS* 24. 2: 115-130.

Philips, David J. 2003. "Athenian Political History: A Panathenaic Perspective." In Philips and Pritchard, *Sport and Festival in the Ancient Greek World*, pp. 197-232.

Philips, David J., and David Pritchard, eds. 2003. *Sport and Festival in the Ancient Greek World*. London: Classical Press of Wales.

Pines, Yuri. 2002. *Foundations of Confucian Thought: Intellectual Life in the Chunqiu Period, 722-453 B. C. E*. Honolulu: University of Hawaii Press.

Pitt-Rivers, Julian. 1973. "The Kith and the Kin." In *The Character of Kinship*, ed. Jack Goody. Cambridge: Cambridge University Press, pp. 89-105.

Polinskaya, Irene. 2003. "Liminality as Metaphor: Initiation and the Frontiers of Ancient Athens." In Dodd and Faraone, *Initiation in Ancient Greek Rituals and Narratives*, pp. 85-106.

Pomeroy, Sarah B. 1975. *Goddesses, Whores, Wives, and Slaves: Women in Classical Antiquity*. New York: Schocken Books.

——. 1984. *Women in Hellenistic Egypt: From Alexander to Cleopatra*. New York: Schocken Books.

——. 1994. *Xenophon's Oeconomicus: A Social and Historical Commentary*. New York: Oxford University Press.

——. 1997. *Families in Classical and Hellenistic Greece*. Oxford: Clarendon Press.

——. ed. 1999. *Plutarch's Advice to the Bride and Groom and A Consolation to His Wife: English Translations, Commentary, Interpretive Essays, and Bibliography*. New York: Oxford University Press.

——. 2002. *Spartan Women*. Oxford: Oxford University Press.

Poo, Mu-chou. 1998. *In Search of Personal Welfare: A View of Ancient Chinese Religion*. Albany: State University of New York Press.

Powell, Anton. 1999. "Spartan Women Assertive in Politics? Plutarch's Lives of Agis and Kleomenes." In *Sparta: New Perspectives*, eds. Hodkinson and Powell. London: Duckworth with the Classical Press of Wales, pp. 393-419.

Price, Simon. 1999. *Religions of the Ancient Greeks*. Cambridge: Cambridge University Press.

Pritchard, David. 2003. "Athletics, Education and Participation in Classical Athens." In Philips and Pritchard, *Sport and Festival in the Ancient Greek World*, pp. 293-349.

Pucci, Petro. 1987. *Odysseus Polutropos: Intertexual Readings in the Odyssey and the Iliad*. Ithaca, NY: Cornell University Press.

——. 1998. *The Song of the Sirens: Essays on Homer*. Lanham, MD: Rowman & Littlefield.

Puett, Michael 2002. *To Become a God: Cosmology, Sacrifice, and Self-Divinization in Early China*. Cambridge, MA: Asia Center, Harvard University Press.

Raaflaub, Kurt. 1993. "Homer to Solon: The Rise of the Polis." In *The Ancient Greek City-State: Symposium on the Occasion of the 250th Anniversary of the Royal Danish Academy of Sciences and Letters, July 1-4, 1992*, ed. Mogens Herman Hansen. Copenhagen: Munksgaard.

——. 1998. "A Historian's Headache: How to Read 'Homeric Society.'" In *Archaic Greece: New Approaches and New Evidence*, eds. N. Fisher and H. van Wees. London: Duckworth, pp. 69-193.

——. 2005. "Polis, 'the Political,' and Political Thought: New Departures in Ancient Greece, c. 800-500 BCE." In *Axial Civilizations and World History*, eds. Arnason, Eisenstadt, and Wittrock, pp. 253-283.

Raphals, Lisa. 1998. *Sharing the Light: Representations of Women and Virtue in Early China*. Albany: State University of New York Press.

——. 2001. "Arguments by Women in Early Chinese Texts." *NN* 3. 2: 157-195.

——. 2002a. "The Woman Who Understood the Rites." In *Confucius and the*

Analects: New Essays, ed. Bryan W. Van Norden. Oxford: Oxford University Press, pp. 275-302.

——. 2002b. "Gender and Virtue in Greece and China." *JCP* 29. 3: 415-436.

Rauk, John. 1989. "Erinna's *Distaff* and Sappho Fr. 94." *GRBS* 30: 101-116.

Rawson, Jessica. 1999a. "Western Zhou Archaeology." In *The Cambridge History of Ancient China*, eds. Loewe and Shaughnessy, pp. 352-449.

——. 1999b. "Ancient Chinese Ritual as Seen in the Material Record." In *State and Court Ritual in China*, ed. Joseph McDermott. Cambridge: Cambridge University Press, pp. 20-49.

Rayor, Diane J. 2005. "The Power of Memory in Erinna and Sappho." In Greene, *Women Poets in Ancient Greece and Rome*, pp. 59-71.

Redfield, James. 1995. "Homo Domesticus." In Vernant, *The Greeks*, pp. 153-183.

——. 2003. *The Locrian Maidens: Love and Death in Greek Italy*. Princeton, NJ: Princeton University Press.

Reding, Jean-Paul. 1996. "Review of François Jullien, *Detour and Access* (French original)." *China Review International* 3. 1: 160-168.

Reeder, Ellen. 1995a. "Women and the Metaphor of Wild Animals." In Reeder, *Pandora*, pp. 299-372.

——. ed. 1995b. *Pandora: Women in Classical Greece*. Princeton, NJ: Princeton University Press.

Rhodes, P. J. 1986. *The Greek City States: A Source Book*. Norman: University of Oklahoma Press.

Ridley, R. T. 1979. "The Hoplite as Citizen." *Antiquité Classique* 48: 508-548.

Riegel, Jeffrey. 1997. "Eros, Introversion, and the Beginnings of *Shijing* Commentary." *HJAS* 57. 1: 143-177.

Rissman, Leah. 1983. *Love as War: Homeric Allusion in the Poetry of Sappho*. Konigstein: Hein.

Roberts, Jennifer T. 1994. *Athens on Trial: The Antidemocratic Tradition in Western Thought*. Princeton, NJ: Princeton University Press.

Roller, L. E. 1981. "Funeral Games for Historical Persons." *Stadion* 7: 1-18.

Rosaldo, Michelle Zimbalist. 1974. "Woman, Culture, and Society: A Theoretical Overview." In *Woman, Culture and Society*, eds. Rosaldo and Lamphere. Stanford, CA: Stanford University Press, pp. 17-42.

——. 1980. "The Use and Abuse of Anthropology: Reflections on Feminism and Cross-Cultural Understanding." *Signs* 5. 3: 389-417.

Rose, H. J. 1957. "The Religion of a Greek Household." *Euphrosyne* 1: 95-116.

Rosenlee, Li-hsiang Lisa. 2006. *Confucianism and Women: A Philosophical Interpretation*. Albany: State University of New York Press.

Rössler, Wolfgang. 1990. "Mnemosyne in the *Symposion*." In Murray, *Sympotica*, pp. 230-237.

Rothwell, Kenneth S. Jr. 1990. *Politics and Persuasion in Aristophanes' Ecclesiazusae*. Leiden: Brill.

Roussel, Denis. 1976. *Tribu et cité: Études sur les groupes sociaux dans les cités grecques aux époques archaïque et classique*. Paris: Les Belles Lettres.

Rouzer, Paul. 2001. *Articulated Ladies: Gender and the Male Community in Early Chinese Texts*. Cambridge, MA: Harvard University Asia Center.

Salkever, Stephen. 2004. "Review of François Jullien, *Detour and Access*." *Bryn Mawr Classical Review* 8. 17.

Saussy, Haun. 1993. *The Problem of a Chinese Aesthetic*. Stanford, CA: Stanford University Press.

——. 2002. "No Time Like the Present: The Category of Contemporaneity in Chinese Studies." In Shankman and Durrant, *Early China/Ancient Greece*, pp. 35-54.

Saxonhouse, Arlene W. 1992. *Fear of Diversity: The Birth of Political Science in Ancient Greek Thought*. Chicago: University of Chicago Press.

Scanlon, Thomas F. 2002. *Eros and Greek Athletics*. New York: Oxford University Press.

Schaberg, David. 1999a. "Travel, Geography, and the Imperial Imagination in Fifth-Century Athens and Han China." *Comparative Literature* 51. 2: 152-191.

——. 1999b. "Song and the Historical Imagination in Early China." *HJAS* 59. 2:

305-361.

——. 2001. A *Patterned Past: Form and Thought in Early Chinese Historiography*. Cambridge, MA: Harvard University Asia Center.

Schachter, Albert. 2000. "Greek Deities: Local and Panhellenic Identities." In *Further Studies in the Ancient Greek Polis*, ed. Pernille Flensted-Jensen. Stuttgart: Franz Steiner Verlag, pp. 9-17.

Schmitt-Pantel, Pauline. 1987. "Sociabilité et imaginaire de la cité." In Thelamon, *Sociabilité, pouvoirs et société*, pp. 73-74.

——. 1990a. "Sacrificial Meal and *Symposion*: Two Models of Civic Institutions in the Archaic City?" In Murray, *Sympotica*, pp. 14-33.

——. 1990b. "Collective Activities and the Political in the Greek City." In Murray and Price, *The Greek City from Homer to Alexander*, pp. 199-214.

——. 1992. *La cité au banquet: Histoire des repas publics dans les cités grecques*. Rome: École française de Rome.

Schnapp, Alain. 1989. "Eros the Hunter." In Bérard et al., *City of Images*, pp. 71-87.

Schwartz, Benjamin I. 1987. "The Primacy of the Political Order in East Asian Societies: Some Preliminary Generalizations." In *Foundations and Limits of State Power in China*, ed. Stuart R. Schram. London: School of Oriental and African Studies, University of London, pp. 1-10.

Seaford, Richard. 1994. *Reciprocity and Ritual: Homer and Tragedy in the Developing City-state*. Oxford: Oxford University Press.

Sealey, Ralph. 1987. *The Athenian Republic: Democracy or the Rule of Law?* University Park: Pennsylvania State University Press.

Sedgwick, Eva Kosofsky. 1985. *Between Men: English Literature and Male Homosocial Desire*. New York: Columbia University Press.

Segal, Charles. 1965. "The Tragedy of the *Hippolytus*: The Waters of Ocean and the Untouched Meadow." *Harvard Studies in Classical Philology* 70: 117-169.

——. 1989. "Archaic Choral Lyric." In *The Cambridge History of Classical Literature*, eds. Easterling and Knox. Vol. 1, *Early Greek Poetry*. Cambridge:

Cambridge University Press, pp. 127-144.

Sena, David. 2005. "Reproducing Society: Lineage and Kinship in Western Zhou China." Ph. D. diss., University of Chicago.

Shankman, Steven, and Stephen Durrant. 2002. "Introduction." In Shankman and Durrant, *Early China/Ancient Greece*, pp. 1-13.

Shaughnessy, Edward L. 1989. "The Role of Grand Protector Shi in the Consolidation of the Zhou Conquest." *Ars Orientalis* 24: 51-77.

——. 1991. *Sources of Western Zhou History: Inscribed Bronze Vessels*. Berkeley: University of California Press.

——. 1995. "From Liturgy to Literature: The Ritual Contexts of the Earliest Poems in the *Book of Poetry*. "*Hanxue yanjiu* 13. 1: 133-164.

——. 2006. *Rewriting Early Chinese Texts*. Albany: State University of New York Press.

Shaw, Michael. 1975. "The Female Intruder: Women in Fifth-Century Drama." *CP* 70: 255-266.

Shipley, Graham. 2000. *The Greek World after Alexander, 323-30 B. C.* London: Routledge.

Silber, Cathy. 1994. "From Daughter to Daughter-in-law in the Women's Script of Southern Hunan." In *Engendering China: Women, Culture, and the State*, eds. Christina K. Gilmartin, Gail Hershatter, Lisa Rofel, and Tyrene White. Cambridge, MA: Harvard University Press, pp. 47-68.

Simon, Erika. 1983. *Festivals of Attica: An Archaeological Commentary*. Madison: University of Wisconsin Press.

Singor, H. W. 1999. "Admission to the *Syssitia* in Fifth-Century Sparta." In *Sparta: New Perspectives*, eds. Hodkinson and Powell. London: Duckworth, pp. 67-89.

Skinner, Marilyn B. 1982. "Briseis, the Trojan Women, and Erinna." *CW* 75. 5: 265-269.

——. 1987. "Greek Women and the Metronymic: A Note on an Epigram by Nossis." *Ancient History Bulletin* 1: 39-42.

——. 1989. "Sapphic Nossis." *Arethusa* 22. 5-18.

——. 1991. "Nossis *Thêlyglôssos*: The Private Text and the Public Book." In *Women's History and Ancient History*, ed. Sarah B. Pomeroy. Chapel Hill: University of North Carolina Press, pp. 20-47.

Slater, Philip E. 1968. *The Glory of Hera: Greek Mythology and the Greek Family*. Boston: Beacon Press.

Slater, William J., ed. 1996. *Dining in a Classical Context*. Ann Arbor: University of Michigan Press.

Snodgrass, A. M. 1965. "The Hoplite Reform and History." *JHS* 85: 110-122.

Snyder, Jane McIntosh. 1989. *The Woman and the Lyre: Women Writers in Classical Greece and Rome*. Carbondale: Southern Illinois University Press.

Sommerstein, Alan, Stephen Halliwell, Jeffrey Henderson, and Bernhard Zimmermann, eds. 1993. *Tragedy, Comedy and the Polis*. Bari: Levante Editori.

Sourvinou-Inwood, Christiane. 1978. "Persephone and Aphrodite at Locri: A Model for Personality Definitions in Greek Religion." *JHS* 98: 101-121.

——. 1988. *Studies in Girls' Transitions: Aspects of the Arkteia and Age Representation in Attic Iconography*. Athens: Kardamitsa.

——. 1995. *"Reading" Greek Death: To the End of the Classical Period*. Oxford: Clarendon Press.

——. 2000a. "What is *Polis* Religion? In Buxton, *Oxford Readings in Greek Religion*, pp. 13-37.

——. 2000b. "Further Aspects of *Polis* Religion." In Buxton, *Oxford Readings in Greek Religion*, pp. 38-55.

Stanford, W. B. 1992. *The Ulysses Theme: A Study in the Adaptability of a Traditional Hero*. Dallas: Spring Publications.

Stehle, Eva. 1997. *Performance and Gender in Ancient Greece*. Princeton, NJ: Princeton University Press.

——. 2001. "The Good Daughter: Mothers' Tutelage in Erinna's *Distaff* and Fourth-Century Epitaphs." In *Making Silence Speak*, eds. Lardinois and McClure, pp. 179-200.

Steiner, George. 1984. *Antigones*. New Haven, CT: Yale University Press.

Stevenson, Tom. 2003. "The Parthenon Frieze as an Idealized, Contemporary Panathenaic Festival." In Philips and Pritchard, *Sport and Festival in the Ancient Greek World*, pp. 233-280.

Stewart, Andrew. 1997. *Art, Desire, and the Body in Ancient Greece*. Cambridge: Cambridge University Press.

Stockard, Janice. 1989. *Daughters of the Canton Delta: Marriage Patterns and Economic Strategies in South China, 1860-1930*. Stanford, CA: Stanford University Press.

Strauss, Barry S. 1993. *Fathers and Sons in Athens: Ideology and Society in the Era of the Peloponnesian War*. Princeton, NJ: Princeton University Press.

Sutton, Robert. 1981. "The Interaction between Men and Women Portrayed on Attic Red-figure Pottery." Ph. D. diss., University of North Carolina at Chapel Hill.

Sweet, Waldo E. 1987. *Sport and Recreation in Ancient Greece: A Sourcebook with Translations*. New York: Oxford University Press.

Tam, Koo-yin. 1975. "The Use of Poetry in *Tso Chuan*." Ph. D. diss., University of Washington.

Tan, Sor-hoon. 2002. "Between Family and State: Relational Tensions in Confucian Ethics." In *Mencius: Contexts and Interpretations*, ed. Alan K. L. Chan. Honolulu: University of Hawaii Press, pp. 169-188.

Tandy, David W. 1997. *Warriors into Traders: The Power of the Market in Early Greece*. Berkeley: University of California Press.

Taplin, Oliver, ed. 2000. *Literature in the Greek and Roman Worlds: A New Perspective*. Oxford: Oxford University Press.

Thatcher, Melvin P. 1991. "Marriages of the Ruling Elite in the Spring and Autumn Period." In *Marriage and Inequality in Chinese Society*, eds. Rubie S. Watson and Patricia B. Ebrey. Berkeley: University of California Press, pp. 25-57.

Thelamon, Françoise, ed. 1987. *Sociabilité, pouvoirs et société: Actes du colloque de Rouen 24/26 nov. 1983*. Rouen: Publications de l'Université de Rouen.

Thériault, Gaétan. 1996. *Le culte d'Harmonia dans les cités grecques*. Lyon: Maison de l'Orient méditerranéen.

Too, Yun Lee, ed. 2001. *Education in Greek and Roman Antiquity*. Leiden: Brill.

Turner, Karen. 1990. "Sage Kings and Laws in the Chinese and Greek Traditions." In *Heritage of China: Contemporary Perspectives on Chinese Civilization*, ed. Paul Ropp. Berkeley: University of California Press, pp. 86-111.

Tyrrell, William Blake. 1984. *Amazons: A Study in Athenian Mythmaking*. Baltimore: Johns Hopkins University Press.

Vaio, John. 1973. "The Manipulation of Theme and Action in Aristophanes' *Lysistrata*." *GRBS* 14: 369-380.

Van Bremen, Riet. 2003. "Family Structures." In *A Companion to the Hellenistic World*, ed. Andrew Erskine. Blackwell Publishing, pp. 313-330.

Van Norden, Bryan W. 2000. "Review of David L. Hall and Roger T. Ames, *Thinking from the Han: Self, Truth, and Transcendence in Chinese and Western Culture*." *Pacific Affairs* 73. 2: 288.

Van Zoeren, Steven. 1991. *Poetry and Personality: Reading, Exegesis, and Hermeneutics in Traditional China*. Stanford, CA: Stanford University Press.

Vauchez, André. 1987. "Rapport introductif: Jalons pour une historiographie de la sociabilité." In Thelamon, *Sociabilité, pouvoirs et société*, pp. 7-15.

Venit, Marjorie Susan. 1998. "Women in Their Cups." *CW* 92. 2: 117-130.

Vernant, J. P. 1980. *Myth and Society in Ancient Greece*. Tr. Janet Lloyd. New York: Zone Books.

——. 1982. *The Origins of Greek Thought*. Ithaca, NY: Cornell University Press.

——. 1983. "Hestia-Hermes: The Religious Expression of Space and Movement in Ancient Greece." In *Myth and Thought among the Greeks*. Tr. H. Piat. London: Routledge & Kegan Paul, pp. 127-176.

——. 1991. *Mortals and Immortals: Collected Essays*, ed. Froma I. Zeitlin. Princeton, NJ: Princeton University Press.

——. ed. 1995. *The Greeks*. Tr. Charles Lambert and Teresa Lavender Fagan. Chicago: University of Chicago Press.

Vernant, J. P., and Jacques Gernet. 1980. "Social History and the Evolution of Ideas in China and Greece from the Sixth to the Second Centuries B. C." In Vernant, *Myth and Society in Ancient Greece*, pp. 79-100.

Vidal-Naquet, Pierre. 1986. *The Black Hunter: Forms of Thought and Forms of Society in the Greek World*. Tr. Andrew Szegedy-Maszak. Baltimore: Johns Hopkins University Press.

Walker, Susan. 1983. "Women and Housing in Classical Greece: The Archaeological Evidence." In Cameron and Kuhrt, *Images of Women in Antiquity*, pp. 81-91.

Wang, C. H. 1974. *The Bell and the Drum: Shih ching as Formulaic Poetry in an Oral Tradition*. Berkeley: University of California Press.

——. 1975. "Towards Defining a Chinese Heroism." *JASO* 95: 25-35.

Wang, Fan-shen. 1997. "Evolving Prescriptions for Social Life in the Late Qing and Early Republic: From *Qunxue* to Society." In Fogel and Zarrow, *Imagining the People*, pp. 258-278.

Weiss, Penny A. 1993. *Gendered Community: Rousseau, Sex, and Politics*. New York: New York University Press.

Wender, Dorothea. 1984. "Plato: Mysogynist, Paedophile, and Feminist." In *Women in the Ancient World: The Arethusa Papers*, eds. John Peradotto and J. P. Sullivan. Albany: State University of New York Press, pp. 213-228.

Westlake, H. D. 1980. "The *Lysistrata* and the War." *Phoenix* 34: 38-54.

White, Nicholas. 2002. *Individual and Conflict in Greek Ethics*. Oxford: Oxford University Press.

Williams, Dyfri. 1993. "Women on Athenian Vases: Problems of Interpretation." In *Images of Women in Antiquity*, eds. Cameron and Kuhrt. Rev. ed. Detroit: Wayne State University Press, pp. 92-106.

Williamson, Margaret. 1995. *Sappho's Immortal Daughters*. Cambridge, MA: Harvard University Press.

Wilson, Lyn Hatherly. 1996. *Sappho's Sweetbitter Songs: Configurations of*

Female and Male in Ancient Greek Lyric. London: Routledge.

Wilson, Peter. 2000. *The Athenian Institution of the Khoregia: The Chorus, the City and the Stage*. Cambridge: Cambridge University Press.

——. 2003. "The Politics of Dance: Dithyrambic Contest and Social Order in Ancient Greece." In Philips and Pritchard, *Sport and Festival in the Ancient Greek World*, pp. 163-196.

Winkler, John J. 1990a. *The Constraints of Desire: The Anthropology of Sex and Gender in Ancient Greece*. London: Routledge.

——. 1990b. "The Ephebes' Song: Tragōidia and Polis." In Winkler and Zeitlin, *Nothing to Do with Dionysus?* pp. 20-62.

Winkler, John J., and Froma I. Zeitlin, eds. 1990. *Nothing to Do with Dionysus? Athenian Drama in Its Social Context*. Princeton, NJ: Princeton University Press.

Wolf, Margery. 1972. *Women and the Family in Rural Taiwan*. Stanford, CA: Stanford University Press.

Wu, Cuncun. 2004. *Homoerotic Sensibilities in Late Imperial China*. London: Routledge Curzon.

Wu, Hung. 1988. "From Temple to Tomb: Ancient Chinese Art and Religion in Transition." *EC* 13: 78-115.

Xu, Sufen. 2006. "The Rhetoric of Legitimation: Prefaces to Women's Poetry Collections from the Song to the Ming." *NN* 8. 2: 255-289.

Yates, Robin D. S. 1997. "The City-State in Ancient China." In *The Archaeology of City-States: Cross-Cultural Approaches*, eds. Deborah L. Nichols and Thomas H. Charlton. Washington DC: Smithsonian Institution Press, pp. 71-90.

Yatromanolakis, Dimitrios. 2007. *Sappho in the Making: The Early Reception*. Cambridge, MA: Center for Hellenic Studies, Harvard University Press.

Yu, Anthony C. 2004. *State and Religion in China*. Chicago: Open Court.

Zaidman, Louise Bruit, and Pauline Schmitt-Pantel. 1992. *Religion in the Ancient Greek City*. Tr. Paul Cartledge. Cambridge: Cambridge University Press.

Zeitlin, Froma I. 1995. "Figuring Fidelity in Homer's *Odyssey*." In *The Distaff Side: Representing the Female in Homer's Odyssey*, ed. Beth Cohen. New York: Oxford University Press, pp. 117-152.

——. 1996. *Playing the Other: Gender and Society in Classical Greek Literature*. Chicago: University of Chicago Press.

Zhang, Longxi. 2005. "Review of Steven Shankman and Stephen Durrant eds., *Early China/Ancient Greece*." *Comparative Literature* 57. 2: 185-192.

Zhao, Henry. 2007. "Contesting Confucius." *New Left Review* 44 (March-April).

Zhou, Yiqun. 2003. "Virtue and Talent: Women and *Fushi* in Early China." *NN* 5. 1: 1-42.

——. 2005. "Word and Music: Conviviality, Spontaneity, and Self-Sufficiency in Classical Athens and Song China." In *Literature, Religion, and East/West Comparison: Essays in Honor of Anthony C. Yu*, ed. Eric Ziolkowski. Newark: University of Delaware Press, pp. 202-222.

索　引

（所列页码为英文版页码，即本书边码）

Achilles［阿基琉斯］：44n10，66，68，70，84，86，230；and Patroklos［～与帕特洛克罗斯］42-43，49，67，79，134-136，147

Age-mates（age-grade system）［同龄伙伴（年龄组制度）］：89-91，96，97，148，150，157，167n15，171-173，194，241n38

Agon（contest）［对抗］：41，166，186，327

Agora［集市，市政广场］：12，13n34，66，68，70，73，123，182，234

Alexander the Great［亚历山大大帝］：7，13

Alkaios［阿尔凯乌斯］：41-42，50-56，68，273，277n20，284

Alkestis［阿尔刻斯狄斯］：217，219

Alkman［阿尔克曼］：83n102，164-172，173，186，194，273，312，316

Amazons［亚马孙族］：181，182

Anakreon［阿那克瑞翁］：55n39，277n20

Ancient China/Greece［古代中国/希腊］：Chronology of［年代表］，4-5；in comparative studies［比较研究中的～］vii，28，321；cultural unity and diversity in［～的文化统一性和多样性］，6-7，9-10；in evolutionist paradigm［进化论范式中的～］2-4，18-19；historical change and continuity in［～的历史变化和延续］7-10，12-14，16-18

Andromakhe［安德洛玛刻］：217，218-219

Antigone［安提戈涅］：18n51

Anyte［阿尼特］：267，272-273

Aphrodite［阿佛洛狄忒］：61，97n147，288n45；in Nossis［诺西斯诗中的～］285，286；in Sappho［萨福诗中的～］271，274，275，280，282-283，284

Apollo［阿波罗］：46，74，75，76-77，78，79

Archery［射箭］：46，106-108，125n62，125n63，239-240

Arete［阿瑞塔］：220，225，228-230，231，240n36

Aristophanes［阿里斯托芬］：162，194-195，313；*Assemblywomen*［《公民大会妇女》］175，177，179-180，181，183-185；*Lysistrata*［《吕西斯特拉特》］162-163，173，174，177-186；*Women at the Thesmophoria*［《地母节妇女》］164，175-177，313n97，313n98

Aristotle［亚里士多德］：52n33，67，77n87，157n127，326n8

Artemis［阿耳忒弥斯］：75，148，162，173

Assembly（political body）［公民大会（政治组织）］：8n18，11n27，12，13n35，27，177，185，231

Athena［雅典娜］：74，75，177，211；and Odysseus［～与奥德修斯］46n14，47，108；and Panathenaia［～与泛雅典人节］66，80，162；and Telemakhos［～与特勒马科斯］89，241n37

Athena Khalkioikos［铜宅雅典娜］：96

Athena Nike［胜利女神雅典娜］：181

Athena Phratria［兄弟会之神雅典娜］：120

Athenaios［阿忒纳乌斯］：50，51，97n147

Attic Skolia［雅典宴乐歌］：42，65-69，75-76

Bakkhylides［巴库利德斯］：42，74，79-80，85

Ban Gu［班固］：132n80，188n49，189，196n71

Beauvoir，Simone de［波伏娃］：328-329

Biographies of Women［《列女传》］：242n40，247n51，

248n53，289-291，298，299n69
Book of Changes [《周易》]：20n58
Book of Documents [《尚书》]：111n28，124n60，153n117
Book of Etiquette and Ceremonial [《仪礼》]：on ancestral rites［祭祖礼］104，200n83，201n84；on archery［射礼］106n20；on coming-of-age rituals［冠礼］149-150；dating of［～成书时代］99n2；on district symposium［乡饮酒礼］121-122；on marriage rites［婚礼］196n68，199-200；on mourning grades［丧服制］200n83，207
Book of Odes [《诗经》]：30，100-104；female authors in［～中的女性作者］267-269，304-310，319；performance of Odes[赋诗］100n3，101-104，154，261，304，305-307；
Ode 10［汝坟］290，291n51，297-300；
Ode 12［鹊巢］199n78，199n81；
Ode 15［采蘋］197-198，199n81；
Ode 27［绿衣］305-310；
Ode 39［泉水］301-303，304，308；
Ode 48［桑中］188-189，192，194
Ode 54［载驰］290，291n51，304-305，307；
Ode 62［伯兮］292-293，294，312n96；
Ode 66［君子于役］293-294
Ode 82［女曰鸡鸣］253-254，255-256；
Ode 84［山有扶苏］193，194；
Ode 87［褰裳］192-193，194；
Ode 95［溱洧］187-188，191，192，194；
Ode 133［无衣］132-136；
Ode 137［东门之枌］189-190，194n63；
Ode 154［七月］116；
Ode 164［棠棣］101-103，140-143，144，145n101，153，253；
Ode 165［伐木］136-140，144；
Ode 177［六月］129-132，133；
Ode 185［祈父］241；
Ode 186［白驹］154-156；
Ode 209［楚茨］104-106，110，

116n39，131n77，201n84；
Ode 211［甫田］114-115，118；
Ode 212［大田］115-116，118；
Ode 217［頍弁］143-145；
Ode 220［宾之初筵］107, 109；
Ode 223［角弓］141；
Ode 229［白华］294-297, 309；
Ode 235［文王］14n41；
Ode 237［绵］113；
Ode 240［思齐］114，245；
Ode 242［灵台］123-124；
Ode 246［行苇］106-108；
Ode 247［既醉］109-111，261n65；
Ode 251［南山有台］124n60；
Ode 262［江汉］127-129, 133；
Ode 279［丰年］201-202, 206；
Ode 282［雍］201；
Ode 290［载芟］116n39，202n87

Book of Rites［《礼记》］：121n54，197，246，247n51

Boys and young men［男孩与男青年］：in athletic competitions［体育竞赛中的～］71，78，85，87-88，90-91，95，120，148；choruses of［～的歌队］82-83；as civic collectives［作为公民集体的～］12-13，92；coming-of-age rituals for［～的成年礼］147-150，152；education and socialization of［～的教育和社会化］22，27，57，69，89-90，147-153. 另参见 **age-mates**［同龄伙伴］，**pederasty**［少年爱］

Brothers［兄弟］：conflict among［～矛盾］141-142，146-147；in convivial contexts［宴乐场合中的～］140-144；hierarchy among［～间的等级］111，122；love and solidarity among［～友爱和团结］101-102，131，143，150，152；as metaphor for civic bonds［～作为公民纽带的譬喻］120-121，147

Chinese ancestor worship［中国祖先崇拜］：15-16，27，36，37，118n45；ancestral temple［祖庙］16，31，113-114，126，128，136，149，152，198，199，200；changes from Shang to Zhou［商周间的变化］15，204；in Chu［楚国的～］196n69；and

Greek cult of dead［～与希腊的亡灵崇拜］111-113；patrilineal nature of［～的父系性质］14-16，161-162，207-208；in Qin［秦国的～］133；women's evolving roles in［～中女性角色的演化］196-207；and women's status［～与女性地位］210-211. 另参见 **Chinese ancestral sacrifices**［中国祭祖仪式］

Chinese ancestral sacrifices［中国祭祖仪式］：26，104-111，125n62，126，128，149，196-211，252，328；basic rationale for［～的根本理由］110；blessings sought at［～中的祈福］109-110；dedications to ancestors［献给祖先的祭器］111n27，126-128，135，198n78，202-203，207-208；and harvest celebrations［～与丰收庆祝］116；Impersonator in［～中的尸］109，198，258；order and harmony in［～中的秩序与和谐］105-106，109，110；sacrificial vessels as gifts［祭器作为礼物］199n81，204-205

Chinese festivals［中国节日］：114-121；comparison with Greece［与希腊的比较］117-121，194-195，314n100；and courtship［～与求爱］188-190，192-196，314n100；decline of［～的衰落］195-196；fertility rites at［～中与生育繁衍有关的仪式］188，189，191n57；freedom for women in［～中女性的自由］190；honoring nature deities［对自然神的祭祀］114；and match-making［～与婚姻媒介］195；musical contests in［～中的音乐竞赛］194；sexual latitude in［～中的性自由］188，189，191-192

Chinese polygyny［中国的一夫多偶制］：14，200n83，201n85，244n42，248-250，303；and Greek concubinage［～与希腊的纳妾］248-249

Chinese ritual texts［中国的礼学文献］：34，35，104

Choruses［歌队］：26，85，90-91，273，274，277，288；and citizenship［～与公民身份］82-

83，90-91；communal nature of ［～的社群性质］81-83，86；competitive character of［～的竞争性质］83，90，164，166，167-170；and cooperative rivalry ［～与合作性的竞争］83，86，172；and male bonds［～与男性感情纽带］82-83，90-91；and marriage control［～与缔姻管控］196；as metaphor for household［～作为家庭的隐喻］223；organizational principles of ［～的组织原则］82，163-164，174；sponsorship of［对～的赞助］81，95n139，166，312；and women's friendships［～与女性友谊］163-173，274，277，287-288；and women's social status［～与女性社会地位］163

Citizen-soldier［公民战士］：41，51，70，72，79，223，227

Citizenship［公民身份］：in Greece［希腊的～］11，80-83，120-121，148；lacking concept of in China［中国缺乏～的概念］17n49，19n55，117-121

Clan［宗族］：12n28，102，103，120n52，153

Common domain（***koinon***）［公共空间］：12-13，18，25，98，147，151，157，161，224，225，327，328

Competitiveness of Greek culture ［希腊文化的竞争性质］：28，35，41，96，108，224，321，324；cooperative rivalry［合作性竞争］51-52，68-69，90-91，147，151，172；and egalitarianism［～与平等精神］14，88，98，324；and women ［～与女性］312-314，324，328. 另参见 **agon**［对抗］，**gender relations**［性别关系］

Comrades（**comradeship**）［战友（战友关系）］：Chinese/Greek portrayals of compared［比较中国和希腊对～的描绘］127，134-136；in Chinese sources［中国材料中的～］125-126，131-133；and conjugal relations［～与婚姻关系］223-224；in Greek texts［希腊文本中的～］36，41，42-56，59，65，68，69-70，90，97

Confucianism［儒家思想］：326

Confucius［孔子］：on festivals［～论节日］121n54；on friendship and familial virtues［～论友谊和家庭美德］152-153；and *Guliang's Commentary*［～与《穀梁传》］191n59；and Odes［～与诗］103，153，292n51，298n66；praising Jing Jiang［～赞扬敬姜］209-210

Corporate patrilineage organization［集体式父系亲属组织］：in China［中国的～］14-16，116-117，126，129，133；not existing in Greece［～在希腊不存在］12，112，218n2. 另参见 **clan**［宗族］，**Lineage Law**［宗法］

Courtesans［妓女］：22，23-26，63n58，174n33，249n55，249n56，286

Demeter［得墨忒尔］：162，174n33，175；and Persephone［～与珀耳塞福涅］75-76，176，311

Democracy［民主］：14，66，92n129，183；and collective activities［～与集体活动］73n77，79，81-82，98，164

Dionysus［狄俄尼索斯］：82，182n44

Discourses of the States［《国语》］：102，205-206，209-210，245-246，256-258，305

District school［乡校］：121，123

District symposium［乡饮酒］：121-123

Duke of Zhou［周公］：102，138n91

Durkheim，Émile［涂尔干］：27n71

Egalitarianism［平等精神］：11，25，43n6，325n6；and competition［～与竞争］14，88，98，324

Ephebeia［埃弗比］：13n34，148n108，151

Epigram［短诗］：271-273，285-286

Epitaph［墓志铭］：272，273n13，289

Erinna［埃里纳］：267，286-289，

313n97
Euripides［欧里庇得斯］：163，164，172，175，211，218，219，272n8，313n97，313n98
Evolutionist social theories［社会进化论］：1-2，11-12，13n35，19
Extrafamilial homosocial bonds［家庭之外同性社会关系］：22-23，98，157，322，325；and civic fellowship［～与公民关系］22，77，78；eroticization and politicization of［～的情欲化和政治化］68，72-73；and festivals［～与节日］81-83，90-91，117，119-120，211，328，329；and homosexual relations［～与同性恋关系］22-23；and kinship［～与亲属关系］97-98，140-153. 另参见 **Friendship**［友谊］

Family［家庭］：civic［公民～］13，94，96；extended［大～］143、246，253，323；and extradomestic domain［～与家庭外领域］3-4，12-14，17-19，243，324；nuclear［核心～］143，217，218n2，253，323；patrilineal［父系～］，参见 **patrilineal family**［父系家庭］；and state［～与国家］，11-13，17-19，25，226-227，243-244. 另参见 **kinship**［亲属关系］
Fang Yurun［方玉润］：102n11，104n18，128n74，137n86，138n91，199n78，199n81，256n62，293n52，294n54，294n58，305
Fathers and sons［父与子］：in China［中国的～］111n28，203-204；in Greece［希腊的～］157，224，232，234-235
Feasts［宴飨］：after ancestral sacrifices［祭祖仪式后的～］105，107-108，109，129，209-210；celebrating athletic victories［庆祝体育胜利的～］87；celebrating military victories［庆祝军事胜利的～］125-132；of kin［亲属之间的～］136-145，227-236，250-255，302；sports at［～中的体育竞技］44-45，106-108；of women［女性之间的～］274-277，283-284. 另参

见 **symposium**［会饮］

Female script［女书］：317-320

Female subculture/counterculture［女性亚文化 / 反主流文化］：310-314

Feminism［女性主义］：328n17，329

Filial piety［孝］：and ancestral piety［～与敬祖］15-16，205-207，213-214；in Confucius［孔子言论中的～］152；evolution of concept of［～观念的演变］17-18；expression of by Chinese warriors［中国军人对～的表达］126-132；expression of in dining contexts［～在宴饮场合的表达］251-252，254，263；as foundational Chinese virtue［作为中国美德基础的～］17-18，241-242，244，247；and fraternal love［～与悌］102，111n28，122，150，152；in Greece［～在希腊］151，243；of women［女性的～］205-207，213-214，218，219，244-245

Friendship［友谊］：and betrayal［～与背叛］59，62-65；celebrated in Chinese sources［中国材料里对～的歌颂］153-156；and kinship［～与亲情］1-4，134-136，137-139，140-147，170-172，301；and love［～与爱情］61-63，284；pleasures of［～的乐趣］57-58，153；true and false［真假～］59-60，65-66；among women［女性的～］29，37，163-173，273-289，311-313，316-320，322-324，328. 另参见 **age-mates**［同龄伙伴］，**comrades**［战友］，**homoeroticism**［同性情欲］

Fustel de Coulanges［库朗日］：2n5，26n70，112n30

Gender relations［性别关系］：and larger social dynamics［～与更广阔的社会动态］4，19-20，324；and other interpersonal relations［～与其他人际关系］21，28-30，321-324；rivalry in［～中的竞争］28-30，174-186，194，216，221-224，225，228-233，236-239，249-250，263，264，322，324，327，328；on

sociable occasions［社交场合中的～］4，21，26
Girls and unmarried young women［女孩与未婚女青年］：in ancestor worship［祖先崇拜中的～］196-198；in athletic events［体育活动中的～］162，173；choruses of［～的歌队］，参见 **choruses**［歌队］；as civic collectives［作为公民集体组织的～］12-13，92；coming-of-age rituals for［～的成年仪式］162；and male youths［～与男性青年］171-172；versus wives［～与已婚女性的对照］174，186
Gods of Soil and Grain［社稷］：114，115，117-120，191，192
Gongyang's Commentary［《公羊传》］：191
Granet，Marcel［葛兰言］：188，189n51，194，195n66，250n58
Greek comedy［希腊喜剧］：New Comedy［新喜剧］235，236n33；Old Comedy［旧喜剧］235，236n33；stereotypes of women in［～中的刻板女性形象］174，236，264. 另参见 **Aristophanes**［阿里斯托芬］，**Menander**［米南德］
Greek cult of heroes［希腊英雄崇拜］：94n138，112
Greek domestic rites［希腊家庭祭仪］：92-94，97，11-113，211-215
Greek festivals［希腊节日］：16，27，37；Adonia［阿多尼斯节］，174；all-female festivals［纯女性节日］174-177，194-195，216；Apatouria［阿帕图里亚节］120-121，148；and athletic competitions［～与体育竞技］8n18，25n67，26，41，74，78-81，83-91，94-98，135-136；Brauronia［布饶戎节］162；and citizenship［～与公民身份］80-83；City Dionysia［城市狄俄尼索斯节］82；competitive character of［～的竞争性质］73-74，78-80；Eleusis［埃琉西斯节］162；and freedom for women［～与女性自由］161，175，178，179，183；and funeral games［～与葬礼竞赛］79；Lenaea［勒纳节］78；pan-

Hellenic athletic festivals［全希腊体育节日］78-79；Panathenaia［泛雅典人节］66，68，71，78，80，81，162，163；and sexual rivalry［～与两性竞争］174-186，194；Skira［斯基拉节］175；Thesmophoria［地母节］175-177，311；and women's public collective representation［～与女性在公共场合的集体代表］12-13，92，162-163，264. 另参见 **choruses**［歌队］

Greek funeral games［希腊葬礼竞赛］: 42-43，46，49，79，94n138，112n32，136

Greek priestesses［希腊女祭司］: 20n60

Greek temples/sanctuaries［希腊神庙 / 圣所］: 12，13n34，78n88，92，96，113-114，147，148，177，233，271，274，277，279

Guliang's Commentary［《穀梁传》］: 191

Gymnasium［体育馆］: 12，13n34，41，69，81n96，147

Harmodios and Aristogeiton［哈尔摩迪奥斯与阿里斯托革顿］: 66-69，80，182-183

Harmony［和谐］: civic［公民间的～］52n33，147；and conflict［～与冲突］52n33，263，324；conjugal［婚姻中的～］103，247-248，250，254；and hierarchy［～与等级］122，152，216，254，327；as ideal［～作为理想］28，254，321n1；among kin［亲属间的～］99，140-147

Hearth（Hestia）［壁炉］: in homes［家中的～］93；in Town Halls［议事厅的～］93，215n109

Hegel［黑格尔］: 2n8，19n56

Helen［海伦］: 50，172-173，221，223，227-228，229，230，233，280-281

Hera［赫拉］: 163，165，224，271，272，285；and Hephaistos［～与赫菲斯托斯］231-233；inspiring Argonauts［～对阿耳戈船英雄的激励］89；and Zeus［～与宙斯］230-233，237

Herodotus［希罗多德］：6，54，67

Hesiod［赫西俄德］：on filial duties［关于为人子的义务］243；on fraternal conflict［关于兄弟冲突］，145-146；and Greek pantheon［～与希腊众神体系］74-75；on marriage［关于婚姻］219，220，224；in musical competition［～在音乐竞赛中］82n100；and Ode 154［～与《诗经·豳风·七月》］116n38；on Pandora［关于潘多拉］237n34；on sexual love［关于性爱］166n13

Hestia（goddess）［赫斯提亚（女神）］：214-215

Homer［荷马］：7n17，42-50；and ancient warrior group［～与古代战士团体］57；competitive virtues in［～中的竞争性美德］51-52；and Greek pantheon［～与希腊众神体系］74-75；legacy of［～的遗产］50，68-69，79，83，186，217，224；as revered educator［～作为尊敬的教育者］264. 另参见 ***Iliad***［伊利亚特］，***Odyssey***［奥德赛］

Homeric Hymns［荷马颂歌］：76n83，76n85，82n100，176n37，215

Homoeroticism［同性情欲］：23；female［女性～］61n53，166-167，168，170，194，274n15，278，285-286，316-320；and heterosexual love［～与异性性爱］61n53，166，278，280-281；male［男性～］22，66-69，80；male and female［男性与女性的～］61n53，283-284，311n94，314n99；socialization and politicization of［～的社会化和政治化］22. 另参见 **homosexuality**［同性恋］，**pederasty**［少年爱］

Homosexuality［同性恋］：8，22-23，156n124

Iliad［《伊利亚特》］：参见 **Achilles**［阿基琉斯］，**Helen**［海伦］，**Hera**［赫拉］，***Odyssey***［《奥德赛》］

Interpersonal relationships［人际关系］：affinity and conflict in［～中的亲和与冲突］4，27-

30，37；classification of［～分类］21-22；“homosocial” and “homosexual” in［～中的“同性社会关系”与“同性性爱关系”］22-23；summary of patterns in［～类型总结］28-29，322. 另参见 **extrafamilial homosocial bonds**［家庭外同性社会关系］，**gender relations**［性别关系］，**women's family relationships**［女性家庭关系］

Isaios［伊塞优斯］：213n107

Iskhomakhos［伊斯科马刻斯］：219-220，223，229，231，234n30

Jin Jiang［晋姜］：205

Jing Jiang［敬姜］：209-211，242，245-246，247，258-260，262，305-307，310；and Penelope［～与佩涅洛佩］259-260

Kin［亲属］：agnatic and affinal［父系亲属和姻亲］137，138-139，154；conflict among［～间的冲突］102，141-143，146-147，157，327-328；harmony and solidarity among［～间的和谐与团结］，ch. 2 passim［第 2 章全文］327，328

King Alkinoos［阿尔基诺奥斯王］：44，46，113，220，228-230，231，240n36

King Wen［文王］：14n41，113，114，121n54，123-124，127，138n91，201，244-245

King Wu［武王］：114n35，121n54，127

Kinship［亲属关系］：in Chinese political ideology［中国政治意识形态中的～］14-16，116-117；and citizenship［～与公民身份］120-121，147；in evolutionist social theories［社会进化论中的～］1-2，18-19；and friendship［～与友谊］1-4，134-136，137-139，140-147，170-172，301；and hierarchy［～与等级］11，14-15，36，117，327

Klytaimnestra［克吕泰墨涅斯特拉］：163，221，223

Kong Yingda［孔颖达］：102n11，131n78，143n98，304n80

Lady Ban［班婕妤］：307-310，315n101

Lady Mu of Xu［许穆夫人］：304，305，307

Laertes［雷欧提斯］：218，221n8，221n9，222n11，249，312n96

Lamphere，Louise［兰菲儿］：225n19，322-323

Lesbians（Lesbianism）［女同性恋］：278n24，316，319n111

Lineage Law［宗法］：11，14-16，17，18n52，111，200，248

Liu Xiang［刘向］：289-292，298-300，304

Lloyd，Geoffrey［罗界］：and Nathan Sivin［～与席文］28n73，321

Ma Ruichen［马瑞辰］：128n72，128n74，297n61，299，300

Maenads［狂女］：182n44

Maiden songs［少女歌］：164-172，194，287，312；friendship and kinship in［～中的友谊与亲属关系］170-172；homoeroticism in［～中的同性情欲］166-167，169-170，194

Mao（Commentary on *Odes*）［毛诗］：101，145，156n123，291n51，294n57，299n69，304，305；Mao-Zheng-Kong tradition［毛郑孔传统］155n122，188n49，191n56，303n77；non-Mao traditions［齐鲁韩传统］156，187，291n51

Marriage［婚姻］：176，302；ages at first marriage［初婚年龄］，220n6；challenges of［～的挑战］212-214，276，303，304，311，314-316；in Demeter-Persephone myth［得墨忒尔与珀耳塞福涅神话中的～］175-176；and female friendship［～与女性友谊］275-281，283，304，318；forms of［～形式］196n71，318；rites of［～礼仪］198-201，215；as union of families［～作为家庭间的联合］220n6；and women's religious roles［～与女性的宗教角色］196，213-214

Melenaos［墨涅拉俄斯］：50，221，227-228，229，233

Menander［米南德］：233-236，241，254，255

Mencius［孟子］：123，124n62

Mother［母亲］：Chinese/Greek images of［中国与希腊的～形象］242-244，254-255，259-260，262；of Dong［彧的～］202-203；of Duke Qing of Qi［齐顷公的～］260-262；Spartan［斯巴达～］226-227，243

Mourning grades［丧服制］：154n120，200n83，207

Mozi［墨子］：186-187，189n52，191

Mu Jiang［穆姜］：206，261-262，305-307，310

Murray，Oswyn［奥斯温・默雷］：viii，1n2，5n10，11n27，27n72，48n21，52n30，52n31，57，73n77

Muses［缪斯］：75，76n85，82n100，86，284，285，288n45

Nossis［诺西斯］：267，271-272，285-286

Odysseus［奥德修斯］：43-50，51，68，78，240，259，260；and Athena［～与雅典娜］46n14，47，108；and Helen［～与海伦］228；and Laertes［～与雷欧提斯］221n9，222n11；in later literature［～在后世文学中］49n23；and Nausikaa［～与瑙西卡］235n32；and Penelope［～与佩涅洛佩］218，221-223，229，231，235n32，312n96；and Telemakhos［～与特勒马科斯］44，46，90，221，222

Odyssey［《奥德赛》］：and *Iliad*［～与《伊利亚特》］43-44，47，49-50；and Ode 177［与《诗经・小雅・六月》］131-132；and Ode 246［～与《诗经・大雅・行苇》］108；sacrifices in［～中的祭祀］74，75n81，211；and *Telegony*［～与《忒勒戈诺斯纪》］49n23. 另参见 **Helen**［海伦］，**Odysseus**［奥德修斯］，**Phaiakians**［费埃克斯人］，**Penelope**［佩涅洛佩］.

Pan（Greek god）［潘神］：75，233

Pandora［潘多拉］：237n34

Paternalism［家长制］：121-124

Patrilineal family［父系家庭］：

as foundation of society［作为社会基础的～］196，198，325；women's roles in［女性在～中的角色］196，201，204，207-208，209，211-214，244，260，311-313，315-316，318，319，322，323

Pederasty［少年爱］：22，23，24，36，41，55-56，90n122，97，148，151，283，284. 另参见 **Socrates**［苏格拉底］，**symposium**［会饮］，**Theognis**［忒奥格尼斯］

Penelope［佩涅洛佩］：43，44n8，46，48n20，49，313；as daughter-in-law［～作为儿媳］218，221n8；as female paragon［～作为女性楷模］217，218，237n34；as mother［～作为母亲］89-90，151，224，239-241，259-260，262，264；as wife［～作为妻子］218，221-223，224，229，231，235n32，264，312，313

Perikles［伯里克利］：68n67，72n76

Phaiakians［费埃克斯人］：44-46，47n16，49，75n81，108，113，173，228-229，233，235n32. 另参见 **Arete**［阿瑞塔］，**King Alkinoos**［阿尔基诺奥斯王］

Phratry［兄弟会］：120-121，148

Pindar［品达］：42，74，79-80，83-91，94-98，164n9

Pittakos［庇塔库斯］：52，55，56，237-238，276n17

Plato［柏拉图］：42，69-70，72，77-78，82n101，311

Plutarch［普鲁塔克］：76，196n70，213，214，226，237-238

Polis［希腊城邦］：characteristics of［～的特征］11；and Chinese city-states［～与中国城邦］16-17；and family［～与家庭］11-15，91-98，112-113，120-121，151n114；rise of［～的兴起］5，11-12，92，113n33

Poseidon［波塞冬］：74，79，279n25

Primary sources［一手文献］：biases in［～中的偏见］33-35；choosing and interpreting［～的选择和阐释］23-26，35-36；

types of used［运用的～类型］30-31

Prytaneion（Town hall）［议事厅］：92-93，123，148

Qin［秦］：15，132-134

Religion［宗教］：and sociability［～与社交活动］26-27，42；as useful perspective［～作为有用的视角］42，98，328. 另参见 **Chinese ancestor worship**［中国祖先崇拜］，**Chinese festivals**［中国节日］，**Greek domestic rites**［希腊家庭祭仪］，**Greek festivals**［希腊节日］

Remains of Documents of Zhou［《逸周书》］：118n45，124n60

Rituals of Zhou［《周礼》］：195

Romantic love［浪漫爱情］：235

Sappho［萨福］：267，272，273-286，289，311，314n99，316，317-318，319；husband of［～的丈夫］311n95；and male homoeroticism［～与男性同性情欲］283-284，311n94；and rival female circles［～与作为敌手的其他女性社交圈］275-276，283-284；and sympotic poetry［～与会饮诗歌］273，277n20，311n94；

fr. 1［残本 1］282-283；

fr. 2［残本 2］274-275；

fr. 16［残本 16］280-281；

fr. 22［残本 22］277-278，279，280，281；

fr. 49［残本 49］276n18；

fr. 55［残本 55］284n31；

fr. 57［残本 57］275

fr. 71［残本 71］275-276；

fr. 94［残本 94］276-277，278，280，281，289；

fr. 96［残本 96］278-280，281，284n32，289；

fr. 98a/98b［残本 98a/98b］270，271，285；

fr. 102［残本 102］271；

fr. 130［残本 130］284n32；

fr. 131［残本 131］276n18，284n32；

fr. 132［残本 132］269-270；

fr. 147［残本 147］284n31；

fr. 160［残本 160］274

Schmitt-Pantel, Pauline［施密特–潘特尔］：viii，12n30，14n36，26，27n72，30，57n46，73n78，93n131

Semonides［西蒙奈德斯］：237，238，313n97

Sexual separation［性别隔离］：4，20-21，209，239

Sima Qian［司马迁］：191

Slater，Philip［斯雷特］：224，225，231，232

Sociability［社交］：and ethics［～与伦理］，27-28；and gender［～与性别］4，21，26，28；and politics［～与政治］27；and religion［～与宗教］26-27，42；as useful perspective［～作为一个有用的视角］viii

Socrates［苏格拉底］：69-73，77-78，223；and Sappho［～与萨福］283-284；and Xanthippe［～与赞西佩］237-238

Solon［梭伦］：72n76，220n6，311

Sophokles［索福克勒斯］：212，213

Sparta［斯巴达］：96，185，316；athletics in［～的体育］96-97；boys in［～的男孩］148，171-172；common messes in［～公共食堂的集体饮食］57n46；mothers in［～的母亲］226-227，243；young women's choruses in［～青年女性的歌队］164-173

Symposium［会饮］：24，27，73，78，238，321；drinking games at［～中的饮酒游戏］76n84，97n147；drinking songs at［～中的饮酒歌］97n147；hymns sung at［～中演唱的颂歌］75-78；and lyric poetry［～与抒情诗］42，50n27，52，76；and pederasty［～与少年爱］55n39，57，64，67. 另参见 **Alkaios**［阿尔凯乌斯］，***Attic Skolia***［雅典宴乐歌］，**Socrates**［苏格拉底］，**Theognis**［忒奥格尼斯］

Tai Si［太姒］：244-245，248

Telemakhos［特勒马科斯］：maturation of［～的成熟］89-90，151；at Menelaios' palace［～在墨涅拉俄斯的宫中］227-

228，233；and Odysseus［～与奥德修斯］44，46，90，221，222；and Penelope［～与佩涅洛佩］222，224，239-241，259-260，262

Theognis（*Theognidea*）［忒奥格尼斯（《忒奥格尼斯诗集》）］：42，56-65，69，71，72，75，76-77，78，151，277n20，284，313n98

Theokritos［忒奥克里托斯］：173，313n97

Thetis［忒提斯］：135，230

Thucydides［修昔底德］：67，68n67

Victory Odes（*epinikia*）［凯歌］：42，74，79-80，83-91，94-98

Wang Xianqian［王先谦］：138n91，156n123，191n56，198n74，294n54，298n66

Wang Zhi［王质］：256，294，306n84，309n89

Weaving/spinning/needlework/wool working［织布 / 针黹 / 毛织］：180，209，271-272，287-288，317，320

Wife of Bozong［伯宗妻］：248，256，258

Wife of Xi Fuji［僖负羁妻］：248，257-258

Women［女性］：defined by kinship roles［为亲属角色所定义］255，264，325-327；friendships among［～友谊］，参见 **friendship**［友谊］；of Jiangyong［江永的～］316-320；and male social events［～与男性社会活动］236-241，255-262，263；religious organizations of［～宗教组织］273；viewed as distinct sex group［～被视为与男性不同的性别团体］236，249n57，255，264，315n101，325-327，329. 另参见 **girls and unmarried young women**［女孩与未婚女青年］，**women's family relationships**［女性家庭关系］

Women's family relationships［女性的家庭关系］：conflict among women［女性间的冲突］28-30，207，244，250，322-324，326，327；hierarchy among women

［女性间的等级］200-201，204-207，244，252，327；husband and wife［夫妻］201，217-224，246-250，253-254，255-258，322；married women's natal ties［已婚女性与娘家的联系］207-208，212-214；mother and daughter［母女］28，37，322；mother and son［母子］202-204，224-227，231-233，234，235-236，239-244，251-252，259-262，322，326；parents-and daughters-in-law［公婆与儿媳］，200，205-206，213-214，218-219，244-246，250，252，322，326；among sisters-in-law［妯娌］200，214，250，322，326；women's threat to family order［女性对家庭秩序的威胁］206-207，209，211，299. 另参见 **women's literary voices**［女性的文学之声］

Women's literary voices［女性的文学之声］：feelings for husbands［对丈夫的感情］292-297；feelings for husbands/parents-in-law［对丈夫 / 公婆的感情］297-300；feelings for natal kin［对娘家人的感情］301-303，304；female friendships［女性友谊］273-289，292，316；friendship and love［友谊与爱情］，参见 **homoeroticism**［同性情欲］；friendship and marriage［友谊与婚姻］275-281，283，313，317-318；friendship and memory［友谊与记忆］276-280，286-289；friendship and rivalry［友谊与竞争］274，275-276，282-284；"genuineness" of［～的真实性］267-269，309，310-316，319；male ventriloquism of［男子作闺音］268，312-315；mother-daughter bond［母女情］269-273，292，301，302，311，312，316

Xenophanes［色诺芬尼］：109n23

Xenophon［色诺芬］：42；*Memorabilia*［《回忆苏格拉底》］69n69，70n71，243n41；*Oikonomikos*［《家政论》］20n58，212，219-220，223，231，234n30；*Symposium*［《会饮》］69，70-73，77-78

Yao Jiheng [姚际恒]: 104n18, 138n89, 187n48, 256n62, 294n54, 294n58, 303n78, 305

Yin/yang [阴阳]: 326-327

You*, *pengyou*, *you sheng [友，朋友，友生]: 110-111, 137-139, 142, 153n118, 154

Zeus [宙斯]: 76, 77, 212, 235, 237n34, 239; and Hera [～与赫拉] 230-233, 237; as patron deity of athletic games [～作为体育节日的守护神] 79, 85, 95

Zeus Herkeios [庭院神宙斯]: 93

Zeus Ktesios [贮藏之神宙斯]: 93, 213n107

Zeus Phratrios [兄弟会之神宙斯]: 120

Zheng (Chinese state) [郑国]: festivals in [～的节日] 187-188, 192, 193

Zheng Xuan [郑玄]: 121, 125n62, 137n86, 143n98, 156n123, 188n50, 190n54, 191n56, 292n51, 295n59, 297n61, 298n66, 299

Zhu Xi [朱熹]: 107, 124n61, 128n72, 128n74, 132n80, 137n86, 138n91, 143n98, 144n99, 145, 155, 187, 188n49, 190n55, 191n56, 193n61, 193n62, 198n74, 255-256, 293n52, 294, 295n59, 299, 303n77, 303n78, 306

Zhuang Jiang [庄姜]: 290, 291, 305-306, 308, 310

Zichan [子产]: 123, 199n82

Zixia [子夏]: 205, 245

Zuo's Commentary [《左传》]: on Bozong and wife [伯宗及其妻], 256-257; on coming-of-age rituals [冠礼] 149; on conjugal relations [夫妻关系] 247; female entertainers in [～中的女乐] 26n69; on intralineage competition [族人内斗] 147n103; on Lady Mu of Xu [许穆夫人] 304; on marriage rites [婚礼] 198n78, 199n82; on married women's loyalties [已婚女性的忠诚问题] 208n102; on mother-and daughter-in-law[婆媳关系] 206, 244; on mother of Duke Qing of Qi [齐顷公

之母］260-261，262；on Mu Jiang［穆姜］206，261，262，305；on paternalistic government［家长式政府］124n60；on performance of Odes［赋诗］102，103，153-154，304，305，306-307；on *shi/jia*（extended households）［室/家］143n98；story of Lingzhe in［灵辄的故事］252n59；on violation of marriage rites［违反婚姻礼仪的案例］199n79；on wise and authoritative mothers［威权型贤母］246n50；on Xi Fuji and wife［僖负羁及其妻］257；on Ying Kaoshu and Duke Zhuang of Zheng［颍考叔与郑庄公］242，251-253；on Zichan and district school［子产与乡校］123

“古典与文明”丛书

第一辑

义疏学衰亡史论　乔秀岩　著

文献学读书记　乔秀岩　叶纯芳　著

千古同文：四库总目与东亚古典学　吴国武　著

礼是郑学：汉唐间经典诠释变迁史论稿　华　喆　著

唐宋之际礼学思想的转型　冯　茜　著

中古的佛教与孝道　陈志远　著

《奥德赛》中的歌手、英雄与诸神　〔美〕查尔斯·西格尔　著

奥瑞斯提亚　〔英〕西蒙·戈德希尔　著

希罗多德的历史方法　〔美〕唐纳德·拉泰纳　著

萨卢斯特　〔新西兰〕罗纳德·塞姆　著

古典学的历史　〔德〕维拉莫威兹　著

母权论：对古代世界母权制宗教性和法权性的探究

〔瑞士〕巴霍芬　著

“古典与文明”丛书

第二辑

作与不作：早期中国对创新与技艺问题的论辩 〔美〕普 鸣 著

成神：早期中国的宇宙论、祭祀与自我神化 〔美〕普 鸣 著

海妖与圣人：古希腊和古典中国的知识与智慧

〔美〕尚冠文 杜润德 著

阅读希腊悲剧 〔英〕西蒙·戈德希尔 著

蘋蘩与歌队：先秦和古希腊的节庆、宴飨及性别关系 周轶群 著

古代中国与罗马的国家权力 〔美〕沃尔特·沙伊德尔 编

学术史读书记 乔秀岩 叶纯芳 著

两汉经师传授文本征微 虞万里 著

推何演董：董仲舒《春秋学》研究 黄 铭 著

周孔制法：古文经学与教化 陈壁生 著

《大学》的古典学阐释 孟 琢 著

参赞化育：惠栋易学考古的大道与微言 谷继明 著

“古典与文明”丛书

第三辑

礼以义起：传统礼学的义理探询　吴　飞　著

极高明与道中庸：补正沃格林对中国文明的秩序哲学分析　唐文明　著

牺牲：子学到经学时代的神话与政治　赵丙祥　著

知其所止：中国古代思想典籍绎说　潘星辉　著

从时间来到永恒：《神曲》中的奥古斯丁传统研究　朱振宇　著

地生人与“雅典民主”　颜　荻　著

希腊人与非理性　〔爱尔兰〕E. R. 多兹　著

古代创世论及其批评者　〔英〕大卫·塞德利　著

自由意志：古典思想起源　〔德〕迈克尔·弗雷德　著

希腊神话和仪式中的结构与历史　〔德〕瓦尔特·伯克特　著

古代思想中的地之边界：地理、探索与虚构　〔美〕詹姆斯·罗姆　著

英雄的习性：索福克勒斯悲剧研究　〔英〕伯纳德·M. W. 诺克斯　著

悲剧与文明：解读索福克勒斯　〔美〕查尔斯·西格尔　著